문장력이 강해지는

한국인의 글쓰기

심훈

여는 글

‘「성문 종합영어」의 추억’

20여년 전, 고등학교 2학년 시절의 일이다. 당시, ‘정석’과 ‘성문’이라는 별칭으로 곧잘 통용되던 「정석 수학」과 「성문 영어」가 수험서 시장을 평정하다시피 하던 때였다.

어느 날, 「성문 영어」를 화제 삼아 교실에서 친구들과 이야기를 나누던 중이었다. 갑자기 한 녀석이 조심스레 말문을 열었다. “나, 며칠 전에 드디어 「성문 종합영어」 한 번 다 봤다.” (「성문 영어」에는 「기본」편과 「종합」편이 있었다.) 그러자 이 말을 들은 저자가 곧바로 응수했다. “그것, 난 벌써 세 번이나 봤지.” 칭찬을 기대했던 녀석은 이내 머쓱해지고 친구들은 감탄과 존경의 눈빛을 저자에게 건네주었다. 문제는 다음에 일어났다. 옆에서 대화를 듣고 있던 우리 반 1등 녀석이 “그럼, 이 문제의 답이 뭔지 알겠네?” 하며 수백 페이지에 이르는 「성문 종합영어」의 한 부분을 펼치곤 그곳에 담겨 있는 문제 가운데 하나를 저자에게 내밀었던 것이다. 교재를 세 번 보았다는 의미가 본문의 문법 설명 부분만 세 번에 걸쳐 다 읽어 보았다는 것을 뜻했던 저자로서는 예상치도 못했던 돌발 사태였다. 도합 20개의 장마다 제각각 2~3백여 개에 이르는 관련 연습문제를 거의 손댄

적이 없었기에, 1등 녀석이 내준 문제를 뚫어져라 들여다보아도 답을 알아낼 리 만무했다. 결국 얼굴만 벌개진 채 각양각색의 눈초리들을 뒤통수로 느끼며 도망치듯 그 자리를 빠져나올 수밖에 없었다. 그로부터 강산이 두어 번은 족히 변한 지금, 「성문 종합영어」에 대한 추억은 저자가 글쓰기 분야에서 「한국인의 글쓰기」라는 모방작을 내놓는 계기를 마련했다.

돌이켜 보면, 전 국민의 영어 실력 향상에 결코 적지 않은 기여를 한 「성문 영어」는 지금의 기준으로 둘러보아도 대단히 잘 빠진, 완성도 높은 수험서였다. 특히 각 장마다 체계적이면서도 방대하게 제시되고 있는 문법, 작문, 해석 문제들과 수준 높은 지문, 실용적인 숙어들 간의 환상적인 조화는 이후 수많은 후속 교재들의 전형이 되다시피 했다. 「성문 영어」를 몇 번이나 '제대로' 봤느냐에 따라 대학 간판이 달라진다는 당시의 우스갯소리는 수험생들 사이에서 전혀 새삼스런 일이 아니었다.

해서, 본 저서는 「성문 종합영어」를 철저하게 벤치마킹 했음을 숨기지 않는다. 세계적 자동차 회사인 도요타가 벤츠를 모방해 '렉서스' 라는 독자적인 고급 브랜드를 탄생시켰듯이, 저자 역시 같은 바람으로 글쓰기 분야에서 「성문 종합영어」를 지향하는 모방작을 창조해 보고자 한다. 그러나 아무리 철저하게 「성문 종합영어」를 벤치마킹 한다 해도 1백 퍼센트 똑같은 교재를 만들 수는 없는 법. 더욱이 다루는 대상이 국어도 아닌 '글쓰기' 인지라 본 교재의 구성은 「성문 종합영어」와 조금 다른 방식으로 이뤄질 수밖에 없다.

탄탄한 글을 원하는 모든 이들에게 한 단계 높은 글쓰기 실력을 갖추도록 도와주자는 의미에서 기획된 이 책은 크게 4부로 나뉘어 있다. 우선 제1부에서는 '왜 글쓰기인가' 라는 주제 아래, 4개의 제각기 다른 수필들이 글쓰기의 중요성에 대한 독자들의 공감대를 이끌어내는 역할을 맡고 있다. 사실, 시중에 봇물 터지듯 쏟아지고 있는 수많은 글쓰기 책들은 온갖 종류의 노하우를 세세하게 알려주고 있지만, 글쓰기의 중요성에 관해서는 원론적인 이야기만 나열할 뿐, 보다 구체적인 동기 제공은 놓치고 있는 경우가 허다(許多)하다. 때문에 코스 요리로 치자면 전채(前菜: 애피타이저)에 해당하는 제 1 부, '왜 글쓰기인가'는 2, 3, 4부에 걸쳐 소개되는 여러 주제와 이에 따른 연습문제를 결코 소홀히 할 수 없다는 사명감을 불러일으키는 막중한 임무를 띠고 있다.

왜 글쓰기가 중요한가를 어느 정도 납득한 독자들을 위해 2부와 3부에서는 본격적으로 문법적인 글쓰기를 안내하고 있다. 「성문 영어」의 뛰어난 구성이 재탄생 된 부분이 여기에 속한다고 볼 수 있다. 이 가운데 특히 2부에서는 단어와 단어들이 모여 하나의 정보를 형성하는 '문장'에 관한 이야기를 집중적으로 다루고 있다. 따라서 2부에서는 문장 하나 하나를 쓸 때 고려해야 할 가장 기본적인 법칙과 요령들을 단계별로 나열하고 있다. 모두 12개의 소주제들로 구성돼 있는 '문장 이야기'는 마침표를 찍는 순간까지 지켜야 할 문법적인 규칙들을 가장 기초적인 것에서부터 난이도 높은 것에 이르기까지 순차적으로 소개하고 있다.

제 3 부 '문단 이야기'는 문장들을 모아 문단을 구성할 때, 글쓴이들이 자칫 놓치기 쉬운 또 다른 경우들을 챙겨주는 지침서에 속한다. 제 2 부의 '문장 이야기'가 축구나 농구에서 지켜야 할 기본적인 경기 규칙과 함께 개인기 습득을 위한 교본에 해당한다면, '문단 이야기'는 나와 동료들이 손발을 맞춰야 하는 '팀 플레이'에 관한 정보들을 다루고 있다. 혼자만 잘한다고 경기를 이길 수 없는 것처럼 문장 하나 하나만으로는 결코 좋은 문단과 단락을 만들 수 없다는 것이다. '문단 이야기'는 나무만 파고들다 정작 숲은 놓치는 우(愚)를 피하기 위해, 보다 넓은 관점에서 자신의 글을 돌아보고 점검하는 기회를 제공하고 있다.

제 4 부에서는 '퇴고(推敲)'라는 주제를 통해 고치기와 관련된 이야기들을 수필 형식으로 소개하고 있다. 뒤에서 다시 자세히 설명하겠지만 고치기를 많이 시도하지 않고서는 절대로 좋은 글을 만들어 낼 수 없다. 바둑으로 치자면 복기*(復碁)를 하지 않는 이상, 자신의 바둑 실력은 항상 제자리를 맴돌 수밖에 없다는 것이다. 사실, 좋은 글을 쓴다는 것은 동시다발적인 능력을 구사해야 한다는 것과

***복기(復碁)** 바둑에서 한번 두고 난 바둑의 판국을 비평하기 위해 두었던 대로 다시 처음부터 놓아 봄.

같다. 한 줄을 쓰더라도 오 · 탈자에 신경 쓰는 것은 물론이거니와 띄어쓰기와 주-술-목적어 호응 등과 같은 문장 관계는 기본으로 챙겨야 하기 때문이다. 더욱이, 좀 더 수준 높은 글쓰기를 위해 반드시 넘어서야 할 반복어구 자제, 장문(長文) 금지 등과 같은 요령들은 단 한 번의 글쓰기만으로 이룰 수 있는 것이 아니다. 이에 따라 4부에서는 한 번보다 두 번, 두 번보다 세 번 원고를 훑어봐야 하는 이유를 강조하고 있다.

같은 양의 땀방울을 흘려도 어떻게 흘리느냐 하는 것은 매우 중요하다. 우리나라의 역대 월드컵 경기들 가운데, 4강 신화를 이룩했던 2002년의 축구 선수들만 가장 많은 땀방울을 흘리진 않았을 터. 그렇다면 훈련 방법이 얼마나 체계적이고 과학적이냐에 따라 같은 양의 땀방울도 천양지차(天壤之差)의 결과를 낳을 수 있을 것이다. 지난 10년간 대학 현장에서 서평, 보고서, 졸업논문, 탐사 기사 등과 같이 수많은 종류의 글들을 접하면서 얻은 결론은 '가장 기초적인 것에서' 부터 '차근차근' 이라는 당연지사(當然之事)였다. 그리하여 숱한 시행착오 속에 하나씩 완성된 기초 훈련과 팀플레이 전술들은 결국, 본 저서 — 특히 2, 3부 — 의 밑둥을 형성하는 고갱이*가 됐다.

본 교재는 적어도 2, 3부에 한해 여러분이 순서대로 학습해 나갈 것을 간곡히 권하고 있다. 어느 정도 글솜씨를 갖춘 이들에게는 2부와 3부의 내용들이 자칫 평이하고 지루할 수도 있겠지만, 그런 가운데에서도 최소한 한두 개 정도는 새로운 것이 있을 터. 더욱이, 한번은 다져야 할 기초 공사를 두 번, 세 번씩 되풀이해 나간다면 그 위에 들어설 건물의 단단함이 어떨는지 생각해 보라.

참고로, 이 책은 한림대학교의 교내 신문인 '한림학보' 의 요청으로 지난 2004년 가을부터 2년 동안 게재됐던 저자의 칼럼, '글짱 시리즈' 를 재구성해 탄생한 졸작(拙作)이다. 연재 기간 동안 간간히 들려오던 격려에 용기를 얻은 데다 학기를 거듭할수록 쌓여져 가는 시리즈 수에 고무돼 결국 겁도 없이 일을 저지르고

***고갱이** 나무 속의 가운데 연한 심. 정수

말았다. 끝으로, "「성문 종합영어」를 세 번 뗐다"며 영어 문법에 통달한 양 큰소리 소리치다 개망신당했던 저자의 '만용'을 기억하길 바라며 평소 즐겨 되뇌는 독일 속담으로 글 소개를 마치고자 한다.

"Übung macht meister* {연습이 대가(大家)를 만든다}."

***위붕 마흐트 마이스터** 'Übung'은 'practice,' 'macht'는 'makes,' 'meister'는 'master'를 뜻함. 결국, 영어로는 'Practice makes master'가 된다.

목 차

제1부: 왜 글쓰기인가?

제2부: 문장론

제3부: 문단론

제4부: 퇴고 이야기

제1부 왜 글쓰기인가?

1

'MIT 이야기'

과학자가 베스트셀러 쓰고 퓰리처상 받는 미국
MIT, 하버드에선 최고의 기술로 '글쓰기' 꼽아

어려운 질문 하나: '움베르토 에코,' '마이클 크라이튼,' '칼 세이건'의 공통점은?

답 : 세계적인 베스트셀러 작가들이다.

움베르토 에코는 중세 유럽을 배경으로 한 추리소설 「장미의 이름」을, 마이클 크라이튼은 가상 SF소설 「쥐라기 공원」을, 칼 세이건은 우주의 신비를 다룬 「콘택트」를 각각 집필했다. 이들의 원작은 모두 같은 이름으로 영화화 돼 흥행에서도 대성공을 거둔 바 있다. 필자가 이들 작품에 주목하는 이유는 원작자들의 배경에 있다. 움베르토 에코는 세계적인 철학자이자 기호학자이며, 마이클 크라이튼은 영문학을 공부하다 의학과 인류학을 전공한 의사 출신이다. 칼 세이건은 천문학자로 나사(NASA: 미 우주 항공국)에서 오랫동안 근무했었다.

소설까지는 가지 않더라도 저서만으로 논의를 국한시킨다면 특이한 이력의 외도쟁이들은 점점 더 늘어난다. 휠체어의 과학자로 잘 알려진 스티븐 호킹은 「시간의 역사」를, 세계적 칼럼니스트인 존 앨런 파울로스는 「수학자의 신문읽기」를, 뉴욕타임스의 베스트셀러 코너를 무려 8년간이나 석권한 스코트 펙은 영혼의 성장을 다뤘던 「끝나지 않은 길」을 각각 집필했다. 천체 물리학자, 수학자와 의사가 이들의 직함이었다.

「인간의 본성에 대하여」라는 책으로 유명한 사회생물학자 에드워드 윌슨은 교수가 된 다음에도 개인 교사로부터 글쓰기 훈련을 받았다. 자신의 학문적 입장을 가능한 한 많은 사람들에게 알리고 이해시키기 위해서였다. 이화여대 석좌교수인 최재천 박사는 글쓰기에 매진했던 에드워드 윌슨으로부터 수혜받은 대표적인 한국인 과학자로 통한다. 누구보다 글쓰기의 중요성을 잘 알고 있었던 스승 밑에서 수학(修學)했기에, 그 역시 한국에서 독보적인 필명(筆名)을 드날리는 과학자로 자리매김했다.

그런 면에 비춰볼 때, 「대화록」*과 「비글호의 항해」*를 쓴 갈릴레이와 다윈 역시 역사적으로 '한 글' 하는 사람들이었다. 반면, 아인쉬타인은 그다지 글에 뛰어나지 못했다는 것이 저자의 생각이다. 중학생 정도만 돼도 만유인력과 지동설, 진화론을 쉽게 이해할 수 있는 데 반해, 상대성이론과 $E=MC^2$은 대학원생들조차 소화해내기가 힘든 이유도 일정 부분 거기에 있다면 지나친 비약일까?

세계적인 공과대학 MIT에서는 대학생들이 반드시 2단계에 거쳐 4과목의 글쓰기 수업을 통과해야만 졸업장을 손에 쥘 수 있다. 성공적인 과학자가 갖춰야 할 중요한 능력 가운데 하나가 글쓰기라는 이유에서다. 자신의 생각을 조리 있게 설명함으로써 연구에 필요한 자금을 신청하기 위한 기획안 작성에서 이 같은 글쓰기 훈련은 대단한 위력을 발휘한다. 마찬가지로, 하버드대 역시 재학생들이나 졸업생들 모두 첫손가락으로 꼽는 기술이 글쓰기다. 재학 중에는 매년 100여 쪽 이상의 리포트를 써내야 하는 데다 사회생활에서도 글쓰기가 지니는 파괴력을 몸소 체험하는 까닭에서다. 의사, 수학자, 물리학자가 베스트셀러를 써내는 사회 분위기는 그런 환경 속에서 자연스레 탄생한다.

문화적으로 앞서 가는 사회에서는 글쓰기를 강조한다. 반면, 이미지와 영상, 말들만 넘쳐 나는 사회에서는 글쓰기가 강조될 리 없다. 그런 면에서 볼 때, 한국

***대화록** '지구 중심설'과 '태양 중심설'을 믿는 두 학자와 한 명의 지식인이 벌이는 논쟁을 희곡처럼 구성한 책. 갈릴레이가 명성을 떨치는 기폭제가 됐다.

***비글호의 항해** 다윈이 5년 동안 남미와 갈라파고스를 둘러본 후 쓴 책으로, 당시의 경험을 생생하게 묘사하고 있어 문학사적으로도 고전으로 꼽히는 작품.

사회는 적어도 글쓰기에 있어서는 아직 한참 후진적인 경우다. 본고사 부활 시비로 연결된 정운찬 서울대 前총장의 '논술' 강조는 이 같은 맥락에서 나왔다고 해도 과언이 아니다.

대학 입시에서 논술이 차지하는 비중이 점차 커지고 있는 가운데, 최근 들어 대학에서조차 글쓰기에 대한 인식이 바뀌고 있다. 서울대는 몇 년 전부터 '인문학 글쓰기,' '사회과학 글쓰기,' '과학기술 글쓰기' 등과 같은 글쓰기 과목들을 인문대와 사회대, 공대에 각각 신설하거나 필수과목으로 지정했다. 성균관대는 얼마 전부터 '글쓰기와 커뮤니케이션' 과목을 중점 교양과목으로 지정해 모든 신입생들이 수강토록 강제하고 있다. 성대는 이를 위해 무려 11명에 이르는 신규 교원을 새로 채용했다고 한다. '사고와 표현' 이라는 교양과목에 올인하다시피 하고 있는 고려대학교의 경우, 학교측과 학생, 학부모 모두의 반응이 대단히 만족스럽다고 하니, 이제나마 다행한 일이 아닐 수 없다.

"실험만 하는 거죠." 공대에서도 글쓰기가 필요하지 않느냐는 필자의 물음에 대답하던 어느 공대 교수님의 말이 문득 귓전을 맴돈다. 분명, 20세기 과거에서는 통하던 대답이었다. 하지만 앞으로도 그럴까? 변화와 변혁의 속도에서 세계 최고인 한국을 누구보다도 잘 아는 여러분이기에 하는 말이다.

참 고 문 헌

김상연 (2005.7.26). "자연계는 수학 과학만 잘하면 된다?" 「동아일보」, 20.

리처드 라이트 (2002). 「하버드 수재 1600명의 공부법」. 월간조선사.

신동호 (2002.2). "글 잘 쓰는 과학자가 성공할 확률 높다." 「과학동아」, 112~115.

스타일의 요소 (The Elements of Style):
<http://en.wikipedia.org/wiki/The_Elements_of_Style>

임재춘 (2004). 「한국의 이공계는 글쓰기가 두렵다」. 마이넌.

채현주 (2006.3.7). "제출하는 보고서가 곧 승진 청원서." 「이코노믹 리뷰」, 300호. 142~143.

최재천 (2005.4.1). "위대한 과학자는 위대한 문장가." 「동아일보」, C7.

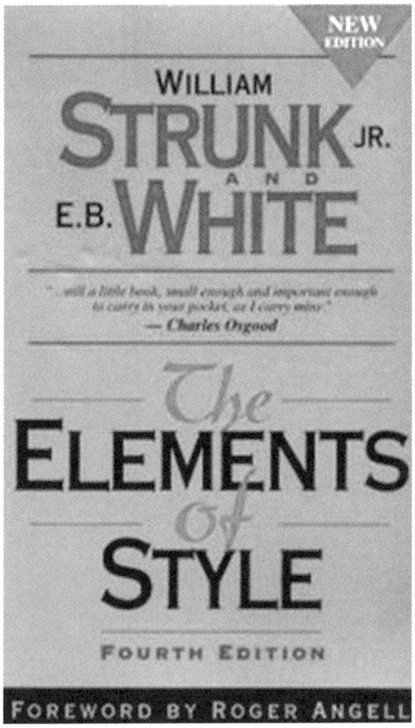

사진 출처: www.amazon.com

The Elements of Style(「스타일의 요소」)은 윌리엄 스트렁크 교수가 미국 MIT 공대생들의 작문 실력을 향상시키기 위해 지난 1918년에 펴낸 글쓰기 교재이다. MIT에서 가장 많이 팔린 책일 뿐만 아니라, 미국 내에서도 작문과 관련해 가장 영향력 있는 교본으로 인정받고 있다. 글쓰기에 있어 자칫 소홀하기 쉬운 주-술 호응에서부터 쉼표, 마침표 등의 문장 부호 사용 방법에 이르기까지 간결하면서도 정확한 글쓰기를 위한 실전적인 조언을 담고 있다. 1959년에 그의 제자, E. B. 화이트가 예제를 대폭 늘리고 내용을 현대적으로 재편해 개정판을 냈다. 사진은 지난 2000년에 출간된 제4판 표지.

2

졸업논문과 자기소개서

자기소개서만으로 서류 전형 통과하면서
취업 앞둔 졸업때 글쓰기의 중요성 알아

일전에 지방 어느 대학의 신문방송학과 교수로부터 들은 이야기이다. 당시 그 교수는 졸업논문 수업을 맡고 있었는데, 학생들이 논문을 소화해 내기에 매우 버거워한다는 사실을 접하곤 학생들에게 좀 더 신축적인 기회를 주기로 마음 먹었다고 한다. 그네들이 원할 경우에는 탐사* 또는 기획* 기사 등과 같은 형태의 글들도 졸업논문의 일환으로 인정해 주기로 하고는 기사 작성법에 대한 도움말을 열심히 전해 주었다는 것이 그의 설명이었다.

그런데 학기 초에 탐사 기사를 써보겠다던 한 학생이 기말 즈음에 갑작스레 장문(長文)의 이메일을 보내왔단다. 내용인즉 "선생님이 허락하신다면 졸업논문으로 대체해 제출키로 했던 기사 대신 신문의 사설과 칼럼을 하루에 5시간 정도씩 꼬박꼬박 손으로 베껴서 기말까지 내겠다"는 다소 황당한 글이었다. 시간은 촉박하고 취재 역량은 부족한 데다 글마저도 잘 안 되는 상황에서 제 깜냥*을 깨닫고

***탐사 기사** 사회의 부정 부패, 비효율, 무관심 등을 고발하는 기사. TV 프로그램으로 따지자면 '추적 60분,' '그것이 알고 싶다,' '시사 매거진 2580' 등이 이에 해당한다.

***기획 기사** 시사적으로 가치가 있는 일들을 기획해 내보내는 기사. 흔히 여러 편의 시리즈 형태로 제작되며, 시간과 비용이 많이 든다. TV 프로그램으로 보면, 특집이나 다큐멘터리 정도로 이해할 수 있다.

***깜냥** 스스로 일을 헤아림. 또는 일을 가늠해 보아 해낼 만한 능력. (자기 능력을 스스로 겸손하게 이르거나, 아랫사람의 능력을 깔보아 이를 때 씀).

늦게나마 마련한 고육지책(苦肉之策)이라는 것이 그의 설명이었다. 그러면서 자신이 최근 겪은 이야기로 글쓰기가 얼마나 중요한지를 다시 한번 깨달았다는 말꼬리를 덧붙였다고 한다. 사정을 들어보니 글을 다루는 입장에서 혼자만 듣기엔 너무 아까워 당사자를 조르다시피 해서 겨우 그 학생이 보냈다는 이메일을 손에 넣었다. 물론, 해당 학생과 당사자의 신분에 대한 비밀 보장은 철저하게 지킨다는 전제 아래.

다음은 어렵사리 손에 넣은 그 학생의 편지 내용이다. 사적인 내용들과 함께 분량이 만만찮았던 관계로 조금 손질했다는 점을 먼저 밝히고자 한다.

친애하는 XXX 선생님께,

요즘 제가 졸업을 목전에 둔지라 취업에 신경 쓰지 않을 수가 없는 상황입니다. 내년 상반기 취업을 목표로 영어 실력도 늘이고 자격증도 한 개 정도 딸 요량으로 나름대로의 타임 스케줄을 짜고 있습니다. 하지만 시즌이 시즌인지라 최근의 취업 열기를 좇아 저도 국내 굴지의 H기업에 얼마 전 원서를 제출해 보았습니다. 제가 손에 쥐고 있는 토익 점수는 없는 것과 마찬가지인 데다, 인적 사항을 적는 난에 마땅히 적을 특기 하나 변변하지 않았던 터라 그다지 큰 기대는 걸지 않았습니다. 주위에서도 "지방대는 차별을 많이 받는다던데," "쓸데없는 고생을 하는 거 아냐?," "잘 됐으면 좋겠다"는 등의 걱정과 격려를 보였습니다.

그런데 사심 없이, 정말 별 생각 없이, 그냥 한번 내보았던 것에 불과했던 서류 전형에서 얼마 전 덜커덕 1차를 통과했다는 소식을 접하고 말았습니다. 처음에는 말로 형용할 수 없을 정도로 기쁘기도 했지만 얼떨떨했던 기분도 감출 수 없었습니다. '토익 점수는 내지도 않았는데 어떻게 해서 서류 전형을 통과했지?'라는 궁금증이 머리 한 켠에서 맴도는 것을 부인할 수 없었으니까요.

시간을 두고 찬찬히 생각하면서 고민해 본 결과, 제가 그 문턱 높다는 1차 서류 전형을 통과한 이유로는 '자기소개서'가 가장 큰 몫을 했다는 결론을 내렸습니다. H사에서 요구했던 서류는 인적 사항 서류와 희망자에 한한 토익 점수, 그리고 자기소개서가 다였으니까요. 그래서 다시 한번 자기소개서를 들여다보니, 나름대로 고심해서 제 자신의 특기와 성격의 장단점, 앞으로의 가능성에 대해 세세하게 묘사한 점이 눈에 띄더군요. 결국, 며칠 전 H기업의 2차 면접에서 탈락했다는 연락을 받았습니다만, 앞선 1차 서류 전형 통과는 제게 많은 자신감을 심어주었습니다. 2차 면접 대기실에서 만났던 수백 명의 1차 서류 통과자들 가운데 지방대생은 그야말로 한 손가락에 꼽힐 정도였으니까요. 그러나 자신감과 함께 수많은 후회 역시 막을 길이 없었습니다. 그동안, 글쓰기를 소홀히 해왔던 제 자신에 대한 반성과 함께.

돌이켜 보면, 저는 학과의 여러 글쓰기 과목들을 의도적으로 피해 왔습니다. 성적 관리 차원에서, 또 장학금을 받을 목적으로 수강하기에 편안한 전략 과목들을 쫓아다녔습니다. 그러나 지금 시점에서 제 생각이 얼마나 짧고 근시안적(近視眼的)이었는가를 비로소 깨닫게 되었습니다. 취업을 앞둔 요즘, 자기소개서 하나만으로도 글쓰기의 위력이 어느 정도인가를 깨달으면서 하나만 알고 둘을 보지 못했던 제 자신이 원망스럽기까지 합니다. 해서, 지금부터라도 제대로 된 글쓰기, 깊이 있는 글쓰기를 터득하기 위해 나름대로의 계획을 세워 선생님께 보고 드리는 바입니다. 부디 아래에 있는 작문 계획을 훑어봐 주시기 바랍니다. 바쁘실 텐데도 불구하고 제 글을 끝까지 읽어주셔서 감사합니다.

- 이 름 : 수퍼펜
- 나 이 : 28
- 국 적 : 대한민국
- 출생지 : 춘천
- 신 장 : 15cm
- 몸무게 : 10g
- 특 기 : 글쓰기, 날기

3

'글짱'은 직장에서도 '짱'

영어보다 더 중요한 한글 보고서 작성 능력
미국도 글쓰기에 30~50%의 근무시간 소비

글쓰기가 중요하지 않던 시절이 있었다. 아니, 글쓰기가 필요하지 않던 때가 있었다. 경영자와 부하 직원 상호 간의 커뮤니케이션이 활성화되지 않고 수직적 의사소통이 주를 이루던 옛날 이야기다. 당시에는 관공서, 기업, 학교를 막론하고 위에서 까라는 대로 까기만 해도 별 탈 없이 모든 것이 잘 굴러가던 때였다. 높은 곳에서는 일의 저돌적인 추진을 위해 가탈* 없이 말 잘 듣는 사람들을 원했고, 밑에서는 자리 보존을 위해 '성실'하게 윗선의 지시를 따르는 것이 요구되는 세상이었다. 그러나 그로부터 강산이 대략 두세 번 정도 바뀐 지금, 한국의 기업 풍속도는 무서울 정도로 급변해 버렸다.

취업 포털 사이트인 '잡코리아'(Job Korea)에서 지난 2005년 여름, 기업 인사 담당자들을 대상으로 조사한 결과는 21세기의 우리 사회가 요구하는 직장인 상(像)이 무엇인지를 잘 보여주고 있다. 당시 '잡코리아'는 기업의 인사담당자 7백여 명을 대상으로 설문조사를 실시했는데, 응답자들은 '신입사원의 부족한 업무 능력'으로 '업무의 전문성'(48.2%)과 '대인관계'(31.3%)를 가장 많이 꼽은 바 있다. 주목할 만한 사실은 처음으로 '국어'(5.6%)가 '영어'(5.1%)를 제치고 신입사

***가탈** 일이 순조롭게 나아가는 것을 방해하는 조건. 또는 이리저리 트집을 잡아 까다롭게 구는 일.

원이 향상시켜야 할 업무능력의 3위로 등극했다는 것. 보고서를 통해, 아이디어 입안, 상품 기획, 시장 동향 파악 및 예측, 출장 보고, 회의 결과 요약 등과 같은 사안들을 정리해야 하는 신입사원들의 국어 능력이 회사 입장에서는 그다지 신통치 않았기 때문인 듯하다. 실제로 인사담당자 10명 가운데 8명은 신입사원들의 국어 활용 능력에 대해 '불만족스럽다' 거나 '그저 그렇다' 고 인식하고 있는 것으로 나타났으며, 10명 중 3명은 '쓰기나 말하기 등의 표현 능력' (39.7%)이 시급히 개선돼야 한다고 생각하고 있었다.

글쓰기와 관련된 서적은 3쇄*(刷)를 넘기기 힘들다는 출판 시장에서 발간된 지 1년 6개월 만에 9쇄라는 경이적인 기록을 세운 「한국의 이공계는 글쓰기가 두렵다」의 저자, 임재춘은 이러한 점에서 직장인 글쓰기의 중요성을 역설하는 글짱 선교사이다. 과학기술부 사무관 출신으로 영남대 객원교수이기도 한 임재춘 씨는 미국 직장인들의 경우, 글쓰기에 많은 시간을 투자하고 있다며 근무 시간 중 적게는 30%에서부터 많게는 50%에 이르는 업무가 쓰기, 편집, 프리젠테이션 준비 등으로 소모되고 있다고 밝히고 있다. 같은 맥락에서 몇 해 전 무려 4천 명의 기술자들을 대상으로 대학이 권장해야 할 학과목이 무엇인지를 물은 미국의 설문조사 결과는 아이러니하기까지 하다. 해당 분야에서 나름대로 성공했다고 자타가 공인했던 4천 명의 기술자들이 가장 많이 꼽은 첫 번째 필수 과목으로 '경영학' 이 등극한 가운데, 2위로 '글쓰기' 가 선택됐기 때문이다. 우습게도 이공계의 전유물이어야 할 컴퓨터, 열 전달, 기기사용 및 측정, 데이터 처리, 시스템 프로그래밍, 경제학, 미분학, 논리학, 경제 분석, 응용 프로그래밍 등과 같은 전공 과목들은 11위에서부터 20위에 머무는 역전 현상이 벌어졌던 것이다.

이쯤에서 마무리 에피소드 하나 더. 진시황이 "이 책이야말로 내가 기다리던 것이다. 내가 지은이를 만날 수만 있다면 죽어도 여한이 없다"고 감탄했던 명저 「한비자」의 저자, 한비(韓非)는 심한 말더듬이였다. 콤플렉스가 심했던 그는 자연

***쇄(刷)** 대폭적인 수정 없이 오·탈자 정도를 챙기는 수준에서 다시 책을 인쇄하는 것. 3쇄라 함은 책에 대한 수요가 많아 처음에 인쇄한 이후, 재차, 삼차에 걸쳐 책을 다시 찍어내는 것을 말함.

히 글로 자신의 사상을 전할 수밖에 없었고 문장 하나 하나에 온 힘을 기울였다. 2천 년이 지난 현재에도 '불후(不朽)의 고전'과 '스테디셀러'라는 두 타이틀을 거머쥔 채 우리 곁에 남아 있는 「한비자」는 그런 각고의 노력 끝에 탄생됐다. 그런 점에 비춰볼 때, 학생과 직장인들이 글쓰기에 매진해야 할 또 하나의 이유가 생긴 셈이다. 자신의 아이디어를 명확하게 전달하고, 또 그 값어치를 십분 인정 받으려면 결국 '말'이나 '술'이 아닌 '글'로 표현해야 하기에.

참 고 문 헌

고우영 (2003). 「십팔사략: 시황제와 천하 통일」. 애니북.

임재춘 (2002). 「한국의 이공계는 글쓰기가 두렵다」. 마이넌.

손효림 (2005.7.6). 기업 인사담당 728명 설문 "신입사원 국어실력 불만." 「동아일보」, 8.

4

매트릭스와 네오, 그리고 '글짱'

진정한 '글짱'은 또 다른 의미의 수퍼맨
사고의 지평 넓히고 현실을 직시하게 해

"빨간 알약을 먹으면 진실을 알게 될 것이고, 파란 알약을 택하면 이제껏 겪었던 모든 일을 기억하지 못할 것이다."

1999년 전 세계를 강타했던 워쇼스키 형제의 영화, '매트릭스'는 빼어난 오락성과 뛰어난 촬영 기법은 둘째 치고서라도 시나리오 자체가 함축하고 있는 의미와 상징으로 20세기 후반 들어 가장 많은 화제를 낳았던 작품이다. 독자의 기억을 돌이키기 위해 줄거리를 간단히 언급한다면 영화에서 주인공 '네오'(키아누 리브스 분)는 평범한 삶을 영위하는 회사원이다. 그러다 언제부터인가 자신을 둘러싼 세상이 뭔가 이상하다는 것을 감지하면서 수수께끼의 인물 '모피우스'(로렌스 피시번 분)와 운명적인 만남을 갖게 된다. 세상은 눈에 보이는 것이 전부가 아니며 상상을 초월하는 진실을 알고 싶다면 그가 내미는 알약들 가운데 하나를 택하라는 선택을 강요받는 '네오.' 결국 진실을 알기 위해 주인공은 빨간 알약을 고르고, 마침내 혼수상태에서 깨어나 인큐베이터 자궁 속에 배양된 채 컴퓨터에 에너지를 공급하고 있는 인류의 비참한 운명을 목격한다. 이후, '네오'는 자신이 체험해 왔던 세계가 컴퓨터에 의해 가상으로 구축된 매트릭스라는 것을 깨닫고 고독하며 운명적인 투쟁을 시작해 나간다.

영화 '매트릭스'에서 주인공은 마침내 가상 세계의 모든 물리적, 시공적 한계를 극복하며 날아오는 총알을 피하고, 공중을 날아다닐 수 있는 엄청난 능력을 발휘하게 된다. 그렇다면 저자는 이 시점에서 느닷없이 왜 영화 이야기를 꺼냈을까? 글쓰기 작업이란 바로 빨간 알약을 택해 또 다른 세계를 경험할 수 있도록 해주는 과정과 매우 흡사하기 때문이다. 사실, 눈앞에 펼쳐진 감각적인 현실을 초월해 사회 이면에 숨겨진 작동 구조와 진실을 이해할 수 있는 능력을 키워주는 면에서 글쓰기만큼 효과적인 작업은 없다. 이는 글쓰기의 깊이가 커지면 커질수록 비판적, 비평적인 시각이 증폭되면서 보다 넓은 시야를 지니게 되는 것과 일맥상통(一脈相通)한다.

수준 높은 글쓰기는 특정 현상을 바라보며, 스스로에게 "왜," "어떻게," "앞으로는?" 등과 같은 질문들을 끊임없이 던지며 보다 깊이 있고 만족스러운 답을 얻어 나가도록 유도하게 마련이다. 완성도 높은 글을 만들기 위해 글 쓰는 이는 자연히 한 번 더 생각하게 되고 그러는 과정에서 생각의 깊이는 더욱 완숙하고 명확해진다. 눈앞에 펼쳐진 가상 세계를 의심하는 주인공처럼, 비평적인 글쓰기는 주변의 현상과 현실을 눈앞에 펼쳐지는 액면 그대로만 파악하지 않는다. 중력의 법칙을 무시한 채 하늘을 날아다니는 '네오'처럼 글을 쓰는 필자 역시, 현실을 입체적으로 직시할 수 있는 '수퍼맨'으로 거듭날 수 있다.

그런 면에서 글쓰기는 사고의 지평을 무한대로 확장시킬 수 있다. 투시능력으로 벽 뒤편까지 훤히 들여다보는 수퍼맨처럼 남들이 인지하기 어렵거나 생각조차 해본 적이 없는 곳을 들여다볼 능력은 그렇게 자라난다. 사회의 움직임을 수만 개의 크고 작은 톱니바퀴들이 맞물려 작동하는 하나의 거대한 기계로 비유한다면, 외부에서 기계의 겉모습만 바라보기보다 내부에서 어떤 역학 원리로 기계가 움직이는지, 얼마나 많은 부품들이 협응*(協應)하고 있는지, 그 과정에서 어떤 일들이 발생하고, 그것이 무엇을 의미하는지 등에 대해 생각하는 습관은 그래서 더 더욱 발전적으로 진화한다.

***협응(協應)** 서로 조화롭게 맞물려 작동함.

그렇다면 외형적인 면, 기술적인 면에서는 우수하지만 듬쑥함*없이 겉만 번지르르한 글들은 어떻게 평가해야 할까? 이에 대한 답은 영화 '매트릭스'에서 주인공 '네오'의 영원한 적수로 등장하는 '스미스' 요원(휴고 위빙 분)이 잘 보여주고 있다. '네오'와 맞먹는 능력을 지녔으되 그를 둘러싼 매트릭스의 세계에는 관심조차 없는 '스미스'는 오로지 '네오'를 제거하는 것을 존재 목적으로 삼고 있다. 마찬가지로 비판적 내용이나 깊은 사고 없이 허울*만 그럴싸한 글들은 기술적인 면에서 뛰어날 뿐, 현실에 대한 관심도, 진실을 꿰뚫어볼 능력도 없는 '스미스' 요원의 또 다른 형태일 뿐이다.

누구나 '네오'처럼 살 수는 없다. 또, 누구나 다 '네오'처럼 되기를 바라지도 않는다. 그러나 적어도 '네오'처럼 산다는 것이 무엇을 뜻하는지는 생각해 볼 수 있다. 글을 깊이 있게 '잘' 쓴다는 것이 바로 또 하나의 '네오'가 된다는 것을 의미하기 때문이다. 글을 옹골차게* 써야 한다는 말들은 넘치는데 글을 왜 단단하게 써야 하는지, 또 글을 꽉 차게 쓴다는 것은 무엇을 의미하는 것인지에 대한 설명들은 보이지 않아 꺼내는 말이다.

***듬쑥하다** 사람의 됨됨이가 가볍지 아니하여 속이 깊숙하고 차 있다.
***허울** 실속이 없는 겉모양
***옹골차다** 실속 있게 꽉 차다.

제2부 문장론

1

“견통령? 대통령!”

엄청난 의미 차 부르는 주범, 誤字
글 수준 떨어뜨리는 ‘미운 오리새끼’

50년도 더 된 전설 같은 실화다. 서슬 퍼렇던 이승만 독재 정권 시절, 지방의 한 언론사에서 대통령(大統領)을 칭하려다 그만 견통령(犬統領)으로 기사를 잘못 내놓았다. 클 ‘대(大)’ 자 대신, 위에 조그만 점 하나 더 있는 개 ‘견(犬)’ 자를 배치했던 것. 지금은 문서작성 소프트웨어를 이용해 한글을 해당 한자로 바꿔 입력할 수 있는 데다 프로그램에 오 · 탈자 방지 기능까지 있어 이 같은 실수가 불가능에 가깝지만, 당시는 식자공*(植字工)들이 일일이 활자를 찾아다 활판에 심던 시대였다. 문제는 시대적 정치 인심이 이 같은 실수를 웃어 넘기기에는 그리 협협하지* 않았다는 사실이다. 결국, 대역죄를 저지른 언론사는 사장이 구속되고 신문은 몇 달간 발행마저 중단 당하는 사달*을 겪었다. 이후, 해당 신문사는 ‘대통령’ 이라는 활자를 아예 한 단어로 묶어 버렸나.

지난 2006년 초에도 한 고급 다이어리 제작업체가 자사의 신제품에서 오자(誤字)를 발견하는 바람에 날벼락을 맞은 일이 있다. 2월을 뜻하는 February의 두 번째 알파벳 ‘e’가 ‘a’로 인쇄돼 사전에도 없는 ‘Fabruary’ 라는 기묘한 단어가 탄

***식자공(植字工)** 글자를 심는 사람. 즉, 납 활자를 찾아 기사에 맞게 쇠판에 배치하는 이.
***협협하다** 융통성이 있고 대범하다.
***사달** 사고나 탈

생됐기 때문이다. 고급 이미지를 지향하던 터라, 고심에 고심을 거듭하던 끝에 이 업체는 이미 1억여 원 이상 생산한 제품들을 전량 폐기해 버렸다.

내가 하면 실수, 남이 저지르면 수준 미달의 주인공. 바로 '오자(誤字)' 이야기다. 사실, 오자는 우리의 일상생활과도 매우 밀접한 관련을 맺고 있다. 새로 만든 여권이나 주민등록증에서 이름의 획 하나가 잘못 인쇄되었다고 가정해 보자. 오타를 바로잡기 전까지는 은행의 계좌 개설에서부터 해외여행에 이르기까지 무엇 하나 쉬이 이뤄지지 않을 것이다. 해서, 맞춤법 습득을 위한 받아쓰기 연습은 이미 초등학교 1, 2학년 시절부터 한국인이라면 누구나 필수적으로 치러야 할 통과의례로 자리하고 있다.

어떻게 하면 오자를 줄일 수 있을까? 만일, 초 · 중 · 고등학교를 통해 튼실하게 맞춤법 교육을 받았다면 대부분의 문제는 해결될 수 있다. 그러나 그런 이들에게도 넘지 못할 산은 있게 마련. 필자조차도 불과 얼마 전까지, '내일의 다음날' 을 일컫는 '모레' 를 '모래' 로 잘못 알았을 정도니……. 때문에, 오자를 방지하기 위해서는 첨단 문명의 이기(利器)인 문서작성 소프트웨어를 십분 활용하는 지혜가 필요하다. 다시 말해, 해당 프로그램이 지니고 있는 강력한 오자 정정 기능을 이용해 끊임없는 검색 작업을 실시해야 한다는 것이다. 모니터 상의 어느 단어 아래, 빨간색의 정정 밑줄이 쳐져 있다면 적당히 넘어가지 않고 무엇이 잘못됐는지를 점검하는 습관은 그래서 중요하다. 이를 위해 맞춤법을 확인할 수 있는 국어사전이나 인터넷 사전을 뒤지는 것 역시 필수일 터.

마이크로소프트에서 개발한 문서작성 프로그램 '워드' 는 한때, 잘못된 영어 철자를 자동으로 바로잡아 주는 기능을 '디폴트' (default)로 갖춘 적이 있었다. 예를 들어 '내일' 을 뜻하는 'tomorrow' 를 잘못 입력해도 타이핑을 끝내는 순간, 오타가 저절로 바뀌는 기능이었다. 당시, 이러한 기능은 학생들 사이에서 유용하다 못해 절대적인 위력을 발휘했다. 사전을 들여다보거나 생각 한번 해볼 필요 없이 단어를 대충대충 입력해도 오자가 바로잡혀 시간이 획기적으로 절약됐기 때문이다. 하지만 이러한 오자 정정 기능은 얼마 지나지 않아 '디폴트' 에서 '옵션' 으로

소리 소문 없이 바뀌고 말았다. 학생들의 철자 실력이 오히려 더 퇴보할 우려가 있다는 학계와 교육계의 비판 속에.

끝으로, 일전에 뉴스에서 발견한 재미있는 오자 한 가지를 소개하고자 한다. 꼭 문법적으로 잘못된 단어만이 오자의 대상이 아니라는 의미에서. 그러고 보면 아무리 전지전능한 컴퓨터라도 오자를 잡아내는 데는 한계가 있을 수밖에 없다. 그럼, 아래 기사에서 '오자'는 과연 무엇일까? (정답은 29쪽에)

> 중국 산시(陝西)성 안캉(安康)시에서 지난해 여름 이후 모두 715명이 말벌에 쏘여 부상했고 36명이 숨졌다고 광명일보(光明日報)가 5일 보도했다. …… 국가임업국에 따르면, 안캉시 한빈(漢濱)구 주민들은 지난 여름부터 말벌의 개체수가 급격히 불어나 사람을 공격하는 사례가 빈발하고 있다고 말했다. 임업국 조사 결과, 이 말벌은 유럽과 미주지역에서 출몰하는 살인벌과는 종류가 다른 토종벌로 중국 전역에 폭넓게 분포해 있다. 대황봉(大黃蜂)으로 불리는 이 맹독성 말벌은 길이 19~27㎝의 흑갈색 몸체에 갈색 날개를 가지고 있으며, 나뭇가지나 땅속에 직경 20㎝가량의 집을 짓고 군집생활을 한다. (베이징=××뉴스)

참 고 문 헌

강준만 (1998). 「카멜레온과 하이에나」. 인물과 사상사.
박숙희 편저 (2002). 「뜻도 모르고 자주 쓰는 우리말 사전」. 책이있는마을.
이성구 (1992). 「문장 바로쓰기」. 동지.
유재동 (2006.1.17). '이런 중소기업 됩니다.' 「동아일보」. 39.
조경숙, 김슬옹, 김형배 (2006). 「나만 모르는 우리말」. 모멘토.

1분에 익힙시다

안 → 아니: (부정 부사)

예) 그런 일을 해서는 안 된다 → 그런 일을 해서는 아니 된다.

않 → 아니ㅎ/아니 하: (용언의 어간)

예) 오지 않다 → 오지 아니하다.
예) 오지 않을 것이다 → 오지 아니할 것이다.
예) 않된다 → 아니 ㅎ/아니하 된다. (×)

돼 → 되어:

예) 먼지가 돼도 → 먼지가 되어도 (○)
예) 먼지가 돼고 → 먼지가 되어고 (×)

연습문제

가. 단 문 연 습

■ 굵은 색글자로 표시된 단어들의 맞춤법이 맞으면 ○, 틀리면 ×로 표기해 보기 바랍니다. 이와 함께, 틀린 철자는 바로잡아 보세요.

1 허리에 빨간 띠를 두르면, 멀리서도 쉽게 눈에 띄게 마련이다.
2 그 집 아이들은 예절 교육을 잘 받아서 의젓하기가 웬만한 어른 같다.
3 겉모습에 현혹되서는 않된다.
4 오랑캐에 절하느니 비석에게 절하는 게 낫겠다.
5 글쓰기에서 띄어쓰기는 매우 중요하다.
6 자신의 몫이 하나도 없다는 사실을 깨닫자 개거품을 물고 달려들었다.
7 얼마나 더웠던지 도무지 정신을 차릴 수가 없었다.
8 소설가 가운데에는 특이한 이력의 외도장이들이 많다.
9 산은 산이오, 물은 물이로다.
10 "세 살박이 아이처럼 철없이 굴지 마라."
11 어른을 쫓아가는 것이 그 아이에게는 버거워 보였다.
12 "걷든지 뛰던지 네 맘대로 해라."
13 사람들이 많은 휴게실에서는 가급적 담배를 피우지 맙시다.
14 영재 교육의 성패는 아이들의 소질을 얼마나 잘 개발하느냐에 달려 있다.
15 썰어서 먹지 말고 통채로 먹어라.
16 하루 종일 물을 길어 항아리에 붇다가 다리가 퉁퉁 붓고 말았다.
17 우송 받으신 원고를 게재하여 주시면 감사하겠습니다.
18 "사주를 봐줄 테니 넌월일을 불러보세요."

19 "선비로서 지켜야 할 도리요, 학자로서 좇아야 할 마음가짐이외다."
20 "글씨를 개발새발 써놓고서 어디로 놀러 간 것이냐?"
21 웬만해선 동요하지 않는 사람도 그녀를 보고 나면 왠지 모르게 설레곤 했다.
22 석 달에 걸쳐 준비한 음악 공연이 몇일 앞으로 다가오고야 말았다.
23 "편지를 붙이고 오랬더니 부엌에서 전을 부치고 있으면 어쩌란 말이냐?"
24 연주가 끝나자 우뢰와 같은 함성이 쏟아져 나왔다.
25 아는 체 말참견을 해대는 그를 방해하지 않고 가급적 조용히 있었다.
26 "잘못돼지 않도록 미리 단단히 단속하라고 일러라."
27 "모름지기 양반이란 얼어 죽어도 곁불은 쬐지 않는 법."
28 입만 벌린 채, 옆 사람이 떠먹여 주기를 기다리고 있었다.
29 이삭이란 곡식 따위를 거둘 때, 흘렸거나 빠뜨린 낟알 등을 이르는 말이다.
30 확률이란 결국 비율을 의미하며, 백분율이 그 대표적인 예이다.

나. 중 문 연 습

■ 오타에는 크게 두 가지 종류가 있습니다. 하나는 맞춤법 자체가 잘못된 경우이고, 또 하나는 문맥상 잘못된 단어가 사용된 경우입니다. 그러나 단순한 실수라고 넘어가기에는 두 번째 오타가 더 치명적일 수도 있습니다. 앞서, 벌에 대한 기사 예제를 통해 소개한 바와 같이, 오보(誤報)로 불릴 수도 있는 오타(誤打)가 두 번째 유형에 속하기 때문입니다. 다음에서는 '맞춤법 오타'와 함께, 문맥상 잘못 사용된 '오보성 오타'도 함께 찾아내 바로잡아 보기 바랍니다.

1 이종범 선수는 빠른 발과 정교한 배팅 컨트롤로 언제든 안타를 만들어 낼 수 있고 마음만 막으면 도루까지 쉽게 해낼 수 있는 만능 야구인이다.

2 성인 군자란 남의 눈에 잘 띠는 길을 좇아 시류를 따르기보다, 남의 눈에 잘 띠지 않는 험한 길도 마다하지 않고 묵묵히 걸어가는 이를 말한다.

3 영화 '매트릭스'의 주인공 '네오'는 언제부터인가 자신을 둘러싼 세상이 뭔가 이상하다는 것을 감지하면서, 수수께끼의 인물 '모피우스'(로렌스 피시번 분)과

운명적인 만남을 갖게 된다.

4 최근 대학생들 사이에서 기승을 부리고 있는 피라미드 판매는 대기업 초봉 수준인 월 150원 정도를 다달이 이자로 얻을 수 있다는 유혹으로 많은 이들을 현혹시키고 있어 이에 대한 각별한 유의가 필요하다.

5 "고추를 통째로 먹고도 별 탈 없는 채 버티다가 결국 물을 그렇게 들이켜는 것을 보면, 매운 것을 잘 먹는다고 큰소리치던 너도 별 수가 없구나."

6 이 책은 역사에 길이 남을 소설이지만 두 가지 아쉬운 점이 있다. 첫째는 인물들의 소망에 대한 표현이 부족한 것이고, 둘째는 소설 속의 수많은 주제들이 비슷하다는 것이며, 셋째는 내용이 난해하다는 것이다.

7 식성이 좋은 사람들은 왠만큼 먹지 않고서는 웬지 허전한 듯 느껴지는 뱃속을 채울 길이 없어서 포만감이 느껴질 때까지 폭식하게 된다고 말한다.

8 차세대 운송 수단으로 각광받고 있는 자기부상열차는 자력을 이용해 차량을 선로 위로 1m 정도 부상시켜 움직이는 열차로 현재 독일과 일본에서 가장 적극적으로 개발되고 있다.

9 영국의 철학자이자 경제학자였던 존 스튜어트 밀의 저서, 「자유론」은 자유와 민주주의, 그리고 언론을 이야기 할 때 빼놓을 수 없는 고전(苦典) 중의 고전이다.

10 글 가운데서의 문장 부호 역할을 굳이 연극으로 비유하사면, 극석 효과를 높이기 위한 여러 시각, 청각적 요소—미술과 조명 또는 음향—이라고 할 수 있다.

다. 장 문 연 습

■ 맞춤법에 어긋나는 단어들을 찾아내 바로잡아 보기 바랍니다.

1 기자 초년병 시절, 6개월간의 수습과정을 마치자 경제부로 발령이 났다. 경제에 대해선 까막눈이었던지라 잔뜩 긴장하고 있었던 필자에게 직속 고참이 시킨 일은 바로 당일 저녁에 나온 다음날 신문의 오 · 탈자를 경제면에서 찾아내는 것이었다. 당시의 편집국 분위기는 고참이 죽으라면 죽는 시늉도 내야 할 만큼 살벌했던 까닭에 끼니를 걸러가면서까지 글자 하나 하나, 문장 하나 하나를 챙기느라 진땀을 흘렸다. 그렇게 두 면밖에 되지 않던 경제면을 샅샅이 뒤지노라면 어느덧 한두 시간이 후딱 지나가곤 했다. 당시에는 밉살스럽게 교정 일을 시키는 선배를 많이 원망하기도 했지만, 이 같은 훈련 과정은 나중에 바른 글쓰기를 위한 기초체력 형성에 일생일대(一生日代)의 도움이 됐다. 때문에 저자 역시, 학생들에게 글쓰기를 가르치는 첫 과정으로 반드시 인쇄매체에서 오 · 탈자를 잡아내도록 주문하고 있다.

2 정치에서도 오 · 탈자는 상대방의 기선을 제압하거나 자신의 약점을 감추려는 의도로 자주 이용된다. 일례로, 매년 실시되는 국정감사나 지방 의회 감사에서 해당 의원들로부터 자료 제출을 요구 당한 관련 기관에서는 정보의 정확성과 더불어 오 · 탈자 제거에 사활을 걸다시피 한다. 만일 한 개라도 오 · 탈자가 발생해 상대방이 이를 알아채게 되면 “의원을 이렇게 무시하느냐,” “오자와 탈자에는 신경 쓰지도 않느냐,” “그러면서 어떻게 그 자리에 있느냐,” “학력이 의심스럽다”는 등 온갖 종류의 시비와 모멸감을 감내해야 한다. 이와 함께 의원들 역시 감사에 대한 준비가 부족할 경우, 관련 기관장을 가장 쉽사리 물고 늘어질 수 있는 대상이 오 · 탈자이다보니 맞춤법이 틀린 글자는 더없이 반가운 대상으로 탈바꿈한다. 결국, 기선을 제압하려는 자와 꼬투리를 잡히지 않으려는 자 사이의 팽팽한 기싸움은 흔히, 수백 쪽에 이르는 두툼한 자료의 오 · 탈자 제거 또는 색출 작업에서부터 시작돼게 마련이다.

3 저자는 글쓰기 수업을 진행함에 있어, '강백호 시야'라는 용어를 자주 사용한다. 한때 한일 양국에서 선풍적인 인기를 끌었던 만화, 「슬램 덩크」에서 주인공, 강백호가 실수를 연발하는 데 착안해서 만든 용어다. 만화 속에서 강백호는 첫 출전으로 너무 긴장한 나머지, 시야의 가운데만 빼놓고는 주변이 전부 까맣게 보이는 극한(極限)적 현상을 경험하게 된다. 주인공은 제한된 시야 탓에 경기 초반 내내 실수를 연발하다가 동료로부터 한 대 얻어맞은 후, 긴장감이 풀리면서 까맣게만 보이던 시야의 주변부가 점차 밝아지는 정상 상태로 돌아오게 된다. 흔히, 전문적인 용어로는 터널 시야(tunel sight)라고 하는 이 같은 현상은 평소에 잘 보이다가도 정작 결정적인 순간에는 오 · 탈자를 놓치고 마는 경우를 뜻하는 것으로 우리 모두가 심심찮게 경험하는 글쓰기의 공적(公敵)이기도 하다.

해답

가. 단 문 연 습

1 ○, ○

※ 몸에 무엇을 두르거나, 어떤 성질을 지니는 것, 또는 용무나 사명감을 가지는 것 모두 특정한 대상을 보유/소유하고 있다는 의미의 '띠다'를 사용한다. 보다 쉽게 생각하려면, '허리띠'를 떠올리면 된다. 허리에 띠를 두르듯, 무엇을 지니거나 가지고 있다는 의미에서. 한편, '띄다'의 경우는 '사이에 공간을 둘 때,' '눈에 뜨일 때' 등 두 가지 의미를 나타낼 때 쓰인다. 특히, '눈에 띄다'라고 쓸 경우에는 '눈에 뜨이다'에서와 같이 본디말이 준말로 바뀌었다고 생각하면 기억하기가 훨씬 수월하다.

띠다 → 지니다, 소유하다.

띄다 → 눈에 뜨이다, 공간을 두다.

2 ○

'으젓하다'는 틀린 말이다.

3 ×, ×

겉모습에 현혹되어(돼)서는 안(아니) 된다.

4 ×, ×

생물일 경우에는 조사 '에게,' 무생물일 경우에는 '에'를 쓰는 것이 맞다.

5 ○

연습문제 '가'의 1번 참조.

6 ×

'게거품'이 맞다. 게는 환경이 급작스레 변하거나 위험에 처했을 때, 입에서 거품을 뿜어대기 때문에 생긴 말이다.

7 ○

과거 회상일 경우에는 '~던지'를 쓰는 것이 맞다.

어찌나 졸립던지 괴로워서 혼났다.

8 ×

'장인'을 의미하면 '장이'를, 속성을 많이 가지거나 일을 자주 하는 사람을 뜻하면,

'쟁이' 를 붙인다. (장이≒장인)

- 옹기장이, 유기장이, 대장장이…….
- 멋쟁이, 거짓말쟁이, 욕심쟁이, 월급쟁이…….

9 ×

문장들을 이어줄 경우에는 연결형 어미, '요' 가 와야 한다. '오' 는 종결 어미이다.

- 이것은 연필이요, 저것은 공책이다.
- 연필을 내오시오.

10 ×

'세 살배기' 가 맞다. '배기' 는 어린 아이의 나이를 나타내는 접미사이다. 반면, '박이' 는 무엇이 박혀있는 사람이나 짐승, 물건 등을 뜻하는 접미사이다. '점박이,' '외눈박이,' '차돌박이' 가 그 예에 속한다.

11 ○

급히 따라갈 '물리적 실체' 가 있을 경우에는 '쫓다' 가 맞음. 반면, '좇다' 는 '추상적인 대상' 을 따르거나 추구할 경우에 쓰인다.

- 사슴을 쫓아라.
- 행복을 좇아라.

12 ○, ×

일이나 물건의 내용을 가리지 않을 때는 '든지' 를 쓰는 것이 맞다. '~하든 말든' 이라는 용례를 기억해 두면 훨씬 수월하다.

13 ○

'휴개실' 또는 '휴계실' 로 착각하기 쉬움. 한자어로는 쉴 '게(憩).'

14 ×

천연 자원을 인간 생활에 유용하게 활용하거나 새로운 제품을 만들어 내는 등, 눈에 보이는 구체적인 것을 이용하고 생산해 내는 것은 '개발(開發)' 이며, 능력이나 소질과 같은 추상적인 대상의 잠재력을 끌어 올리는 것은 '계발(啓發)' 이다. 좀 더 쉽게 말하자면, 무(無)에서 유(有)를 만들어 내는 것은 '개발,' 원래 있는 소질을 활짝 꽃피우는 것은 '계발' 이다.

15 ×

'있는 그대로의 전부' 를 뜻할 때는 접미사 '-째' 를 사용한다. 다시 말해 명사가 앞에 있을 때는 반드시 '-째' 를 사용한다. 반면, 동작과 결부돼 '하고 있는 그대로' 를 뜻할 때는 의존명사 '-채' 를 사용한다. 따라서 '-채' 의 경우에는 반드시 동사가 앞에 와야 한다.

- 껍질째 먹어라. (명사+접미사)
- 선 채로 먹어라. (동사+의존명사)

16 ×, ○

붓다: 1) 살가죽이나 어떤 기관이 부풀어 오르다. 2) 액체나 가루 따위를 다른 곳에 담다. 반면, '붇다'는 물에 젖어서 부피가 커지거나 분량, 수효가 많아지는 것을 의미한다.

☞ 개울물이 붇다; 체중이 붇다.

17 ○

들 게(揭), 실을 재(載).

☞ 게시판, 국기 게양.

18 ×

법칙상 단어의 첫머리에 올 경우, '年'은 '연'으로 바꿔줘야 한다.

☞ 연도별도 자료를 정리하자. 연말에 놀러 가자. 연 10%의 이자.

반면, 의존명사로 쓰인 경우에는 '년'으로 써야 한다.

☞ 몇 년간, 오 년마다, 십 년째 ….

그렇다면 '연말연시'의 경우에는 왜 '연말년시'로 쓰지 않는 것일까? 이 경우에는 '연말'+'연시'와 같이 두 단어가 결합된 복합 명사로 보기에 제각각 두음법칙이 적용되기 때문이다. 비슷한 예로는 '설립연도,' '지질연대' 등을 들 수 있다. 반면, '전년도'는 단어 뒤에 접미사 '도'가 붙은 경우에 해당한다.

(참고 : 조경숙, 김슬옹, 김형배 (2006). 「나만 모르는 우리말」. 모멘토.)

19 ○, ○, ○

자격을 나타낼 때는 '~로서,' 수단을 나타낼 때는 '~로써.'

필자가 고등학교에 다니던 시절에는 '학생으로서,' '죽음으로써'와 같은 예문으로 둘을 구별하는 법을 배웠다. 즉, '학생'이라는 신분을 나타낼 때는 어린 대상이라는 의미에서 '로서'로, '죽음'이라는 결연한 표현을 강조할 때는 '로써'로 강하게 발음하는 것을 염두에 두면 외우기가 훨씬 쉽다.

20 ×

'괴발개발'이 옳은 표현이다. '괴'는 고양이를 뜻하는 옛말이다. 따라서, '괴발개발'이라 하면 말 그대로 고양이의 발이나 개의 발을 어지럽게 늘어 놓은 것처럼 쓴 글씨를 비유한 말이다.

21 ○, ○

'웬'은 '어찌된,' '무슨,' '어떠한'의 의미를 지닌 관형사. '왠'은 반드시 '지'와 결합해야 하는 부사. '왜 그런지,' '왜인지'를 줄인 말.

☞ 아닌 밤중에 웬 홍두깨?

22 ×

'몇일'은 '며칠'의 잘못이다. 예전에는 '몇일'도 경우에 따라 사용했으나, 지난 1988년 맞춤법 개정 이후부터는 '며칠'만 옳은 표현으로 인정하고 있다.

23 ×, ○

붙이다: '맞닿아 떨어지지 아니하다' 라는 의미를 지닌 '붙다' 의 사동사.
부치다[1] : 편지나 물건 따위를 일정한 수단이나 방법을 써서 상대에게로 보낸다.
부치다[2] : 번철에 기름을 바르고 빈대떡 따위의 음식을 익혀서 만들다.

24 ×

우뢰(雨賴)로 착각하기 쉽다. 그러나 우레는 '울+에' 가 우레로 변한 순수 국어이다.

25 ○, ○

'그럴 듯하게 거짓으로 꾸미는 태도' 를 일컬을 때는 '~척' 이 의미를 지닌 '~체' 를 쓴다.

26 ×

'돼' 를 '되어' 로 풀어 쓸 수가 없으므로 "잘못되지 않도록" 으로 써야 한다.

27 ×

'겻불' 이 맞다. '겻불' 을 곁에서 쬐는 불로 잘못 알고 있는 경우가 많다. 그러나 실제로는 쌀겨나 보릿겨처럼 곡식의 겨를 태운, 불기운이 약한 불을 일컫는 말이다. 즉, 양반은 얼어 죽을지언정, 어떤 종류의 약한 불도 쬐지 않는다는 뜻이다.

28 ○

연습문제 '가' 의 15번 참조.

29 ○

'낟알' 과 '낱알' 은 각각 다른 뜻을 지닌 낱말이다. '낟알' 은 '아직 껍질을 벗기지 않은 곡식의 알맹이' 이며, '낱알' 은 '하나하나 따로따로인 알' 을 가리키는 말이다.

☞ 팥 한 되에는 낱알이 몇 개나 들어가 있을까?

30 ○, ○, ○

'비율' 과 '백분율' 처럼 '모음' 과 'ㄴ' 다음에는 '율,' 그 외에는 무조건 '률' 을 쓰는 것으로 기억하면 된다. 따라서, 이 문제의 예제인 '비율' 과 '백분율' 만 외워두면 된다.

나. 중문연습

1 마음만 막으면 → 마음만 먹으면

2 잘 띠는 → 잘 띄는,　　쫒아 → 좇아 (길의 의미가 실질적이기보다 추상적인 의미에서),
잘 띠지 않는 → 잘 띄지 않는

3 '모피우스' 과 → '모피우스' 와

문맥상 '수수께끼의 인물 모피우스와 운명적인 만남'을 갖게 되므로 조사 '과'를 '와'로 고쳐야 한다. 괄호를 사용하면 흔히 겪게 되는 오타의 종류에 속한다.

4 150원 → 150만원

5 없는 채 → 없는 체

6 두 가지 → 세 가지
두 가지가 아닌 세 가지의 아쉬운 점을 열거하고 있다.

7 왠만큼 → 웬만큼, 　웬지 → 왠지
연습문제 '가'의 21번 참조.

8 1 m → 1 cm

9 苦 → 古
한자가 잘못되어 있다. '苦'는 '쓸 고' 자이다. '옛 고' 자인 '古' 자를 써야 한다.

10 줄표를 제외한 문장이 "극적 효과를 높이기 위한 여러 시각, 청각적 요소라고" 전개돼야 하므로, "무대 미술과 조명 또는 음향" 뒤에 있는 조사 '이'를 제거해야 한다.

다. 장문연습

1 日 → 一
일생일대(一生一代)에서 괄호 안의 한자 표기가 잘못돼 있다.

2 온갓 → 온갖, 　시작돼게 → 시작되게

3 tunel → tunnel
심심찬게 → 심심찮게

| 18쪽 정답 |

말벌의 길이를 지칭하는 'cm'를 'mm'로 바꿔야 한다. 만일 벌의 길이가 19~27cm라면, 이는 무슨 생물이든지 거대했던 쥐라기 시대 — 그 같은 크기의 곤충이 존재할 수 있는지에 대해서는 생물학적인 관점에서도 회의적이지만 — 에서나 꿈꿔 볼 수 있는 크기에 해당할 것이다. 더불어, 이 같은 크기의 벌은 직경 20cm의 벌집에 들어갈 수조차 없다.

2

띄어쓰기 최대공약수(1) =의존명사

이동통신사들의 문자메시지 정책이
신세대의 띄어쓰기 능력 퇴출시켜

'여섯 줄 80바이트, 건당 20원.'

우습게 들릴지 몰라도 가뜩이나 띄어쓰기에 약한 신세대에게 철퇴를 가한 주역, 문자메시지(SMS)에 관한 어느 이동통신사의 가격 정보다. 지난 1998년 첫선을 보인 이래, 숱한 문화 현상을 양산하며 '엄지족'이라는 신조어를 낳기도 했던 문자메시지는 그동안 신세대들의 전폭적인 사랑 속에 관련 시장이 급속도로 성장해 왔다. 이에 따라 지난 2010년 한 해 동안 문자 서비스만으로 이통(移通)3사가 벌어들인 돈은 무려 1조 3천억 원 정도. '티끌 모아 태산'이라는 속담이 결코 허언(虛言)이 아님을 보여준 한국판 실례(實例)인 셈이다. 문제는 일정 한도 내에서 문자를 보내야만 건당 몇십 원으로 인정해 주는 이통사(移通社)들의 방침이 신세대들로 하여금 띄어쓰기를 외면하도록 강제해 버렸다는 사실이다. 비용 절감을 위해 '엄지족'들이 단어들을 다닥다닥 붙여 씀으로써 그네들의 이야기 문화에서 띄어쓰기를 퇴출시켜 버렸기 때문이다.

그렇다고 신세대들만이 띄어쓰기의 올바른 사용에 어려움을 겪고 있다고 생각하면 오산이다. 예를 들면, 어느 매체보다 정확한 정보를 전달해야 하는 방송 자막에서조차 잘못된 띄어쓰기는 심심찮게 눈에 띈다. 더욱 큰 문제는 띄어쓰기에 대한 방송사의 인식 수준이 아직까지도 그다지 높지 않다는 데 있다. 실제로, 지상과 방송 3사 가운데 현재까지 맞춤법 교정기를 도입해 운용하고 있는 곳은 한 곳에 불과한 것으로 알려지고 있다. 그러나 해당 방송사 역시 예산 등을 이유로 뉴스 등 보도 프로그램에서만 맞춤법 교정기를 운용하고 있을 뿐, 아직 전면적인 도입은 실행하지 못하고 있는 실정이라고 한다.

그러고 보면 띄어쓰기는 한글을 익히고 난 후, 맞춤법과 더불어 한국인들이 가장 먼저 배워야 하는 글쓰기의 기본에 속한다. 해서, 초등학교 저학년생들은 선생님과 부모님의 지도 아래 띄어쓰기에 관한 규칙들을 끊임없이 숙지하고 익혀나가야 한다. 이후, 기본 법칙들을 어느 정도 터득한 학생들은 주어-술어-목적어 호응이나 접속사를 통한 문장 연결 등과 같은 고급 과정들을 익히게 되며, 중·고등학교에서부터 본격적으로 작문 및 논술 같은 고급 글쓰기들을 경험하게 된다.

물론, 이와 같은 글쓰기 과정을 무난히 소화해낸 이들이라 하더라도 띄어쓰기를 완벽하게 구현하기는 대단히 힘든 노릇이다. 띄어쓰기 관련 규칙이 워낙 방대할 뿐만 아니라 규정 자체도 끊임없이 변하고 있는 까닭에서다. 따라서, 띄어쓰기는 사회생활에 무리가 없고 주변에서 인정해 줄 수 있는 최대공약수 정도의 수준만 습득하면 별 무리가 없다는 것이 필자의 생각이다. 사실, 띄어쓰기가 기본적으로는 단어와 단어 사이에 공간을 남겨 둔다는 사실을 되새겨 보면, 단어마다 무조건 띄어주기를 시도하는 것이 가장 이상적이며, 또 가장 쉬운 방법이기도 할 것이다. 그러나 이는 어디까지나 이상일 뿐, 현실에서는 모든 단어를 띄워 줄 시간도, 능력도 쉽사리 생기지 않는 것이 사실이다. 무엇보다도 어떤 것이 띄어쓰기를 적용해야 하는 단어이고 어떤 것이 아닌지에 대한 판가름은 결코 말처럼 쉬운 것이 아니다.

반드시 지켜야 할 띄어쓰기, 더불어 신세대들이 가장 많이 함정에 빠지는 띄어쓰기의 대상으로 다음과 같은 경우들을 최우선 순위로 지정하고 싶다. 정답을 알기 전에 우선, 예제들을 통해 어느 곳에 띄어쓰기를 해야 하는지 연습해 보기 바란다. 괄호 안은 필자의 생각에 무난한 수준의 띄어쓰기 달성을 위해 반드시 공

간을 둬야 하는 '최소' 단위의 띄어쓰기 수이다. (정답은 46쪽에)

떠난지 5분 됐기 때문에 쫓을지 말지 빨리 정해야 한다. (1)
오늘도 할만큼 했으니 어제만큼만 대접해 주세요. (1)
가다 말고 집에 오는데 가는데가 어디냐고 묻더라. (1)

장대높이뛰기에서 무려 오미터를 뛰어올랐다. (1)
십년이면 강산도 변하는데 20년이 흘렀으니. (1)
원고를 교정해주면 한시간에 오천원씩 받는다. (2)
원고를 교정해주면 한시간에 5,000원씩 받는다. (1)
몇번째로 가야 하느냐? (1)

위의 예시들 가운데 첫 번째 단락은 형식성 의존명사에 관한 문제이며, 두 번째 경우는 단위성 의존명사에 관한 용례들이다. 경험적으로 비춰볼 때 형식성 의존명사의 경우는 열 가운데 대여섯 명 정도, 단위성 의존명사의 경우에는 열 가운데 예닐곱 명 정도가 띄어쓰기 함정에 빠진다.

이쯤에서 이동통신사들에게 제안 하나. 좀 손해 보더라도 띄어쓰기를 살리는 셈 치고 현행의 문자메시지 사용에 대한 비용 청구 방식을 전면적으로 바꿔볼 생각은 없는지? 예를 들어, 띄어쓰기의 경우는 글자 수로 치지 않는 식으로. 통신사들의 얄팍한 상술 속에 신세대들의 띄어쓰기가 갈수록 약해지는 것 같아, 말도 안 되는 몽니* 한번 부려 봤다.

***몽니** 정당한 대우를 받지 못할 때, 권리를 주장하기 위해 심술을 부리는 성질.

참 고 문 헌

김지영 (2005.2.7). 아이들 '엉터리 한글' 배울까 걱정. 「매일경제신문」, 24.
김현주 (2011, 9.30). 무료문자 시대지만 문자 매출 건재하네! 「아이뉴스 24」
육철수 (2005.7.28). '엄지경제.' 「서울신문」. 31.
이성구 (1992). 「문장 바로쓰기」. 동지.
이익섭 (2002). 띄어쓰기의 현황과 전망. 「새국어생활」, Vol. 12, No. 1, 5-16.
장진한, 후타쓰기 고조 (2003). 「글쓰기 잘라서 읽으면 단숨에 통달한다」. 행담.
허원 (2005.9.25). '문자메시지 시장 유 · 무선업체 '경쟁.'' 「파이낸셜 뉴스」.
한글학회, 한글맞춤법 띄어쓰기 규정: <http://www.hangeul.or.kr/2.htm>

1분에 익힙시다 – 의존명사 파악 요령

1. 의존명사인지 아닌지를 파악하기가 힘들다면, 한 번쯤 끊어 읽어보세요. 만일, 의존명사로 추정되는 단어 앞에서 끊어 읽거나 해당 단어를 좀 더 강하게 읽는 것이 자연스러울 때는 의존명사일 경우가 대부분입니다.

예) "범인은 분명 여기 있을 터인데." "그럴 수도 있습니다."

2. 형태를 보고 짐작할 수도 있습니다. 문법상 명사 뒤에는 '조사'가, 동사 · 형용사 · 관형사 뒤에는 '명사'가 오기 때문이지요. 예를 들어, '만큼'은 의존명사와 조사의 두 형태를 모두 지니고 있는데, 만일 '만큼'의 앞에 명사가 있으면 조사, '만큼'의 앞에 동사나 형용사가 있을 경우에는 의존명사로 파악하면 됩니다.

예) "나도 할 만큼 했다구."

→ '만큼' 앞의 '할'이 동사임. 따라서 '만큼'은 의존명사로 띄어 써야 함.

예) 하늘만큼 땅만큼 너를 사랑해.

→ '만큼' 앞의 '바다'와 '땅'이 모두 명사이므로 '만큼'은 당연히 조사가 되어 붙여 써야 함.

단, 이와 관련한 한 가지 예외가 있으니 앞서 소개한 '~ㄴ지'의 경우가 그것에 해당합니다. '~ㄴ지'는 시간의 경과를 나타낼 때만 띄어 쓰고 나머지는 모두 붙여 쓰면 됩니다.

예) 떠난 지 한참 됐다.

예) 얼마나 기특한지 몰라.

연습문제

가. 단 문 연 습

■ 의존명사와 관련된 띄어쓰기 가운데 잘못된 것을 찾아 해당 부분 위에 띄움표(∨) 또는 붙임표(⌒) 표시를 해보기 바랍니다.

1 글쓰기의 기초는 '띄어쓰기'라는 말을 한적이 있다.
2 방학중에 여행을 다녀오도록 하자.
3 1년만에 고향에 돌아왔다.
4 "10 여년 동안, 이룩한 것이 고작 이것이냐?"
5 "신발을 신은채 물속에 들어가면 어떻게 하냐?"
6 콩 심은데 콩 나고 팥 심은데 팥 난다.
7 그저 망연히 바라만 볼따름이다.
8 망치질 할줄도 모르는 녀석이다.
9 연필 한다스에는 연필 12 자루가 들어 있다.
10 "너는 너대로, 나는 나대로, 하고 싶은대로 하자꾸나."
11 오래전 어디서 보았던 기억이 난다.
12 소, 돼지, 염소등은 인간과 가장 가까운 가축들이다.
13 오징어 한축은 스무마리, 마늘 한접은 100 개를 일컫는 말이다.
14 자다가 일어날만큼 깜짝 놀랐다.
15 먹을만큼 퍼 오랬더니 아빠만큼 퍼 오고 말았다.
16 산길로 걸어서 2 시간이 넘는 거리에 십여채의 움막이 자리하고 있다.
17 하고 싶은대로 한다면 못할리가 없다.
18 '한치의 벌레에도 오푼의 결기는 있는 법.'

19 당구에 재미를 붙인지 벌써 삼년이 지났지만, 여전히 초보 수준이다.
20 무리를 한탓에 몸에서 열이 나기 시작했다.
21 여기서 한가지 질문이 나올수밖에 없다.
22 우리 사회에서 '염치'란 말이 사라진지 오래다.
23 "오천원만 꿔주면 두달후에 이자까지 쳐서 갚아주마."
24 경찰관 뿐 아니라 소방관 조차 그저 바라볼뿐이었다.
25 경쟁사의 제품이 날개 돋친듯 팔리는데는 다 그만한 이유가 있는 법이다.
26 수십년은 족히 됨직해 보이는 아름드리 나무가 우뚝 서 있다.
27 수년 간, 어깨너머로 보아왔기에 흉내 내는 데 별 문제가 없다.
28 "오천년 역사와 5000년 역사, 가운데 어떤 표기 방식이 더 친숙해 보이는가?"
29 사태가 발생하자, 100 여 명이 한데 모여 웅성거리고 있었다.
30 미디어란 신문 뿐 아니라 TV, 케이블, 잡지등을 망라한 개념이다.

나. 중 문 연 습

■ 의존명사와 관련된 띄어쓰기 가운데 잘못된 것을 찾아 해당 부분 위에 띄움표(∨) 또는 붙임표(⌒) 표시를 해보기 바랍니다.

1 가족들과 동떨어져 머나먼 타국에 나와 홀로 지내다 보면, 아플때와 명절이 돌아올때 만큼 서러운것도 없게 마련이다.

2 엎친데 덮친 격으로 6.25가 터져 그나마 남아 있던 것들을 깡그리 없애버리는 바람에, 아무것도 지니지 못한채 국가를 일으킬수 밖에 없었다.

3 해가 질때까지 남아 있던 사람들은 세 명뿐이었으며, 이들은 서로 바라보기만 할뿐, 어찌할바를 모른채 성벽 주변을 서성거릴뿐이었다.

4 과학이 지나치게 발달해 인류의 미래가 암울해진다는 가상 상황을 가장 효과적으로 그려낼수 있는 미디어로는 영화와 만화를 첫손에 꼽아볼수 있다.

5 타향살이를 하게 되면 최소한 일주일에 한번 정도는 집에 문안 전화를 드리는 것이 예의지만, 이것이 말처럼 그리 쉬운것은 결코 아니다.

6 경험적으로 비춰볼때, 형식성 의존명사의 경우는 열 가운데 대여섯명 정도, 단위성 의존명사의 경우에는 열 가운데 예닐곱명 정도가 띄어쓰기 함정에 빠진다.

7 이문열의 소설, 「우리들의 일그러진 영웅」은 한때 초등학교 5학년 교과서에 실렸으며, 프랑스, 독일등 여러 나라에서도 번역돼 소개된바 있다.

8 경제에 대해선 까막눈이어서 잔뜩 긴장하고 있었던 필자에게 직속 고참이 시킨 일은 바로 인쇄되어 나온지 5분도 안 된 신문의 경제면에서 오 · 탈자를 찾아내는 것이었다.

9 1958년, 미 원자 에너지 위원회(AEC)는 소련과 과거에 체결한 지하에서의 핵실험 금지 조약을 폐지하고자 하면서, 수백 마일 밖에서는 상대국이 핵실험을 했는 지 안 했는 지 알수가 없기에 현실적으로 있으나마나 한 금지사항이라는 것을 그 이유로 들었다.

10 "승객 여러분, 안녕하십니까? 여러분 하시는 일에 무궁한 발전이 함께하시길 기원합니다. 그리고 운전석 뒷좌석에서 핸드폰 사용은 안전 운전에 지장을 줄수있으니 기사가 운전에 전념할수 있도록 자제해 주시기 바랍니다."(서울 시내 어느 마을 버스 운전석 뒤에 실제로 붙어 있던 안내문)

11 '다다이즘'을 중심으로 한 아방가르드 예술이 등장한 이후, 무엇을 모방했는 지 알수 없을뿐더러 심지어 무엇을 의미하는지 조차 전혀 알수 없는 묘한 예술 작품들이 속출했다.

다. 장 문 연 습

■ 의존명사와 관련된 띄어쓰기 가운데 잘못된 것을 찾아 해당 부분 위에 띄움표(ˇ) 표시 또는 붙임표(⌒) 표시를 해 보기 바랍니다.

1 띄어쓰기에서 첫사랑의 '첫'은 띄어 쓰지 않는다. 이는 '첫'이 수사가 아닌 접두사이기 때문이다. 첫사랑과 같은 단어들의 경우, 띄어 써야 하는 지 아닌지를 판별하는 또 다른 방법은 바로 뒤따라 오는 단어를 살펴보는 것이다. 만일 뒤의 단어들이 '개,' '명,' '마리,' '자루,' '켤레'등과 같은 단위성 의존명사이면 앞의 단어는 수사가 되는 까닭에 띄어져야 한다. 따라서, 결코 그 순서를 셀 수없는 첫사랑, 첫만남, 첫손가락, 첫경험 등과 같은 낱말들은 모두 한 단어로 인식해서 붙여 써야 옳다.

2 "'고교 얄개'를 아시나요?"

1970년대, 한국 청춘 영화의 대명사이자 짓궂은 개구쟁이들의 우상이기도 했던 '고교 얄개'는 당시 10 대들에게 있어 최고의 스타였다. 순수 국어로 '야살스러운 짓을 하는 사람'을 일컫던 '얄개'는 키가 껑충한 주인공과 다소 작달막한 키의 또 다른 주인공이 벌이는 좌충우돌 에피소드를 맛깔나게 다룸으로써 명절과 방학때의 안방은 물론 극장가까지 동시에 점령하던 '초대형 블록버스터'였다. 그런 '얄개' 시리즈에서 주인공이 첫사랑을 만날때면 으레 되뇌던 말이 바로 '아기다리 고기다리 던데이트'였다. '아, 기다리고 기다리던 데이트'라는 말 대신 띌 곳을 띄지 않고 띄지 말아야 할 곳은 띈채 표현되었던 이 말은 곧 남녀노소를 불문하고 누구나 즐겨 인용하던 유행어가 됐다. '아기다리 고기다리 던데이트' 버전은 80년대 이후 수많은 코미디 프로에서, 또 90년대에는 만화「드래곤볼」에서 '천하제일 무도 대회'를 주최하는 사회자의 소개 멘트와 함께 재차 인용되면서 그 질긴 생명력을 면면히 이어오고 있다.

3 한국군의 최소 군대 단위는 분대이다. 분대는 대개 열명으로 구성돼 있으며, 4개 분대가 1개 소대를 이루는 경우가 많다. 중대 역시 대부분 4개의 소대로 이뤄져 있으며, 구성 인원은 대략 160명을 기준으로 결정된다. 그렇게 보면 로마군이 세계를 제패하는 원동력이 됐던 '백인대장(百人隊長)'들은 한국군의 편제에 비춰볼 때, 중대장에 가장 가깝다고 볼 수 있다.

휘하에 100 명의 부하들을 거느렸던 백인대장들은 사실, 로마군 전력의 핵(核)이자 중추(中樞)였다. 그런 이들에게 명장(名將) 카이사르는 수백명에 달하는 이름을 모두 외울 정도로 각별한 애정을 쏟아부었다고 한다. 이 같은 이유로 카이사르에 대한 이들의 충성심은 절대적일 수밖에 없었다고 「로마인 이야기」의 저자, 시오노 나나미는 전하고 있다. 훗날, 카이사르는 이들의 충성심을 바탕으로 군을 장악하며, 로마 북쪽의 루비콘 강을 건너 무혈 쿠데타를 일으키는 데 성공한다.

해답

가. 단 문 연 습

1 글쓰기의 기초는 '띄어쓰기' 라는 말을 한∨적이 있다.
※ '적' 은 형식성 의존명사임.

2 방학∨중에 여행을 다녀오도록 하자.
※ '중' 은 형식성 의존명사임.

3 1년∨만에 고향에 돌아왔다.
※ '만' 은 형식성 의존명사임.

4 "10⌒여∨년 동안, 이룩한 것이 고작 이것이냐?"
※ '여' 가 접미사인 까닭에 앞 단어에 붙여 써야 옳다. '년' 은 단위성 의존명사인지라 띄어 써야 한다.

5 "신발을 신은∨채 물속에 들어가면 어떻게 하냐?"
※ '채' 는 형식성 의존명사임.

6 콩 심은∨데 콩 나고 팥 심은∨데 팥 난다.
※ '데' 는 '곳,' '장소' 를 뜻하는 형식성 의존명사임. 사실, 의존명사 '데' 와 어미 '데/ㄴ데' 를 제대로 구별하는 것은 대단히 어려운 일이다. 예를 들면, "아버지가 국회의원인데, 아들은 망나니다," "비가 오는데 산책을 간다"에서는 어미의 일부분으로 쓰일 수도 있지만, "얼굴이 예쁜 데다 마음씨도 곱다"에서처럼 의존명사로 쓰일 수도 있기 때문이다. 따라서, '데' 가 의존명사인지 아닌지를 쉽게 구별하기 위해서는 '데' 바로 뒤에다 '에' 또는 '(에)다가' 를 붙이는 방법을 들 수 있다. 만일 붙여 보아서 말이 어색하면 '어미,' 어색하지 않으면 '의존명사' 로 볼 수 있다.

- **아버지가 국회의원인데에 아들은 망나니다. (×)**
- **비가 오는데에 산책을 간다. (×)**
- **얼굴이 예쁜 데(에)다가 마음씨도 곱다. (○)**
- **콩 심은 데(에) 콩 난다. (○)**

7 그저 망연히 바라만 볼∨따름이다.

※ '따름'은 형식성 의존명사임.

8 망치질 할∨줄도 모르는 녀석이다.

※ '줄'은 형식성 의존명사임.

9 연필 한∨다스에는 연필 12⌒자루가 들어 있다.

※ '다스'와 '자루' 모두 단위성 의존명사임. 한글 수사의 경우에는 띄어서, 아라비아 숫자의 경우에는 단위성 의존명사에 붙여 씀.

10 "너는 너대로, 나는 나대로, 하고 싶은∨대로 하자꾸나."

※ '대로'는 조사와 의존명사 두 가지의 형태를 다 가짐. 앞의 두 경우는 명사 뒤에 붙은 조사, 뒤의 경우는 관형사 뒤에 붙은 의존명사임.

11 오래∨전 어디서 보았던 기억이 난다.

※ '전'은 형식성 의존명사임.

12 소, 돼지, 염소∨등은 인간과 가장 가까운 가축들이다.

※ '등'은 형식성 의존명사임.

13 오징어 한∨축은 스무∨마리, 마늘 한∨접은 100⌒개를 일컫는 말이다.

※ '축'과 '마리,' '접'과 '개'는 모두 단위성 의존명사임. 아라비아 숫자가 오지 않는 이상 반드시 앞의 수사와 띄어 써야 한다.

14 자다가 일어날∨만큼 깜짝 놀랐다.

※ 앞의 수식어구가 동사인지라 뒤의 '만큼'은 형식성 의존명사가 되어 띄어 써야 함.

15 먹을∨만큼 퍼 오랬더니 아빠만큼 퍼 오고 말았다.

※ 앞의 '만큼'은 동사 뒤의 형식성 의존명사, 뒤의 '만큼'은 명사 뒤의 조사임.

16 산길로 걸어서 2⌒시간이 넘는 거리에 십여∨채의 움막이 자리하고 있다.

※ 앞에 아라비아 숫자가 있는지라 뒤의 단위성 의존명사인 '시간'을 붙여 써야 함. '채'는 집을 세는 단위성 의존명사이며, 앞에 한글 수사가 있어 띄어 써야 함. '여'는 접미사로 수사 뒤에 붙는다.

17 하고 싶은∨대로 한다면 못할∨리가 없다.

※ 앞에 관형사 '싶은'이 있는 까닭에 뒤의 '대로'는 형식성 의존명사임. '리' 역시 '할'이라는 동사 뒤에 있는 형식성 의존명사임.

18 '한∨치의 벌레에도 오∨푼의 결기는 있는 법.'

※ '치'와 '푼'은 모두 단위성 의존명사임. '치'는 한 자(약 33 cm)의 10분의 1. '푼'은 비율을 나타내는 단위로, 전체 수량의 100분의 1을 일컫는 말. 여기에서는 그

만큼 미약하다는 의미로 쓰임. '결기'는 못마땅한 것을 참지 못하고 성을 내거나 왈칵 행동하는 성미. 결국, 아무리 미물일지라도 성질은 있게 마련이라는 뜻의 속담으로 '지렁이도 밟으면 꿈틀댄다'와 비슷한 의미의 격언임.

19 당구에 재미를 붙인∨지 벌써 삼∨년이 지났지만, 여전히 초보 수준이다.

※ 시간의 경과를 의미하는 '지'는 형식성 의존명사임. 단위성 의존명사 '년' 앞의 '삼' 역시 띄어야 한다.

20 무리를 한∨탓에 몸에서 열이 나기 시작했다.

※ '탓'은 형식성 의존명사임.

21 여기서 한∨가지 질문이 나올∨수밖에 없다.

※ '가지'는 단위성 의존명사임. 뒤의 '수' 역시 형식성 의존명사이며 바로 뒤의 '밖에'는 조사임. 예전에는 '할 수 밖에'처럼 '수' 뒤의 '밖에'는 띄어 썼으나 개정 문법에 따라 이제는 '수밖에'로 붙여 써야 옳다.

22 우리 사회에서 '염치'란 말이 사라진∨지 오래다.

※ '지'는 시간의 경과를 의미하는 형식성 의존명사임.

23 "오천∨원만 꿔주면 두∨달∨후에 이자까지 쳐서 갚아 주마."

※ '원'과 '달'은 단위성 의존명사임. '후'는 그 자체로 한 단어임.

24 경찰관⁀뿐 아니라 소방관⁀조차 그저 바라볼∨뿐이었다.

※ 앞의 '뿐'은 명사 뒤에 있는 조사, 뒤의 '뿐'은 동사 뒤의 형식성 의존명사임. '조차'는 형식성 의존명사로 착각하기 쉬운 보조사.

25 경쟁사의 제품이 날개 돋친∨듯 팔리는∨데는 다 그만한 이유가 있는 법이다.

※ '듯'과 '데' 모두 형식성 의존명사임. 연습문제 '가'의 6번 참조.

26 수십∨년은 족히 됨직해 보이는 아름드리 나무가 우뚝 서 있다.

※ '년'은 단위성 의존명사임.

27 수년⁀간, 어깨너머로 보아왔기에 흉내 내는 데 별 문제가 없다.

※ 시간의 경과를 의미하는 '간'은 '동안'을 의미하는 조사임. 따라서, '2주간'과 같이 앞의 '시간' 단위에 반드시 붙여 써야 함. (반면, '이웃 간,' '한국과 일본 간'처럼 앞에 있는 명사들의 관계나 어떤 대상에서 다른 대상까지의 사이를 의미할 때는 의존명사로 띄어 쓴다. 단 '부녀간', '부자간', '모녀간', '모자간', '자매간', '형제간'은 합성어로 보아 붙여 쓴다.)

28 "오천∨년 역사와 5000년 역사, 가운데 어떤 표기 방식이 더 친숙해 보이는가?"

※ 한글 숫자 뒤에 단위 명사가 올 경우에는 한 칸 띄어쓰기를 해야 함.

29 사태가 발생하자, 100⁀여 명이 한데 모여 웅성거리고 있었다.

※ '여'는 접미사인 까닭에 앞 단어에 붙여 써야 하므로 '100여 명'이 맞다. 연습문제 '가'의 4번 참조.

30 미디어란 신문⌒뿐 아니라 TV, 케이블, 잡지∨등을 망라한 개념이다.

※ '뿐' 은 명사 '신문' 뒤에 쓰인 조사이며, '등' 은 형식성 의존명사임.

나. 중 문 연 습

1 가족들과 동떨어져 머나먼 만리 타국에 나와 홀로 지내다 보면, 아플∨때와 명절이 돌아올∨때⌒만큼 서러운∨것도 없게 마련이다.

※ '때' 와 '것' 은 모두 형식성 의존명사임. '만큼' 은 의존명사 뒤에 붙어 있는 조사.

2 엎친∨데 덮친 격으로 6.25가 터져 그나마 남아 있던 것들을 깡그리 없애버리는 바람에, 아무것도 지니지 못한∨채 국가를 일으킬∨수⌒밖에 없었다.

※ '데' 와 '채' 는 모두 형식성 의존명사. 연습문제 '가' 의 6, 25번 참조. '~킬 수밖에' 에서 '수' 는 형식성 의존명사, '밖에' 는 조사임.

3 해가 질∨때까지 남아 있던 사람들은 세 명뿐이었으며, 이들은 서로 바라보기만 할∨뿐, 어찌 할∨바를 모른∨채 성벽 주변을 서성거릴∨뿐이었다.

※ 앞의 '뿐' 은 명사 뒤에 쓰인 조사, 두 번째와 세 번째의 '뿐' 은 모두 동사 뒤에 쓰인 형식성 의존명사임.

4 과학이 지나치게 발달해 인류의 미래가 암울해진다는 가상 상황을 가장 효과적으로 그려낼∨수 있는 미디어로는 영화와 만화를 첫손에 꼽아볼∨수 있다.

※ '수' 는 형식성 의존명사임. 주의할 점은 '첫손' 의 '첫' 이 수 관형사가 아닌 접두사이며, 뒤의 '손' 역시 단위성 의존명사가 아니라는 것. '첫 손' '둘째 손' '셋째 손' 과 같은 말이 없다는 사실을 상기하면 된다. 따라서, 이 경우, '첫 손' 처럼 띄어쓰기를 하면 안 된다. 보다 자세한 사항은 다음 3장 참조.

5 타향살이를 하게 되면 최소한 일주일에 한∨번 정도는 집에 문안 전화를 드리는 것이 예의지만, 이것이 말처럼 그리 쉬운∨것은 결코 아니다.

※ '번' 은 단위성 의존명사, '것' 은 형식성 의존명사임. '일주일' 은 시간의 단위를 나타내는 하나의 단어임.

6 경험적으로 비춰볼∨때, 형식성 의존명사의 경우는 열 가운데 대여섯∨명 정도, 단위성 의존명사의 경우에는 열 가운데 예닐곱∨명 정도가 띄어쓰기 함정에 빠진다.

※ '때' 는 형식성 의존명사, '명' 은 단위성 의존명사임. '대여섯' 과 '예닐곱' 은 모두 붙여 쓴다. 보다 자세한 사항은 다음 장인 3장 참조.

7 이문열의 소설, 「우리들의 일그러진 영웅」은 한때 초등학교 5학년 교과서에 실렸으며, 프랑스, 독일∨등 여러 나라에서도 번역돼 소개된∨바 있다.

※ '등' 과 '바' 는 모두 형식성 의존명사임.

8 경제에 대해선 까막눈이어서 잔뜩 긴장하고 있었던 필자에게 직속 고참이 시킨 일은

바로 인쇄되어 나온∨지 5분도 안 된 신문의 경제면에서 오 · 탈자를 찾아내는 것이었다.

※ '지'는 형식성 의존명사임.

9 1958년, 미 원자 에너지 위원회(AEC)는 소련과 과거에 체결한 지하에서의 핵실험 금지 조약을 폐지하고자 하면서, 수백 마일 밖에서는 상대국이 핵실험을 했는⌒지 안 했는⌒지 알∨수가 없기에 현실적으로 있으나마나 한 금지사항이라는 것을 그 이유로 들었다.

※ 시간의 경과를 의미하는 '지'만 형식성 의존명사이며, 그 외에는 모두 동사의 어미임. 연습문제 '가'의 19번 참조. 마찬가지로 '수' 역시 형식성 의존명사.

10 "승객 여러분, 안녕하십니까? 여러분 하시는 일에 무궁한 발전이 함께하시길 기원합니다. 그리고 운전석 뒷좌석에서 핸드폰 사용은 안전 운전에 지장을 줄∨수∨있으니 기사가 운전에 전념할∨수 있도록 자제해 주시기 바랍니다."

※ '수'는 형식성 의존명사임.

11 '다다이즘'을 중심으로 한 아방가르드 예술이 등장한 이후, 무엇을 모방했는⌒지 알∨수 없을∨뿐더러 심지어 무엇을 의미하는지⌒조차 전혀 알∨수 없는 묘한 예술 작품들이 속출했다.

※ '수,' '뿐'은 모두 형식성 의존명사임. '조차'는 종결어미 '는지' 뒤에 붙은 보조사임.

다. 장 문 연 습

1 띄어쓰기에서 첫사랑의 '첫'은 띄어 쓰지 않는다. 이는 '첫'이 수사가 아닌 접두사이기 때문이다. 첫사랑과 같은 단어들의 경우, 띄어 써야 하는⌒지 아닌⌒지를 판별하는 또 다른 방법은 바로 뒤따라 오는 단어를 살펴보는 것이다. 만일 뒤의 단어들이 '개,' '명,' '마리,' '자루,' '켤레'∨등과 같은 단위성 의존명사이면 앞의 단어는 수사가 되는 까닭에 띄어져야 한다. 따라서, 결코 그 순서를 셀 수∨없는 첫사랑, 첫만남, 첫손가락, 첫경험 등과 같은 낱말들은 모두 한 단어로 인식해서 붙여 써야 옳다.

※ '하는지 아닌지'의 띄어쓰기는 연습문제 '가'의 19번, 연습문제 '나'의 9번, 11번 참조. 이와 함께, '등,' '수'는 모두 형식성 의존명사임.

2 "'고교 얄개'를 아시나요?" 1970년대, 한국 청춘 영화의 대명사이자 짓궂은 개구쟁이들의 우상이기도 했던 '고교 얄개'는 당시 10⌒대들에게 있어 최고의 스타였다. 순수 국어로 '야살스러운 짓을 하는 사람'을 일컫던 '얄개'는 키가 껑충한 주인공과 다소 작달막한 키의 또 다른 주인공이 벌이는 좌충우돌 에피소드를 맛깔나게 다룸으로써 명절과 방학∨때의

안방은 물론 극장가까지 동시에 점령하던 '초대형 블록버스터'였다. 그런 '얄개' 시리즈에서 주인공이 첫사랑을 만날∨때면 으레 되뇌던 말이 바로 '아기다리 고기다리 던데이트'였다. '아, 기다리고 기다리던 데이트'라는 말 대신 띌 곳을 띄지 않고 띄지 말아야 할 곳은 띈∨채 표현되었던 이 말은 곧 남녀노소를 불문하고 누구나 즐겨 인용하던 유행어가 됐다. '아기다리 고기다리 던데이트' 버전은 80년대 이후 수많은 코미디 프로에서, 또 90년대에는 만화 「드래곤볼」에서 '천하제일 무도 대회'를 주최하는 사회자의 소개 멘트와 함께 재차 인용되면서 그 질긴 생명력을 면면히 이어오고 있다.

※ 아라비아 숫자 뒤의 단위성 의존명사는 붙여 써야 함. '때'는 앞서 설명한 대로 형식성 의존명사임. 그러나 앞에서는 설명하지 않았지만, '때'도 예외적으로 앞 단어에 붙여 쓰는 경우가 있다. '아침때,' '점심때,' '저녁때'와 '이맘때,' '그맘때,' '저맘때,' 처럼 아예 한 단어로 동시에 발음해서 쓰는 경우가 이에 속한다.

3 한국군의 최소 군대 단위는 분대이다. 분대는 대개 열∨명으로 구성돼 있으며, 4개 분대가 1개 소대를 이루는 경우가 많다. 중대 역시 대부분 4개의 소대로 이뤄져 있으며, 구성 인원은 대략 160명을 기준으로 결정된다. 그렇게 보면 로마군이 세계를 제패하는 원동력이 됐던 '백인대장(百人隊長)'들은 한국군의 편제에 비춰볼 때, 중대장에 가장 가깝다고 볼 수 있다. 휘하에 100⁀명의 부하들을 거느렸던 백인대장들은 사실, 로마군 전력의 핵(核)이자 중추(中樞)였다. 그런 이들에게 명장(名將) 카이사르는 수백∨명에 달하는 이름을 모두 외울 정도로 각별한 애정을 쏟아부었다고 한다. 이 같은 이유로 카이사르에 대한 이들의 충성심은 절대적일 수밖에 없었다고 「로마인 이야기」의 저자, 시오노 나나미는 전하고 있다. 훗날, 카이사르는 이들의 충성심을 바탕으로 군을 장악하며, 로마 북쪽의 루비콘 강을 건너 무혈 쿠데타를 일으키는 데 성공한다.

'알아둡시다' – 단위를 나타내는 명사들 (빈도 순으로)

재래 장에서 사용되던 상품 단위는 대량 생산 및 낱개 포장 판매 등으로 이미 그 시대적 가치를 많이 상실한 상태입니다. 다음에서 소개하는 것들은 그 전통적인 단위들. 별표 세 개는 아직도 심심찮게 쓰이는 것들이며, 두 개는 가끔, 한 개는 거의 사장되다시피 한 것들입니다.

*** 마늘/배추/무/곶감 한 접 (100개)
*** 굴비/조기 한 두름 (스무 마리)
*** 한약 한 첩/한 제 (20개)
*** 오징어 한 축 (스무 마리)
** 김 한 톳 (백 장)
** 북어 한 쾌 (스무 마리)
** 고등어 한 손 (두 마리)
* 오이 한 거리 (50개)
* 달걀 한 꾸러미 (열 개) 한 판 (30개)
* 곶감 한 꼬치 (20)
* 바늘 한 쌈 (24개)
* 버선 한 죽 (열 켤레)
* 양말 한 타 (열두 켤레)
* 인삼 한 편/한 채 (한 채는 100근)

| 32쪽 정답 |

떠난∨지 5분 됐기 때문에 쫓을지 말지 빨리 정해야 한다. (1)
→ 시간의 경과를 의미하는 '지'는 의존명사, 그 외의 '지'는 동사의 어미임.

오늘도 할∨만큼 했으니 어제만큼만 대접해 주세요. (1)
→ 앞의 '만큼'은 의존명사, 뒤의 만큼은 조사임.

가다 말고 집에 오는데 가는∨데가 어디냐고 묻더라 (1)
→ 앞의 '데'는 어미, 뒤의 '데'는 장소를 뜻하는 의존명사임.

장대높이뛰기에서 무려 오∨미터를 뛰어 올랐다. (1)
→ 단위명사 '미터'는 무조건 앞 단어와 띄어야 함.

십∨년이면 강산도 변하는데 20년이 흘렀으니. (1)
→ 한글맞춤법에서는 아라비아 숫자가 단위명사 앞에 올 경우, '붙여 쓸 수 있다'라고 규정하고 있다. 다시 말해, 아라비아 숫자는 단위 명사에 붙여도 되고 안 붙여도 된다는 것이다. 그러나 언론사를 포함해 대부분은 아라비아 숫자를 단위 명사에 붙여 주고 있다. 따라서, 「한국인의 글쓰기」에서도 아라비아 숫자는 단위 명사에 붙여 쓰도록 권장하고 있다. 다시 말해, '20∨년'이라고 표기하지 않도록 주문하고 있다는 것이다.

원고를 교정해주면 한∨시간에 오천∨원씩 받는다. (2)
→ '시간'과 '원'은 각각 단위를 나타내는 명사임.

원고를 교정해주면 한∨시간에 5000원씩 받는다. (1)
→ '5000원'에서 '5000'은 아라비아 숫자이기에 뒤의 단위 명사 '원'과 붙이는 것이 좋음.

몇∨번째로 가야 하느냐? (1)
→ 순서를 나타내는 '번'은 단위성 의존명사, '째'는 접미사로 '번째'는 반드시 짝패로 같이 어울려 다녀야 함.

3

띄어쓰기 최대공약수(2) =관형사+부사

한·중·일 가운데 한글에만 있는 고유 기능
잘못 띌 경우, 전혀 다른 의미로 와전돼

19세기 말, 벽안*(碧眼)의 선교사들이 한반도에 들어오면서 전도를 위해 한글을 익혀야 했다. 당연히 그들은 국어를 쉽게 터득하기 위한 자신들만의 문법서가 필요했고, 한글이 글자 그대로 소리 나는 표음문자*(表音文字)라는 데 착안해 이전에는 볼 수 없었던 새로운 규칙을 선보였다. 「홍길동전」, 「춘향전」과 같은 언문소설에도 없었던 띄어쓰기를 시도함으로써 알파벳처럼 단어와 단어 사이를 구분 짓기 시작한 것이다. 마찬가지로 구한말의 대표적 지식인이었던 서재필 박사 역시, 자신이 창간한 최초의 한글 일간지 '독립신문'에서 띄어쓰기를 시도함으로써 한글에 또 하나의 독창적인 특징을 얹어주었다.

각설*하고, 현재 초등학교 한글 교육의 최전방에 배치돼 있는 띄어쓰기는 분명 만만찮은 정복 대상이다. 한때 관련 규칙만 120여 항목에 달했으며, 지위고하 · 남녀노소를 불문하고 누구나 버거워하는 띄어쓰기는 국어학자들조차 헛갈려 하

*벽안(碧眼) 푸를 '벽,' 눈 '안'의 합성어. 푸른 눈이 많은 서양인들의 눈동자를 지칭할 때 흔히 쓰는 한자 용어임.

*표음문자(表音文字) 문자 말소리를 그대로 기호로 나타낸 문자. 한글, 로마자, 아라비아 문자 따위가 있다.

*각설(却說) 말이나 글 따위에서 이제까지 다루던 내용을 그만두고 화제를 다른 쪽으로 돌릴 때 쓰는 말. 다음 이야기의 첫머리에 씀. 부사, 명사 등 두 종류가 있으나 이제는 대부분 명사로만 쓰임. 예전의 소설에서는 "각설, 홍길동은…" 등과 같이 부사적인 형태로 쓰이기도 했다.

는 공포의 대상이기도 하다. 사석(私席)에서 만난 어느 전직 대학총장의 "다른 것은 모르겠지만 띄어쓰기는 아무리 세월이 흘러도 어렵기만 하더라"라는 솔직한 푸념은 한글 띄어쓰기에 대해 느끼는 곤혹스러움이 어느 정도인가를 단적으로 보여주고 있다.

재미있는 사실은 이웃 일본의 경우만 하더라도 표의문자*(表意文字)인 한자의 영향을 강하게 받아 — 물론, 중국도 띄어쓰기를 사용하지 않는다 — 아직까지 띄어쓰기를 사용하지 않고 있다는 점이다. 이는 일본의 경우, 명사나 형용사, 동사의 대부분이 한자로 시작하고 조사와 서술어는 그네들의 고유 문자인 '히라가나'로 끝나기 마련이어서 문장 해석에 별 다른 어려움이 없기 때문이다. 그러나 우리 말은 한글 전용으로 점차 그 추세가 바뀌고 있어 띄어쓰기를 하지 않을 경우, 단어 간의 구분이 점차 힘들어지고 있는 것이 현실이다.

그렇다면 오늘날과 같이 복잡하고 체계적인 띄어쓰기가 널리 쓰이기 시작한 것은 도대체 언제부터일까? 비록 몇몇 선각자와 국어학자들의 노력으로 띄어쓰기에 대한 인식이 구한말 이후 지속적으로 유지되기는 했으나, 단어 간의 구분을 명료하게 해주는 띄어쓰기가 처음부터 쉽게 정착되었던 것은 아니다. 예를 들어, 70여 년 전 한 일간지에 나타난 기사 제목을 보면, 당시만 하더라도 띄어쓰기가 보편화되지 않았음을 알 수 있다.

全首都의거리뒤흔든學生들의怒濤* (동아일보 1936년 8월25일)

띄어쓰기는 1933년 한글 맞춤법 통일안에 의해 그 세부 규칙이 제정된 후, 무려 4차례에 거쳐 더욱 세련되게 다듬어져 왔다. 하지만 실생활에서 널리 활용되기까지는 여전히 오랜 세월을 필요로 했다. 일례(一例)로, 신문사만 하더라도 컴퓨터의 도움을 받지 못했더라면 띄어쓰기를 실질적으로 정착시키는 데는 더욱 긴

***표의문자(表意文字)** 글자 하나하나가 일정한 뜻을 나타내는 문자. 한자가 대표적이다.
***怒濤(노도)** 노한 파도.

시간을 필요로 했을 것이다. 이는 납 활자를 조판(組版)해 신문을 인쇄하던 과거의 경우, 교열 과정에서 띄어쓰기 몇 개를 첨가하게 되면 해당 줄에서 밀려난 한두 개의 글자들로 인해 다음 줄 전체를 재조정해야 하는 번거로움이 대단했기 때문이다. 결국, 90년대 중반 들어 컴퓨터를 이용한 조판이 보편화되고 나서야 일간지에서의 띄어쓰기는 제자리를 잡을 수 있었다.

몇 해 전, A 신문사에서 '6시 내 고향 방송대가 돈 뜯어' 라는 제목으로 기사를 뽑았다가 방송대(放送大)측으로부터 거센 항의를 받은 적이 있다. 독자들이 방송대가 돈을 뜯어낸 것으로 잘못 알 우려가 있다는 이유에서였다. 마찬가지로 B 신문은 '99년전 미오픈 테니스 대회' 로 띄어쓰기를 잘못하는 바람에 희대(稀代)의 오보를 내고 말았다. 1999년에 벌어진 미국 오픈 테니스 대회가 무려 99년 전의 까마득한 과거에 열린 일이 돼 버린 것이다. 마광수 연세대 교수를 일약 유명인사로 만들었으나 곧이어 판금조치 됐던 「나는 야한 여자가 좋다」라는 도서 역시, 편집자의 실수로 「나는야 한 여자가 좋다」라는 전혀 다른 책으로 탈바꿈한 적이 있으니 더 이상 말해 무엇하랴? 그런 면에서 자신의 의도를 분명히 밝혀주고 혼동을 미연에 방지할 수 있는 띄어쓰기는 대단히 중요하다.

끝으로, 띄어쓰기의 최대공약수 제2탄으로 '예제' 와 '1분에 익힙시다' 를 통해 '관형사' 와 '부사' 에 대해 간단히 소개하고자 한다. 띄어쓰기 대상이 맞는지 아닌지에 대해서는 관형사의 경우가 특히 헷갈리기 쉽다. 다음은 이와 관련한 몇몇 예제들. 정답은 62쪽에서 확인하기 바란다.

한마리 토끼가 뛰어오른다. (1)

첫번째 이유는 흐지부지한 개혁정책을 들 수 있다. (1)

몇년전의 일이지만 지금도 생생히 기억한다. (2)

이사람은 지난번에도 돈을 꿔 갔어요. (2)

둘째, 여러명이 한꺼번에 몰려오면 사고 날 우려가 있다. (1)

참 고 문 헌

여규병 (2002). 신문의 띄어쓰기.「새국어생활」, Vol. 12, No. 1, 63-71.

이익섭 (2002). 띄어쓰기의 현황과 전망.「새국어생활」, Vol. 12, No. 1, 5-16.

조경숙, 김슬옹, 김형배 (2006).「나만 모르는 우리말」. 모멘토.

장진한, 후타쓰기 고조 (2003).「글쓰기 잘라서 읽으면 단숨에 통달한다」. 행담.

최경봉 (2005).「우리말의 탄생」. 책과함께.

한글학회, 한글맞춤법 띄어쓰기 규정: <http://www.hangeul.or.kr/2.htm>

1분에 익힙시다

1. 두 개의 부사가 겹쳐진 것들 가운데 다음 경우들은 붙여 쓴다.
   곧바로, 더욱더, 똑같이, 제아무리, 곧잘, 더한층, 또다시

2. 첩어, 준첩어, 의성어, 의태어는 붙여 쓴다.
   중언부언, 갈팡질팡, 곤드레만드레, 들락날락, 헐레벌떡, 요리조리, 살금살금 …….

3. 수 관형사가 두 개 이상 결합된 단어들은 붙여서 사용한다.
   예) 한두 사람, 서너 마디, 네댓 명, 대여섯 마리, 여남은 개 …….

4. 수 관형사가 아닌 단위 자체 또는 접두사가 붙은 파생어는 한 단어로 붙여 쓴다.
   한나절, 한식경, 한참, 한동안, 한때, 한여름/한겨울, 첫사랑, 첫머리 …….

연습문제

가. 단 문 연 습

■ 관형사 및 부사, 접두사와 관련된 띄어쓰기 가운데 잘못돼 있는 경우를 찾아 띄움표(∨) 표시, 또는 붙임표(⌒) 표시를 해보기 바랍니다.

1 결국 그일 때문에 우리 모두 지각하고 말았다.
2 첫 째, 몸이 튼튼해야 무엇이든지 할 수 있다.
3 "세뱃돈으로 헌돈을 주기에는 좀 그렇지 않은가요?"
4 "오늘 점심은 몇시에 할까요?"
5 단잠을 깨웠더니 궁시렁 궁시렁 거리다가 결국 일어나고야 말았다.
6 "옷 한벌 지어 입기가 그리도 힘든가?"
7 이 문제의 답이 3번인지 4번인지는 정말 알쏭 달쏭하다.
8 처음에는 맨 발로 그냥 걸었다.
9 그후로도 오랫동안 나는 꿈을 꾸었다.
10 여러차원에서 검토가 필요한 사안이다.
11 저녁때가 되자 우리로 대 여섯 마리의 양들이 우르르 몰려 들어갔다.
12 앉기에는 두번째, 눕기에는 첫번째 의자가 좋다.
13 한 걸음에 내달아 단숨에 목적지에 도착했다.
14 몇년 전, A 신문사에서 희대의 오보를 낸 적이 있었다.
15 이날을 위해 일년, 열두달, 십년을 하루같이 기다려 왔다.
16 동네 한바퀴를 돌고 났더니 숨이 가쁘다.
17 마을 사람들도 한두명씩 동네를 떠나고 있다.
18 쉼터라고는 하지만, 앉아 쉬는 의자 몇개가 전부다.

19 "한 겨울에 에어컨을 틀어놓다니 제정신이 아니구나!"
20 대부분 그렇듯 나의 첫 사랑도 짝사랑으로 끝나고 말았다.
21 바다에 사는 포유류로는 뭐니 뭐니 해도 고래를 꼽아볼 수 있다.
22 나무 한그루, 풀 한포기조차 사랑하도록 하자.
23 "한 가운데를 겨냥해서 던지도록 해라."
24 "금 서돈이면 돈으로 얼마냐?"
25 우리 속담에 '천리길도 한걸음부터' 라는 말이 있다.
26 몇 몇 사람들이 우르르 쏟아져 들어오기 시작했다.
27 옛성현의 말씀은 늘 귀담아 들어야 한다.
28 "이사람이 네가 그토록 보고 싶어 하던 어른이시다."
29 여러가지 물건들이 눈앞에 어지럽게 펼쳐져 있다.
30 헌책은 버리기보다 헌 책방에 가져다 주는 것이 자원을 아끼는 길이다.
31 그런점에서 볼 때, 이책은 많은 것을 느끼게 해준다.
32 무엇이든지 첫 발을 내딛는 순간이 가장 중요하다.
33 이사람은 온 몸이 무기인지라 웬만해선 대적할 사람이 없다.

나. 중 문 연 습

■ 관형사 및 부사, 접두사와 관련된 띄어쓰기 가운데 잘못돼 있는 경우를 찾아 띄움표(∨) 표시, 또는 붙임표(⌒) 표시를 해보기 바랍니다.

1 그리워하는데도 한번 만나고는 못만나게 되기도 하고, 일생을 못잊으면서도 아니 만나고 살기도 한다. -피천득의 '인연' 中에서-

2 그런점에서 이책은 현대인들이 21세기를 살아가면서 겪게 되는 여러정신적인 아픔들을 적절히 치유하는 방안을 다루고 있다.

3 제아무리 힘이 세다 한들, 몸을 풀기도 전에 곧 바로 역기를 들게 되면 근육에 무리가 가게 마련이다.

4 지난 한주 동안 워낙 많은 일을 했기에 언제 무엇을 했는지가 헛갈리지만, 어머니를 도와 텃밭에서 잡초를 뽑던 수요일은 유독 기억에 남는다.

5 "말을 정확히 전달해야지, 올 사람들이 서 너 명도 될 수 있고, 대 여섯 명도 될 수 있다고 표현하면 도대체 어떻게 저녁 준비를 할 수 있겠니?"

6 "울지 마세요. 울면, 내 마음이 다시 흔들릴 거예요"라는 그녀의 말 한마디에 한 여름밤의 첫 사랑이 스러져* 가고 있었다.

*스러지다 : 형체가 차츰 희미해지면서 없어지다

7 그로부터 4년 뒤, 주인공은 자신을 업신여기던 자들보다 월등히 성능 좋은 제품을 선보임으로써, 그 동안의 설움을 일거에 만회해 버렸다.

8 느티나무는 가지가 넓게 퍼지며 잎이 무성해 그늘이 많은 까닭에, 시골 아낙네들은 여름 한 낮에 이 나무 아래에서 아기들을 재운다.

9 동네 사람들 앞에서 공개적으로 모욕을 당한 주인공은 말도 못한 채, 얼굴만 붉으락 푸르락 거리며 콧김만 마구 내뿜고 있었다.

10 좀 더 원숙한 기량을 지니기 위해서는 지금보다 두배, 세배 이상 땀을 흘려가며 기술을 연마해야 한다.

11 "이지역을 방문하신 분들이 첫번째로 명심해야 할 사항은, 안내원의 허락 없이 어떤 것도 함부로 만져서는 안된다는 것입니다."

12 막차를 타고 세시간을 왕복하면서 단 한주도 거르지 않고 한학기 내내 그선생님의 강의를 듣는다는 것은 보통 정성으론 상상도 할 수 없는 일이다.

다. 장 문 연 습

■ 잘못 붙여져 있거나 잘못 띄어져 있는 낱말들을 찾아 올바른 띄어쓰기 또는 올바른 붙여쓰기를 해보기 바랍니다. 이와 함께 2부 1, 2장에서 배웠던 문법들을 토대로 잘못 표기된 것들을 찾아내 바로잡아 보기 바랍니다.

1 부정부사 자체로 또는 부정동사의 어근으로 쓰이는 낱말, '못' 은 크게 두종류의 띄어쓰기를 적용해야 한다. 첫 째로는 '못하다,' '못되다' 에서처럼 부정동사로 쓰인 경우로, 이때에는 반드시 '못하다,' '못되다' 로 붙여 써야 옳다. 반면, '못 먹다' 에서와 같이 '못' 이 '부정 부사' 로 쓰여 생략에 따라 행위의 가부가 결정되는 문장의 경우에는 반드시 띄어 써야 한다.

'안' 의 경우는 사정이 약간 나르다. 단 한가지 경우만을 제외하고는 무조건 띄어 써줘야 하기 때문이다. 그 예외에 속하는 경우는 섭섭하거나 안타까운 느낌에서 '안됐다' 라고 말할 때 뿐이다. 그러나 이같은 표현은 주로 구어체에서 쓰일 뿐, 문어체에서는 쓰일 일이 거의 없어, '안' 의 경우는 "안 간다, 안 먹다" 에서처럼 99% 떼어 쓴다고 인식하면 편하다.

2 형용사와 관형사는 모두 사람이나 사물의 성질을 나타내는 단어들이어서 언뜻 보기에는 구별하기가 쉽지 않다. 그러나 형용사가 '용언' 이라는 데 착안한다면 이둘 사이를 구별하는 것은 훨씬 쉬워진다. '용언' 은 독립된 뜻을 가진채, 서술어로서의 기능을 지니고 있기 때문이다. 다시 말해, 형용사의 주요 특징은 첫번째, 어미 활용을 하며 두번째로 서술어로서 기능한다는 점이다. 반면, 관형사는 활용을 하지 못하고 오로지 체언을 꾸며주는 역할만 한다는 점에서 분명히 다르다. 예를 들어, '아름다운' 꽃에서 '아름다운' 은 '아름답다' 라는 서술어로 활용이 가능한 형용사이다. 그러나 '옛 생각' 에서 '옛' 은 서술어로서의 활용이 불가능한 관형사이다. 그렇게 볼 때, "몇 날이고 기다릴 테야" 라는 말에서의 '몇' 은 수를 나타내는 관형사이므로 붙여 쓰기보다 띄어 써야 옳다. 하지만 이같은 수 관형사 '몇' 도 뒤의 경우에 따라 뒷말에 붙여 써야 하는 경우가 있다. '수' 의 개념으로 쓰인 탓에 '수' 라는 글자로 대체 가능한 경우가 그렇다. 예를

들어, "몇십 년 동안 모은 게 고작 몇십만 냥이라니"라는 문장은 "수십 년 동안 모은 게 고작 수십만 냥이라니"라는 문장으로 대체할 수 있기에 '몇'과 '십'을 붙여 써줘야 옳다.

3 수필가 박 모 씨는 강원도의 한 여성회관에서 일주일에 한번씩 무료 문예 창작 교실을 열고 있다. 어릴 적, 집안에 여유가 없었던지라 선생 없이 독학으로 습작했던 그는 누구보다 배움에 대한 갈망이 컸다. 당시, 박씨가 스스로에게 했던 맹서는 나중에 어느 정도 자리 잡게 되면 후학들의 교육을 위해 무료 봉사하겠다는 것이었다. 결국 그의 바람대로 약속은 지켜졌고, 지금은 수십 여명의 제자들에게 둘러쌓인 인기 만점의 문학 선생님이 됐다. 하지만 이런 박 씨에게도 봉사 초창기에는 말할 수 없는 아픔이 있었다. 성의가 제대로 알려지지 않은 탓에 주변의 반응이 시큰둥했기 때문이었다. 처음에는 단 한명의 학생만 데리고 수업을 했지만 그학생마저 가정주부였던 까닭에 수업 빼먹는 것이 다반사였다고 한다. 사정이 이렇다 보니 수업을 하러 가 보면 아무도 없는 경우마저 종종 있어 '과연 이일을 계속 해야 하나?'라는 회의가 심했다고 한다.

4 다음날이 되자 일단의 사람들이 몰려와 몇억원에 달하는 손해를 입었노라며 예전에 빌려준 채무를 한꺼번에 상환하라고 독촉하기 시작했다. 그 가운데 몇 몇은 가구라도 가져갈 요량으로 신발을 신은 채 집안의 곳곳을 마구 뒤지고 다니며 값 나가는 물건들을 찾아 내기에 혈안이 돼 있었다. 아버지가 드잡이*를 당하시는 가운데, 어머니는 꼭두새벽부터 벌어진 이사태가 너무 놀라워 아무 말씀도 못하시고 백지장처럼 하얗게 질린 얼굴로 마루 한 구석에 서 계실 뿐이었다. 이미 집안의 기둥 노릇을 하고 있던 둘째 오빠는 빚장이들이 들이닥치자 아직 코흘리개였던 우리를 데리고 곧 바로 집 밖으로 나와 버렸다. 이웃 주민들은 아침부터 무슨 난리인가 하는 표정으로 여러명이 구경 나왔다가 뒤늦게 사정을 알고는 동티*라도 당할까 황망하게 자리를 떠나고 말았다.

*드잡이 : 서로 머리나 멱살을 움켜잡고 싸우는 일

*동티 : 건드려서는 안 될 것을 공연히 건드려서 스스로 걱정이나 해를 입음.

해답

가. 단문연습

1 결국 그∨일 때문에 우리 모두 지각하고 말았다.
※ '그'는 지시 관형사임.

2 첫⁀째, 몸이 튼튼해야 무엇이든지 할 수 있다.
※ '첫'는 수 관형사이며, '째'는 접미사임.

3 "세뱃돈으로 헌∨돈을 주기에는 좀 그렇지 않은가요?"
※ '헌'은 성상 관형사임.

4 "오늘 점심은 몇∨시에 할까요?"
※ '몇'는 수 관형사임.

5 단잠을 깨웠더니 궁시렁⁀궁시렁 거리다가 결국 일어 나고야 말았다.
※ 첩어는 붙여 써야 옳다.

6 "옷 한∨벌 지어 입기가 그리도 힘든가?"
※ '한'은 수 관형사임.

7 이 문제의 답이 3번인지 4번인지는 정말 알쏭⁀달쏭하다.
※ '알쏭달쏭'은 준첩어로 붙여 써야 한다.

8 처음에는 맨⁀발로 그냥 걸었다.
※ '맨'은 접두사임. 형태상 관형사로 오해해 띄어 쓰기 쉬움.

9 그∨후로도 오랫동안 나는 꿈을 꾸었다.
※ '그'는 지시 관형사임. '동안'은 의존명사이며 여기에서는 앞의 '오래'라는 단어와 합쳐 사이 ㅅ이 첨가된 복합명사임.

10 여러∨차원에서 검토가 필요한 사안이다.
※ '여러'가 수 관형사임.

11 저녁때가 되자 우리로 대⁀여섯 마리의 양들이 우르르 몰려 들어갔다.
※ 둘 이상을 뜻하는 수 관형사는 붙여 써야 함.

12 앉기에는 두∨번째, 눕기에는 첫∨번째 의자가 좋다.
※ '두' 와 '첫' 은 모두 수 관형사임.

13 한⌒걸음에 내달아 단숨에 목적지에 도착했다.
※ '한' 은 접두사임. 형태상 수 관형사로 착각하기 쉬움. 일상 생활에서 '두 걸음,' '세 걸음' 에 내닫는다는 표현을 쓰지 않는다는 점을 상기하면 이해하기가 훨씬 수월하다.

14 몇∨년 전, A 신문사에서 희대의 오보를 낸 적이 있었다.
※ '몇' 은 수 관형사임.

15 이∨날을 위해 일∨년, 열두∨달, 십∨년을 하루같이 기다려 왔다.
※ '이' 는 지시 관형사, '일,' '열두,' '십' 가운데 '일' 과 '십' 은 수사이며 '열두' 는 수 관형사임.

16 동네 한∨바퀴를 돌고 났더니 숨이 가쁘다.
※ '한' 은 수 관형사임.

17 마을 사람들도 한두∨명씩 동네를 떠나고 있다.
※ 둘 이상을 뜻하는 수 관형사는 붙여 써야 함. '씩' 은 '째' 와 쓰임새가 비슷한 접미사.

18 쉼터라고는 하지만, 앉아 쉬는 의자 몇∨개가 전부다.
※ '몇' 은 수 관형사임.

19 "한⌒겨울에 에어컨을 틀어놓다니 제정신이 아니구나."
※ '한' 은 접두사임.

20 대부분 그렇듯 나의 첫⌒사랑도 짝사랑으로 끝나고 말았다.
※ '첫' 은 접두사임.

21 바다에 사는 포유류로는 뭐니⌒뭐니 해도 고래를 꼽아볼 수 있다.
※ 첩어는 붙여 써야 함.

22 나무 한∨그루, 풀 한∨포기조차 사랑하도록 하자.
※ '한' 은 수 관형사임. '조차' 는 형식성 의존명사로 착각하기 쉬운 보조사. 2부 2장 연습문제 '가' 의 24번 참조.

23 "한⌒가운데를 겨냥해서 던지도록 해라."
※ '한' 은 접두사임.

24 "금 서∨돈이면 돈으로 얼마냐?"
※ '서' 는 수 관형사임.

25 우리 속담에 '천리길도 한∨걸음부터' 라는 말이 있다.

※ 까마득한 거리의 대명사처럼 쓰이는 '천리'에다 다른 단어를 붙여 특수한 의미의 또 다른 단어를 만들어 내는 경우에는 띄어쓰기를 하지 않는다. 비슷한 예로 '십년공부,' '삼층밥,' '만년설,' '오십견' 등을 들 수 있다. 뒤의 '한'은 수 관형사임.

26 몇⌒몇 사람들이 우르르 쏟아져 들어오기 시작했다.
※ '몇'은 수 관형사이며, 첩어는 붙여 써야 한다.

27 옛∨성현의 말씀은 늘 귀담아 들어야 한다.
※ '옛'은 성상 관형사임.

28 "이∨사람이 네가 그토록 보고 싶어 하던 어른이시다."
※ '이'는 지시 관형사임.

29 여러∨가지 물건들이 눈앞에 어지럽게 펼쳐져 있다.
※ '여러'는 수 관형사임.

30 헌∨책은 버리기보다 헌⌒책방에 가져다 주는 것이 자원을 아끼는 길이다.
※ 앞의 '헌'은 성상 수 관형사이며, 뒤의 '헌'은 합성어로 '책방'에 붙여 써야 함.

31 그런∨점에서 볼 때, 이∨책은 많은 것을 느끼게 해준다.
※ '그런'과 '이'는 각각 지시 관형사임.

32 무엇이든지 첫⌒발을 내딛는 순간이 가장 중요하다.
※ '첫'은 접두사임.

33 이∨사람은 온⌒몸이 무기인지라 웬만해선 대적할 사람이 없다.
※ '이'는 지시 관형사, '온'은 접두사임.

나. 중문연습

1 그리워하는데도 한∨번 만나고는 못∨만나게 되기도 하고, 일생을 못∨잊으면서도 아니 만나고 살기도 한다.

※ '한'은 수 관형사, '못'은 부정부사임. 단, '~하지 못하다'나 '동생보다 못하다'에서처럼 동사의 일부분, 또는 동사 그 자체로 쓰이는 경우는 붙여서 쓴다.

좀 더 쉽게 설명하자면, 부정부사는 문장의 내용이 긍정적인지, 부정적인지를 알려주는 역할을 하기에 (못) 만난다에서처럼 부사 '못'을 떼고 붙여도 내용상에 별 무리가 없으나, '못' 자체가 동사 또는 동사의 일부분인 경우에는 동생보다 (못)하다에서처럼 '못'을 떼면 문장 자체가 성립할 수 없다. 또 다른 방법으로는, 부정부사 '안(아니)'을 부정부사 '못'의 자리에 대체해 넣었을 때, 문장 자체가 말이 되는지 안 되는지의 여부로 판단할 수도 있다.

☞ 한 번 만나고는 안 만나게 되기도 하고 (○)

☞ 동생보다 안하다 (×)

2 그런∨점에서 이∨책은 현대인들이 21세기를 살아가면서 겪게 되는 여러∨정신적인 아픔들을 적절히 치유하는 방안을 다루고 있다.

※ '그런'과 '이'는 모두 지시 관형사, '여러'는 수 관형사임.

3 제아무리 힘이 세다 한들, 몸을 풀기도 전에 곧⌒바로 역기를 들게 되면 근육에 무리가 가게 마련이다.

※ '곧'과 '바로'는 모두 부사로 겹쳐 써야 함.

4 지난 한∨주 동안 워낙 많은 일을 했기에 언제 무엇을 했는지가 헛갈리지만, 어머니를 도와 텃밭에서 잡초를 뽑던 수요일은 유독 기억에 남는다.

※ '한'은 수 관형사.

5 "말을 정확히 전달해야지, 올 사람들이 서⌒너 명도 될 수 있고, 대⌒여섯 명도 될 수 있다고 표현하면 도대체 어떻게 저녁 준비를 할 수 있겠니?"

※ 수 관형사가 두 개 이상 결합된 경우에는 붙여 써야 한다.

6 "울지 마세요. 울면, 내 마음이 다시 흔들릴 거예요"라는 그녀의 말 한∨마디에 한⌒여름밤의 첫⌒사랑이 사라져 가고 있었다.

※ 앞의 '한'은 수 관형사, 뒤의 '한'과 '첫'은 모두 접두사임.

7 그로부터 4년 뒤, 주인공은 자신을 업신여기던 자들보다 월등히 성능 좋은 제품을 선보임으로써, 그⌒동안의 설움을 일거에 만회해 버렸다.

※ '그동안'은 명사임.

8 느티나무는 가지가 넓게 퍼지며 잎이 무성해 그늘이 많은 까닭에, 시골 아낙네들은 여름 한⌒낮에 이 나무 아래에서 아기들을 재운다.

※ '한'은 접두사임.

9 동네 사람들 앞에서 공개적으로 모욕을 당한 주인공은 말도 못한 채, 얼굴만 붉으락⌒푸르락 거리며 콧김만 마구 내뿜고 있었다.

※ 준첩어는 붙여 써야 함.

10 좀⌒더 원숙한 기량을 지니기 위해서는 지금보다 두∨배, 세∨배 이상 땀을 흘려가며 기술을 연마해야 한다.

※ '좀'과 '더'는 부사로 겹쳐 써야 함. '두'와 '세'는 모두 수 관형사임.

11 "이∨지역을 방문하신 분들이 첫∨번째로 명심해야 할 사항은, 안내원의 허락 없이 어떤 것도 함부로 만져서는 안∨된다는 것입니다."

※ '이'는 지시 관형사, '첫'은 수 관형사이며, '안'은 '아니'를 줄인 부정부사임. '안'의 경우는 앞서 설명한 '못'과 동일하게 띄어쓰기를 적용하면 된다.

⇨ 1 내일은 학교에 (안) 간다.('안'은 부정부사임)

⇨ 2 사정이 참 (안)됐구나.('안'은 '안되다'라는 동사의 어근임)

12 막차를 타고 세∨시간을 왕복하면서 단 한∨주도 거르지 않고 한∨학기 내내 그∨선생님의 강의를 듣는다는 것은 보통 정성으론 상상도 할 수 없는 일이다.

※ '세,' '한' 은 각각 수 관형사, '그' 는 지시 관형사임.

다. 장 문 연 습

1 부정부사 자체로 또는 부정동사의 어근으로 쓰이는 낱말, '못' 은 크게 두∨종류의 띄어쓰기를 적용해야 한다. 첫⁀째로는 '못하다,' '못되다' 에서처럼 부정동사로 쓰인 경우로, 이때에는 반드시 '못하다,' '못되다' 로 붙여 써야 옳다. 반면, '못 먹다' 에서와 같이 '못' 이 '부정 부사' 로 쓰여 생략에 따라 행위의 가부가 결정되는 문장의 경우에는 반드시 띄어 써야 한다.

'안' 의 경우는 사정이 약간 다르다. 단 한∨가지 경우만을 제외하고는 무조건 띄어 써줘야 하기 때문이다. 그 예외에 속하는 경우는 섭섭하거나 안타까운 느낌에서 '안됐다' 라고 말할 때 뿐이다. 그러나 이∨같은 표현은 주로 구어체에서 쓰일 뿐, 문어체에서는 쓰일 일이 거의 없어, '안' 의 경우는 99% 떼어 쓴다고 생각하면 편하다.

→ '두' 는 수 관형사

→ '첫째' 에서 '째' 는 앞의 수 관형사에 붙는 접미사이다.

→ '이때' 에서 '이' 는 예외적으로 '때' 에 붙여 써야 함. 비슷한 예로, 이것, 이쪽, 이번, 이분 등이 있다. '저' 나 '그' 의 경우도 마찬가지다.

☞ **저것, 그쪽, 저번, 그분 …….**

→ '한' 은 수 관형사

→ '이' 는 지시 관형사, '같은' 은 형용사.

2 형용사와 관형사는 모두 사람이나 사물의 성질을 나타내는 단어들이어서 언뜻 보기에는 구별하기가 쉽지 않다. 그러나 형용사가 '용언' 이라는 데 착안한다면 이∨둘 사이를 구별하는 것은 훨씬 쉬워진다. '용언' 은 독립된 뜻을 가진∨채, 서술어로서의 기능을 지니고 있기 때문이다. 다시 말해, 형용사의 주요 특징은 첫∨번째, 어미 활용을 하며 두∨번째로 서술어로서 기능한다는 점이다. 반면, 관형사는 활용을 하지 못하고 오로지 체언을 꾸며주는 역할만 한다는 점에서 분명히 다르다. 예를 들어, '아름다운' 꽃에서 '아름다운' 은 '아름답다' 라는 서술어로 활용이 가능한 형용사이다. 그러나 '옛 생각' 에서 '옛' 은 서술어로서의 활용이 불가능한 관형사이다. 그렇게 볼 때, "몇 날이고 기다릴 테야" 라는 말에서의 '몇' 은 수를 나타내는 관형사이므로 붙여 쓰기보다 띄어 써야 옳다. 하지만 이 같은 수 관형사 '몇' 도 뒤의 경우에 따라 뒷말에 붙여 써야 하는 경우가 있다. '수' 의 개념으로 쓰인 탓에 '수' 라는 글자로 대체 가능한 경우가 그렇다. 예를 들어, "몇십 년 동안 모은 게 고작 몇십만 냥이라니" 라는 문장은 "수십 년 동안 모은 게 고작 수십만 냥이라니" 라는 문장으로 대체할 수 있기에 '몇' 과 '십' 을 붙여 써줘야 옳다.

→ '이' 는 지시 관형사
→ '채' 는 형식성 의존명사
→ '첫' 과 '두' 는 모두 수 관형사이며, 그 뒤의 '번' 은 형식성 의존명사임. 째는 접미사.

> **3** 수필가 박 모 씨는 강원도의 한 여성회관에서 일주일에 한∨번씩 무료 문예 창작교실을 열고 있다. 어릴 적, 집안에 여유가 없었던지라 선생 없이 독학으로 습작했던 그는 누구보다 배움에 대한 갈망이 컸다. 당시, 박씨가 스스로에게 했던 맹**세**는 나중에 어느 정도 자리잡게 되면 후학들의 교육을 위해 무료 봉사하겠다는 것이었다. 결국 그의 바람대로 약속은 지켜졌고, 지금은 수십⁀여∨명의 제자들에게 둘러**싸**인 인기 만점의 문학 선생님이 됐다. 하지만 이런 박 씨에게도 봉사 초창기에는 말할 수 없는 아픔이 있었다. 성의가 제대로 알려지지 않은 탓에 주변의 반응이 시큰둥했기 때문이었다. 처음에는 단 한∨명의 학생만 데리고 수업을 했지만, 그∨학생마저 가정주부였던 까닭에 수업 빼먹는 것이 다반사였다고 한다. 사정이 이렇다 보니 수업을 하러 가 보면 아무도 없는 경우마저 종종 있어 '과연 이∨일을 계속 해야 하나?' 라는 회의가 심했다고 한다.

→ '한' 은 수 관형사, '번' 은 형식성 의존명사, '씩' 은 접미사.
→ '맹세' 가 옳은 표현이다.
→ '수십 여' 에서 '여' 는 앞 단어에 붙어야 하는 접미사, '명' 은 단위성 의존명사
→ '둘러싸다' 에서 파생된 '둘러싸인' 이 맞다. '둘러쌓다' 는 둘레를 빙 둘러서 쌓아 올리는 것을 말한다.
→ '한' 은 수 관형사
→ '그' 는 지시 관형사
→ '이' 는 지시 관형사

※ '한번' 이라는 말이 '일단' 등을 뜻하는 부사적 의미로 쓰이게 되면, '한번' 의 '한' 을 수 관형사로 취급해서는 안 된다. "잘 되는지 한번 보자"에서처럼 수의 의미를 포함하지 않기 때문이다(예: 32쪽의 "몽니 한번 부려봤다"). 반면, 순서나 수를 나타낼 경우에는 수 관형사로 쓰이는 까닭에 반드시 뒤에 따라오는 단위성 의존명사를 띄어 써야 한다. 보다 쉽게 구별하려면, 빼도 문맥상 별 하자가 없을 경우에는 '한번,' 단어를 제거하면 말이 되지 않거나 그 의미가 변할 경우에는 '한 번' 이라고 표기하면 된다.

☞ **월간지는 한 달에 한 번 발행된다.**
☞ **젊은이이라면 한번 도전해 봐도 좋다.**

4 다음날이 되자 일단의 사람들이 몰려와 몇억∨원에 달하는 손해를 입었노라며 예전에 빌려준 채무를 한꺼번에 상환하라고 독촉하기 시작했다. 그 가운데 몇⌒몇은 가구라도 가져갈 요량으로 신발을 신은 채, 집안의 곳곳을 마구 뒤지고 다니며 값 나가는 물건들을 찾아내기에 혈안이 돼 있었다. 아버지가 드잡이를 당하시는 가운데, 어머니는 꼭두새벽부터 벌어진 이∨사태가 너무 놀라워 아무 말씀도 못하시고 백지장처럼 하얗게 질린 얼굴로 마루 한⌒구석에 서 계실 뿐이었다. 이미 집안의 기둥 노릇을 하고 있던 둘째 오빠는 빗쟁이들이 들이닥치자 아직 코흘리개였던 우리를 데리고 곧⌒바로 집 밖으로 나와 버렸다. 이웃 주민들은 아침부터 무슨 난리인가 하는 표정으로 여러∨명이 구경 나왔다가 뒤늦게 사정을 알고는 동티라도 당할까 황망하게 자리를 떠나고 말았다.

→ 몇억에서' '몇' 은 연습문제 '다' 의 2번 예제에서 소개한 바와 같이 수의 개념으로 쓰인 관형사로 뒷단어에 붙여 써야 한다. 뒤의 '원' 은 단위성 의존명사임.
→ '몇몇' 은 첩어로 붙여 써야 함
→ '이' 는 지시 관형사
→ '한' 은 접두사.
→ '빗쟁이' 가 맞음. 20쪽의 연습문제 '가' 의 8번 참조.
→ '곧' 과 '바로' 는 같은 의미를 지닌 복합 부사로 붙여 써야 함.
→ '여러' 는 수 관형사

| 49쪽 정답 |

한∨마리 토끼가 뛰어오른다.
→ '한' 은 '수' 관형사임. 앞 장에서 설명한 대로 '마리' 역시 단위 명사이므로 반드시 띄어야 한다.

첫∨번째 이유는 흐지부지한 개혁정책을 들 수 있다.
→ '첫' 은 '수' 관형사, '번' 은 단위 의존 명사, '째' 는 접미사임.

몇∨년∨전의 일이지만 지금도 생생히 기억한다.
→ '몇' 은 '수' 관형사, '년' 은 단위 의존명사, '전' 은 명사임.

이∨사람은 지난번에도 돈을 꿔 갔어요.
→ '이' 는 '지시' 관형사, '지난번' 은 명사임.

둘째, 여러∨명이 한꺼번에 몰려오면 사고 날 우려가 있다.
→ '여러' 는 '수' 관형사임. 주의할 점은, '둘째' 를 붙여 써야 한다는 것이다. 위에서 설명한 대로, '째' 는 의존명사가 아닌 접미사이기 때문이다.

4

'엉터리 문장 죽이기'

스스로 엉터리 문장을 발견하기는 불가능
주변 도움 받아야 '엉터리 문장' 벗어나

"대학 교육을 4년이나 받은 녀석이 어떻게 말도 안 되는 문장을 쓸 수 있냐?"

1992년 7월, 모 신문사 경제부의 한쪽 구석에서 필자는 속된 말로 허벌나게* 깨지고 있었다. 필자의 기사를 한 줄 한 줄 읽어가던 선배는 엉터리 문장들이 발견될 때마다 점점 더 언성을 높여댔고, 그럴수록 주변 사람들의 힐끗거림은 잦아졌다. 하지만 호통으로부터 빠져나올 길은 요원*(遙遠)해 보였다. 딴에는 신경 쓴다고 했는데도 불구하고, 기사 곳곳에서는 도무지 말이 되지 않는 엉터리 문장들이 넘실댔기 때문이었다. 그로부터 몇 개월 동안, 필자는 밤늦게까지 경제부에 홀로 남아서 쓴 글을 다듬고 고쳐가며 문장의 호응 관계를 몸으로 익혀 나가야만 했다.

지난 2006년 가을, 미국 의회 소속의 정부회계 감사원(GAO)에서 재미있는 보고서를 상원 외교위원회에 제출한 적이 있다. 미 국무부가 전 세계에 파견 근무 중인 외국어 보직자 2,832명을 대상으로 69개 외국어에 대한 난이도를 설문조사한 결과가 그것이었다. 설문에서 미 국무부는 조사 대상 언어들을 '세계어'와 '고난도 언어,' '초고난도 언어,' '기타 언어' 등의 4가지로 나누었는데, 응답자

***허벌나게** '아주,' '굉장히,' '많이,' '엄청나게' 라는 뜻의 전라도 사투리.
***요원(遙遠)** 까마득하게 멂.

들은 우리말을 일본어, 중국어, 아랍어와 더불어 초고난도 언어로 구분했던 것이다. 모르긴 해도, 미국인들의 입장에선 발음에서부터 어순(語順)에 이르기까지 무엇 하나 용이하지 않은 한국어가 불가능에 가까운 대상이었던 것 같다. 해서, 그런 초고난도 언어를 자유자재로 구사하는 한국인들을 세계에서 가장 똘똘하다는 농담도 그네들에겐 결코 농(弄)으로만 들리진 않을 듯싶다. 문제는 언어학적으로 가장 어렵다는 한국어를 '누워서 떡 먹기' 처럼 구사하는 우리에게조차 버거운 대상이 있다는 것이다. 주어 · 목적어 · 술어 간의 호응 관계를 매끄럽게 이뤄 나가야 하는 미끈한* 글쓰기가 바로 그 주인공이다.

「평범한 글쓰기」의 저자, 박진욱과 김동기가 '엉터리 문장' 이라고 부르는 이들 문장을 색출해야 하는 이유는 자명(自明)하다. 단 한 개의 엉터리 문장으로 인해 글쓴이에 대한 평가가 단박에* 인색해질 수 있기 때문이다. 비록, 짧은 문장이 좋다고는 하나 긴 문장으로도 필명(筆名)을 드날릴 수 있으며, 쉬운 글이 편하다고는 하나 어려운 글로도 고정 독자층을 확보할 수 있음은 말할 나위조차 없다. 반면, 주어 · 목적어 · 술어가 호응하지 않는 엉터리 문장은 제아무리 두보*(杜甫)나 이백*(李白)이 나선다 해도 당사자를 변호할 수는 없다.

그렇다면 어떻게 해야 엉터리 문장을 골라내고, 주어 · 술어 · 목적어 간의 호응을 미끈하게 이뤄낼 수 있을까? 결론부터 말하자면, 문장을 한 줄 한 줄 읽어나가며 일일이 점검해 보는 수밖에 없다. 그것도 눈에 핏발을 세우고 실핏줄이 터지도록 힘을 줘가며. 어느 정도의 필력(筆力)을 지니고 있다고 알려진 주변의 친구나 선 · 후배에게 도움을 요청하는 것도 방법이다. 잊지 말자. 부끄러워한다면 결코 좋은 글을 만들 수 없다는 사실을. 정 친구에게 보이기 쑥스럽다면 선생님이나 교수님을 찾아가 조언을 부탁하는 길도 있다. 그것조차 어렵다면 학교나 각종 글쓰기 관련 기관에서 운영하고 있는 교정 센터를 이용하든가. 명심할 것은

***미끈하다** 흠이나 거친 데가 없이 부드럽고 번드럽다.

***단박에** 그 자리에서, 바로

***두보(杜甫)** 당나라의 현종 때의 문인. 시성(詩聖)으로 불린다.

***이백(李白)** 두보와 쌍벽을 이루던 동시대 문인. 시선(詩仙)으로 불린다.

엉터리 문장을 찾는 일이 혼자만의 노력으론 절대 이뤄지지 않는다는 것이다. 이제껏 무엇이 잘못됐는지조차 인식하지 못하고 써온 문장이 엉터리라는 사실을 어느 날 갑작스레 깨닫기는 거의 불가능에 가까운 노릇이니.

문장의 호응을 맞추지 못하면서 좋은 글을 가지고자 하는 것은 나무 위에서 물고기를 구하려는 '연목구어(緣木求魚)'와 다를 바 없다. 그런 의미에서 엉터리 문장 색출을 위한 첫 번째 연습의 일환으로, 본문에 인쇄된 여러 문장 가운데 한 군데의 호응을 일부러 틀어보았다(정답은 77쪽에). 좀처럼 찾을 수 없다면? 다음 페이지의 연습문제를 통해 감각을 계속 다듬어 나가면 된다. 그래도 어렵다면? 20대 중반에서야 비로소 자신의 엉터리 문장을 깨달은 필자의 늦깎이 경험을 되새기기 바란다. 그런 의미에서 '연습만이 대가를 만든다'는 독일 속담을 떠올리며 당분간 섣부른 좌절은 접어두도록 하자.

참 고 문 헌

미 "한국어, 어렵다 어려워." (2006, 8.14). 「동아일보」, 11.

박진욱, 김동기 (2004). 「평범한 글쓰기」. 우리교육.

임재춘 (2004). 「한국의 이공계는 글쓰기가 두렵다」. 마이넌.

정희모, 이재성 (2005). 「글쓰기의 전략」. 들녘.

한효석 (2006). 「너무나도 쉬운 논술」. 한겨레신문사.

1분에 익힙시다 – 엉터리 문장의 대표적인 두 가지 경우

1. 주어, 술어, 목적어 간의 호응이 이뤄지지 않는다.
   예) 문장 내에서 구성 성분간의 호응이 맞추기는 쉽지 않다.
   → 문장 내에서 구성 성분간의 호응을 맞추기는 쉽지 않다.

2. 핵심적인 체언 (대부분 '주어' 나 '목적어' 가 빠진 경우)이 생략돼 있다.
   예) 어제, 비가 억수로 오는데도 계속 자동차를 몰고 갔다.(주어 생략)
   → 어제, 비가 억수로 오는데도 '나는' 계속 자동차를 몰고 갔다.

   예) 어제, 비가 억수로 오는데도 나는 계속 몰고 갔다.(목적어 생략)
   → 어제, 비가 억수로 오는데도 나는 계속 '자동차를' 몰고 갔다.

연습문제

가. 단문 연습

■ 다음의 보기들은 문장 내의 주어, 술어, 목적어 등이 서로 호응하지 않거나 핵심 체언이 생략된 엉터리 글들입니다. 어디가 잘못되었는지 찾아보고, 미끈한 문장으로 다시 고쳐 보기 바랍니다.

1 우리가 사회를 살아가는 데 있어서 서로 간의 지켜야 할 것들이 있다.
2 연출가란 연기자에 연기 방향을 잡아주고 도와주는 사람이다.
3 책의 본론에는 출판 허가제에 대한 반대 논리를 펴고 있다.
4 새로운 선생님이 부임하면서 반의 질서는 바로잡고 그는 반장에서 물러나게 된다.
5 이 책은 우리 언론에 대해 되돌아볼 수 있는 기회가 된다.
6 사과는 맛과 영양이 풍부하여, 과즙은 고혈압 방지에 효과가 있다.
7 개통된 도로에는 보행자들을 위한 시설이 빈약해, 보행자들에게 큰 불편을 주고 있다.
8 산 밑에 자리한 노인정에는 저녁이 되면 특별한 수업이 시작된다.
9 남북 정상 회의는 2010년 평양에서 연다.
10 지방 군벌들 사이에서는 전문 저격수를 고용하는 것이 보편화했다.
11 프린터에서 복합기까지 우리 회사 제품이 최고다.
12 요주의 인물로 분류되면 본인에게 경고장을 발송된다.
13 영화의 첫 장면에서 도시의 모습을 담담하게 보여준다.
14 이 모 내정자는 올해 만 60세로, 부인 신사임당(60) 씨와 1남 1녀가 있다.
15 그녀는 처음 만나는 사람과 지극히 신중하게 접근하는 편이다.

16 봉고차를 개조해 만들어진 간이 미용실은 의자 하나와 거울이 놓여 있다.
17 며칠간 폭우가 쏟아진 마을에서 산사태가 일어나 열차를 덮치는 사고가 발생했다.
18 말썽만 일으키던 문수는 기어이 학교를 쫓겨났다.
19 성수기에는 3백 루피가 넘는 방을, 비수기에는 2백 루피에 잘 수 있다.
20 왕벚나무는 꽃이 2~3개씩 달리는 벚나무와 달리 3~5개로 많이 달린다.
21 '잡상인에게 물품을 구매하지 맙시다.'
22 하늘 위의 밥상인 기내식이 성찬으로 업그레이드하고 있다.
23 승객들은 단체 또는 취객 손님과 같은 칸에 타게 되면 인상부터 찌푸려진다.
24 주인공의 의식이 분열되기 시작하면서 점점 더 황폐해지는 자신을 발견하게 된다.
25 이번 훈련은 작진 준비, 장거리 기동, 전투 실시 등의 단계로 나누어 진행했다.
26 백두산 씨는 코리안리그 감독들 가운데 가장 뛰어난 전술 능력을 평가받고 있다.
27 자원 봉사자들의 도움이 필요로 하는 이들이 점점 많아지고 있다.
28 아쉬운 점은 이 영화의 메시지가 무엇인지 명확하지 않다.

나. 중문 연습

■ 문장 내에서의 호응이 자연스럽게 이루어지도록 엉터리 문장을 바로잡아 보기 바랍니다.

1 그러나 해당 부서에서는 이 진정 문건을 올 초, 이메일과 인편, 서면 등 세 차례나 접수하고도 지금까지 어떠한 진상 조사나 수사 의뢰 등의 조치도 취하고 있지 않다.

2 A사가 이번에 야심차게 발매(發賣)하는 신차는 수입차의 판매 증가에 대응하기 위해 차의 크기나 승차감, 편의성, 옵션 등을 대폭 개선된 것으로 알려지고 있다.

3 모짜르트의 아리아를 듣는 동안, 주인공과 죄수들은 그동안의 억압과 고통에서 잠시 벗어나, 가물거리던 어린 시절의 향수에 한껏 젖게 해준다.

4 북한과 미국은 지난 1994년 양국이 체결한 제네바 합의에 따라 경수로 공사를 시작했으나 2002년에 북한의 핵 개발 의혹이 제기되면서 중단되고 말았다.

5 누구나 꿈꾸는 거대한 조가비 모양의 시드니 오페라하우스는 호주를 상징하는 가장 대표적인 조형물로 널리 알려져 있다.

6 리기다 소나무는 야산이나 척박해 보이는 산에서 주로 자라는데, 북미와 대서양 연안 원산으로 우리나라에서는 1907년부터 황폐화된 산림을 복구할 목적으로 많이 심었다.

7 건설부에서는 고속도로 갓길 조성 사업이 제대로 진행되지 않고 있다고 보고, 추가 사업비가 지원되는 대로 이들 갓길에 체계적인 정비에 나설 계획이다.

8 제1차 세계대전으로 5,000만명에서 6,000만명으로 추정되는 사람들을 죽였으며, 살아남은 사람들도 말할 수 없는 고통을 겪어야 했다.

9 르네상스 이후의 많은 화가들에게 성서뿐만 아니라 그리스 · 로마 신화, 서사시에도 익숙했으며, 이들은 여러 이야기 가운데 자신이 원하는 부분을 발췌해 섬세하게 구상한 뒤, 해당 장면을 화폭에 담아내곤 했다.

10 전력이 그다지 강하지 않았음에도 불구하고, 만화 「슬램덩크」에 나오는 '북산고등학교' 농구팀이 전국 고교 농구대회의 준결승까지 올라갈 수 있었던 이유로는 할아버지 감독의 적절한 코치와 주인공 '강백호'의 존재가 있었기에 가능했다.

11 2006년 독일 월드컵 당시, 독일-코스타리카 간의 개막전이 열린 뒤셀도르프의 호프집들은 독일 팬들로 인산인해를 이뤘으며, 경기가 4대 2 독일의 승리로 끝나자 맥주가 가득한 잔을 부딪치며 '승리의 찬가'를 불렀다.

12 영국에서 생활하며 영어에 대한 자신감을 얻었지만, 그 과정에서 얻은 가장 큰 수확은 멀게만 느껴졌던 그들도 우리와 함께 지구촌에서 살아가는 사람들이라는 사실을 깨달은 것이 가장 컸다.

13 선생님들이 정성을 다해 가르치고 학생들은 열심히 공부하는 분위기가 조성되면서 학생들의 학력 신장에 가시적인 성과가 나타나고 있으며, 이를 통해 학교와 선생님들이 존경받는 풍토를 조성하고 있다.

14 전 유럽을 전화(戰禍) 속에 몰아넣은 나폴레옹의 황제 취임식. 그는 자신의 제위 등극을 보다 위대하게 연출하려는 욕심에서 당시 프랑스 최고의 화가를 군림하던 '미술계의 황제' 다비드를 불러 자신의 대관식을 그림으로 그리게 했다.

다. 장문 연습

■ 다음에 나오는 장문의 글을 읽어 본 후, 엉터리 문장을 찾아 그 호응이 자연스럽게 이뤄지도록 바로잡아 보기 바랍니다.

1 '엉터리 문장 찾아오기'는 필자가 '인터뷰 방법'이라는 실기 수업에서 첫 번째로 내주는 과제 대상이다. 따라서, 수강생들은 수업 첫 주 동안 국내 종합 일간지에 실린 기사 가운데 주/술/목 호응이 어색한 문장을 5건씩 찾아 와야 하는데, 이게 보기와 달리 보통 어려운 일이 아니다. 무엇보다 이제껏 올바른 문장과 엉터리 문장 간의 구별에 대해 제대로 배워본 적이 없는 학생들의 입장에선 잘잘못을 가름해 내는 것 자체가 대단히 생경할 수밖에 없다. 해서, 수강생들에게 있어 '인터뷰 방법' 수업의 첫 번째 과제는 공포의 대명사에 통한다. 필자의 첫 번째 관문을 통과한 학생들은 이후, 보다 쉬운 과제들과 함께 본격적인 문장 작성 요령에 대해 단계별로 배우게 된다.

2 잠시 한국을 방문한 미국인 지도교수의 소개로 그녀는 대북지원사업을 하고 있는 재미교포를 만나 그와 대화를 나누게 됐다. 그는 북한의 사리원에 위치한 한 육아원에 지난 몇 년간 콩 우유와 빵을 지원해 왔다고 했다. 더불어, 미국의 모 회사에서 저렴한 가격에 구입할 기회가 생긴 운동선수용 단백질 보충제를 제공할 계획도 가지고 있다고 알려 주었다. 후에 지도교수가 전달해 준 보충제의 성분을 그녀가 검토해 본 결과, 영양불량 상태의 유아들에게 먹일 경우에는 설사 등을 동반한 심각한 부작용을 일으킬 것이 분명한 제품이어서 해당 제품의 구입계획을 취소하도록 권유하였다.

3 신문을 꾸준히 정독하는 것도 엉터리 문장을 걸러내는 능력을 키우는 데 어느 정도 도움을 준다. 기억해야 할 사실은 올바른 문장 사용에 있어서는 분명, 중앙 일간지가 지방 일간지보다 훨씬 낫다는 것이다. 이는 교열기자를 포함한 기자 인원수에서부터 기사 작성 수준에 이르기까지 모든 면에서 조건이 유리한 중앙 일간지가 우위에 있을 수밖에 없다. 실제로, 글쓰기 과제 수업을 통해 제출하는 엉터리 문장의 사례들은 상당 부분 지방지에서 나온다. 따라서, 역으로 놓고 볼 때 유서 깊은 지방 일간지가 아닌 경우, 웬만한 지방 일간지 또는 지역 신문에서 엉터리 문장을 발견하기란 그리 어렵지 않은 것이 현실이다. 시험 삼아 한번 연습해 보라. 만일 문장의 호응이 어색하거나 명백하게 잘못된 것을 찾아낼 수 있다면 그것을 바로잡아 보는 것도 어렵지는 않을 터. 그리하여 엉터리 문장과 올바른 문장에 대한 구별이 어느 정도 서기 시작하면 중앙 일간지로 그 대상을 확장시켜 나가는 것도 좋은 방법이 될 성싶다.

해답

가. 단 문 연 습

1 우리가 사회를 살아가는 데 서로 간**에** 지켜야 할 것들이 있다.

2 연출가란 연기자**의** 연기 방향을 잡아주고 도와주는 사람이다.

3 책의 본론에**서**는 출판 허가제에 대한 반대 논리를 펴고 있다.
책의 본론**은** 출판 허가제에 대한 반대 논리를 펴고 있다.
책의 본론에는 출판 허가제에 대한 반대 논리**가 (담겨)** 있다.

4 새로운 선생님이 부임하면서 반의 질서는 바로잡**히**고 그는 반장에서 물러나게 된다.

5 이 책은 우리 언론에 대해 되돌아볼 수 있는 기회**를 준**다.

6 사과는 맛과 영양이 풍부하**며**, 과즙은 고혈압 방지에 효과가 있다.
※ '~하여'를 쓰려면 인과 관계가 형성돼야 한다.
 손녀가 대견하여 칭찬을 해주었다.

7 개통된 도로에는 보행자들을 위한 시설이 빈약해, **개통된 도로가** 보행자들에게 큰 불편을 주고 있다. (△)
개통된 도로에는 보행자들을 위한 시설이 빈약해, 보행자들**이** 큰 불편을 **겪**고 있다. (O)
※ 사물을 주어로 놓는 것보다, 사람을 주어로 놓는 것이 훨씬 자연스럽다.

8 산 밑에 자리한 노인정에**서**는 저녁이 되면 특별한 수업이 시작된다.

9 남북 정상 회의는 2010년 평양에서 **열린**다.
정부는 남북 정상 회의**를** 2010년 평양에서 연다.

10 지방 군벌들 사이에서는 전문 저격수를 고용하는 것이 보편화**됐**다.
※ 동명사를 만들기 위한 'ing'에 해당하는 한자 접미사, "~화"를 쓰는 경우, 몇몇 경우를 제외하곤 '되다'라는 의미의 수동태가 따라와야 한다.

11 프린터에서**부터** 복합기**에 이르기**까지 우리 회사 제품이 최고다.
※ ~에서~까지: 단순히 지리적, 물리적인 거리를 나타낼 때 사용한다
 서울에서 부산까지 걸었다.
※ 반면, '~에서부터 ~에 이르기까지'는 그 중간에 아우러져 있는 범위와 지역 등

을 강조할 경우에 사용한다.

12 요주의 인물로 분류되면 본인에게 경고장을 발송한다. (×)
※ 주어가 생략돼 있어, 누가 경고장을 보내는지 알 수가 없다.

요주의 인물로 분류되면 본인에게 경고장**이** 발송된다. (○)

13 영화의 첫 장면**은** 도시의 모습을 담담하게 보여준다.
영화의 첫 장면에서 **감독(주인공)은**— 누가 됐든, 주어가 있어야 함— 도시의 모습을 담담하게 보여준다.

14 이 모 내정자는 올해 만 60세로, 부인 신사임당(60) 씨와**의 사이에** 1남 1녀가 있다.
이 모 내정자는 올해 만 60세로, **가족으로** 부인 신사임당(60) 씨와 1남 1녀가 있다.

15 그녀는 처음 만나는 사람**에게** 지극히 신중하게 접근하는 편이다.
그녀는 처음 만나는 사람과 지극히 신중하게 **접촉**하는 편이다.

16 봉고차를 개조해 만들어진 미용실**에는** 의자 하나와 거울이 놓여 있다.

17 며칠간 폭우가 쏟아진 마을에서 산사태가 일어나, **흙더미가** 열차를 덮치는 사고가 발생했다.
(문장 뒷부분에는 명백한 주어가 없는 실정임)
며칠간 폭우가 쏟아진 마을에서 산사태가 일어나, **열차가 탈선하는** 사고가 발생했다.
※ 만일, 뒷문장의 '사고가 발생했다' 라는 부분을 그대로 살리려면 앞 부분을 이처럼 바꿔줘야 한다. 그래도 열차의 탈선을 주도한 주체가 무엇인지는 여전히 불명확한 상태다.

18 말썽만 일으키던 문수는 기어이 학교**에서** 쫓겨났다.

19 성수기에는 3백 루피가 넘는 방**에서**, 비수기에는 2백 루피에 잘 수 있다.
성수기에는 3백 루피가 넘는 방을, 비수기에는 2백 루피에 **구할** 수 있다.

20 왕벚나무는 꽃이 2~3개씩 달리는 벚나무와 달리 **꽃이** 3~5개로 많이 달린다.

21 '잡상인에게**서** 물품을 구매하지 맙시다.'
'잡상인**으로부터** 물품을 구매하지 맙시다.'
※ '에게' 를 쓰려면 글은 "잡상인에게 물품을 판매하지 맙시다" 로 정반대의 의미가 되어야 함.

22 하늘 위의 밥상인 기내식이 성찬으로 업그레이드**되**고 있다.
(항공사들이) 하늘 위의 밥상인 기내식**을** 성찬으로 업그레이드하고 있다.

23 승객들은 단체 또는 취객 손님과 같은 칸에 타게 되면 인상부터 **찌푸린**다.

24 주인공의 의식이 분열되기 시작하면서 **그는/그녀는/주인공은** 점점 더 황폐해지는 자신을 발견하게 된다. (무엇이 됐건 황폐해지는 자신을 발견할 주어가 필요함)

25 이번 훈련은 작전 준비, 장거리 기동, 전투 실시 등의 단계로 나뉘어 진행**됐**다.
국군은 이번 훈련**을** 작전 준비, 장거리 기동, 전투 실시 등의 단계로 나누어 진행했다.

26 백두산 씨는 코리안리그 감독들 가운데 가장 뛰어난 전술 능력을 **지니고 있는 것으로** 평가받고 있다.

※ 꾸며주는 말들을 제거할 경우, 기본틀은 '백두산 씨는 뛰어난 전술능력을 평가받고 있다' 라는 글이 되는 엉터리 문장이다.

27 자원 봉사자들의 도움을 필요로 하는 이들이 점점 많아지고 있다.

28 아쉬운 점은 이 영화의 메시지가 무엇인지 명확하지 않다**는 것이다**.

나. 중 문 연 습

1 그러나 해당 부서에서는 이 진정 문건을 올 초, 이메일과 인편, 서면 등**으로**/등을 **통해** 세 차례나 접수하고도 지금까지 어떠한 진상 조사나 수사 의뢰 등의 조치도 취하고 있지 않다.

2 A사가 이번에 야심차게 발매하는 신차(發賣)는 수입차의 판매 증가에 대응하기 위해 차의 크기나 승차감, 편의성, 옵션 등을 대폭 개선**한** 것으로 알려지고 있다.

3 모짜르트의 아리아를 듣는 동안, 주인공과 죄수들은 그동안의 억압과 고통에서 잠시 벗어나, 가물거리던 어린 시절의 향수에 한껏 **젖어든**다/**젖는**다.
모짜르트의 아리아**는** 주인공과 죄수들**로 하여금** 그간의 억압과 고통에서 잠시 벗어나, 가물거리던 어린 시절의 향수에 한껏 젖게 해준다.

4 북한과 미국은 지난 1994년 양국이 체결한 제네바 합의에 따라 경수로 공사를 시작했으나 2002년에 북한의 핵 개발 의혹이 제기되면서 **경수로 공사는** 중단되고 말았다.

※ 주어가 생략돼 있어, 무엇이 중단되었는지 정확하게 알 수가 없다.

5 누구나 **가보기를/방문해 보기를** 꿈꾸는 거대한 조가비 모양의 시드니 오페라하우스는 호주를 상징하는 가장 대표적인 조형물로 널리 알려져 있다.

※ "누구나 꿈꾸는" 에서 목적어가 생략돼 있는 문장.

6 리기다 소나무는 야산이나 척박해 보이는 산에서 주로 자라는데, 북미와 대서양 연안 원산으로 우리나라에서는 1907년부터 황폐화된 산림을 복구할 목적으로 많이 심**어졌**다.
리기다 소나무는 야산이나 척박해 보이는 산에서 주로 자라는데, 북미와 대서양 연안 원산으로 우리나라에서는 1907년부터 황폐화된 산림을 복구할 목적으로 **정부에서** 많이 심었다.

※ 주어가 필요한 문장이다. 만일, 주어를 넣기 힘들다면, 수동형으로 바꿔줘야 한다.

7 건설부에서는 고속도로 갓길 조성 사업이 제대로 진행되지 않고 있다고 보고, 추가 사업비가 지원되는 대로 이들 갓길에 **대한/대해** 체계적인 정비에 나설 계획이다.

8 제1차 세계대전으로 5,000만 명에서 6,000만 명으로 추정되는 사람들이 죽었으며, 살아남은 사람들도 말할 수 없는 고통을 겪어야 했다.

9 르네상스 이후의 많은 화가들은 성서뿐만 아니라 그리스 · 로마 신화, 서사시에도 익숙했으며, 이들은 여러 이야기 가운데 자신이 원하는 부분을 발췌해 섬세하게 구상한 뒤, 해당 장면을 화폭에 담아내곤 했다.

10 전력이 그다지 강하지 않았음에도 불구하고, 만화 「슬램덩크」에 나오는 '북산 고등학교' 농구팀이 전국 고교 농구대회의 준결승까지 올라갈 수 있었던 이유로는 할아버지 감독의 적절한 코치와 주인공 '강백호'의 존재를 들 수 있다.

※ 이 글은 '이유로는 ~이 있다.' '이유로는 ~을 들 수 있다'로 구성되어야 한다. 때문에, "선수의 존재가 있었기에 가능했다"라는 위 문장의 끝을 그대로 활용하고자 한다면, "'북산 고등학교' 농구팀의 전국 고교 농구대회 준결승 진출은 할아버지 감독의 코치와 주인공 '강백호'라는 선수의 존재가 있었기에 가능했다."에서와 같이 문장 자체를 바꿔 줘야 한다.

11 2006년 독일 월드컵 당시, 독일-코스타리카 간의 개막전이 열린 뒤셀도르프의 호프집들은 독일 팬들로 인산인해를 이뤘으며, 경기가 4대 2 독일의 승리로 끝나자 **독일 팬들은** 맥주가 가득한 잔을 부딪치며 '승리의 찬가'를 불렀다.

※ 축배를 든 주체가 생략돼 있는 문장임.

12 영국에서 생활하며 영어에 대한 자신감을 얻었지만, 그 과정에서 얻은 가장 큰 수확은 멀게만 느껴졌던 그들도 우리와 함께 지구촌에서 살아가는 사람들이라는 사실을 깨달은 **것이(었)다.**

※ "가장 큰 수확은 ~ 깨달은 것이었다"가 기본적인 구조를 이루어야 하는 문장임.

13 선생님들이 정성을 다해 가르치고 학생들은 열심히 공부하는 분위기가 조성되면서 학생들의 학력 신장에 가시적인 성과가 나타나고 있으며, 이를 통해 학교와 선생님들이 존경받는 풍토**가** 조성**되고** 있다.

※ 누가 선생님들에 대한 존경 풍토를 조성하는지의 주어가 명백하지 않은 문장이다. 차라리, 수동태로 바꿔주는 것이 좋다.

14 전 유럽을 전화(戰禍) 속에 몰아넣은 나폴레옹의 황제 취임식. 그는 자신의 제위 등극을 보다 위대하게 연출하려는 욕심에서 당시 프랑스 최고의 화가**로** 군림하던 '미술계의 황제' 다비드를 불러 자신의 대관식을 그림으로 그리게 했다.

다. 장문연습

1 '엉터리 문장 찾아오기'는 필자가 '인터뷰 방법'이라는 실기 수업에서 첫 번째로 내주는 과제 대상이다. 따라서, 수강생들은 수업 첫 주 동안 국내 종합 일간지에 실린 기사 가운데 주/술/목 호응이 어색한 문장을 5건씩 찾아와야 하는데, 이게 보기와 달리 보통 어려운 일

이 아니다. 무엇보다 이제껏 올바른 문장과 엉터리 문장 간의 구별에 대해 제대로 배워본 적이 없는 학생들의 입장에선 잘잘못을 구별해 내는 자체가 대단히 생경할 수밖에 없다. 해서, 수강생들에게 있어 '인터뷰 방법' 수업의 첫 번째 과제는 공포의 대명사**에** 통한다. 필자의 첫 번째 관문을 통과한 학생들은 이후, 보다 쉬운 과제들과 함께 본격적인 문장 작성 요령에 대해 단계별로 배우게 된다.

※ 에 → 로

2 잠시 한국을 방문한 미국인 지도교수의 소개로 그녀는 대북지원사업을 하고 있는 재미교포를 만나 그와 대화를 나누게 됐다. 그는 북한의 사리원에 위치한 한 육아원에 지난 몇 년 간 콩 우유와 빵을 지원해 왔다고 했다. 더불어, 미국의 모 회사에서 저렴한 가격에 구입할 기회가 생긴 운동선수용 단백질 보충제를 제공할 계획도 가지고 있다고 알려 주었다. 후에 지도교수가 전달해 준 보충제의 성분을 그녀가 검토해 본 결과, 영양불량 상태의 유아들에게 먹일 경우에는 설사 등을 동반한 심각한 부작용을 일으킬 것이 분명**해서** 해당 제품의 구입계획을 취소하도록 **그 재미교포에게/지도 교수에게** 권유하였다.

※ 맨 마지막 문장에서 두 가지가 잘못돼 있다.

첫 번째로

"먹일 경우에는~부작용을 일으킬 것이 분명한 제품이어서" 라는 문장은

→ "먹일 경우에는~부작용을 일으킬 것이 분명해서" 또는

→ "먹일 경우에는~부작용이 일어날 것이 분명해서"라고 고쳐야 한다.

이는 "~ㄹ 경우" 다음으로 호응하는 문장은 "~이다," "하다," "~해야 한다" 등과 같은 동사가 쫓아와야 하기 때문이다.

☞ 갈 경우에는 반드시 알려줘라.

두 번째로 "구입 계획을 취소하도록 권유하였다"에서 취소하도록 권유할 대상이 생략돼 있다. 물론, 문맥상으로는 재미교포일 것으로 짐작할 수 있지만, 이는 어디까지나 짐작일 뿐, 100% 확실한 것은 아니다. 더욱이 보충제를 건네준 미국인 지도교수도 취소 권유의 대상으로 포함될 수 있다. 때문에 이 부분은

→ "해당 제품의 구입계획을 취소하도록 그 재미교포에게 권유하였다" 또는

→ "해당 제품의 구입계획을 취소하도록 지도교수에게 권유하였다"로 보다 확실하게 바꿔 주는 것이 좋다.

3 신문을 꾸준히 정독하는 것도 엉터리 문장을 걸러내는 능력을 키우는 데 어느 정도 도움을 준다. 기억해야 할 사실은 올바른 문장 사용에 있어서는 분명, 중앙 일간지가 지방 일간지보다 훨씬 낫다는 것이다. 이는 교열기자를 포함한 기자 인원수에서부터 기사 작성 수준

에 이르기까지 모든 면에서 조건이 유리한 중앙 일간지가 우위에 있을 수밖에 없**기 때문이**다. 실제로, 글쓰기 과제 수업을 통해 **수강생들이** 제출하는 엉터리 문장의 사례들은 상당 부분 지방지에서 나온다. 따라서, 역으로 놓고 볼 때 유서 깊은 지방 일간지가 아닌 경우, 웬만한 지방 일간지 또는 지역 신문에서 엉터리 문장을 발견하기란 그리 어렵지 않다. 시험삼아 한번 연습해 보라. 만일 문장의 호응이 어색하거나 명백하게 잘못된 것을 찾아낼 수 있다면, 그것을 바로잡아 보는 것도 어렵지는 않을 터. 그리하여 엉터리 문장과 올바른 문장에 대한 구별이 어느 정도 서기 시작하면 중앙 일간지로 그 대상을 확장시켜 나가는 것도 좋은 방법이 될 성싶다.

※ 세 번째 문장에서 "이는 ~수밖에 없다."는 "이는 ~할 수밖에 없기 때문이다"로 고쳐야 훨씬 자연스런 문장이 된다. 바로 앞 문장에서 중앙 일간지가 지방 일간지보다 훨씬 낫다는 말을 한 후, 후속 문장에서 그 이유를 설명해 주고 있기 때문이다. 이와 함께, 네 번째 문장인 "실제로 글쓰기 과제 수업을 통해~"에서는 '누가' 문장 호응의 불일치에 대한 예제를 제출하는지의 주어가 나와 있지 않다. 따라서, 이 부분 역시

→ "실제로 학생/수강생들이 글쓰기 과제 수업을 통해 제출하는 엉터리 문장의 사례들은 상당 부분 지방지에서 나온다" 또는

→ "실제로 글쓰기 과제 수업을 통해 학생/수강생들이 제출하는 엉터리 문장의 사례들은 상당 부분 지방지에서 나온다"

에서와 같이 주어를 넣어 주어야 한다. 만일, 주어가 무엇인지 자신이 없다면 다음과 같은 수동형으로 바꿔주어도 무방하다.

→ "실제로 글쓰기 과제 수업을 통해 제출되는 엉터리 문장의 사례들은 상당 부분 지방지에서 나온다"

| 65쪽 정답 |

해서, 그런 초고난도 언어를 자유자재로 구사하는 한국인들**이** 세계에서 가장 똘똘하다는 농담도 그네들에겐 결코 농(弄)으로만 들리진 않을 듯싶다.

5

'내 머릿속의 지우개'*

같은 표현 되풀이하는 버릇 없애고 사전에서 '대체어' 찾는 습관 들여야

"김 수한무, 거북이와 두루미, 삼천갑자 동방석, 칙칙카포 사리사리센터, 워리워리 세뿌리까, 무두셀라 구루미……." 한 시절을 풍미했던 수십 년 전 개그에 등장하는, 일명 세상에서 가장 긴 이름이다. 물론 이 뒤로도 한참 남아 있지만 지면상 생략했다.

이름이 길어지게 된 사연은 이렇다. 옛날 옛적, 손(孫)이 무척 귀했던 집안에서 어렵게 자식을 얻었다. 아버지는 자식의 무병장수를 비는 마음에서 작명소(作名所)를 찾아가 이름을 짓기로 했다. 작명소 주인은 부정(父情)에 답하듯 영원토록 장생하라는 의미에서 '수한무(壽限無)'라는 이름을 지어 주었다. 그러나 그 정도로는 마뜩지* 않았던 아버지가 좀 더 강한 이름을 원했고, 주인은 다시 '수한무' 뒤에 장수의 상징인 거북이와 두루미를 얹어주었다. 여전히 떨떠름해하는 아버지에게 이후 극동 아시아, 아프리카는 물론, 아랍에서 가장 오래 살았다는 전설적인 인물들의 이름이 계속 덧붙여졌다. 그런데 난데없이 웬 이름 이야기?

***'내 머릿속의 지우개'** 이재한 감독, 정우성, 손예진 주연의 2004년 한국 영화. 불치병(알츠하이머)으로 기억을 잃어가는 여자와 그런 그녀를 지켜 봐야 하는 남자의 애절한 러브 스토리를 그린 영화로 270만 명의 관객을 동원하며 흥행에 성공했던 작품.

***마뜩지** '마뜩하다'에서 파생된 말로 '마뜩하지'를 줄인 말. '마뜩하다'는 '제법 마음에 들 만하다'라는 뜻.

아버지와 목격자, 두 사람만 등장하는 이야기의 끝 무대에서 긴 이름을 가진 아이는 결국 저수지에서 익사하고 만다. 아버지에게 달려간 목격자가 너무나 긴 아이의 이름을 부르며 변고(變故)를 알리고, 아버지가 이 이름을 받아 사고를 재차 확인하는 과정에서 시간이 너무 흘러버린 탓이다. 코미디의 백미*(白眉)는 가뜩이나 긴 이름에 대한 아버지와 목격자의 끝없는 반복에 있다. 그러나 코미디에서의 하이라이트에 속하는 반복의 미(美)가 좋은 글을 원하는 우리에게는 치명적인 독소(毒素)로 작용한다.

문장 이야기의 다섯 번째 주제는 바로 '반복어구의 회피'에 관한 것이다. 실제로 같은 단어, 유사한 문구의 중언부언한 나열은 문장을 지루하게 할 뿐 아니라, 수준을 얕잡히는 결정적인 패인(敗因)을 제공한다. 게다가 자신의 어휘력에 대한 한계를 만천하에 실토하는 아픔은 그 무엇으로도 비유할 수 없을 터. 하지만 반복어구를 피한다는 것은 말처럼 결코 간단한 일이 아니다. 무엇보다, 기억하지 못하고 같은 단어를 재차, 삼차 사용하는 자신의 '머릿속 지우개' 같은 행태가 좀처럼 고쳐지지 않기 때문이다. 그렇다고 아는 단어는 한정돼 있는 와중에 한 번 쓴 단어와 문구를 다시 동원하지 않을 수도 없는 노릇이니, 결국 알면서도 반복어구를 되풀이하는 수밖에.

그렇다면 어떻게 해야 이 문제를 해결할 수 있을까? 역시 자신의 글을 읽고, 읽고, 또 읽으면서 단어 하나 하나에 집중하는 수밖에 없다. 처음 훑을 때는 문장의 오 · 탈자를 염두에 두고, 두 번째 읽을 때는 주/술/목적어 간의 호응에 신경 쓰며, 세 번째로 접할 때는 반복어구를 찾아내 제거해 버리는 것이다. 물론, 없애기 힘든 낱말은 가급적 다른 용어로 바꿔야 한다. 때문에 다양한 단어 습득을 위한 나만의 '단어장'을 따로 마련하는 요령도 필요하다.

***백미(白眉)** '흰 눈썹'이라는 뜻으로 여럿 가운데 가장 뛰어난 사람이나 훌륭한 물건을 비유적으로 이르는 말. 원래는 중국 촉한(蜀漢) 때의 참모이자 장수였던 마량(馬良)을 칭하던 표현이었다. 그의 다섯 형제가 모두 뛰어났지만, 그 가운데 흰 눈썹을 지녔던 마량의 재주가 월등했다는 이유로 사람들은 "마 씨 형제 가운데 흰 눈썹이 가장 낫다"고 평하였다. 후에 제갈량이 울며 목을 베었다는 읍참마속(泣斬馬謖)의 주인공, 마속도 마량의 동생이었다.

필자가 초짜 기자로 언론사에 재직하던 당시, 반복어구를 줄여나가는 작업은 글쓰기에서도 가장 힘든 일거리 가운데 하나였다. 아무리 반복어구를 피하려 해도 이제껏 의식 한번 해본 적이 없는 햇병아리로서 갑자기 새로운 능력이 생겨날 리는 만무했다. 자연히 같은 고민을 겪었고 나름대로의 노하우로 난관을 극복해 나갔을 선배 글쟁이들의 작품에 눈이 가기 시작했다.

그리하여 걸음마의 첫 단계로 그네들의 동사부터 베껴 쓰고 모아 보는 작전을 선택했다. 예를 들어 기사를 쓰는 과정에서 가장 많은 고통을 안겨 주었던 동사, "~할 예정이다"의 경우, 다른 이들은 어떤 식으로 대체어(代替語)를 활용하는지를 먼저 눈여겨보았다. 그러자 신기하게도 "~ 할 전망이다," "~ 할 계획이다," "~할 것으로 기대된다," "~할 것으로 진단된다" 등과 같은 다양한 용어들이 눈에 띄기 시작했다. 그렇게 해서 알게 된 단어들은 하나둘씩 필자만의 수첩에 차곡차곡 입력되어 나갔고, 이후 결정적인 순간에 단어장에서 튀어나와 문장의 단조로운 색깔을 벗겨내는 효자 노릇을 톡톡히 해냈다.

마지막으로, 다양한 단어의 사용이 문장의 맛을 어떻게 바꿔 놓을 수 있는지를 소개하기 위해 하나의 예제를 들어 보고자 한다. 다음 글을 연습 삼아 한번 주물럭거려 보기 바란다.

> 김한국 대통령은 경기 침체 해결에 있어 정부의 모든 역량을 최우선적으로 쏟아부을 것을 강력히 천명했다. 김한국 대통령은 지난 26일 국무회의를 주재한 자리에서 현재의 경제 국면을 국가의 위기 상황으로 규정하고 서민들의 생계 대책 마련 및 저소득층의 일자리 창출에 전력투구할 것을 다짐했다. 김한국 대통령은 또, 청년 실업과 관련해 대기업들이 보다 적극적으로 문제 해결에 나서 줄 것을 요구하기로 했다.

눈치 빠른 독자들은 이미 알아차렸겠지만, 위의 문단에서는 세 문장에 걸쳐 '김한국 대통령'이라는 낱말이 계속 반복되고 있다. 그렇다면 이 글귀를 어떤 식으로 바꾸어서 되풀이의 지루함을 덜어낼 수 있을까? (정답은 96쪽에)

마찬가지로, 같은 의미를 지녔으되 표현을 달리한 단어들을 본문 여러 곳에서 활용해 보았다. 한 문단 안에 몰려 있는 짝패 단어들을 찾아 동그라미 친 후, 서로 이어보기 보기 바란다. (정답은 96-97쪽에)

참 고 문 헌

임재춘 (2004). 「한국의 이공계는 글쓰기가 두렵다」. 마이넌.
황소웅 (2005). 「바른 글 좋은 글」. 랜덤하우스중앙.

1분에 익힙시다

반복, 중복과는 상관없이 전문용어, 외래어는 통일해서 써야 합니다. 중복 어구를 피한다고, '텔레비전'이라고 썼다가 'TV'로 바꿔 표현하는 것은 오히려 독자들의 혼란을 부추길 뿐입니다. 더욱이, '텔레비전'과 같은 용어의 경우, '텔레비젼,' '테레비' 등과 같은 표현들과 병행해서 쓴다면, 독자는 오히려 글의 성실성에 대해 의심하게 될 것입니다.

수퍼펜이 말했어요	수퍼펜이 말했어요
수퍼펜은 생각했어요	그는 생각했습니다
수퍼펜은 슬퍼했어요	수君은 슬펐답니다
수퍼펜은 결심했어요	주인공은 결심해요

연습문제

가. 단 문 연 습 I

■ 반복어구를 피하는 방법에는 두 가지가 있습니다. 첫 번째는 반복어구 자체를 제거하는 것이며, 두 번째는 반복어구를 다른 낱말로 대체하는 것입니다. 다음 예제들을 보고, 반복되는 동일, 유사 단어 또는 유사 어구들을 다른 말로 대체하거나, 제거함으로써 자연스럽고 미끈한 문장을 만들어 보기 바랍니다.

1 오자(誤字)에는 크게 두 가지 종류의 오자가 있다.
2 지구 관측 위성의 대표적인 위성으로는 미국의 '랜드셋' 위성을 들 수 있다.
3 전시회를 보는 동안에는 하루의 근심을 잊고, 잊었던 어린 시절의 꿈을 되뇌곤 한다.
4 아쉽게 패배했지만 그가 보여준 서툴지만 집요한 공격은 시청자들을 매료시켰다.
5 오늘 나온 물건의 경우, 육질은 물론 무게 등급도 2등급 정도가 최고 등급이다.
6 '이 지역은 낚시 등의 행위가 전면 금지된 지역입니다.'
7 인간은 자유로이 태어났으나, 어디서나 사슬에 묶여 있다. —루소—
8 어떤 이는 그는 권력에 눈이 먼 독재자라고 서슴없이 말한다.
9 주인공이 만나는 외계 행성의 외계인들은 지구인과 비슷한 외모를 지니고 있다.
10 이 책은 의회가 만든 출판 규제 명령을 의회 스스로 폐기하도록 설득한 글이다.
11 한때, 마술 공연이 명절날 TV 프로그램의 단골로 등장하던 때가 있었다.
12 선생님과의 대화, 부모님과의 대화는 내 사고에 큰 영향을 미쳤다.
13 '빌딩에 들어오기 전에 꼭 우산을 털고 들어오세요.'
14 현재의 대학 교육에서는 토론이 차지하는 비중은 매우 적다.

15 그 곡은 아마데우스 모짜르트의 곡이다.
16 중요한 사실은 영원한 삶을 얻은 주인공이 오히려 불행해진다는 사실이다.
17 영어로 paragraph를 의미하는 '문단'은 단락, 또는 절을 의미하는 용어이다.
18 내가 그토록 꿈꾸던 것들에 대해 꿈만 꿀 것이 아니라 이루도록 노력해 보자.
19 미리 내용을 귀띔하면, 여주인공으로 나오는 주인공이 범인이다.
20 아주머니의 따뜻한 보살핌 아래, 이 아이들은 방치된 적은 없었다.
21 몸을 풀기 전에 곧바로 역기를 들게 되면 몸에 무리가 가게 마련이다.
22 이 영화가 던져주는 메시지는 다른 영화에서는 좀처럼 만날 수 없는 메시지이다.
23 사회적 소수자에 관한 글을 쓸 때는 차별적 용어를 쓰지 않도록 조심해야 한다.
24 가장 기억에 남는 분은 중학교 2학년 때 담임선생님이셨던 김선생님이다.
25 "선정된 도서에 대한 서평 제출은 다음 주 월요일까지 행정실로 제출하세요."
26 회사에 입사하기로 한 이유는 진취적인 기상이 마음에 드는 이유에서다.
27 현 시점의 관점에서 볼 때, 자본주의에 필적할 만한 것은 없어 보인다.
28 세 형제 중 첫째는 스님이고, 둘째는 시인이고, 셋째는 노동 운동가이다.
29 아이들에게 모두 나눠 주기 위해서는 몇 개의 연필과 몇 개의 지우개가 필요할까?

나. 단문연습 II

■ 비록 같은 형태의 낱말은 아니더라도 의미상으로 중복된 표현을 연달아 쓰는 경우가 있습니다. 이를테면, "역전(驛前) 앞에서 만나자"라는 말이 그 예에 속합니다. '역 앞'을 뜻하는 '역전'에 다시 '앞'이라는 단어를 덧붙였기 때문입니다. 꼬챙이에 겹쳐 꽂아 놓은 곶감과 같다는 의미에서 '곶감겹말'이라고 부르는 그와 같이 경우들을 찾아 다른 말로 대체하거나 제거해 보기 바랍니다.

1 영화 속의 주인공은 발가락으로 비행기에 매달리는 엄청난 괴력의 소유자이다.
2 여러 종류의 낱말 모음집을 지니고 익히는 것은 어휘력 향상에 큰 도움을 준다.
3 이맘때쯤 밀려오는 따뜻한 난류는 이 지역의 어장(漁場)을 더욱 풍부하게 해준다.

4 김한국 군은 지금 현재 백두대학교 한라학과 3학년에 재학 중인 열혈남아다.
5 다른 분야도 그렇지만, 어린이 동화 작가는 특히 많은 상상력을 필요로 한다.
6 첫서리를 맞은 가을의 추풍령 고개는 단풍으로 일대 장관을 이룬다.
7 고사리와 도라지는 산채 나물 요리에 들어가는 핵심 재료들이다.
8 이 소설은 홀로 단칸방에서 외롭게 사시는 할머님에 관한 이야기이다.
9 이웃을 배려하자는 이 운동이 널리 보편적으로 알려졌으면 좋겠다.
10 정신이 어지러울 정도의 아찔한 현기증을 느끼자 속이 메슥거리기 시작했다.
11 어릴 적, 외갓집에 갈 때마다 외할머니께서는 버선발로 뛰어나오시곤 하셨다.
12 그는 난바다*에 조각배를 띄우고 혼자 고기잡이 하는 나이 든 노인이었다.

*난바다 : 육지에서 멀리 떨어진 바다.

13 이날 시상식에서 김갑돌 씨는 생애 처음으로 남우주연상을 수상했다.
14 이 안(案)은 그룹 차원에서의 심도 깊은 검토가 필요하다.
15 글을 쓸 때, 첫머리나 맺음말에 좋은 명구(名句)를 인용하는 것은 훌륭한 전략이다.

다. 중문연습

■ 다음 문장에서 반복되는 표현들을 제거하거나 표현 자체를 달리 바꿈으로써, 보다 자연스런 글을 만들어 보기 바랍니다.

1 한 편의 탄탄한 서평을 쓰기 위해서는 책에 대한 내용과 감상은 물론, 저자에 대한 정보와 시대 배경 등에 대한 부가 정보까지 챙겨야 제대로 된 서평을 쓸 수 있다.

2 TV의 오락 프로그램들을 보면 가끔 연예인들이 나와 자기들끼리 "형님," "동생" 운운하며 존대하고 반말하는 경우를 가끔 접한다.

3 당시, 중국에서는 아편 환자들이 많이 늘면서 그 치료에 고려 인삼이 특효약이라고 알려지면서, 관련 품목을 독점적으로 취급하던 개성 상인들이 부를 축적하기 시작했다.

4 기성세대들은 신세대들이 신문을 읽지 않는다고 걱정하지만, 우리는 그 같은 걱정이 쓸데없는 기우(杞憂)라고 말하고 싶다.

5 소경 맹(盲)자를 써서 글을 모르는 사람은 문맹(文盲), 맛을 모르는 사람은 미맹(味盲), 컴퓨터를 모르는 사람은 컴맹(盲)이라고 흔히들 일컫는다.

6 친구에게 자신의 글을 보이기가 부끄럽다면 결코 좋은 글을 만들 수 없다. 정, 주변에 부탁하기가 부끄럽다면 선생님이나 교수님을 찾아가 도움을 요청하는 것도 방법이다.

7 소나무는 조선시대부터 널리 사용된 나무로 목재는 재질이 연하고 부드러우며 무늬가 아름다워 펄프용은 물론, 건축용으로도 널리 쓰인다.

8 본 강의의 목적은 현대 사회를 살아가는 구성원들이 수많은 정보와 뉴스의 홍수 속에 휩쓸린 채 수동적으로 정보를 받아들이기보다, 능동적이고 주체적으로 사회 현상을 인지하며 사실 뒤에 숨겨진 진실을 해석할 수 있는 역량을 키우는 것을 목표로 한다.

9 레크리에이션 강사들이 이구동성으로 말하는 경험담 중 하나가 처음 맡은 행사에선 너무 떨려서 염소 목소리처럼 덜덜 떨리는 목소리가 나왔다고 말하는 것이다.

10 루소가 「사회계약설」을 집필하던 시대는 빈부 간의 격차가 엄청나게 벌어져 바야흐로 기존의 질서를 뒤엎기 위한 프랑스 대혁명의 기운이 최고조에 이르던 시대였다.

11 "손 위에 놓인 두 알약 가운데, 파란 것을 먹으면 진실을 알게 될 것이고, 빨간 것을 먹으면 이제껏 겪었던 모든 일들을 기억하지 못하게 될 것이다." (파란 것, 빨간 것에서의 '것'은 놔두기 바람)

12 '저널'은 정기 간행물을 뜻하는 라틴어이며, 여기에 '행위,' '주의,' '제도,' '직업' 등을 뜻하는 'ism'이라는 접미사가 붙어서 '저널리즘'이란 말이 나왔다.

라. 장 문 연 습

■ 굵은 색글자로 표시된 반복어의 짝패들 가운데 뒤의 단어를 다른 낱말로 바꿔 보도록 하시오.

1 글을 쓰다보면 되풀이되는 말을 대체할 만한 단어를 도저히 찾아낼 수 없는 경우를 경험하게 된다. 용언의 경우에는 그런 상황에서 준말을 쓰거나 어근, 어미를 바꿔줌으로써 시각적, 청각적인 단조로움에서 조금이라도 벗어나야 한다. 이를테면 "아이들은 과일에 대해서 물어보거나 채소에 대해 물어보는 등 시종일관 진지한 표정들이었다."에서처럼 앞뒤에서 모두 '물어보거나' '물어보는 등'으로 표기하기보다 '물어보거나'로 '묻는 등'과 같은 형태로 표현을 바꾸는 것이 좋은 예이다. **이러한 과정**은 분명, 많은 시간과 노력을 필요로 하지만, **이러한 과정**을 거쳐야 비로소 자신만의 단어장을 머릿속에 지닐 수 있게 된다.

2 모르긴 해도 미국인들의 입장에선 발음에서부터 어순에 이르기까지 무엇 하나 용이하지 않는 한국어가 불가능에 가까운 대상이었던 것 같다. 해서, 그런 초고난도 언어를 자유자재로 **구사하는 한국인**들이 세계에서 가장 똘똘하다는 **농담**도 그네들에겐 결코 **농담**으로만 들리진 않을 듯싶다. 문제는 언어학적으로 가장 어렵다는 한국어를 자유자재로 **구사하는 한국인**들에게조차 버거운 대상이 있다는 것이다. 주어, 목적어, 술어 등과 같은 문장 구성 성분 간의 호응 관계를 매끄럽게 이뤄나가야 하는 글쓰기 작업이 바로 그 주인공이다.

3 반복어구를 줄이려면 국어 사전을 활용하는 것도 상당히 유용하다. 해당 단어에 대한 뜻을 우리말 사전에서 찾아보면, 그 뜻을 설명하기 위해 동의어를 예시하는 경우가 많다. 이와 함께, 대형서점 등에서 갖춰 놓고 있는 여러 종류의 동의어, 반의어 사전을 구입하는 것도 자신의 어휘력 향상에 쏠쏠한* 도움을 준다. 물론, 가장 중요한 것은 되풀이되는 단어 하나 하나를 일일이 찾아다니며 다른 용어로 대치하려는 노력일 터. 따라서 '내 머릿속의 지우개' 같은 행태를 없애기 위해서는 특히 초창기에 많은 시간이 **소요**되게 마련이다. 하지만 그 정도의 노력도 없이 어떻게 여러 종류의 단어들을 자신의 것으로 만들 수 있을까? 결국 글쓰기는 얼마만큼의 목표 의식과 애정을 지니고 시간을 **소요**하느냐에 따라 과실의 맛과 결실의 규모가 결정될 수밖에 없다.

*쏠쏠하다 : 품질이나 수준, 정도 따위가 웬만하여 괜찮거나 기대 이상이다.

4 글을 쓰는 과정에서 **동일 단어**의 반복을 덜어주는 또 하나의 **방법**으로 **동일 단어**들 사이의 거리를 최대한 떨어뜨리는 것을 들 수 있다. 예를 들어 한 문장 안에서 한 단어를 두 번 이상 반복한다면, 웬만한 이들은 금세 눈치챌 수 있을 것이다. 하지만 이러한 되풀이를 몇 문장 건너서 사용하게 되면, 제아무리 눈썰미 좋은 독자라 할지라도 쉽사리 눈치채지 못할 것이다. 그렇기에 반복어구가 많이 등장하는 글을 써야 할 경우, 가급적 대체 어구와 번갈아 가며 서로 간의 거리를 최대한 벌려 놓는 **방법**으로 글의 지루함을 탈피해야 한다. A라는 단어의 대체어로 B와 C가 있다면, A, B, C, A, B, C와 같은 방식으로 A와 A 사이의 거리를 최대한 띄어주는 것처럼.

해답

가. 단문연습 I

1 **오자**(誤字)에는 크게 두 가지 종류의 **오자**가 있다.
오자(誤字)에는 크게 두 가지 종류가 있다.

2 지구 관측 **위성**의 대표적인 위성으로는 미국의 '랜드셋' **위성**을 들 수 있다.
지구 관측의 대표적인 위성으로는 미국의 '랜드셋'을 들 수 있다.

3 전시회를 보는 동안에는 하루의 근심을 **잊고**, **잊었던** 어린 시절의 꿈을 되뇌곤 한다.
전시회를 보는 동안에는 하루의 근심을 접고, 잊었던 어린 시절의 꿈을 되뇌곤 한다.
전시회를 보는 동안에는 하루의 근심을 잊고, 아득한/가물거리는/잃어버린 어린 시절의 꿈을 되뇌곤 한다.

4 아쉽게 패배했지**만** 그가 보여준 서툴지**만** 집요한 공격은 시청자들을 매료시켰다.
아쉽게 패배했어도 그가 보여준 서툴지만 집요한 공격은 시청자들을 매료시켰다. (△)
아쉽게 패배했음에도 불구하고 그가 보여준 서툴지만 집요한 공격은 시청자들을 매료시켰다. (○)
※ 동사의 어미도 반복을 피해야 글이 산다. 모든 단어들이 반복 회피의 대상이 되기 때문이다.

5 오늘 나온 물건의 경우, 육질은 물론 무게 **등급**도 2**등급** 정도가 최고 **등급**이다.
오늘 나온 물건의 경우, 육질은 물론 무게도 2등급 정도가 최고다.

6 '이 **지역**은 낚시 등의 행위가 전면 금지된 **지역**입니다.'
'이 지역에서는 낚시 등의 행위가 전면 금지돼 있습니다.'
'이곳은 낚시 등의 행위가 전면 금지된 지역입니다.'

7 인간은 자유로이 태어났으**나**, 어디서**나** 사슬에 묶여 있다.
인간은 자유로이 태어났으나, 어디서건 사슬에 묶여 있다. (△)
인간은 자유로이 태어났지만, 어디서나 사슬에 묶여 있다. (○)

8 어떤 이**는** 그**는** 권력에 눈이 먼 독재자라고 서슴없이 말한다.
어떤 이는 그가 권력에 눈이 먼 독재자라고 서슴없이 말한다.
※ 조사의 경우도 반복을 피하는 것이 글의 단조로움을 없애는 길이다.

9 주인공이 만나는 **외계** 행성의 **외계**인들은 지구인과 비슷한 외모를 지니고 있다.
주인공이 만나는 외계/다른 행성의 우주/외계인들은 지구인과 비슷한 외모를 지니고 있다.

10 이 책은 **의회**가 만든 출판 규제 명령을 **의회** 스스로 폐기하도록 설득한 글이다.
이 책은 의회가 만든 출판 규제 명령을 스스로 폐기하도록 설득한 글이다.

11 한**때**, 마술 공연이 명절날 TV 프로그램의 단골로 등장하던 **때**가 있었다.
한때, 마술 공연이 명절날 TV 프로그램의 단골로 등장하던 시절이 있었다.
마술 공연이 명절날 TV 프로그램의 단골로 등장하던 때가 있었다.

12 선생님과의 **대화**, 부모님과의 **대화**는 내 사고에 큰 영향을 미쳤다.
선생님과의 토론/토의/상담/면담, 부모님과의 대화는 내 사고에 큰 영향을 미쳤다.
※ 어느 것이 되었건, 두 번 사용된 '대화' 단어 가운데 하나는 다른 표현으로 바꾸는 것이 좋다.

13 '빌딩에 **들어오**기 전에 꼭 우산을 털고 **들어오**세요.'
'빌딩에 꼭 우산을 털고 들어오세요.' (△)
'꼭 우산을 털고 빌딩에 들어오세요.' (○)
'빌딩에 들어오기 전에 꼭 우산을 터세요.' (○)

14 현재의 대학 교육에서**는** 토론이 차지하는 비중**은** 매우 적다.
현재의 대학 교육에서 토론이 차지하는 비중은 매우 적다.

15 그 **곡**은 아마데우스 모짜르트의 **곡**이다.
그것은 아마데우스 모짜르트의 곡이다.
그 노래는/음악은 아마데우스 모짜르트의 곡이다.
그 곡은 아마데우스 모짜르트의 것이다.

16 중요한 **사실**은 영원한 삶을 얻은 주인공이 오히려 불행해진다는 **사실**이다.
중요한 사실은 영원한 삶을 얻은 주인공이 오히려 불행해진다는 것이다.
중요한 것은 영원한 삶을 얻은 주인공이 오히려 불행해진다는 사실이다.
※ 개인적인 견해로는 첫 번째 것이 두 번째 것보다 나음.

17 영어로 paragraph를 **의미하는** '문단'은 단락, 또는 절을 **의미하는** 용어이다.
영어로 paragraph를 뜻하는/나타내는 '문단'은 단락, 또는 절을 의미하는 용어이다.
※ 둘 중 하나를 다른 유사 단어로 바꿔주어야 한다.

18 내가 그토록 **꿈꾸**던 것들에 대해 **꿈**만 **꿀** 것이 아니라 이루도록 노력해 보자.
내가 그토록 꿈꾸던/희망하던 것들에 대해 생각/상상만 할 것이 아니라 이루도록 노력해 보자.

19 미리 내용을 귀띔하면, 여**주인공**으로 나오는 **주인공**이 범인이다.
미리 내용을 귀띔하면, 여주인공으로 나오는 배우/사람/인물/캐릭터가(이) 범인이다.

20 아주머니의 따뜻한 보살핌 아래, 이 아이들**은** 방치된 적**은** 없었다.
아주머니의 따뜻한 보살핌 아래, 이 아이들이 방치된 적은 없었다. (△)
아주머니의 따뜻한 보살핌 아래, **이** 아이들은 방치된 적**이** 없었다. (○)
※ 첫 번째 것보다 두 번째 것이 낫다. '이 아이들이'에서 앞의 '이'와 뒤의 '이' 사이에 놓인 거리가 너무 짧다. 부득이하게 사용할 수밖에 없다면, 같은 단어 간의 거리를 최대한 벌려주는 것이 좋다.

21 **몸**을 풀기 전에 곧바로 역기를 들게 되면 **몸**에 무리가 가게 마련이다.
몸을 풀기 전에 곧바로 역기를 들게 되면 근육에 무리가 가게 마련이다..
※ 반대로 사용해도 무방하다.

22 이 **영화**가 던져주는 **메시지는** 다른 **영화**에서**는** 좀처럼 만날 수 없는 **메시지**이다.
이 영화가 던져주는 메시지는 다른 작품에서 좀처럼 만날 수가 없다.

23 사회적 소수자에 관한 글을 **쓸** 때는 차별적 용어를 **쓰지** 않도록 조심해야 한다.
사회적 소수자에 관한 글을 쓸 때는 차별적 용어를 사용하지 않도록 조심해야 한다.

24 가장 기억에 남는 분은 중학교 2학년 때 담임**선생님**이셨던 김**선생님**이다.
가장 기억에 남는 분은 중학교 2학년 때 담임이셨던 김선생님이다.

25 "선정된 도서에 대한 서평 **제출**은 다음 주 월요일까지 행정실로 **제출**하세요."
"선정된 도서에 대한 서평은 다음 주 월요일까지 행정실로 제출하세요."
※ 글 자체가 말이 안 되는 엉터리 문장이다.

26 그 회사에 입사하기로 한 **이유**는 진취적인 기상이 마음에 드는 **이유**에서다.
그 회사에 입사하기로 한 이유는 진취적인 기상이 마음에 들어서이다.
그 회사에 입사하기로 한 것은 진취적인 기상이 마음에 드는 이유에서다.

27 현 시**점**의 관**점**에서 볼 때, 자본주의에 필적할 만한 것은 없어 보인다.
현재의 관점에서 볼 때, 자본주의에 필적할 만한 것은 없어 보인다. (△)
현 관점에서 볼 때, 자본주의에 필적할 만한 것은 없어 보인다. (○)

28 세 형제 중 첫**째**는 스님**이고**, 둘**째**는 시인**이고**, 셋**째**는 노동 운동가이다.
세 형제 중 맏형/장형/큰형은 스님이고, 둘째는 시인이며, 막내는 노동 운동가이다.

29 아이들에게 모두 나눠 주기 위해서는 **몇 개의** 연필과 **몇 개의** 지우개가 필요할까?
아이들에게 모두 나눠 주기 위해서는 몇 개의 연필과 지우개가 필요할까? (△)
아이들에게 모두 나눠 주기 위해서는 각각 몇 개의 연필과 지우개가 필요할까? (○)

나. 단문연습 II

1 영화 속의 주인공은 발가락으로 비행기에 매달리는 **엄청난 괴력**의 소유자이다.
영화 속의 주인공은 발가락으로 비행기에 매달리는 엄청난 힘의 소유자이다.
영화 속의 주인공은 발가락으로 비행기에 매달리는 괴력의 소유자이다.
※ 한자어 '괴(怪)' 자체가 '엄청난'의 의미를 지니고 있다.

2 여러 종류의 낱말 **모음집**을 지니고 익히는 것은 어휘력 향상에 큰 도움을 준다.
여러 종류의 낱말집을 지니고 익히는 것은 어휘력 향상에 큰 도움을 준다.
※ 한자어 '집'(集) 자체가 '모음'이라는 의미를 지니고 있다. 낱말집이란 단어장을 이르는 순 우리말.

3 이맘때쯤 밀려오는 **따뜻한 난류**는 이 지역의 어장(漁場)을 더욱 풍부하게 해준다.
이맘때쯤 밀려오는 따뜻한 조류는 이 지역의 어장(漁場)을 더욱 풍부하게 해준다.
이맘때쯤 밀려오는 난류는 이 지역의 어장(漁場)을 더욱 풍부하게 해준다.

4 김한국 군은 **지금 현재** 백두대학교 한라학과 3학년에 재학 중인 열혈남아다.
김한국 군은 지금 백두대학교 한라학과 3학년에 재학 중인 열혈남아다.
김한국 군은 현재 백두대학교 한라학과 3학년에 재학 중인 열혈남아다.
※ '지금'과 '현재'는 같은 의미의 곶감겹말이다.

5 다른 분야도 그렇지만, **어린이 동화** 작가는 특히 많은 상상력을 필요로 한다.
다른 분야도 그렇지만, 동화 작가는 특히 많은 상상력을 필요로 한다.
※ 동화(童話)라는 한자어에는 이미 어린이와 관계된 의미가 포함돼 있다. 그냥, 동화 작가라고 해도 전혀 문제될 것이 없다.

6 첫서리를 맞은 가을의 추풍**령 고개**는 단풍으로 일대 장관을 이룬다.
첫서리를 맞은 가을의 추풍령은 단풍으로 일대 장관을 이룬다.
※ 한자어 '령'(嶺) 자체가 '고개'의 의미를 지니고 있다.

7 고사리와 도라지는 산**채 나물** 요리에 들어가는 핵심 재료들이다.
고사리와 도라지는 산채 요리에 들어가는 핵심 재료들이다.
고사리와 도라지는 산나물 요리에 들어가는 핵심 재료들이다.
※ 한자어 '채(菜)' 자체가 '나물'의 의미를 지니고 있다.

8 이 소설은 **홀로** 단칸방에서 **외롭게** 사시는 할머님에 관한 이야기이다.
이 소설은 홀로 단칸방에서 사시는 할머님에 관한 이야기이다.
이 소설은 단칸방에서 외롭게 사시는 할머님에 관한 이야기이다.

9 이웃을 배려하자는 이 운동이 **널리 보편적**으로 알려졌으면 좋겠다.
이웃을 배려하자는 이 운동이 널리 알려졌으면 좋겠다.
이웃을 배려하자는 이 운동이 보편적으로 알려졌으면 좋겠다.

10 정신이 어지러울 정도의 **아찔한 현기증을** 느끼자 속이 메슥거리기 시작했다.
정신이 어지러울 정도의 아찔함을 느끼자 속이 메슥거리기 시작했다.
정신이 어지러울 정도의 현기증을 느끼자 속이 메슥거리기 시작했다.
※ 현기증이라는 낱말 자체가 아찔한 증상을 의미하고 있다.

11 어릴 적, **외갓집**에 갈 때마다 외할머니께서는 버선발로 뛰어나오시곤 하셨다.
어릴 적, 외가에 갈 때마다 외할머니께서는 버선발로 뛰어나오시곤 하셨다.
※ 외갓집은 외가+집이 합쳐진 말이다. '외가'에 이미 '집'의 의미를 지닌 家가 포함돼 있다. 그런 의미에서 볼 때, 처갓집, 종갓집과 같은 표현들은 이미 관용적으로 그 쓰임새를 용인 받은 '곶감겹말'들이다.

12 그는 난바다에 조각배를 띄우고 혼자 고기잡이 하는 **나이 든 노인**이었다.
그는 난바다에 조각배를 띄우고 혼자 고기잡이 하는 노인이었다.

13 이날 시상식에서 김갑돌 씨는 생애 처음으로 남우주연**상**을 수**상**했다.
이날 시상식에서 김갑돌 씨는 생애 처음으로 남우주연상을 받았다.
※ 수상(受賞) 자체가 상을 받았다는 의미의 한자어이다. 따라서, 수상이란 단어를 제대로 쓰려면 다음과 같이 사용해야 한다.
☞ **김갑돌 씨는 과학 경시대회에서 수상한 경력이 있다.**

14 이 안(案)은 그룹 차원에서의 **심도 깊은** 검토가 필요하다.
이 안(案)은 그룹 차원에서의 심도 있는 검토가 필요하다.
이 안(案)은 그룹 차원에서의 깊은 검토가 필요하다.
※ 심도(深度) 자체가 이미 '깊은 정도'의 의미를 포함하고 있는 한자어이다.

15 글을 쓸 때, 첫머리나 맺음말에 **좋은 명구**(名句)를 인용하는 것은 훌륭한 전략이다.
글을 쓸 때, 첫머리나 맺음말에 명구(名句)를 인용하는 것은 훌륭한 전략이다.
※명구(名句) 자체가 이미 '좋은 글귀'라는 의미를 지니고 있다.

다. 중 문 연 습

1 한 편의 탄탄한 **서평**을 쓰기 위해서는 책에 대한 내용과 감상은 물론, 저자에 대한 정보와 시대 배경 등에 대한 부가 정보까지 챙겨야 제대로 된 **서평**을 쓸 수 있다.
한 편의 탄탄한 서평을 쓰기 위해서는 책에 대한 내용과 감상은 물론, 저자에 대한 정보와 시대 배경 등에 대한 부가 정보까지 챙겨야 한다.
※ '서평을 쓰기 위해서는……제대로 된 서평을 쓸 수 있다'라는 글 자체가 엉터리인 문장이다.

2 TV의 오락 프로그램들을 보면 **가끔** 연예인들이 나와 자기들끼리 "형님," "동생" 운운하며 존대하고 반말하는 경우를 **가끔** 접한다.
TV의 오락 프로그램들을 보면 연예인들이 나와 자기들끼리 "형님," "동생" 운운하며 존대하고 반말하는 경우를 가끔 접한다.

※ 두 '가끔' 가운데 앞부분의 단어를 제거해 주는 것이 좋다.

3 당시, 중국에서는 아편 환자들이 많이 늘**면서** 그 치료에 고려 인삼이 특효약이라고 알려지**면서**, 관련 품목을 독점적으로 취급하던 개성 상인들이 부를 축적하기 시작했다.

당시, 중국에서는 아편 환자들이 많이 늘기 시작했는데/늘고 있었는데/늘어났는데 그 치료에 고려 인삼이 특효약이라고 알려지면서, 관련 품목을 독점적으로 취급하던 개성 상인들이 부를 축적하기 시작했다.

당시, 중국에서는 아편 환자들이 많이 늘면서 그 치료에 고려 인삼이 특효약이라고 알려지자, 관련 품목을 독점적으로 취급하던 개성 상인들이 부를 축적하기 시작했다.

4 기성**세대**들은 신**세대**들이 신문을 읽지 않는다고 **걱정**하지만, 우리는 그 같은 **걱정**이 **쓸데없는 기우**(杞憂)라고 말하고 싶다.

어른들은/기성세대들은 신세대/젊은이들이 신문을 읽지 않는다고 걱정하지만, 우리는 그 같은 우려가/염려가 기우(杞憂)라고 말하고 싶다.

※ '쓸데없는 기우' 역시 그 의미가 중복되는 '곶감겹말'이다. 참고로, '기우'란 중국의 기(杞)나라에 있던 어느 사람이 하늘 무너질까 두려워했다는 고사성어를 일컫는 말이다. 현재에는 '안 해도 될 근심'을 뜻하는 의미로 쓰이고 있다.

5 소경 맹(盲)자를 써서 글을 **모르는 사람**은 문맹(文盲), 맛을 **모르는 사람**은 미맹(味盲), 컴퓨터를 **모르는 사람**은 컴맹(盲)이라고 흔히들 일컫는다.

소경 맹(盲)자를 써서 글을 못 읽는 사람은 문맹(文盲), 맛을 느끼지 못하는 이는 미맹(味盲), 컴퓨터를 다루지 못하는 자는 컴맹(盲)이라고 흔히들 말한다.

※ '사람,' '이,' '자'의 순서는 바뀌어도 됨.

6 친구에게 자신의 글을 보이기가 **부끄럽다면** 결코 좋은 글을 만들 수 없다. 정, 주변에 부탁하기가 **부끄럽다면** 선생님이나 교수님을 찾아가 도움을 요청하는 것도 방법이다.

친구에게 자신의 글을 보이기가 부끄럽다면 결코 좋은 글을 만들 수 없다. 정, 주변에 부탁하기가 쑥스럽다면/창피하다면/껄끄럽다면 선생님이나 교수님을 찾아가 도움을 요청하는 것도 방법이다.

7 소나무는 조선시대부터 널리 사용된 나무로 목**재**는 **재**질이 연하고 부드러우며 무늬가 아름다워 펄프**용**은 물론, 건축**용**으로도 널리 쓰인다.

소나무는 조선시대부터 널리 사용된 나무로 재질이 연하고 부드러우며 무늬가 아름다워 펄프는 물론, 건축용으로도 널리 쓰인다.

소나무는 조선시대부터 널리 사용된 나무로 목재는 연하고 부드러우며 무늬가 아름다워 펄프는 물론, 건축용으로도 널리 쓰인다.

※ "목재는 재질"이라는 말, 자체가 곶감겹말이다. 뒤의 '용'자 역시, 하나를 제거해 줘도 아무 문제가 없다.

8 본 강의의 **목적**은 현대 사회를 살아가는 구성원들이 수많은 정보와 뉴스의 홍수 속에 휩쓸

린 채 수동적으로 정보를 받아들이기보다, 능동적이고 주체적으로 사회 현상을 인지하며 사실 뒤에 숨겨진 진실을 해석할 수 있는 역량을 키우는 것을 **목표로** 한다.

본 강의의 목적은 현대 사회를 살아가는 구성원들이 수많은 정보와 뉴스의 홍수 속에 휩쓸린 채 수동적으로 정보를 받아들이기보다, 능동적이고 주체적으로 사회 현상을 인지하며 사실 뒤에 숨겨진 진실을 해석할 수 있는 역량을 키우는 것이다.

※ "~의 목적은……목표로 한다"라는 글 자체가 엉터리 문장이다.

9 레크리에이션 강사들이 이구동성으로 **말하는** 경험담 중 하나가 처음 맡은 행사에선 너무 **떨려서** 염소 목소리처럼 덜덜 **떨리는** 목소리가 나왔다고 **말하는** 것이다.

레크리에이션 강사들이 이구동성으로 털어놓는/소개하는/내놓는/이야기하는 경험담 중 하나가 처음 맡은 행사에선 너무 떨려서/긴장해서 염소처럼 덜덜거리는 목소리가 나왔다고 말하는 것이다.

10 루소가 「사회계약설」을 집필하던 **시대**는 빈부 간의 격차가 엄청나게 벌어져 바야흐로 기존의 질서를 뒤엎기 위한 프랑스 대혁명의 기운이 최고조에 이르던 **시대**였다.

루소가 「사회계약설」을 집필하던 시대는 빈부간의 격차가 엄청나게 벌어져 바야흐로 기존의 질서를 뒤엎기 위한 프랑스 대혁명의 기운이 최고조에 이르던 시기/때였다.

※ 앞뒤의 단어들을 바꾸어도 상관없음.

11 "손 위에 놓인 두 알약 가운데, 파란 것을 **먹으면** 진실을 알게 될 것이고, 빨간 것을 **먹으면** 이제껏 겪었던 모든 일들을 기억하지 못하게 될 것이다."

"손 위에 놓인 두 알약 가운데, 파란 것을 먹으면 진실을 알게 될 것이고, 빨간 것을 택하면/삼키면/선택하면 이제껏 겪었던 모든 일들을 기억하지 못할 것이다."

※ 순서는 바뀌어도 상관 없음.

12 '저널'은 정기 간행물을 **뜻하는** 라틴어이며, 여기에 '행위,' '주의,' '제도,' '직업' 등을 **뜻하는** 'ism'이라는 접미사가 붙어서 '저널리즘'이란 말이 나왔다.

저널'은 정기 간행물을 뜻하는 라틴어이며, 여기에 '행위,' '주의,' '제도,' '직업' 등을 나타내는/상징하는/의미하는 'ism'이라는 접미사가 붙어서 '저널리즘'이란 말이 나왔다.

라. 장 문 연 습

1 글을 쓰다 보면 되풀이되는 말을 대체할 만한 단어를 도저히 찾아낼 수 없는 경우를 경험하게 된다. 용언의 경우에는 그런 상황에서 준말을 쓰거나 어근, 어미를 바꿔줌으로써 시각적, 청각적인 단조로움에서 조금이라도 벗어나야 한다. 이를테면 "아이들은 과일에 대해서 물어보거나 채소에 대해 물어보는 등 시종일관 진지한 표정들이었다."에서처럼 앞뒤에서 모두 '물어보거나' '물어보는 등'으로 표기하기보다 '물어보거나'로 '묻는 등'과 같은 형태로 표현을 바꾸는 것이 좋은 예이다. 이러한 과정은 분명, 많은 시간과 노력을 필요로 하지만, **그러한/그 같은/이와 같은 노력/단계**을(를)거쳐야 비로소 자신만의 단어장을 머릿속에 지닐 수 있게 된다.

2 모르긴 해도 미국인들의 입장에선 발음에서부터 어순에 이르기까지 무엇 하나 용이하지 않는 한국어가 불가능에 가까운 대상이었던 것 같다. 해서, 그런 초고난도 언어를 자유자재로 구사하는 한국인들이 세계에서 가장 똑똑하다는 농담도 그네들에겐 결코 **농**/**우스갯소리**(으)로만 들리진 않을 듯싶다. 문제는 언어학적으로 가장 어렵다는 한국어를 **마음대로**/**쉽게**/**어렵잖게**/**수월하게 사용하는**/**다루는**/**취급하는** 우리들에게조차 버거운 대상이 있다는 것이다. 주어, 목적어, 술어 등과 같은 문장 구성 성분 간의 호응 관계를 매끄럽게 이뤄나가야 하는 글쓰기 작업이 바로 그 주인공이다.

3 반복어구를 줄이려면 국어사전을 활용하는 것도 상당히 유용하다. 해당 단어에 대한 뜻을 우리말 사전에서 찾아보면, **그 의미**/**정의**를 설명하기 위해 동의어를 예시하는 경우가 많다. 이와 함께, 대형서점 등에서 갖춰 놓고 있는 여러 종류의 동의어, 반의어 사전을 구입하는 것도 자신의 어휘력 향상에 쏠쏠한 도움을 준다. 물론, 가장 중요한 것은 되풀이되는 단어 하나 하나를 일일이 찾아다니며 다른 용어로 대치하려는 노력일 터. 따라서, '내 머릿속의 지우개' 같은 행태를 없애기 위해서는 특히 초창기에 많은 시간이 소요되게 마련이다. 하지만 그 정도의 노력도 없다면 어떻게 여러 종류의 단어들을 자신의 것으로 만들 수 있을까? 결국 글쓰기는 얼마만큼의 목표 의식과 애정을 지니고 시간을 **쓰느냐**/**보내느냐**/**투자하느냐**에 따라 과실의 맛과 결실의 규모가 결정될 수밖에 없다.

4 글을 쓰는 과정에서 동일 단어의 반복을 덜어주는 또 하나의 방법으로 **같은 낱말**/**용어**들 사이의 거리를 최대한 떨어뜨리는 것을 들 수 있다. 예를 들어 한 문장 안에서 한 단어를 두 번 이상 반복한다면, 웬만한 이들은 금세 눈치챌 수 있을 것이다. 하지만 이러한 되풀이를 몇 문장 건너서 사용하게 되면, 제아무리 눈썰미 좋은 독자라 할지라도 쉽사리 눈치채지 못할 것이다. 그렇기에 반복어구가 많이 등장하는 글을 써야 할 경우, 가급적 대체 어구와 번갈아 가며 서로 간의 거리를 최대한 벌려 놓는 **방식**/**요령**/**노하우**(으)로 글의 지루함을 탈피해야 한다. A라는 단어의 대체어로 B와 C가 있다면, A, B, C, A, B, C와 같은 방식으로 A와 A 사이의 거리를 최대한 띄어주는 것처럼.

| 80쪽 정답 |

두 번째 김한국 대통령 → 김 대통령

세 번째 김한국 대통령 → 그 (순서는 바뀌어도 상관없다.)

| 81쪽 정답 |

"김 수한무, 거북이와 두루미, 삼천 갑자 동방석, 칙칙카포 사리사리센터, 워리워리 세뿌리까, 무두셀라 구루미……." 한 시절을 풍미했던 수십 년 전 개그에 등장하는, 일명 세상에서 가장 긴 이름이다. 물론 이 뒤로도 한참 남아 있지만 지면상 생략했다.

이름이 길어지게 된 사연은 이렇다. 옛날 옛적, 손(孫)이 무척 귀했던 집안에서 어렵게 자식을 얻었다. 아버지는 자식의 무병장수를 비는 마음에서 작명소(作名所)를 찾아가 이름을 짓기로 했다. 작명소 주인은 부정(父情)에 답하듯 영원토록 장생하라는 의미에서 '수한무'(壽限無)라는 이름을 지어 주었다. 그러나 그 정도로는 마뜩지 않았던 아버지가 좀 더 강한 이름을 원했고, 주인은 다시 '수한무' 뒤에 장수의 상징인 거북이와 두루미를 얹어주었다. 여전히 떨떠름해하는 아버지에게 이후 극동 아시아, 아프리카는 물론, 아랍에서 가장 오래 살았다는 전설적인 인물들의 이름이 계속 덧붙여졌다. 그런데 난데없이 웬 이름 이야기?

아버지와 목격자, 두 사람만 등장하는 이야기의 끝 무대에서 긴 이름을 가진 아이는 결국 저수지에서 익사하고 만다. 아버지에게 달려간 목격자가 너무나 긴 아이의 이름을 부르며 변고(變故)를 알리고, 아버지가 이 이름을 받아 사고를 재차 확인하는 과정에서 시간이 너무 흘러버린 탓이다. 코미디의 백미(白眉)는 가뜩이나 긴 이름에 대한 아버지와 목격자의 끝없는 반복에 있다. 그러나 코미디에서의 하일라이트에 속하는 반복의 미(美)가 좋은 글을 원하는 우리에게는 치명적인 독소(毒素)로 작용한다.

문장 이야기의 다섯 번째 주제는 바로 '반복어구의 회피'에 관한 것이다. 실제로, 같은 단어, 유사한 문구의 중언부언한 나열은 문장을 지루하게 할 뿐 아니라, 수준을 얕잡히는 결정적인 패인(敗因)을 제공한다. 게다가 자신의 어휘력에 대한 한계를 만천하에 실토하는 아픔은 그 무엇으로도 비유할 수 없을 터. 하지만 반복어구를 피한다는 것은 말처럼 결코 간단한 일이 아니다. 무엇보다, 무의식 중에 같은 단어를 재차, 삼차 사용하는 자신의 '머릿속 지우개' 같은 행태가 좀처럼 고쳐지지 않기 때문이다. 그렇다고 아는 단어는 한정돼 있는 와중에 한 번 쓴 단어와 문구를 다시 동원하지 않을 수도 없는 노릇이니, 결국 알면서도 반복어구를 되풀이하는 수밖에.

그렇다면 어떻게 해야 이 문제를 해결할 수 있을까? 역시 자신의 글을 읽고, 읽고, 또 읽으면서 단어 하나 하나에 집중하는 수밖에 없다. 처음 훑을 때는 문장의 오·탈자를 염두에 두고, 두 번째 읽을 때는 주/술/목적어 간의 호응에 신경 쓰며, 세 번째로 접할 때는 반복어구를 찾아내 제거해 버리는 것이다. 물론, 없애기 힘든 낱말은 가급적 다른 용어로 바꿔야 한다. 때문에 다양한 단어 습득을 위한 나만의 '단어장'을 따로 마련하는 요령도 필요하다.

필자가 초짜 기자로 언론사에 재직하던 당시, 반복어구를 줄여나가는 작업은 글쓰기에서도 가장 힘든 일거리 가운데 하나였다. 아무리 반복어구를 피하려 해도 이제껏 의식 한번 해본 적이 없는 햇병아리로서 갑자기 새로운 능력이 생겨날 리는 만무했다. 자연히 같은 고민을 겪었고 나름대로의 노하우로 난관을 극복해 나갔을 선배 글쟁이들의 작품에 눈이 가기 시작했다.

그리하여 걸음마의 첫 단계로 그네들의 동사부터 베껴 쓰고 모아 보는 작전을 선택했다. 예를 들어 기사를 쓰는 과정에서 가장 많은 고통을 안겨 주었던 동사, "~할 예정이다"의 경우, 다른 이들은 어떤 식으로 대체어(代替語)를 활용하는지를 먼저 눈 여겨 보았다. 그러자 신기하게도 "~ 할 전망이다," "~ 할 계획이다," "~ 할 것으로 기대된다," "~할 것으로 진단된다" 등과 같은 다양한 용어들이 눈에 띄기 시작했다. 그렇게 해서 알게 된 단어들은 하나둘씩 필자만의 수첩에 차곡차곡 입력되어 나갔고, 이후 결정적인 순간에 단어장에서 튀어나와 문장의 단조로운 색깔을 벗겨내는 효자 노릇을 톡톡히 해냈다.

마지막으로, 다양한 단어의 사용이 문장의 맛을 어떻게 바꿔 놓을 수 있는지를 소개하기 위해 하나의 예제를 들어 보고자 한다. 다음 글을 연습 삼아 한번 주물럭거려 보기 바란다.

> 김한국 대통령은 경기 침체 해결에 있어 정부의 모든 역량을 최우선적으로 쏟아부을 것을 강력히 천명했다. 김한국 대통령은 지난 26일 국무회의를 주재한 자리에서 현재의 경제 국면을 국가의 위기 상황으로 규정하고 서민들의 생계 대책 마련 및 저소득층의 일자리 창출에 전력투구할 것을 다짐했다. 김한국 대통령은 또, 청년 실업과 관련해 대기업들이 보다 적극적으로 문제 해결에 나서 줄 것을 요구하기로 했다.

눈치 빠른 독자들은 이미 알아차렸겠지만, 위의 문단에서는 세 문장에 걸쳐 '김한국 대통령'이라는 낱말이 계속 반복되고 있다. 그렇다면 이 글귀를 어떤 식으로 바꾸어야 되풀이의 지루함을 덜어낼 수 있을까? 마찬가지로, 같은 의미를 지녔으되 표현을 달리한 단어들을 본문 여러 곳에서 활용해 보았다. 한 문단 안에 몰려 있는 짝패 단어들을 찾아 동그라미 친 후, 서로 이어보기 보기 바란다.

6

피해야 할 단어들, 취해야 할 단어들 I

'나'를 일컫는 1인칭 호칭은 '독약'
우회적 표현보다 단정적 용어 써야

젊은이들에게 있어 당구장은 90년대 초까지 무척이나 유용한 놀이 공간이었다. PC방, 비디오방은 물론, 노래방과 같은 종류의 오락실들이 아직 등장하지 않았던 시절의 일이다. 당시, 국민적 인기를 등에 업고 호황(好況)을 구가(謳歌)하던 당구장은 비단 당구만을 취급하던 단순한 오락 공간이 아니었다. 자장면을 시켜 먹으면 '중국집,' TV를 틀면 '비디오방,' 포커판을 벌리면 '게임방'으로 즉시 변신을 꾀하던 복합놀이방이었다. 굳이 말하자면 '한국형 멀티플렉스'의 시초라고나 할까?

그런 당구장에서 심심찮게 목격되곤 했던 장면들 가운데 하나가 새하얀 면장갑을 낀 손으로 살포시 큐를 잡곤 하던 왕초보들이었다. 공을 치기까지의 큐 펌프질을 좀 더 부드럽게 하기 위해 당구장에서 제공하던 흰 면장갑을 양손에 경건하게 착용하던 이들이었다. 흰 장갑들은 또, 상대방의 공이 목표물을 아슬아슬하게 비켜 갈 때도 자신의 육체를 비비 꼬아가며 조마조마한 본인들의 심경을 가감(加減) 없이 드러내던 광대들이었다. 반면, 당구를 조금이라도 쳐본 사람들은 흰 장갑과 광대 수준을 벗어나기 위해 자신의 몸과 마음을 끊임없이 다잡곤 했다.

그렇다면 「한국인의 글쓰기」에서 왜 난데없이 당구 이야기가 튀어나왔을까? 글쓰기에서도 당구처럼 자신을 왕초보라고 드러내는 흰 장갑과 광대 몸짓이 여지

없이 존재하기 때문이다. 다음 문장들의 경우를 보자.

이 영화는 전개가 대단히 좋은 것 같다.
이 영화는 흥행 면에서 대박을 터뜨릴 것이라는 것이 나의 생각이다.
이 영화는 내용이 무척 좋아 주위에 적극 추천해 주고 싶다.
이 영화는 나 자신에 대한 이야기라는 것을 느꼈다.
이 영화는 10대를 겨냥했단다.
이 영화는 우리나라의 자랑이다.

그럼, 다음의 표현들을 살펴보자.

이 영화는 전개가 대단히 좋다.
이 영화는 흥행 면에서 대박을 터뜨릴 것이라는 것이 필자의 생각이다.
이 영화는 내용이 무척 좋아 주변에 적극 추천하는 바이다.
이 영화는 필자 자신에 대한 이야기이다/였다.
이 영화는 10대를 겨냥한 것으로 알려져 있다.
이 영화는 한국의 자랑이다.

분명, 위보다는 아래의 문장들이 더욱 힘차고 객관적으로 포장돼 있다. 두 번째 예제에서 제시된 글들은 결코 개인적인 감정을 드러내거나 우회적으로 자신의 생각을 표현하지 않는다. 대신, 자신의 독백(獨白)이나 방백*(傍白)을 감춘 뒤 타인의 의견인 양 표현 자체를 바꿈으로써 '1차원적 주관'을 '2차원적 사실'로 승화(昇華)시키고 있다.

반면, 글쓰기에서의 흰 장갑임을 스스로 고백하는 왕초보들은 첫 번째 보기에서와 같이 '나(우리)는', '내(우리) 생각에는,' '내(우리)가' 따위의 1인칭 주어와 '느꼈다,' '~하고 싶다' 등의 감정이입 동사들을 주저 없이 사용함으로써 자신

***방백(傍白)** 연극 용어. 등장인물이 말을 하지만, 무대 위의 다른 인물들에게는 들리지 않고 관객에게만 들리는 것으로 약속된 말.

의 글을 감상*(感想)적인 작품으로 전락시키는 실수를 범하곤 한다. 중요한 사실은 위와 같은 법칙이 시, 수필, 소설 등과 같은 문학작품들에는 적용되지 않는다는 것이다. 하지만 서평, 보고서, 논술, 작문 등과 같이 작성자의 견해가 포함되는 글의 경우, 위와 같은 법칙들은 반드시 지켜져야 한다. 이런 까닭에 자신의 생각을 드러내고자 하는 글쟁이들은 '나(우리)는,' '내(우리)가' '나(우리)의' 와 같이 직접적인 1인칭 표현들을 들먹거리기보다 '필자' '본인,' '글쓴이' 등과 같은 간접적 1인칭 대명사를 즐겨 사용한다. (참고로 '우리' 의 경우에는 포함 대상이 무엇이냐에 따라, 학생, 시민, 현대인, 한국인 등과 같은 표현으로 대체될 수 있다.)

혹자의 경우, '필자' 라는 단어가 제3의 글쓴이를 지칭하는 까닭에 '나' 라는 표현으로 바꾸기에는 적절치 않다고 밝히고 있다. 그러나 '필자' 라는 단어가 이미 글쓴이 자신을 일컫는 말로 두루 쓰이고 있는 현실을 감안해 볼 때, 그다지 큰 문제는 없으리라는 것이 나의 생각이다.

그럼, 다음 장에서는 좋은 글쓰기를 지향(指向)하기 위해, 지양*(止揚)해야 할 또 다른 단어들에 대해 알아보기로 하자.

문 : 본 글에서는 흰 장갑에 해당하는 단어 한 개가 숨어 있다. 찾아낸 후 예제에서 제시한 표현으로 바꿔보기 바란다. (정답은 118쪽에)

***감상(感想)** 마음 속에 일어나는 느낌이나 생각. 참고로, 하찮은 일에도 쓸쓸하고 슬퍼져서 마음이 상하는 것은 '감상(感傷)' 이라고 함. 예를 들면 "아직도 옛 애인을 못 잊었다니, 넌 왜 그리 감상적이냐?" 와 같은 경우에 쓰임. '상(傷)' 자가 슬프고 상처받는다는 의미의 한자라는 사실에 주목할 것. 이와 함께, 예술 작품을 즐기는 것은 '감식하고 칭찬한다' 는 의미의 감상(鑑賞)으로 표현함. 한자어의 차이에 주의하기 바람.

***지양(止揚)** 더 높은 단계에 오르기 위해 어떤 것을 하지 아니함. 한자어로는 그칠 '지,' 날릴/높이 올릴 '양' 으로, 높이 올리기 위해 무엇인가를 그만두어야 함을 일컫는 말.

참 고 문 헌

박진욱, 김동기 (2004). 「평범한 글쓰기」. 우리교육.

장진한, 후타쓰기 고조 (2003). 「글쓰기 잘라서 읽으면 단숨에 통달한다」. 행담.

한효석 (2006). 「너무나도 쉬운 논술」. 한겨레신문사.

1분에 익힙시다 – "과거형보다는 현재형으로"

자신의 글에 대한 내용을 일반화, 보편화시키는 또 다른 방법 가운데 하나로 "현재형" 사용을 들 수 있습니다.

예) 이 책을 읽고 나자 언론에 대한 사고가 더욱 깊어졌다.
→ 이 책을 읽고 나면 언론에 대한 사고가 더욱 깊어진다.

7

피해야 할 단어들, 취해야 할 단어들 II

비호감 1순위는 '영어'와 '외국어'
전문용어, 존칭도 최대한 자제해야

한때 영어를 툭툭 내던지면서 대화해야 '있어' 보이던 때가 있었다. 햄버거도 "햄버~ㄹ거"로 굴려 발음하고 말끝마다 "웁스"*를 들먹이며 연수 다녀온 티를 내던 시절의 얘기다. 제 딴에는 의도적으로 뽐내지 않는 이상, 자신도 모르게 튀어나온 경우였을 테지만 듣는 사람의 입장에선 좀처럼 견디기 힘든 '아더매치'*였다.

문제는 글 역시 마찬가지라는 것이다. 정작 본인은 인지하지 못하는 숱한 영어와 외국어가 보고서와 수필, 서평과 논문 속에서 읽는 이들의 눈살을 찌푸리게 한다. 그렇게 본다면 피해야 할 단어들의 두 번째 대상이 무엇인지는 자명하다. 명심해야 할 사실은 이미 국어화한 외래어들은 이 경우에 해당하지 않는다는 것이다. 그러나 우리말로 대체(代替)가 가능한데도 굳이 외래어를 쓰려 할 때는 이를 반드시 잡아주어야 한다. 다음은 우리의 주변에서 흔히 발견되는 절대 비호감 단어들.

***웁스(oops)** '아차,' '이크' 등의 감탄사를 의미하는 영어 표현.
***아더매치** '아니꼽고 더럽고 매스껍고 치사하고'의 준말. 80년대에 유행하던 은어.

'수퍼맨' 은 이 영화의 '히어로' 이다.
→ '수퍼맨' 은 이 영화의 '영웅' 이다.

이 영화는 10대를 '타깃' 으로 삼고 있다.
→ 이 영화는 10대를(주고객으로) 겨냥하고 있다.

직장 상사의 '와이프' 가 직원들을 사적으로 부린다.
→ 직장 상사의 부인이 직원들을 사적으로 부린다.

'비즈니스' 때문에 갈수록 바빠진다.
→ 사업 때문에 갈수록 바빠진다.

이와 함께 전문적인 용어를 배제하는 것도 매우 중요하다. 글을 읽는 사람들이 글쓴이의 생각만큼 해당 분야의 전문용어에 익숙하지 않은 까닭에서다. 필자의 미 유학 시절, 필자의 논문을 종종 봐주시던 교정전문가가 어느 날 논문의 내용에 대해 물어온 적이 있었다. 글에서 자주 등장하는 "역삼각형 리드(영어로는 'inverted pyramid lead')가 무엇이냐?"라는 질문이었다. 순간, 무엇인가로 머리를 얻어맞은 듯한 충격을 느끼지 않을 수 없었다. 언론 전공 대학원생이라면 누구나 잘 알 것이라는 생각에 굳이 부가적인 설명을 하지 않았던 실수를 깨달았기 때문이었다. 만일, '역삼각형' 이라는 문구 앞에 '가장 중요한 사실부터 순차적으로 나열하는' 이라는 간단한 설명을 한 줄이라도 달아 주었더라면 '교정보는 이는 물론 잠재적인 독자들의 혼란을 줄였을 텐데' 하는 아쉬움과 함께.

해서 좋은 글, 널리 읽히는 문장을 쓰고자 하는 사람은 반드시 많은 수의 독자를 고려해야 한다. 만일, 제출한 이후에는 다시 읽지 않을 글, 자기 혼자만 꺼내 보고 좋아할 글들이면 영어와 전문용어를 얼마든지 남발해도 좋다. 그러나 자신의 글쓰기를 한 차원 업그레이드 시키고자 한다면, 결코 이 같은 일을 되풀이해서는 안 된다. 한번 생각해 보라. 자동차 수리공에게 차를 맡기며 고장 원인을 묻는 고객에게 도대체 알아들을 수 없는 전문용어와 영어만 남발하는 자동차 정비소에 어떤 손님들이 모여들지를.

이쯤에서 한 가지만 더. 오락 프로그램을 보면 연예인들이 나와 자기들끼리 "형님," "동생" 운운하며 존대하고 반말하는 경우를 가끔 접한다. 이 경우, 시청자들은 어떤 느낌이 들까? 만일, 연예인들의 이러한 대화가 오히려 더 매력적으로 느껴진다면 필자 역시 할 말은 없다. 그러나 인지상정*(人之常情)이라고, 상당수의 시청자들은 "여기가 자기네 안방인가? 아주, 동문회를 하고 있구만!"이라는 반응을 보일 것이다. 글 역시 예외일 수는 없다. 보는 이의 눈에 거슬리기보다 여럿에게 편안하게 읽히기를 원하는 글이라면 가급적 '존칭'과 '비속어'를 줄여야 한다. 그런 의미에서 "어르신을 공경해야 한다는 조상님의 유지를 지금도 소중하게 받들어 모시고 있습니다"와 같은 표현은 문학적인 경우를 제외하면 되도록 자제하는 것이 좋다. 대신 "어른을 공경해야 한다는 조상의 유지를 지금도 소중히 받들고 있다"에서처럼 평서형*으로 바꿔 기술해야 한다.

마지막으로 필자가 좋아하는 상황 퀴즈 하나. 본문에서는 필자가 '피해야 할 단어들,' '친해야 할 단어들' I, II에서 강조한 법칙에 어긋나는 표현이 둘 숨어 있다. 역시, 눈에 핏발이 서도록 힘을 주며 찾아내서 바꾸도록 해보자. (정답은 118쪽에)

참 고 문 헌

박진욱, 김동기 (2004). 「평범한 글쓰기」. 우리교육.
임재춘 (2004). 「한국의 이공계는 글쓰기가 두렵다」. 마이넌.
장진한, 후타쓰기 고조 (2003). 「글쓰기 잘라서 읽으면 단숨에 통달한다」. 행담.
한효석 (2006). 「너무나도 쉬운 논술」. 한겨레신문사.

***인지상정(人之常情)** 사람이면 누구나 가지는 보통의 마음.
***평서형(平敍形)** 말하는 이가 어떤 사실을 평범하게 서술하는 형식. (-다, -라, -네, -오 따위)

연습문제

가. 단 문 연 습

■ 다음에서 피해야 할 단어들을 찾아내, 취해야 할 단어들로 바꿔보기 바랍니다.

1 그 기사는 장장 4페이지에 걸쳐 게재돼 있다.
2 영화는 2시간 내내 나를 공포의 도가니로 몰아 넣었다. (영화평)
3 지나친 자유는 방종으로 이어질 수 있을 것이라고 본다.
4 커다란 사운드가 청중들을 정신 못 차리게 한다.
5 나이 드신 분들이 승차하시면 젊은 승객들은 자리를 양보해야 한다.
6 이것은 비주얼한 느낌을 강하게 불러 일으키는 디자인이다.
7 정치사적인 측면에서 볼 때, 우리나라의 1970년대는 '암흑기'에 해당한다.
8 책의 저자는 집필 당시에 생활고를 겪었던 것 같다.
9 현재의 대학 교육에서 스피치와 토론이 차지하는 비중은 매우 적다.
10 전반적으로 볼 때, 그 소설의 구성은 탄탄한 느낌이다.
11 김한국 대통령께서 어제 발표하신 대국민 성명은 매우 인상적이다.
12 새로 발매되는 이번 앨범의 타이틀 곡은 매우 섹시하다.
13 책을 읽는 동안, 나는 내 자신의 꿈에 대해 끊임없이 묻곤 했었다. (서평)
14 부동산에 관한 정부의 이번 조치가 과하지 않나 싶다.
15 프로페셔널한 자기 관리만이 무한 경쟁에서 살아남는 지름길이다.
16 '가나다' 방송국의 간판 오락 프로그램을 진행하는 김모 MC는 센스가 있다.
17 자기의 생각을 표현할 수 있는 세상에 사는 우리는 정말 행복한 것 같다.
18 공부는 하면 할수록 나를 더욱 겸손하게 만드는 마력을 지니고 있는 것 같다.
19 내 관점에서 볼 때, 이것은 전형적인 시간낭비일 뿐이다.

20 옛말에 한 마을의 노인분들은 그 마을의 도서관에 해당한다고 했다.
21 "당사에서 이번에 발매하는 전화기는 블루톤의 색상에 슬림한 것이 특징입니다."
22 대학생에게 있어 독자는 결국 나의 리포트를 평가하시는 교수님이다.
23 이 소설은 단칸방에서 외롭게 사시는 할머님에 관한 이야기이다.
24 장애우에 관한 글을 쓸 때는 차별적 용어를 사용하지 않도록 조심해야 한다.
25 서울 탑골 공원은 어르신들이 많이 찾는 장소로 유명하다.
26 21세기를 살아가는 우리는 정보의 홍수에 노출돼 있다.
27 내 생각에 이 영화의 도입부는 상당히 지루한 것 같다.
28 길거리 한복판에서는 젊은 여성이 온몸에 물감을 칠한 채 퍼포먼스를 하고 있었다.
29 영화의 결말은 나에게 이러한 의문점을 남겨 주었다.
30 장수하기 위해서는 운동과 함께 건강을 주기적으로 체크하는 것이 중요하다.

나. 중 문 연 습

■ 다음에서 피해야 할 단어들을 찾아내, 취해야 할 단어들로 바꿔보기 바랍니다.

1 기본적으로 모든 산업이 다 그렇지만, 그중에서도 관광산업은 소비자에 대한 경영자의 투철한 서비스 마인드가 없으면 좀처럼 성공할 수 없는 분야다.

2 민주주의를 지향하는 우리나라의 건국 이념에 비춰볼 때 언론은 최대한의 자유를 누려야 하지만, 지난 70, 80년대에 TV와 신문은 정부의 심한 간섭과 탄압을 받아야 했다.

3 미국의 대표적인 진보 지식인, 노엄 촘스키의 저서들을 읽으면서 나의 시각은 과거와 달리 미국 정부와 미국 미디어에 대해 점차 부정적인 방향으로 바뀌어 나갔다.(서평)

4 뮤지컬 '지킬 박사와 하이드'에서 주연 배우, 조승우는 지킬 박사와 하이드라는

정반대의 캐릭터를 모두 미끈하게 소화해 냄으로써, 그의 명성이 허명(虛名)*이 아님을 훌륭하게 입증했다.

*허명(虛名) : 실속 없는 헛된 명성.

5 영화 '매트릭스'는 '진정한 의미에서의 삶이란 무엇인가'에 대한 철학적 화두를 내게 던져주었으며, 일상 생활에서도 주변의 사물들을 비판적으로 바라볼 필요가 있음을 느끼게 해주었다. (영화평)

6 전문경영인이 아닌 오너가 회사의 운명을 좌지우지하는 한, 한치 앞을 내다보기 힘든 자본주의의 시장 경쟁 체제에서 기업이 생존하기란 대단히 어렵다.

7 저자는 보다 생생한 진실 전달을 위해 100명에 이르는 사건 당시의 목격자들을 일일이 인터뷰하며 자료를 수집해 책을 집필했단다.

8 대중 매체를 통해 생산되고 전파되는 동성 연애자에 대한 스테레오타입은 성적(性的) 소수자에 대한 해당 사회의 톨레랑스를 가늠할 수 있는 바로미터를 제공한다.

9 비판적인 사고와 더불어 사회를 통찰할 수 있는 시각을 지니기 위해서는 문학, 역사, 철학 등 이른바 文, 史, 哲이라 불리는 인문학에 대해 깊은 소양(素養)을 지녀야 한다는 것이 나의 솔직한 생각이다.

10 사회의 지도층 인사들께서 법적, 윤리적으로 솔선수범을 보이셔야 하는 의무를 프랑스어로 일컬어 '오블리스 노블리제'라고 한다.

11 영화를 다 보고 나자 이념 전쟁이 얼마나 무서운 것인지를 절실히 깨달을 수 있었다. 형제, 부자간임에도 불구하고 사상이 다르다는 이유로 서로의 가슴에 총뿌리를 겨누던 장면들은 그래서 더더욱 가슴 아프게 다가왔다.(영화평)

12 책은 불확실한 미래에 대한 강한 신념과 목표를 제시해 줄 뿐만 아니라, 어떠한 선택을 해야 하는가에 대한 가이드라인도 마련해 준다.

13 사람들은 세계 지도, 또는 지구본을 대하게 되면 먼저 모국을 찾은 다음, 내가

가보고 싶어 하는 곳을 뒤져보게 된다.

다. 장 문 연 습

■ 다음에서 피해야 할 단어들을 찾아내, 취해야 할 단어들로 바꿔보기 바랍니다. (한글 색글자들은 글의 내용의 강조를 위한 것일 뿐입니다)

1 '피해야 할 단어들' 로 내가 당부하는 또 하나의 요령으로는 '과거형' 으로 글을 쓰지 말라는 것을 들 수 있다. 예를 들어, 서평에서 "무려 350개에 달하는 각주를 읽는 것은 무척 어려웠다"라고 기술하는 것과 "무려 350개에 달하는 각주를 읽는 것은 무척 어렵다"라고 쓴 두 문장을 비교해 보자. 첫 번째 문장의 경우에는 그 느낌이 주관적이고 개인적인 반면, 뒤의 문장은 훨씬 힘있고 단정적이며 객관적이라는 것을 느낄 수 있다. 때문에, 주장을 담아야만 하는 글들—논설문, 사설, 비평, 칼럼과 같은 종류—은 현재형으로 글을 써 나가는 것이 좋다고 생각된다.

이와 함께 동사의 경우, 가급적 본딧말보다는 준말을 사용하는 것이 문장에 힘을 실어줄 수 있는 또 하나의 방법이다. 이를테면 "소설은 처음부터 여러 궁금증을 배제하여 버린 채 이야기를 시작하고 있다"라는 표현보다는 "소설은 처음부터 여러 궁금증을 배제해 버린 채 이야기를 시작하고 있다"라는 서술이 훨씬 강단*(剛斷) 있어 보인다. 물론, 이 같은 용어도 좀 더 전문적인 글쓰기로 가다듬으려면 "소설은 처음부터 여러 궁금증을 배제한 채 이야기를 시작한다"로 축약되어지는 것이 낫다.

*강단(剛斷) : 굳세고 꿋꿋하게 견디어 내는 힘.

2 나만의 글이 아닌 남들을 위한 글을 쓰기란 쉽지 않다. 게다가 언론사의 글처럼 일반인을 대상으로 쓰는 글은 더욱 어려울 수밖에 없다. 독자층의 폭이 초등학생에서부터 중 · 장년은 물론 연세가 아주 많으신 노인분들에 이르기까지매우 다양하기 때문이다. 이런 까닭에 언론사에서는 중학교 2학년 정도라면 기사를

이해하는 데 무리가 없을 정도로 글을 쉽게 쓰려고 노력하고 있다. 이와 함께, 자칫 해당 독자들의 거부감을 일으킬 수 있는 단어들도 조심해서 가려 써야 하는 것이 언론사의 또 다른 임무이다. 이제는 거의 사라졌지만 과거에는 정치, 경제, 사회면을 흔히 장식하곤 하였던 '절름발이 경제,' '눈 뜬 장님' 같은 제목과 기사 용어들은 그 전형적인 대상에 속한다. 필자가 언론사에 재직하던 90년대 초에도 이미 이와 같은 낱말들은 장애인들을 폄하*(貶下)한다는 이유로 독자들의 끊임없는 어필을 불러일으켰었다. 요즘 들어서는 '아줌마,' '처녀,' '미망인' 등과 같은 성차별적 용어들도 갈수록 신문 지상에서 사라져 가고 있는 추세다. 바야흐로 단어에서도 인권과 평등주의의 바람이 거세게 불고 있는 셈이다.

*폄하(貶下) : 가치를 깎아 내림.

3 나는 언론 출판의 자유를 처음으로 주장했다는 점에서 존 밀턴의 저서, 「아레오파지티카」를 높이 평가한다. 그리고 검열과 사전 허가제의 부당함을 지적하면서 주장했던 여러 문구들은 — 예를 들어 "나에게 어떤 자유들보다 양심에 따라 자유롭게 알고 주장할 수 있는 자유를 달라"라는 명언처럼 — 말하고자 하는 논지가 무엇인지 한눈에 알 수 있어서 더욱 좋았다.

이 책의 안 좋았던 점은 필자의 장황한 부연 설명으로 인해 전달하고자 하는 논지가 무엇인지 잊을 때가 많았다는 것이다. 문장의 호흡도 너무 길어서 집중력과 이해력이 쉬이 떨어지는 것 같다. 때문에, 비록 의원들을 타깃으로 쓴 책이지만 '일반인도 쉽게 읽을 수 있도록 문장을 간결하게 썼더라면' 하는 아쉬움이 남는다. 우리가 당연하게 누리고 있는 자유는 과거 조상들의 역사적인 투쟁 끝에 얻어진 것인데, 요즘에는 그 자유를 남용하는 사람들이 점차 늘고 있는 것 같다. 어렵게 얻은 자유라는 것을 이 책을 통해 다시 한번 느껴보기 바란다.

해답

가. 단 문 연 습

1 그 기사는 장장 **4페이지**에 걸쳐 게재돼 있다.
그 기사는 장장 4쪽/면에 걸쳐 게재돼 있다.
※ '페이지' 라는 영어를 우리말로 바꿔주는 것이 좋다.

2 영화는 2시간 내내 **나**를 공포의 도가니로 몰아 넣**었**다.
영화는 2시간 내내 관객(들)을 공포의 도가니로 몰아 넣는다.
※ '주관적인 경험' 을 '객관적'으로, '과거형'은 '현재형'으로 바꾸는 것이 요령이다.

3 지나친 자유는 방종으로 이어질 수 있을 **것이라고 본**다.
지나친 자유는 방종으로 이어질 수 있다.
※ 감상적인 표현은 단호한 표현으로 바꿔주는 것이 좋다.

4 커다란 **사운드**가 청중들을 정신 못 차리게 한다.
커다란 소리가/음향이 청중들을 정신 못 차리게 한다.
※ 1번 참조.

5 나이 **드신 분**들이 승차하**시**면 젊은 승객들은 자리를 양보해야 한다.
나이 든 사람들이 승차하면 젊은 승객들은 자리를 양보해야 한다.
※ '존대' 나 '존칭' 도 평서형으로 바꿔주는 것이 좋다.

6 이것은 **비주얼**한 느낌을 강하게 불러 일으키는 디자인이다.
이것은 시각적인 느낌을 강하게 불러 일으키는 디자인이다.
※ 1, 4번 참조. '디자인' 이라는 단어는 이미 국어화된 외래어라 마땅한 대체어를 찾기가 쉽지 않다.

7 정치사적인 측면에서 볼 때, **우리나라**의 1970년대는 '암흑기' 에 해당한다.
정치사적인 측면에서 볼 때, 대한민국/한국의 1970년대는 '암흑기' 에 해당한다.
※ '1인칭' 은 바꿔주는 것이 요령이다.

8 책의 저자는 집필 당시에 생활고를 겪**었던 것 같**다.
책의 저자는 집필 당시에 생활고를 겪었다. (×): 자신의 일도 아닌데, 지나치게 단정적임.
책의 저자는 집필 당시에 생활고를 겪었다고 한다. (○)

책의 저자는 집필 당시에 생활고를 겪었던 것으로 알려져 있다. (○)

※ 추측, 감상적인 표현은 간접적으로 해주는 것이 좋다.

9 현재의 대학 교육에서 **스피치**와 토론이 차지하는 비중은 매우 적다.
현재의 대학 교육에서 말하기/발표와 토론이 차지하는 비중은 매우 적다.

※ 1, 4, 6번 참조.

10 전반적으로 볼 때, 그 소설의 구성은 탄탄한 **느낌이다**.
전반적으로 볼 때, 그 소설의 구성은 탄탄하다는 것이 필자의 견해다. (△)
전반적으로 볼 때, 그 소설의 구성은 탄탄하다. (○)

※ 3, 8번 참조. 8번과 달리 소설에 대한 느낌은 글쓴이 자신의 것이다. 따라서, 강력하게 주장하는 것이 오히려 낫다.

11 김한국 대통령**께서** 어제 발표**하신** 대국민 성명은 매우 인상적이다.
김한국 대통령이 어제 발표한 대국민 성명은 매우 인상적이다.

※ 5번 참조.

12 새로 발매되는 이번 앨범의 타이틀 곡은 매우 **섹시**하다.
새로 발매되는 이번 앨범의 타이틀 곡은 매우 선정적이다.

※ '앨범'과 '타이틀'이란 단어들은 이미 그 대체어를 찾기가 쉽지 않을 만큼 토착화된 외래어들이다.

13 책을 읽는 동안, **나는 내** 자신의 꿈에 대해 끊임없이 묻곤 **했었**다.
책을 읽는 동안, 독자(들)은/는 자신의 꿈에 대해 끊임없이 묻곤 한다.
책을 읽는 동안, 독자(들)은/는 자신의 꿈에 대해 끊임없이 묻게 된다.

※ '1인칭' 및 과거형 사용 자제. 2, 7번 참조.

14 부동산에 관한 정부의 이번 조치가 과하**지 않나 싶**다.
부동산에 관한 정부의 이번 조치가 과하지 않나 하는 생각이다. (△)
부동산에 관한 정부의 이번 조치가 과하지 않나 하는 것이 필자의 생각(견해)이다. (△)
부동산에 관한 정부의 이번 조치가 과하다는 생각이다. (△)
부동산에 관한 정부의 이번 조치가 과하다. (○)

※ '생각'이라는 표현 자체를 사용하지 않는 것이 더욱 힘찬 견해를 제시하는 힘을 발휘한다. 3, 10번 참조.

15 **프로페셔널**한 자기 관리만이 무한 경쟁에서 살아남는 지름길이다.
전문(가)적인/직업적인/철저한 자기 관리만이 무한 경쟁에서 살아남는 지름길이다.

16 '가나다' 방송국의 간판 오락 프로그램을 진행하는 김모 MC는 **센스**가 있다.
'가나다' 방송국의 간판 오락 프로그램을 진행하는 김모 MC는 재치/순발력/기지가(이) 있다.

17 **자기**의 생각을 표현할 수 있는 세상에 사는 **우리**는 정말 행복**한 것 같**다.

자신의 생각을 표현할 수 있는 세상에 사는 현대인들은 정말 행복하다.
※ '우리' 라는 표현을 대신하기에는 '한국인' 보다 '현대인'이 더욱 적절하다.

18 공부는 하면 할수록 **나**를 더욱 겸손하게 만드는 마력을 지니고 있**는 것 같**다.
공부는 하면 할수록 자신을 더욱 겸손하게 만드는 마력을 지니고 있다.

19 **내** 관점에서 볼 때, 이것은 전형적인 시간낭비일 뿐이다.
필자의/본인의/글쓴이의 관점에서 볼 때, 이것은 전형적인 시간낭비일 뿐이다.

20 옛말에 한 마을의 노인**분**들은 그 마을의 도서관에 해당한다고 했다.
옛말에 한 마을의 노인들은 그 마을의 도서관에 해당한다고 했다.

21 "당사에서 이번에 발매하는 전화기는 **블루톤**의 색상에 **슬림**한 것이 특징입니다."
"당사에서 이번에 발매하는 전화기는 푸른 계열의 색상에 날씬/날렵/홀쭉한 것이 특징입니다."

22 대학생에게 있어 독자는 결국 **나**의 리포트를 평가하**시**는 교수**님**이다.
대학생에게 있어 독자는 결국 자신의 리포트를 평가하는 교수다.

23 이 소설은 단칸방에서 외롭게 사**시**는 할머**님**에 관한 이야기이다.
이 소설은 단칸방에서 외롭게 사는 할머니에 관한 이야기이다.

24 **장애우**에 관한 글을 쓸 때는 차별적 용어를 사용하지 않도록 조심해야 한다.
장애인에 관한 글을 쓸 때는 차별적 용어를 사용하지 않도록 조심해야 한다.
※ 가끔, 환자나 장애인에 대한 표현으로 학생들이 '환우' 나 '장애우' 라는 낱말을 쓰는 것을 접할 때가 있다. 단어 사용의 취지에는 십분 공감하지만, 이들 단어가 아직까지는 폭넓게 사용되고 있지 않은 까닭에, 보다 보편적인 용어의 사용을 권한다.

25 서울 탑골공원은 **어르신**들이 많이 찾**으시**는 장소로 유명하다.
서울 탑골공원은 노인들이 많이 찾는 장소로 유명하다.
※ '어르신' 이라는 단어 자체가 존칭이다.

26 21세기를 살아가는 **우리**는 정보의 홍수에 노출돼 있다.
21세기를 살아가는 현대인(들)/한국인(들)은 정보의 홍수에 노출돼 있다.

27 **내 생각**에 이 영화의 도입부는 상당히 지루**한 것 같**다.
필자의 생각에 이 영화의 도입부는 상당히 지루하다. (△)
이 영화의 도입부는 상당히 지루하다. (○)

28 길거리 한복판에서는 젊은 여성이 온몸에 물감을 칠한 채 **퍼포먼스**를 하고 있었다.
길거리 한복판에서는 젊은 여성이 온몸에 물감을 칠한 채 행위 예술을 하고 있었다.
※ 생각을 표현하는 것이 아니라 당시의 상황을 묘사하고 있기 때문에, 굳이 현재형으로 고칠 필요는 없다.

29 영화의 결말은 **나**에게 이러한 의문점을 남겨 **주었**다.
영화의 결말은 필자/관객에게 이러한 의문을 남겨 준다. (△)
영화의 결말은 이러한 의문을 남겨 준다. (○)

30 장수하기 위해서는 운동과 함께 건강을 주기적으로 **체크**하는 것이 중요하다.
장수하기 위해서는 운동과 함께 건강을 주기적으로 점검하는 것이 중요하다.

나. 중 문 연 습

1 기본적으로 모든 산업이 다 그렇지만, 그중에서도 관광산업은 소비자에 대한 경영자의 투철한 서비스 **마인드**가 없으면 좀처럼 성공할 수 없는 분야다.
기본적으로 모든 산업이 다 그렇지만, 그중에서도 관광산업은 소비자에 대한 경영자의 투철한 봉사 정신이 없으면 좀처럼 성공할 수 없는 분야다.
※ '서비스'는 그냥 사용해도 무방하다.

2 민주주의를 지향하는 **우리나라**의 건국 이념에 비춰볼 때 언론은 최대한의 자유를 누려야 하지만, 지난 70, 80년대에 TV와 신문은 정부의 심한 간섭과 탄압을 받아야 했다.
민주주의를 지향하는 대한민국/한국의 건국 이념에 비춰볼 때 언론은 최대한의 자유를 누려야 하지만, 지난 70, 80년대에 TV와 신문은 정부의 심한 간섭과 탄압을 받아야 했다.

3 미국의 대표적인 진보 지식인, 노엄 촘스키의 저서들을 읽으면**서 나**의 시각은 미국 정부와 미국 미디어에 대해 점차 부정적인 방향으로 바뀌어 **나갔**다.
미국의 대표적인 진보 지식인, 노엄 촘스키의 저서들을 읽으면 독자(들)의 시각은 미국 정부와 미국 미디어에 대해 점차 부정적인 방향으로 바뀌어 나간다/나가게 마련이다/나가기 쉽다.
※ 의견을 개진해야 하는 글에서는 견해를 개인적인 것으로 국한하기보다 보편화, 객관화시키는 요령이 필요하다.

4 뮤지컬 '지킬 박사와 하이드'에서 주연 배우, 조승우는 지킬 박사와 하이드라는 정반대의 **캐릭터**를 모두 미끈하게 소화해 냄으로써, 그의 명성이 허명(虛名)이 아님을 훌륭하게 입증했다.
뮤지컬 '지킬 박사와 하이드'에서 주연 배우 조승우는 지킬 박사와 하이드라는 정반대의 배역을 모두 미끈하게 소화해 냄으로써, 그의 명성이 허명(虛名)이 아님을 훌륭하게 입증했다.

5 영화 '매트릭스'는 '진정한 의미에서의 삶이란 무엇인가'에 대한 철학적 화두를 **내**게 던져주**었으**며, 일상 생활에서도 주변의 사물들을 비판적으로 바라볼 필요가 있음을 느끼게 **해주었**다.
영화 '매트릭스'는 '진정한 의미에서의 삶이란 무엇인가'에 대한 철학적 화두를 관객/시청자(들)에게 던져주며, 일상 생활에서도 주변의 사물들을 비판적으로 바라볼 필요가 있음을 느끼게 해준다.

6 전문경영인이 아닌 **오너**가 회사의 운명을 좌지우지하는 한, 한치 앞을 내다보기 힘든 자본주의의 시장 경쟁 체제에서 기업이 생존하기란 대단히 어렵다.
전문경영인이 아닌 소유주가 회사의 운명을 좌지우지하는 한, 한치 앞을 내다보기 힘든 자본주의의 시장 경쟁 체제에서 기업이 생존하기란 대단히 어렵다.

7 저자는 보다 생생한 진실 전달을 위해 100명에 이르는 사건 당시의 목격자들을 일일이 **인터뷰**하며 자료를 수집해 책을 집필**했단**다.
저자는 보다 생생한 진실 전달을 위해 100명에 이르는 사건 당시의 목격자들을 일일이 면담하며 자료를 수집해 책을 집필했다고 한다.
저자는 보다 생생한 진실 전달을 위해 100명에 이르는 사건 당시의 목격자들을 일일이 면담하며 자료를 수집해 책을 집필한 것으로 알려져 있다.
※ '인터뷰' 라는 단어를 그대로 써도 된다. '인터뷰' 역시 국어화가 많이 진행된 외래어이기 때문이다.

8 대중 매체를 통해 생산되고 전파되는 동성 연애자에 대한 **스테레오타입**은 성적(性的) 소수자에 대한 해당 사회의 **톨레랑스**를 가늠할 수 있는 **바로미터**를 제공한다.
대중 매체를 통해 생산되고 전파되는 동성 연애자에 대한 편견은 성적(性的) 소수자에 대한 해당 사회의 관용을 가늠할 수 있는 척도를 제공한다.
※ 위의 단어들은 언론사에서도 무비판적으로 자주 사용되는 용어들이다. 역시, 바꿀 수 있는 한 우리말로 대체해 주는 것이 좋다.

9 비판적인 사고와 더불어 사회를 통찰할 수 있는 시각을 지니기 위해서는 문학, 역사, 철학 등 이른바 文, 史, 哲이라 불리는 인문학에 대해 깊은 소양(素養)을 지녀야 한다는 것이 **나**의 솔직한 생각이다.
비판적인 사고와 더불어 사회를 통찰할 수 있는 시각을 지니기 위해서는 문학, 역사, 철학 등 이른바 文, 史, 哲이라 불리는 인문학에 대해 깊은 소양(素養)을 지녀야 한다는 것이 필자의 솔직한 생각이다. (△)
비판적인 사고와 더불어 사회를 통찰할 수 있는 시각을 지니기 위해서는 문학, 역사, 철학 등 이른바 文, 史, 哲이라 불리는 인문학에 대해 깊은 소양(素養)을 지녀야 한다. (○)

10 사회의 지도층 인사들**께서** 법적, 윤리적으로 솔선수범을 **보이셔야** 하는 의무를 프랑스어로 일컬어 '오블리스 노블리제' 라고 한다.
사회의 지도층 인사들이 법적, 윤리적으로 솔선수범을 보여야 하는 의무를 프랑스어로 일컬어 '오블리스 노블리제' 라고 한다.

11 영화를 다 보고 나**자** 이념 전쟁이 얼마나 무서운 것인지를 절실히 깨달을 수 있**었**다. 형제, 부자간임에도 불구하고 사상이 다르다는 이유로 서로의 가슴에 총뿌리를 겨누던 장면들은 그래서 더더욱 가슴 아프게 다가**왔**다.
영화를 다 보고 나면 이념 전쟁이 얼마나 무서운 것인지를 절실히 깨달을 수 있다. 형제, 부자간임에도 불구하고 사상이 다르다는 이유로 서로의 가슴에 총뿌리를 겨누는 장면들은 그래서 더더욱 가슴 아프게 다가온다.

12 책은 불확실한 미래에 대한 강한 신념과 목표를 제시해 줄 뿐만 아니라, 어떠한 선택을 해야 하는가에 대한 **가이드라인**도 마련해 준다.

책은 불확실한 미래에 대해 강한 신념과 목표를 제시해 줄 뿐만 아니라, 어떠한 선택을 해야 하는가에 대한 기준(선)/지침/방향도 마련해 준다.

13 사람들은 세계 지도, 또는 지구본을 대하게 되면 먼저 모국을 찾은 다음, **내**가 가보고 싶어 하는 곳을 뒤져보게 된다.
사람들은 세계 지도, 또는 지구본을 대하게 되면 먼저 모국을 찾은 다음, 자신/본인이 가보고 싶어 하는 곳을 뒤져보게 된다.

다. 장 문 연 습

1 '피해야 할 단어들'로 **내**가 당부하는 또 하나의 요령으로는 '과거형'으로 글을 쓰지 말라는 것을 들 수 있다. 예를 들어, 서평에서 "무려 350개에 달하는 각주를 읽는 것은 무척 어려웠다"라고 기술하는 것과 "무려 350개에 달하는 각주를 읽는 것은 무척 어렵다"라고 쓴 두 문장을 비교해 보자. 첫 번째 문장의 경우에는 그 느낌이 주관적이고 개인적인 반면, 뒤의 문장은 훨씬 힘있고 단정적이며 객관적이라는 것을 느낄 수 있다. 때문에, 주장을 담아야만 하는 글들—논설문, 사설, 비평, 칼럼과 같은 종류—은 현재형으로 글을 써 나가는 것이 좋다**고 생각된다**.

이와 함께 동사의 경우, 가급적 본딧말보다는 준말을 사용하는 것이 문장에 힘을 실어줄 수 있는 또 하나의 방법이다. 이를테면 "소설은 처음부터 여러 궁금증을 배제하여 버린 채 이야기를 시작하고 있다"라는 표현보다는 "소설은 처음부터 여러 궁금증을 배제해 버린 채 이야기를 시작하고 있다"라는 서술이 훨씬 강단*(剛斷) 있어 보인다. 물론, 이 같은 용어도 좀 더 전문적인 글쓰기로 가다듬으려면 "소설은 처음부터 여러 궁금증을 배제한 채 이야기를 시작한다"로 축약되**어지**는 것이 낫다.

'피해야 할 단어들'로 **필자**/**저자**/**본인**/**글쓴이**가(이) 당부하는 또 하나의 요령으로는 '과거형'으로 글을 쓰지 말라는 것을 들 수 있다. 예를 들어, 서평에서 "무려 350개에 달하는 각주를 읽는 것은 무척 어려웠다"라고 기술하는 것과 "무려 350개에 달하는 각주를 읽는 것은 무척 어렵다"라고 쓴 두 문장을 비교해 보자. 첫 번째 문장의 경우에는 그 느낌이 주관적이고 개인적인 반면, 뒤의 문장은 훨씬 힘있고 단정적이며 객관적이라는 것을 느낄 수 있다. 때문에, 주장을 담아야만 하는 글들—논설문, 사설, 비평, 칼럼과 같은 종류—은 현재형으로 글을 써 나가는 것이 좋다.

이와 함께 동사의 경우, 가급적 본딧말보다 준말을 사용하는 것이 문장에 힘을 실어줄 수 있는 또 하나의 방법이다. 이를테면 "소설은 처음부터 여러 궁금증을 배제하여 버린 채 이야기를 시작하고 있다"라는 표현보다는 "소설은 처음부터 여러 궁금증을 배제해 버린 채 이야기를 시작하고 있다"라는 서술이 훨씬 강단(剛斷) 있어 보인다. 물론, 이 같은 용어도 좀 더 전문적인 글쓰기로 가다듬으려면 "소설은 처음부터 여러 궁금증을 배제한 채 이야기를 시작한다"로 더욱 축약**되**는 것이 낫다.

2 **나**만의 글이 아닌 남들을 위한 글을 쓰기란 쉽지 않다. 게다가 언론사의 글처럼 일반인을 대상으로 쓰는 글은 더욱 어려울 수밖에 없다. 독자층의 폭이 초등학생에서부터 중 · 장년은 물론 **연세**가 아주 **많으신** 노인**분**들에 이르기까지 매우 다양하기 때문이다. 이런 까닭에 언론사에서는 중학교 2학년 정도라면 기사를 이해하는 데 무리가 없을 정도로 글을 쉽게 쓰려고 노력하고 있다.

이와 함께, 자칫 해당 독자들의 거부감을 일으킬 수 있는 단어들도 조심해서 가려 써야 하는 것이 언론사의 또 다른 임무이다. 이제는 거의 사라졌지만 과거에는 정치, 경제, 사회면을 흔히 장식하곤 **하였던** '절름발이 경제,' '눈 뜬 장님' 같은 제목과 기사 용어들은 그 전형적인 대상에 속한다. 필자가 언론사에 재직하던 90년대 초에도 이미 이와 같은 낱말들은 장애인들을 폄하(貶下)한다는 이유로 독자들의 끊임없는 **어필**을 불러일으**켰었**다. 요즘 들어서는 '아줌마,' '처녀,' '미망인' 등과 같은 성차별적 용어들도 갈수록 신문 지상에서 사라져 가고 있는 추세다. 바야흐로 단어에서도 인권과 평등주의의 바람이 거세게 불고 있는 셈이다.

자신/**글쓴이**/**필자**/**본인**만의 글이 아닌 남들을 위한 글을 쓰기란 쉽지 않다. 게다가 언론사의 글처럼 일반인을 대상으로 쓰는 글은 더욱 어려울 수밖에 없다. 독자층의 폭이 초등학생에서부터 중 · 장년은 물론 **나이**가 아주 **많은 노인**들에 이르기까지 매우 다양하기 때문이다. 이런 까닭에 언론사에서는 중학교 2학년 정도라면 기사를 이해하는 데 무리가 없을 정도로 글을 쉽게 쓰려고 노력하고 있다.

이와 함께, 자칫 해당 독자들의 거부감을 일으킬 수 있는 단어들도 조심해서 가려 써야 하는 것이 언론사의 또 다른 임무이다. 이제는 거의 사라졌지만 과거에는 정치, 경제, 사회면을 흔히 장식하곤 **했던** '절름발이 경제,' '눈 뜬 장님' 같은 제목과 기사 용어들은 그 전형적인 대상에 속한다. 필자가 언론사에 재직하던 90년대 초에도 이미 이와 같은 낱말들은 장애인들을 폄하(貶下)한다는 이유로 독자들의 끊임없는 **항의**/**반발**을(를) 불러일으켰다. 요즘 들어서는 '아줌마,' '처녀,' '미망인' 등과 같은 성차별적 용어들도 갈수록 신문 지상에서 사라져 가는 추세다. 바야흐로 단어에서도 인권과 평등주의의 바람이 거세게 불고 있는 셈이다.

※ 맨 마지막 두 문장의 경우, "신문 지상에서 사라져 가는 추세다"와 "거세게 불고 있는 셈이다"는 모두 "신문 지상에서 사라지는 추세다"와 "거세게 부는 셈이다"로 바꿀 수 있지만, 가급적 현재형을 강조하려는 필자의 '글맛'을 고려할 때 그냥 놔두는 것이 훨씬 좋아 보인다.

3 **나**는 언론 출판의 자유를 처음으로 주장했다는 점에서 존 밀턴의 저서, 「아레오파지티카」를 높이 평가한다. 그리고 검열과 사전 허가제의 부당함을 지적하면서 주장했던 여러 문구들은 — 예를 들어 "나에게 어떤 자유들보다 양심에 따라 자유롭게 알고 주장할 수 있는 자유를 달라"라는 명언처럼 — 말하고자 하는 논지가 무엇인지 한눈에 알 수 있어서 더욱 좋**았**다.

이 책의 **안 좋았던** 점은 필자의 장황한 부연 설명으로 인해 전달하고자 하는 논지가 무엇인지 잊을 때가 많**았**다는 것이다. 문장의 호흡도 너무 길어서 집중력과 이해력이 쉬이 떨어**지는 것 같**다. 때문에, 비록 의원들을 **타깃**으로 쓴 책이지만 '일반인도 쉽게 읽을 수 있도록 문장을 간결하게 썼더라면' 하는 아쉬움이 남는다. **우리**가 당연하게 누리고 있는 자유는 과거 조상들의 역사적인 투쟁 끝에 얻어진 것인데, 요즘에는 그 자유를 남용하는 사람들이 점차 늘고 있**는 것 같**다. 어렵게 얻은 자유라는 것을 이 책을 통해 다시 한번 느껴보기 바란다.

필자/본인은(는) 언론 출판의 자유를 처음으로 주장했다는 점에서 존 밀턴의 저서, 「아레오파지티카」를 높이 평가한다. 그리고 검열과 사전 허가제의 부당함을 지적하면서 주장했던 여러 문구들은 — 예를 들어 "나에게 어떤 자유들보다 양심에 따라 자유롭게 알고 주장할 수 있는 자유를 달라"라는 명언처럼 — 말하고자 하는 논지가 무엇인지 한눈에 알 수 있어서 더욱 좋다.

이 책의 **단점**은 필자의 장황한 부연 설명으로 인해 전달하고자 하는 논지가 무엇인지 잊을 때가 많다는 것이다. 문장의 호흡도 너무 길어서 집중력과 이해력이 쉬이 떨어**진다**. 때문에, 비록 의원들을 **목표로/겨냥하고/대상**으로 쓴 책이지만, '일반인도 쉽게 읽을 수 있도록 문장을 간결하게 썼더라면' 하는 아쉬움이 남는다. **현대인들/한국인들**이 당연하게 누리고 있는 자유는 과거 조상들의 역사적인 투쟁 끝에 얻어진 것인데, 요즘에는 그 자유를 남용하는 사람들이 점차 늘고 있다. 어렵게 얻은 자유라는 것을 이 책을 통해 다시 한번 느껴보기 바란다.

※ 글의 내용으로 보아 서평임을 알 수 있다. '나'를 '필자'로 바꿔주는 것이 가장 무난하다. '안 좋았던 점'이라는 표현도 '단점'으로 바꿔주는 것이 훨씬 부드럽고 수준 높아 보인다.

| 100쪽 정답 |

끝에서 세 번째 문장, "～나의 생각이다"에서 '나'를 '필자,' '본인' 또는 '글쓴이'로 바꾸어야 한다.

| 104쪽 정답 |

필자의 미 유학 시절, 필자의 논문을 종종 봐주시던 교정전문가가 어느 날 논문의 내용에 대해 물어온 적이 있었다.

→ 필자의 미 유학 시절, 필자의 논문을 종종 봐주던 교정전문가가 어느 날 논문의 내용에 대해 물어온 적이 있었다.

그러나 자신의 글쓰기를 한 차원 업그레이드 시키고자 한다면, 결코 이 같은 일을 되풀이해서는 안 된다.

→ 그러나 자신의 글쓰기를 한 차원 향상/발전시키고자(높이고자) 한다면, 결코 이 같은 일을 되풀이해서는 안 된다.

8

"김밥 옆구리의 법칙을 아시나요?"

한 문장에 너무 많은 정보를 담는 글은 내용 많은 김밥 옆구리처럼 반드시 터져

"김밥 옆구리 터지는 소리 하고 있네."

유래를 둘러싸고 '고유 음식설'과 '일본 유래설'이 치열하게 맞붙고 있는 김밥은 근대 이후 우리 사회에 널리 퍼지기 시작한 먹거리이다. 마찬가지로 어느 코미디언이 만들어 냈다고만 알려졌을 뿐, 그 역사적 기원(起源)을 정확히 알 수 없는 김밥 농(弄)은 불과 수십 년 전부터 우리 주변에서 회자*(膾炙)되고 있는 말거리에 속한다.(그런데 요즘 세대들도 이 농을 즐기는지에 대해서는 그다지 자신이 없다.) 그렇다면 어이없는 소리나 이치에 맞지 않는 이야기에 대한 응징 어구로 사용되곤 하는 '김밥 농'이 글쓰기와는 무슨 상관이 있을까?

김밥 농은 문자 그대로 글쓰기에서도 김밥 옆구리가 터지는 황당하고 어이없는 경우를 피하라는 의미에서 매우 중요하다. 그러고 보면, 김밥은 대부분 너무 많은 내용물을 무리해서 담다가 변고(變故)를 겪게 마련이다. 글쓰기로 따지자면, 과다한 정보를 한 문장에 넣다 보니 글은 글대로 장황해지고 모양은 모양대로 볼품 없어진다는 것이다. 해서, 한 문장에는 가급적 하나의 정보를 담는 것이 '글

***회자(膾炙)** '회'와 '구운 고기'라는 뜻으로, 칭찬을 받으며 사람의 입에 자주 오르내림을 이르는 말. 요즘에는 사람의 입에 자주 오르내리는 뜻으로 그 의미가 점차 바뀌고 있다.
예 그의 애국적인 행적이 최근 항간에서 회자되고 있다.

밥'을 터뜨리지 않는 요령이 되는 셈이다. 김밥에 필히 들어가야 하는 재료로 밥(주어)과 김(동사) 정도를 꼽는다면, 종류에 따라 치즈, 김치, 소고기, 참치 등 주재료(목적어)를 하나만 넣어야 맛도 살고 모양도 사는 것과 같은 이치다. 그런데 소고기와 참치는 물론, 단무지와 시금치, 계란 등을 잇달아 쑤셔 넣으니 김이 제아무리 천하장사라 한들 무슨 수로 버티겠는가?

기름기가 자르르 흐르는 날씬한 옆구리에 깨마저 먹음직스레 고루 뿌려진 명품 김밥을 연출하기 위해서는 가장 필요한 재료(소)만 넣을 줄 아는 자제력이 필요하다. 이것저것 우겨넣기보다 가급적 한 가지 재료(정보)로만 승부를 보아야 한다는 것이다. 다음 문장의 경우를 살펴보자.

> 항해 도중 실종된 탐사선의 사유를 알아내기 위해 지구에서는 우주신을 보내고, 아버지를 찾기 위해 여기에 몰래 탑승한 주인공은 목적지에서 신비한 목걸이의 소유자인 '예나'를 만나, 그녀와 함께 예상치도 못했던 거대한 모험을 펼치게 된다.

위의 글은 필요 이상으로 많은 재료를 담아내다 결국 옆구리가 터져버린 김밥 꼴이 돼 버렸다. 무엇보다, 긴 문장을 대하다 보니 독자들은 주체 못할 호흡으로 숨이 가빠지거니와 여러 정보를 한꺼번에 접함으로써 종국에는 무슨 이야기를 읽었는지조차 헛갈리게 됐다. 독자들을 끌어모아도 시원찮은 판국에 오히려 글의 긴장감을 떨어뜨리고 있으니, 완성도로 따지자면 낙제점(落第點)에 가까운 글인 셈이다. 그렇다면 이와 같은 문장은 어떤 식으로 달리 표현하는 것이 바람직할까? 다음은 예제에서 김밥 소 한 가지를 빼내 또 다른 김밥 한 줄을 만들어 준 경우다.

> 항해 도중 실종된 탐사선의 사유를 알아내기 위해 지구에서는 우주선을 보낸다. 아버지를 찾기 위해 여기에 몰래 탑승한 주인공은 목적지에서 신비한 목걸이의 소유자인 '예나'를 만나, 그녀와 함께 예상치도 못했던 거대한 모험을 펼치게 된다.

물론, 이 문장 역시 100점짜리는 아니다. 두 번째 문장에는 여전히 많은 정보가 실려 있다. 그래도 굳이 첫 번째 문장과 비교해 보면, 훨씬 간결해진 것만은 틀림없다. 마지막으로 아래의 세 번째 문장을 보자.

> 항해 도중 실종된 탐사선의 사유를 알아내기 위해 지구에서는 우주선을 보낸다. 아버지를 찾기 위해 여기에 몰래 탑승한 주인공은 목적지에서 신비한 목걸이의 소유자인 '예나'를 만나게 된다. 이후, 주인공은 그녀와 함께 예상치도 못했던 거대한 모험을 펼치게 된다.

서로 다른 성격의 정보는 따로따로 취급하는 것이 '글맛'과 '글멋'을 함께 살리는 지름길이다. 어느 노래에선 연인의 가슴이 터질 때까지 안아달라며 "옆구리 터져 버린 김밥"을 그리워했지만, 글에서는 절대로 김밥을 터뜨리면 안 되기 때문이다.

참 고 문 헌

임재춘 (2004). 「한국의 이공계는 글쓰기가 두렵다」. 마이넌.
홍명희 (1985). 「林巨正」. 사계절.

1분에 익힙시다 – 도치(倒置)

정보가 여럿 담겨 있는 문장을 두 개 이상으로 다시 나눌 때, 정보의 앞뒤를 바꾸며 배열하는 도치(倒置)가 유용한 때도 있습니다. 인과형(因果形) 문장의 경우가 그 첫 번째에 해당합니다. 예를 들면,

> "한동안 중단했던 소설 쓰기를 재개하던 그날도 바깥 기온이 35도에 육박했기 때문에 에어컨이 없는 나로선 효율적인 작업을 위해 선풍기가 필요했다"

라는 문장은

> "에어컨이 없는 나로선 효율적인 작업을 위해 선풍기가 필요했다. 한동안 중단했던 소설 쓰기를 재개하던 그 날도 바깥 기온이 35도에 육박했기 때문이다"

로 바꿀 수 있습니다. 이와 함께, 결론적인 어구가 뒤에 배치돼 있으며 앞에서 결과에 대한 설명을 길게 늘어놓는 미괄식 문장도 도치를 사용하기에 적당합니다.

> 패스가 잘 이뤄지는 데다 선수 개개인의 공 다루는 솜씨가 뛰어나고 전술적인 이해도까지 갖추고 있다면, 이 경기에서 한국팀이 결코 질 이유가 없다.

는

> 이 경기에서 한국팀이 결코 질 이유가 없다. 패스가 잘 이뤄지는 데다 선수 개개인의 공 다루는 솜씨가 뛰어나고 전술적인 이해도까지 갖추고 있다면.

으로 재편할 수 있습니다.

연습문제

가. 중문 연습 I

■ 너무 많은 정보를 담고 있어 자칫, '김밥 옆구리의 법칙'에 위배되기 쉬운 문장들을 둘로 나눠보기 바랍니다. 이와 함께, 인과형 문장이나 미괄식 문장들도 도치를 이용해 둘로 나눠보세요. 보다 적절한 연습을 위해 문장 중간의 쉼표들은 제거했으며, 문장 연결을 위해 필요하다면 경우에 따라 적절한 접속부사를 사용하기 바랍니다.

1 과거에는 정치권력이 소수 지배계층의 수중에 있었으며 피지배자는 정치적 관심을 가지지 않는 것이 신상에 이로웠던 데다 정치적 관심을 적극적으로 가지려 해도 법적인 제약이 대단히 많았다.

2 번역본은 따분하며 문장도 긴 데다 시도 때도 없이 어색한 낱말이나 부자연스런 단어들이 툭툭 튀어나와 글 읽는 흐름을 쉬이 끊어 놓는다.

3 6학년이 되자 새 담임 선생님이 부임하게 되는데 새로 온 담임 선생님은 주인공의 행패에 침묵해온 학생들을 다그치는 한편 그동안 주인공이 저지른 모든 부조리를 밝혀낸다.

4 소재를 찾아내는 안목에서부터 첫머리와 마무리를 이끌어 나가는 노하우에 이르기까지 글 잘 쓰는 이들에게는 분명, 무엇인가 '특별'한 것이 있다.

5 보건소의 업무는 질병 치료보다 질병 예방 차원에서 새롭게 규정되어야 하며 그 가운데에서도 가장 중요한 부분으로 간주되는 영양 관리를 중점적으로 취급하는 방향으로 바뀌어야 한다.

6 선생님들이 정성을 다해 가르치고 학생들은 열심히 공부하는 분위기가 조성되면서 학생들의 학력 신장에 가시적인 성과가 나타나고 있으며 이를 통해 학교와 선생님들이 존경받는 풍토도 조성되고 있다.

7 광고 수입이 수익의 대부분을 차지하는 방송사들이 보다 많은 시청자를 확보하기 위한 시청률 전쟁을 치르고 있는 가운데 방송 종사자들은 특종과 시청률 대박을 터뜨리기 위해 날마다 피가 마르는 전투를 치르고 있다.

8 글 잘 쓰는 사람들에겐 절대법칙으로 통용되는 '작문(作文)은 짧게, 퇴고(推敲)는 길게' 라는 촌철살인(寸鐵殺人)의 격언이 있다.

9 소설에서 작가는 절대권력의 소유자와 그의 권력을 붕괴시키려는 주인공의 이야기를 독자에게 소개하고 있으며 이 과정에서 오늘날의 한국인들이 겪고 있는 역사 청산 문제와 사형제도의 문제점에 대해서도 언급하고 있다.

10 을사조약이 체결되자 '황성신문' 의 사장, 장지연은 신문에다 우리나라 언론사상 가장 유명한 논설 가운데 하나인 '시일야방성대곡(是日也放聲大哭)'을 싣지만 이로 인한 필화(筆禍)를 겪어 구속되고 신문은 결국 정간(停刊)을 당하게 된다.

11 당시에는 호스피스란 직업이 일반인에게 잘 알려지지 않은 데다 낮에는 장사를 하고 밤에는 공부를 하는 입장에서 주말에 짬을 내 환자들을 잘 돌볼 수 있을까 하는 걱정이 들어 봉사활동을 시작하는 데 많은 어려움을 겪었다.

12 근대성을 근간으로 하는 인상주의는 1874년 파리에서의 첫 그룹전을 시작으로 공식적으로 태동한 이후 오늘날까지 어느 미술 사조나 미술 동향보다도 미술전문인들을 포함한 일반 대중들의 관심과 사랑을 꾸준히 받아오고 있다.

13 주인공은 점프력과 순발력까지 갖춰 골 밑에서 무리 없이 라이벌들을 제압하는 데다 수비 리바운드를 속공으로 원활히 연결하는 넓은 시야와 공격 후 신속한

백 코트를 가능하게 하는 빠른 발까지 갖춰 팀이 정규시즌 우승을 하는 데 결정적인 공헌을 세운다.

14 긴 문장을 대하다 보니 독자들은 주체 못할 호흡으로 숨이 가빠지거니와 여러 정보를 한꺼번에 접함으로써 종국에는 무슨 이야기를 읽었는지조차 헛갈리게 되어 독자들을 끌어모아도 시원찮은 판국에 오히려 글의 긴장감을 떨어뜨리고 있으니 완성도로 따지자면 낙제점(落第點)에 가까운 글이다.

15 '임금님 귀는 당나귀 귀' 란 사실을 말하지 못해 괴로워하던 옛 이야기 속의 이발사처럼 우리에게는 자신이 알고 있는 바를 남들에게 마음껏 말하고 싶은 욕구가 있으며 이런 의미에서 인터넷 '댓글' 은 자신의 의사를 자유롭게 표현하고자 하는 인간 본연의 욕구가 사이버 세계를 통해 표출되는 경우다.

16 20대 젊은 여성이 자신의 생각을 표현하기 위해 온몸에 물감을 칠한 채 길거리에서 행위 예술을 하고 하루에도 셀 수 없이 많은 책과 잡지, 신문과 영상물들이 쏟아져 나오는 21세기의 현 시점에 300년 전의 출판 기준을 적용한다면 큰 혼란이 일어날 것이다.

17 몇 년 전, 미 코넬대의 '인간행동 연구소' 에서는 기상천외한 실험에 착수했는데 남녀 간의 애정이 얼마나 지속되는지를 알아보기 위해 무려 5천 명을 대상으로 인터뷰를 실시했다.

나. 중 문 연 습 II

■ 다음 글을 세 문장으로 나눠 보기 바랍니다. 필요하다면, 앞뒤 문장에서 사용된 동사의 종결 어미를 바꿔주거나 접속부사를 사용해도 됩니다.

1 긴 문장을 대하다 보니 독자들은 주체 못할 호흡으로 숨이 가빠지거니와 여러 정보를 한꺼번에 접함으로써 종국에는 무슨 이야기를 읽었는지조차 헛갈리게 되어 독자들을 끌어모아도 시원찮은 판국에 오히려 글의 긴장감을 떨어뜨리고 있

으니, 완성도로 따지자면 낙제점(落第點)에 가까운 글이다.

2 당시에는 호스피스란 직업이 일반인에게 잘 알려지지 않은 데다 낮에는 장사를 하고 밤에는 공부를 하는 입장에서 주말에 짬을 내 환자들을 잘 돌볼 수 있을까 하는 걱정이 들어 봉사활동을 시작하는 데 많은 어려움을 겪었다.

3 주인공은 점프력과 순발력까지 갖춰 골 밑에서 무리없이 라이벌들을 제압하는데다 수비 리바운드를 속공으로 원활히 연결하는 넓은 시야와 공격 후 신속한 백코트를 가능하게 하는 빠른 발까지 갖춰 팀이 정규시즌 우승을 하는 데 결정적인 공헌을 세운다.

4 '2020 원더키디'는 방영 당시 그렇게 큰 시청률을 차지하지는 못했지만 준수한 시나리오, 수려한 그래픽, 화려한 액션 등 어느 것 하나 일본 작품에 비해 뒤지지 않는 뛰어난 우리 만화로 일부 매니아층에겐 상당한 반향을 불러 일으켰으며 방영 직후 방송국에는 "한국 애니메이션이 맞느냐"는 제작 관련한 문의가 빗발쳤다고 한다.

다. 장 문 연 습 I

■ 아래의 '옆구리 터진 김밥 문장'을 추려서 다시 날씬하게 만들어 보기 바랍니다. (괄호 안의 숫자는 그에 해당하는 만큼 문장 수를 늘여서 정보를 나눠보라는 의미임.)

1 여행작가 한비야는 미국 유타대학교 언론대학원에서 국제 홍보학 석사 학위를 받고 국제 홍보회사에서 근무하다 어린 시절의 꿈을 위해 사표를 던지고 '걸어서 세계일주'를 몸소 실천한 여성으로, 7년간에 걸친 머나먼 오지 여행을 통해 여러 권의 여행기를 써 냄으로써 수많은 독자층을 보유하고 있으며, 네티즌이 만나고 싶은 사람 1위, 평화를 만드는 100인에 선정된 바 있고, 현재는 국제 NGO 기구인 '월드비전'에서 긴급구호팀장으로 일하고 있다. (3)

2 대한외계인협회는 1945년 창립되어 지난 반세기 동안 외계인들을 대변하는 단체로 외계인의 권익 옹호를 위한 활동, 외계인의 전문성 확보를 위한 활동, 외계인에 대한 국민의 인식 증진을 위한 활동 및 외계인과 관련된 정부의 프로젝트 발주 수행 등을 위해 노력하였으며, 앞으로도 전국 1만여 외계인들과 미래의 외계인인 여러분의 든든한 동반자이자 후원자로 항상 함께할 것입니다. 여러분이 본 협회에 가입하시면 하루가 다르게 변화하는 사회의 요구에 따른 전문 외계인으로서의 자질 확보를 위한 태양계, 은하계 및 천문학 관련 최신 정보를 제공받을 수 있으며, 놀이공원 · 박물관 · 학교 · 병원 등 각각의 업무 분야에 따라 전문화된 외계인 모임에 참여해 전문적인 정보 교류를 할 수 있습니다. (4)

라. 장 문 연 습 II

■ 다음 글들에서 '옆구리 터진 김밥'을 찾아 보기 좋고 먹음직스럽게 다시 말아보기 바랍니다.

1 연산군이 임금 노릇한 동안이 십여 년인데 즉위 사 년인 무오년에 간신 유자광(柳子光)의 무고*(誣告)를 믿어 큰 옥사*(獄事)를 일으키고 즉위 십 년인 갑자년에는 폐비사건으로 또 큰 옥사를 일으켜서 유명한 조신*(朝臣)들을 마냥 죽일 뿐 아니라 이왕 죽은 사람은 두벌 죽음을 시키는데 부관참시(剖棺斬屍)라고 관을 파다가 송장의 목을 베고 쇄골표풍(碎骨飄風)이라고 뼈를 빻아서 바람에 날리는 등 별별 형벌을 가하고 파가저택(破家瀦宅)이라고 집을 헐어 웅덩이를 만든 것이 열 집 스무 집이 아니고 가장 경한 사람이라야 이천 리 삼천 리에 귀양살이를 보냈더랍니다. 이렇게 두 번 큰 옥사로 유명한 신하들을 죽이고 귀양 보낼 뿐 아니라 각 고을의 얼굴이 반반한 계집 또는 계집 아이를 서울로 뽑아 올려 기생 명색으로 궐내에 드나드는 것이 만 명 이상이 되었는데, 기생의 칭호는 운평(運平), 궐내에 가까이 도는 운평은 홍청(興淸)이라고 하였으며 운평 홍청과

악수*(樂手)들을 먹여 살리고 몸치장시키느라고 종실대관*(宗室大官)의 집을 빼앗고 민간 재물을 강탈한 데다 이것마저 부족하여 종실대관의 처첩을 빼앗아 갖은 음란한 짓을 다하였답니다.(연습문제 풀이를 위해 띄어쓰기와 표기 및 문장 구성을 조금 손보았습니다.)

벽초(碧初) 홍명희, 「林巨正」, 1권 8-9쪽.

*무고(誣告) : 사실이 아닌 일을 거짓으로 꾸미어 해당 기관에 고소, 고발하는 일.
*옥사(獄事) : 반역, 살인 따위의 크고 중대한 범죄를 다스림. 또는 그 사건.
*조신(朝臣) : 조정의 신하.
*악수(樂手) : 악사(樂士).
*종실대관(宗室大官) : 임금의 친족인 종친과 높은 벼슬 자리의 사람.

2 "배부른 돼지보다 배고픈 소크라테스가 낫다"라는 말로 유명한 영국의 공리주의자 존 스튜어트 밀은 영국이 나폴레옹과 전쟁을 시작한 직후에 태어나, 그 전쟁으로 말미암아 전 국가가 경제적 곤란을 겪은 격변의 시대를 거쳐, 번영과 부귀를 온 천하에 과시한 빅토리아 여왕의 치세 전반부까지 가장 변화가 심했던 시대를 살아오다 76세를 일기로 1873년 프랑스 남부 아비뇽에서 생애를 마쳤다.

1859년에 출판된 그의 책「자유론」에서 밀은 "사회나 국가의 권력이 개인의 자유를 억압해서는 안 된다"고 말하고 있으며, 오랜 역사 속에서 비판 없이 수용된 인습(因習)이 개인의 개성과 성격을 말살시키는 것은 역사를 후퇴시키는 동시에 정지시키는 행동이라고 강조한다. 이는 르네상스 이후, 자유로운 이성의 발흥(發興)에 힘입어 현대 과학이 발달함에 따라 유럽의 모습이 송두리째 바뀐 데 반해, 오랜 인습에 머물러 있다가 유럽 각국의 먹잇감으로 전락한 중국의 모습이 당시 세계사의 모습이었기 때문이다. 결국, 한 사회의 발전은 창의력과 개성을 지닌 여러 개개인이 자신의 능력을 꽃피울 수 있는 다원화의 원칙에서 비롯되기에 개개인의 자유를 존중하는 것이 국가 발전을 위해서도 유리하다는 것이 그의 입장이었다.

해답

가. 중문연습 I

1 과거에는 정치권력이 소수 지배계층의 수중에 있었으며 피지배자는 정치적 관심을 가지지 않는 것이 신상에 이로웠다. 그런 데다/게다가 피지배자는 정치적 관심을 적극적으로 가지려 해도 법적인 제약이 대단히 많았다.

※ 두 번째 문장을 만들 경우, 자칫 주어를 빠뜨리기 쉽다. 4장의 주-술-목 호응편에서 익힌 대로 주어는 반드시 넣어주어야 한다.

※ 문장을 나눌 때는 같은 맥락의 문장들끼리 몰아서 구별해 주어야 한다. 모두 세 개의 문장으로 구성돼 있는 위의 글에서는 첫 번째와 두 번째 문장이 비슷한 종류의 정보들을 취급하고 있다.

2 번역본은 따분하며 문장도 길다. 그런 데다/게다가 시도 때도 없이 어색한 낱말이나 부자연스런 단어들이 툭툭 튀어나와 글 읽는 흐름을 쉬이 끊어 놓는다.

3 6학년이 되자 새 담임 선생님이 부임하게 된다. (그런데) 새로 온 담임 선생님은 주인공의 행패에 침묵해온 학생들을 다그치는 한편, 그동안 주인공이 저지른 모든 부조리를 밝혀낸다.

※ '그런데' 라는 접속부사는 있어도 되고 없어도 되지만, 저자가 보기에는 없는 것이 훨씬 자연스럽다.

4 글 잘 쓰는 이들에게는 분명, 무엇인가 '특별' 한 것이 있다. 소재를 찾아내는 안목에서부터 첫머리와 마무리를 이끌어 나가는 노하우에 이르기까지.

※ 도치를 사용하기에 적당한 미괄식 문장이다. 이와 함께, '노하우' 라는 영어는 이미 외래어화(化)됐기에 굳이 다른 말로 대체하지 않아도 무방(無妨)하다.

5 보건소의 업무는 질병 치료보다 질병 예방 차원에서 새롭게 규정되어야 한다. 그리고/더욱이/이와 함께/게다가 그 가운데에서도 가장 중요한 부분으로 간주되는 영양 관리를 중점적으로 취급하는 방향으로 바뀌어야 한다.

※ 두 번째 문장이 수동태로 흐르고 있기에 굳이 주어를 필요로 하지 않는 글이다.

6 선생님들이 정성을 다해 가르치고 학생들은 열심히 공부하는 분위기가 조성되면서 학생들의 학력 신장에 가시적인 성과가 나타나고 있다. (따라서/때문에/결과적으로/결국/그래서) 이를 통해 학교와 선생님들이 존경받는 풍토도 조성되고 있다.

※ 두 번째 문장 중간에 보면, "풍토도 조성되고 있다"에서와 같이 보조사 '도' 가

있기에 접속부사를 생략해도 무방하다.

7 광고 수입이 수익의 대부분을 차지하는 방송사들이 보다 많은 시청자를 확보하기 위한 시청률 전쟁을 치르고 있다. 이(러한)/그(러한) 가운데, 방송 종사자들은 특종과 시청률 대박을 터뜨리기 위해 날마다 피가 마르는 전투를 치르고 있다.

8 '작문(作文)은 짧게, 퇴고(推敲)는 길게' 라는 촌철살인(寸鐵殺人)의 격언이 있다. 글 잘 쓰는 사람들에겐 절대법칙으로 통용되는. (○)
촌철살인(寸鐵殺人)의 격언이 있다. 글 잘 쓰는 사람들에겐 절대법칙으로 통용되는 '작문(作文)은 짧게, 퇴고(推敲)는 길게' 라는. (★)
※ 결론적인 어구는 짧아질수록 더욱 강렬한 맛을 풍긴다. 그런 의미에서 두 번째 것이 첫 번째 것보다 훨씬 낫다.

9 소설에서 작가는 절대권력의 소유자와 그의 권력을 붕괴시키려는 주인공의 이야기를 독자에게 소개하고 있다. <u>작가/글쓴이/저자는</u> 이 과정에서 오늘날의 한국인들이 겪고 있는 역사 청산 문제와 사형제도의 문제점에 대해서도 언급하고 있다.

10 을사조약이 체결되자 '황성신문' 의 사장, 장지연은 신문에다 우리나라 언론사상 가장 유명한 논설 가운데 하나인 '시일야방성대곡(是日也放聲大哭)' 을 싣는다. 하지만/그렇지만, <u>장지연은/그는</u> 이로 인한 필화(筆禍)를 겪어 구속되고 신문은 결국 정간(停刊)을 당하게 된다.

11 당시에는 호스피스란 직업이 일반인에게 잘 알려지지 않은 데다 낮에는 장사를 하고 밤에는 공부를 하는 입장에서 주말에 짬을 내 환자들을 잘 돌볼 수 있을까 하는 걱정이 들었다. 그래서/때문에 봉사활동을 시작하는 데 많은 어려움을 겪었다. (△)
당시에는 호스피스란 직업이 일반인에게 잘 알려지지 않았다. 게다가/거기다가/더욱이 낮에는 장사를 하고 밤에는 공부를 하는 입장에서 주말에 짬을 내 환자들을 잘 돌볼 수 있을까 하는 걱정이 들어 봉사활동을 시작하는 데 많은 어려움을 겪었다. (○)
봉사활동을 시작하는 데 많은 어려움을 겪었다. 당시에는 호스피스란 직업이 일반인에게 잘 알려지지 않은 데다 낮에는 장사를 하고 밤에는 공부를 하는 입장에서 주말에 짬을 내 환자들을 잘 돌볼 수 있을까 하는 걱정이 들어서였다. (○)
※ 도치도 가능한 문장이다.

12 근대성을 근간으로 하는 인상주의는 1874년 파리에서의 첫 그룹전을 시작으로 공식적으로 태동했다. <u>인상주의는</u> 이후 오늘날까지 어느 미술 사조나 미술 동향보다도 미술전문인들을 포함한 일반 대중들의 관심과 사랑을 꾸준히 받아오고 있다.
※ 주어를 넣어주어야 한다. 1, 9, 10번 참조.

13 주인공은 점프력과 순발력까지 갖춰 골 밑에서 무리 없이 라이벌들을 제압한다. 게다가/더불어/더욱이 수비 리바운드를 속공으로 원활히 연결하는 넓은 시야와 공격 후 신속한 백 코트를 가능하게 하는 빠른 발까지 갖춰 팀이 정규시즌 우승을 하는 데 결정적인 공헌을 세운다.
※ 도치를 이용해 두 문장으로 나누기에는 '주인공' 과 '결정적인 공헌을 세운다' 라는 동사어구의 거리가 너무 멀리 떨어져 있다. 도치란 말 그대로, 순서만 바꾸는 것

을 의미하기 때문이다. 없는 주어를 의도적으로 첨가하거나 멀리 떨어진 주어를 가까이 가져와 문장을 도치시키면, 더 이상 순수한 의미에서의 도치라고 보기 어렵다.

14 긴 문장을 대하다 보니 독자들은 주체 못할 호흡으로 숨이 가빠지거니와 여러 정보를 한꺼번에 접함으로써 종국에는 무슨 이야기를 읽었는지조차 헛갈리게 됐다/된다. (결국/이런 까닭에/해서/때문에) 독자들을 끌어모아도 시원찮은 판국에 필자/글쓴이는 오히려 글의 긴장감을 떨어뜨리고 있으니 완성도로 따지자면 낙제점(落第點)에 가까운 글이다.

15 '임금님 귀는 당나귀 귀'란 사실을 말하지 못해 괴로워하던 옛 이야기 속의 이발사처럼 현대인에게는 자신이 알고 있는 바를 남들에게 마음껏 말하고 싶은 욕구가 있다. 이런 의미에서 인터넷 '댓글'은 자신의 의사를 자유롭게 표현하고자 하는 인간 본연의 욕구가 사이버 세계를 통해 표출되는 경우다.

16 20대 젊은 여성이 자신의 생각을 표현하기 위해 온몸에 물감을 칠한 채 길거리에서 행위 예술을 한다. 또 하루에도 셀 수 없이 많은 책과 잡지, 신문과 영상물들이 쏟아져 나오는 21세기의 현 시점에 300년 전의 출판 기준을 적용한다면 큰 혼란이 일어날 것이다. (×)
20대 젊은 여성이 자신의 생각을 표현하기 위해 온몸에 물감을 칠한 채 길거리에서 행위 예술을 하고 하루에도 셀 수 없이 많은 책과 잡지, 신문과 영상물들이 쏟아져 나온다. 이러한/이와 같은 21세기의 (21세기의 이러한/이와 같은) 현 시점에 300년 전의 출판 기준을 적용한다면 큰 혼란이 일어날 것이다. (○)
※ 문장을 나눌 때는 같은 맥락의 문장들끼리 몰아주어야 한다. 모두 세 개의 문장으로 구성돼 있는 위의 글에서는 첫 번째와 두 번째 문장이 같은 종류의 정보들을 취급하고 있다.

17 몇 년 전, 미 코넬대의 '인간행동 연구소'에서는 기상천외한 실험에 착수했다. 남녀 간의 애정이 얼마나 지속되는지를 알아보기 위해 무려 5천 명을 대상으로 인터뷰를 실시한 것이다.
※ 두 번째 문장의 동사 어미를 살짝 바꿔줌으로써 글에 좀 더 감칠맛을 주었다. 2부 5장의 반복어구 회피 참조.

나. 중문연습 II

1 긴 문장을 대하다 보니, 독자들은 주체 못할 호흡으로 숨이 가빠진다(△)/가빠지게 마련이다(○). (독자들은) 게다가/더군다나/또/더욱이 여러 정보를 한꺼번에 접함으로써 종국에는 무슨 이야기를 읽었는지조차 헛갈리게 됐다/된다. 결국/이런 까닭에/해서/때문에/그러다 보니 독자들을 끌어모아도 시원찮은 판국에 필자/글쓴이는 오히려 글의 긴장감을 떨어뜨리고 있으니, 완성도로 따지자면 낙제점(落第點)에 가까운 글이다.
※ 셋으로 나눈 문장 가운데 두 번째 문장의 경우에는 주어를 넣어주는 것이 원칙이나, 첫 번째, 세 번째에 계속해서 독자들에 대한 이야기가 나오므로 반복을 피하는 의미에서 제외시키는 것이 낫다.

2 당시에는 호스피스란 직업이 일반인에게 잘 알려지지 않았다. 게다가/더욱이/그런 데다 낮에는 장사를 하고 밤에는 공부를 하는 입장에서 주말에 짬을 내 환자들을 잘 돌볼 수 있을까 하는 걱정이 들었다. 따라서/해서/그런 까닭에/때문에 봉사활동을 시작하는 데 많은 어려움을 겪었다.

※ 주어가 나와 있지 않은 예제이기에 이 문장의 경우, 굳이 주어를 넣을 필요는 없다.

3 주인공은 점프력과 순발력까지 갖춰 골 밑에서 무리 없이 라이벌들을 제압한다. 게다가/더욱이/또, 수비 리바운드를 속공으로 원활히 연결하는 넓은 시야와 공격 후 신속한 백 코트를 가능하게 하는 빠른 발까지 갖추고 있다. 때문에/따라서/이런 까닭에/이런 연유로 주인공은 팀이 정규시즌 우승을 하는 데 결정적인 공헌을 세운다.

4 '2020 원더키디'는 방영 당시 그렇게 큰 시청률을 차지하지는 못했다. 하지만 준수한 시나리오, 수려한 그래픽, 화려한 액션 등 어느 것 하나 일본 작품에 비해 뒤지지 않는 뛰어난 우리 만화로 일부 매니아층에겐 상당한 반향을 불러일으켰다. (이) 때문에/이런 까닭에/해서/그런 연유로 방영 직후, 방송국에는 '2020 원더키디'가 "한국 애니메이션이 맞느냐"는 제작 관련한 문의가 빗발쳤다고 한다.

※ 두 번째나 세 번째 문장 가운데 한 곳에는 반드시 주이를 씨주어야 한다. 완급조절 차원에서는 첫 번째, 세 번째 문장에 주어를 넣어주는 것이 좋다.

다. 장문연습 I

1 여행작가 한비야는 미국 유타대학교 언론대학원에서 국제 홍보학 석사 학위를 받고 국제홍보회사에서 근무하다 어린 시절의 꿈을 위해 사표를 던지고 '걸어서 세계일주'를 몸소 실천한 여성이다. 7년간에 걸친 머나먼 오지 여행을 통해 여러 권의 여행기를 써 냄으로써 수많은 독자층을 보유하고 있으며, 네티즌이 만나고 싶은 사람 1위, 평화를 만드는 100인에 선정된 바 있다. 한비야는 현재 국제 NGO 기구인 '월드비전'에서 긴급구호팀장으로 일하고 있다.

※ 역시 세 번째 문장의 경우에는 주어를 넣어주는 것이 좋다.

2 대한외계인협회는 1945년 창립되어 지난 반세기 동안 외계인들을 대변하는 단체로 외계인의 권익 옹호를 위한 활동, 외계인의 전문성 확보를 위한 활동, 외계인에 대한 국민의 인식 증진을 위한 활동 및 외계인과 관련된 정부의 프로젝트 발주 수행 등을 위해 노력하였습니다. (따라서/때문에/이와 함께) 대한외계인협회는 앞으로도 전국 1만여 외계인들과 미래의 외계인인 여러분의 든든한 동반자이자 후원자로 항상 함께할 것입니다. 여러분이 본 협회에 가입하시면 하루가 다르게 변화하는 사회의 요구에 따른 전문 외계인으로서의 자질 확보를 위한 태양계, 은하계, 천문학 관련 최신 정보를 제공받을 수 있습니다. 이와 함께, (여

러분들은) 놀이공원 · 박물관 · 학교 · 병원 등 각각의 업무 분야에 따라 전문화된 외계인 모임에 참여해 전문적인 정보 교류를 할 수 있습니다.

※ 인과관계의 문장이 뒤에 쫓아오는 경우에는 앞에 이미 주어가 나왔더라도, 다시 한번 주술 호응을 확실히 해두는 것이 좋다. 여기에서는 두 번째 문장이 이에 해당한다. 네 번째 문장의 경우에는 이미 세 번째 문장에서 '여러분'이라는 주어가 나온데다, 네 번째 문장이 앞 글에 대한 정보의 '첨가'이기에 굳이 주어를 사용하지 않아도 된다.

라. 장 문 연 습 II

1 연산군이 임금 노릇한 동안이 십여 년입니다.(1) 즉위 사 년인 무오년에 간신 유자광(柳子光)의 무고(誣告)를 믿어 큰 옥사(獄事)를 일으키고 즉위 십 년인 갑자년에 폐비사건으로 또 큰 옥사를 일으켜서 유명한 조신(朝臣)들을 마냥 죽였습니다.(2) 뿐만 아니라 이왕 죽은 사람은 두벌 죽음을 시키는데 부관참시(剖棺斬屍)라고 관을 파다가 송장의 목을 베고 쇄골표풍(碎骨飄風)이라고 뼈를 빻아서 바람에 날리는 등 별별 형벌을 가했습니다.(3) 또/게다가/더욱이/이와 함께 파가저택(破家瀦宅)이라고 집을 헐어 웅덩이를 만든 것이 열 집 스무 집이 아니고 가장 경한 사람이라야 이천 리 삼천 리에 귀양살이를 보냈더랍니다. 이렇게 두 번 큰 옥사로 유명한 신하들을 죽이고 귀양 보낼 뿐 아니라 각 고을의 얼굴이 반반한 계집 또는 계집 아이를 서울로 뽑아 올려 기생 명색으로 궐내에 드나드는 것이 만 명 이상이 되었습니다.(4) 기생의 칭호는 운평(運平), 궐내에 가까이 도는 운평은 흥청(興淸)이라고 하였으며, 운평 흥청과 악수(樂手)들을 먹여 살리고 몸치장시키느라고 종실대관(宗室大官)의 집을 빼앗고 민간 재물을 강탈하였습니다.(5) 또/게다가/더욱이/이와 함께 이것마저 부족하여 종실대관의 처첩을 빼앗아 갖은 음란한 짓을 다하였답니다.

2 "배부른 돼지보다 배고픈 소크라테스가 낫다"라는 말로 유명한 영국의 공리주의자 존 스튜어트 밀은 영국이 나폴레옹과 전쟁을 시작한 직후에 태어났다.(1) (밀은) 그 후/이후 전쟁으로 말미암아 전 국가가 경제적 곤란을 겪은 격변의 시대를 거쳐, 번영과 부귀를 온 천하에 과시한 빅토리아 여왕의 치세 전반부까지 가장 변화가 심했던 시대를 살아오다 76세를 일기로 1873년 프랑스 남부 아비뇽에서 생애를 마쳤다.

1859년에 출판된 그의 책 「자유론」에서 밀은 "사회나 국가의 권력이 개인의 자유를 억압해서는 안 된다"고 말하고 있다.(2) (밀은) 또/이와 함께 오랜 역사 속에서 비판 없이 수용된 인습(因習)이 개인의 개성과 성격을 말살시키는 것은 역사를 후퇴시키는 동시에 정지시키는 행동이라고 강조한다. 이는 르네상스 이후, 자유로운 이성의 발흥(發興)에 힘입어 현대 과학이 발달함에 따라 유럽의 모습이 송두리째 바뀐 데 반해, 오랜 인습에 머물러 있다가 유럽 각국의 먹잇감으로 전락한 중국의 모습이 당시 세계사의 모습이었기 때문이다. 결국, 한 사회의 발전은 창의력과 개성을 지닌 여러 개개인이 자신의 능력을 꽃피울 수 있는 다원화의 원칙에서 비롯되기에 개개인의 자유를 존중하는 것이 국가 발전을 위해서도 유리하다는 것이 그의 입장이었다.

※ 다른 곳은 별 문제가 없지만, 끝에서 두 번째 문장인 "이는 르네상스 이후……바뀐 데 반해……당시 세계사의 모습이었기 때문이다"를 둘로 나눠주는 함정에 빠질 수 있다. 그러나 이 문장은 문장 내에서의 대비를 강조하기 위해 설정된 글인 까닭에 결코 나누어져서는 안 된다.

9

'파리의 연인'과 短短益善(단단익선)

부사, 형용사는 과감하게 제거하고 '세 줄 법칙' 몸에 배게 글 줄여야

"그래요, 나 거짓말했어요. 그쪽도 거짓말한 것 같아서요. 내가 앞에 있는 게 싫다는 게 거짓말 같아서요."

— SBS 드라마 '파리의 연인' 中 '강태영'(김정은 분)의 대사

모든 것이 빨라지고 있다. 인터넷의 속도도, 사람들의 발걸음도. 이러한 흐름에서 말과 글 또한 예외가 아니다. 영미 소설의 경우, 2백 년 전 문장이 지금보다 세 배는 길었다고 한다. 말과 글이 길면 호흡이 늘어지고 리듬도 처지는 법. '시간이 금'인 현대에서는 결코 통용되지 않는 '낭만의 추억'인 셈이다.

이야기가 다소 길어졌다. 필자가 하고 싶은 말의 핵심(核心)은 짧은 글에 경쟁력이 있다는 것이다. 이러한 현상은 시, 수필, 소설 등의 문학 장르에서도 두루 발견되고 있다. 이념적 성향을 제쳐 두고서라도 필자가 존경해마지 않는 소설가 이문열은 대단한 흡입력의 글발을 자랑한다. 한번 그의 책을 펼치면 좀처럼 손을 뗄 수가 없다. 책 한 면 한 면에 글자 몇 개 없는 싸구려 무협지도 아닌데 도무지 책장을 넘기는 속도가 줄어들지 않는다. 비결은 바로 짧은 문장에 있다. 물론, 아이디어도 좋고 상황 묘사도 생생하다. 그렇지만 좀처럼 늘어지지 않는 문장이 눈을 붙들어 놓는다.

왜 짧은 글이 빠르고 재미있게 읽힐까? 모르긴 해도 문장에 담긴 정보량이 적은 것이 이유일 게다. 뇌에서 해독(解讀)하고 처리하는 속도가 빠르니 책장을 넘기는 속도도 느릴 리 없다. 해서, 자신의 글을 돋보이게 하려면 문장 길이를 줄여 나가는 수밖에 없다.

얼마나 짧은 글이 경쟁력을 지닐까? 사실 정답은 없다. 굳이 말하자면 '다다익선(多多益善)'이 아닌 '단단익선(短短益善)'이라고나 할까? 그런 면에서, 몇 해 전, "내 안에 너 있다"와 같은 유행어로 공전의 히트를 기록했던 드라마 '파리의 연인'은 그 전형(典型)을 보여주고 있다.

짧은 문장으로 치자면 으뜸가는 이가 바로 언론사이다. 지면(紙面)이 한정돼 있어 긴 글을 실을 여유가 없는 까닭에서다. 바쁜 현대인들의 눈길을 오래 붙잡아 둘 시간이 없는 것도 다른 원인으로 들 수 있다. 그런 언론사의 글 가운데에서도 문장이 짧은 순서를 다시 따지자면 아무래도 일간지, 주간지, 월간지 순으로 꼽아 볼 수 있다. 예를 들어, 한 달에 한 번 발행되는 월간지는 상대적으로 시간과 공간이 넉넉하게 마련이다. 자연히 글은 늘어지고 미사여구*(美辭麗句)가 들러붙기 십상이다. 반면, 주간지는 월간지보다 모든 면에서 발행 여건이 열악(劣惡)하다. 상황이 이럴진대 일간지는 더 이상 말할 필요조차 없다. 때문에, 짤막하고 쉽게 읽히는 글을 얻고자 한다면 일간지를 가까이하는 것이 좋다.

어떻게 해야 짧은 글을 지닐 수 있을까? 이를 위해서는 무엇보다 주어, 동사와 함께 가장 필요한 체언(體言)만 남기는 '절제(節制)'가 필요하다. 필요한 재료만 사용해 한입에 쏙 넣을 정도의 미니 김밥을 만들어 내야 한다는 것이다. 같은 맥락(脈絡)에서 「미저리」, 「쇼생크 탈출」, 「그린 마일」 등으로 유명한 세계적 소설가, 스티븐 킹은 부사와 형용사를 "최대한 잘라낼 것"을 조언(助言)하고 있다. 그러고 보면, 맛에 자신 없는 업소들의 밑반찬이 많은 것도 비슷한 맥락으로 유추해 볼 수 있다. 짧은 글에 자신 없어 온갖 미사여구(美辭麗句)를 동원하는 글쟁이

***미사여구(美辭麗句)** 아름다운 말로 듣기 좋게 꾸민 글귀.

들의 수작마냥.

문장 내에서 주어와 동사, 목적어를 단 한 번만 등장시키는 단문(短文)의 중용(重用) 역시 빼놓을 수 없는 또 하나의 요령이다. "코스모스가 활짝 핀 가을이 왔다"라는 문장에서 '코스모스'와 '가을'이라는 두 개의 주어를 사용하기보다 "가을이 왔다"라는 식으로 줄여 쓰라는 것이다. 정, 코스모스를 보여주고 싶다면, "가을이 왔다"라는 문장 뒤에 "코스모스도 활짝 폈다" 정도로 짤막하게 이어주고.

이쯤에서 마지막 조언 하나. 구구절절 설명만 해봐야 소용 없으니 기억하기 수월한 '세 줄 법칙'을 소개하고자 한다. 한 문장의 길이가 세 줄을 넘어서는 절대로 안 된다는 것이 그 골자(骨子)다. 물론, 고수(高手)들의 경우에는 '두 줄' 또는 '한 줄 법칙'으로까지 그 요령을 확대시켜 나가겠지만, 아직 짧은 글이 손에 익지 않은 이들에게는 '세 줄 법칙'마저 어려울 수 있을 터. 그런 의미에서 이 글만큼은 다른 때보다 애면글면* 짧게 썼다.

"왜?"

"주제가 주제이니만큼!"

참 고 문 헌

박진욱, 김동기 (2004). 「평범한 글쓰기」. 우리교육.

임재춘 (2004). 「한국의 이공계는 글쓰기가 두렵다」. 마이넌.

장진한, 후타쓰기 고조 (2003). 「글쓰기 잘라서 읽으면 단숨에 통달한다」. 행담.

스티븐 킹 지음, 김진준 옮김 (2004). 「유혹하는 글쓰기」. 김영사.

한효석 (2006). 「너무나도 쉬운 논술」. 한겨레신문사.

황소웅 (2005). 「바른 글 좋은 글」. 랜덤하우스중앙.

Danielson, W., Lasorsa, D. (1989). A new readability formula based on the stylistic age of novels. *Journal of Reading*, 33, 3, 194-197.

***애면글면** 몹시 힘에 겨운 일을 이루려고 갖은 애를 쓰는 모양.

1분에 익힙시다 – 준말

언론사에는 한 글자라도 줄이기 위해 준말을 씁니다. 이를테면 '되었다,' '그리하여,' '위하여' 대신 '됐다,' '그래서,' '위해' 등을 사용합니다. 마찬가지로 '경제정의실천시민연합'(경실련)같이 긴 이름의 단체도 처음엔 다 써주면서 앞의 경우처럼 괄호 안에 약칭(略稱)을 일러 준 후, 뒷문장에서부터는 '경실련' 으로 지칭합니다.

이유는 간단합니다. 하나의 기사가 열 문장 안팎으로 이뤄진다고 가정해 볼 때, 각 문장마다 한두 글자씩만 줄여 나가도 10~20자는 더 쓸 수 있기 때문이지요. 더욱이, 한 면에 적게는 세 개에서 많게는 예닐곱 개까지 기사가 들어간다는 사실을 감안해 보면 티끌 같은 글자들을 꾸준히 모을 경우, 한두 개의 짤막한 기사를 더 실을 여지가 생기니까요. 결국, 언론사의 글이 간결할 수밖에 없는 이유 중의 하나로 '준말' 이 있는 셈입니다.

연습문제

가. 단 문 연 습

■ 전달하고자 하는 핵심적인 내용만 남긴 채, 글의 의미를 해치지 않는 범위 내에서 불필요한 부분에는 연필로 삭제 표시(예, ~~나는~~ 너를 사랑해)를 해가며 문장 길이를 최대한 줄여 보기 바랍니다.

1 마침내, 긴 겨울이 지나고 만물이 소생하는 봄이 왔다.

2 뇌를 울리는 듯, 벽력 같은 음향이 청중들을 정신 차리지 못하게 한다.

3 현대인들에게 있어 '자유'는 무엇보다도 소중한 단어이다.

4 세계 만방에 대한 건아(健兒)들의 기상을 떨친 월드컵 전사들이 귀국했다.

5 그는 멕시코 만류에 조각배 하나를 달랑 띄우고 혼자서 고기잡이하는 노인이었다.

6 21세기를 살아가는 현대인의 삶에 대중매체가 미치는 영향은 가히 절대적이다.

7 천사 같은 아이들의 눈망울에는 때 묻지 않은 순수함이 고스란히 담겨 있었다.

8 쓸데없이 중언부언하는 단어들은 보는 족족 없애버리는 것이 좋은 요령이다.

9 인류 문명의 진화 속도가 정신이 어지러울 정도로 해를 거듭할수록 빨라지고 있다.

10 한민족의 그림인 민화(民畵)가 우리나라보다 해외에서 더욱 사랑받고 있다.

11 장정에 나선 젊은이들의 위풍당당했던 행군은 초반의 패기와 달리, 하루 하루가 지날수록 그 위세를 잃어 갔다.

12 이 소설은 단칸방에 기거하는 노인의 아침나절에서부터 잠들 때까지의 하루 일과를 소개한 이야기이다.

13 미사여구를 장황하게 나열하면 오히려 글맛을 떨어뜨리는 역효과가 부지불식간

(不知不識間)에 나게 마련이다.

14 기름이 줄줄 흐르고 느끼한 음식보다는 깍두기같이 담백하고 산뜻한 맛이 더욱 오래가는 법이다.

15 꼼꼼히 신경 쓰지 않고 마무리를 대충대충 게을리 하는 바람에 문제가 생겼다.

16 '구상주의' 라는 개념의 의미가 정확하게 무엇을 뜻하는지 제대로 이해하는 사람들이 얼마나 될까?

17 아름다운 시는 인류만이 지니고 있는 언어라는 매개체를 통해 완성되는 예술이다.

18 지금보다 더 어렸을 적부터 발로 공을 차는 모습이 제법 남달라 보이는 기대주였다.

19 모두가 함께 발을 구르고 서로 서로를 얼싸안으며, 짜릿한 승리의 기쁨을 최대한 만끽하고 있었다.

20 몸에 좋다는 건강식이 남녀노소를 불문하고 전 국민적으로 갈수록 굉장히 선풍적인 인기를 끌고 있다.

나. 중 문 연 습

■ 글의 전반적인 흐름을 해치지 않는 범위 내에서 불필요한 부분에는 연필로 삭제 표시를 해가며 다음의 문장길이를 최대한 줄여보기 바랍니다.

1 이제는 거의 사라지고 없어졌지만, 번데기는 한때 남녀노소를 불문하고 온 국민이 애용하던 영양만점의 고단백 저가(低價) 식품이었다.

2 영화 속에서 주인공은 어디서 누구와 어떻게 살아왔는지에 대한 자신의 과거를 전혀 기억하지 못한 채 자신을 도와주는 정체불명의 사나이 덕에 하루하루를 살아가고 있다.

3 소설 속에 등장하는 여주인공은 자신이 그토록 열렬히 사모하던 주인집 큰아들에 대한 사랑을 가슴 깊숙이 혼자 간직한 채 안방마님의 온갖 구박을 한마디 대꾸 없이 묵묵히 받아낸다.

4 세계의 60억 인구가 살고 있는 지구촌이 아프리카의 적도에서부터 냉한대의 극지에 이르기까지 지금 독일 각지에서 벌어지고 있는 월드컵 열기로 뜨겁게 달아오르고 있다.

5 요즘 젊은이들은 영화를 보기 위해 영화관을 찾아가거나 비디오방, 비디오 가게 등을 방문하기보다 컴퓨터상의 P2P 프로그램을 이용해, 보고 싶은 영화를 집에서 인터넷으로 직접 다운받아 감상하고 있는 실정이다.

6 역마차와 전서구, 정기선으로 하염없이 더디게 전달되던 뉴스는 순식간에 지구를 일곱 바퀴 반이나 도는 빛의 속도로 전파되기 시작했고, 서너 달씩 걸리던 대륙 간의 소식 왕래는 한나절로 그 기간이 엄청나게 단축됐다.

7 지금이야 즐거운 시간을 보낼 장소가 무척 다양해졌지만, 필자가 대학 다니던 80년대 시절, 혈기왕성한 젊은이들에게 있어 마땅히 시간을 때울 만한 곳은 담배 연기 뿌옇던 당구장과 정신없이 시끄러웠던 전자오락실, 시끌벅적한 만화방이 전부였다.

8 당시의 편집국 분위기는 고참이 죽으라면 죽는 시늉이라도 내야 할 만큼 매우 살벌했기에 끼니를 걸러가면서까지 글자 하나하나, 문장 하나하나에서 오 · 탈자를 찾느라 팥죽 같은 진땀을 흘리곤 했다.

9 영화로 비유하자면, 널리 읽히는 글, 술술 넘어가는 문장은 감독 자신의 세계를 고집하며 타인들은 지루해하는 장면을 가감 없이 내보내는 예술 영화보다는 관객의 기호를 최우선적으로 고려해 박진감 넘치는 장면들을 집중적으로 내보내는 헐리우드식 영화에 가깝다고 볼 수 있다.

10 60여 명이 졸업했던 당해 연도의 학과 졸업생들 가운데 필자만 유일하게 원고지에다 육필(肉筆)로 일일이 작성한 졸업논문을 냈던지라, 당시 졸업논문을 지도교수는 "허, 참"이라는 말만으로 처량하고 볼품없어 보이던 필자의 논문을 받아주었다.

다. 장문연습

■ 다음의 문장에는 불필요한 단어들이 많이 들어가 있습니다. 문장 수는 바꾸지 않은 채, 글의 전반적인 의미는 해치지 않는 범위 내에서 불필요한 부분에는 연필로 삭제 표시를 해가며 최대한 문장의 길이를 줄여보기 바랍니다.

1 내용에 구애받지 않고 어느 문장에서나 짧은 글을 무리 없이 구사하기 위해서는 글을 지배해야 한다는 것이 필자의 지론이다. 축구에서 운동장과 경기를 지배하고 상대방을 압도하는 팀이 결국 짧은 패스도 자유롭게 주고받을 수 있는 것과 같은 이치다. 선수 여러 명이 몰려 있는 좁은 공간에서 부드럽고 흐름이 끊기지 않는 짧은패스를 주고받기 위해서는 주변에 누가 있고 누가 없는지를 완벽하게 파악해야 하다. 마찬가지로, 무슨 이야기가 먼저 나오고 무슨 이야기가 다음에 이어지는지에 대한 구도를 머릿속에 완벽하게 갖춰놓고 있어야 비로소 간결하면서도 자연스럽게 이어지는 문장을 지닐 수 있게 된다.

2 글쓰기에서의 짧은 문장은 TV 드라마 촬영에서의 짧은 장면과 거의 비슷하다고 볼 수 있다. 탈주범의 이야기를 다뤘으며, 미국은 물론 한국에서도 시청자들로부터 폭발적인 인기를 얻은 바 있는 미국의 미니 시리즈, '프리즌 브레이크' (Prison Break)는 한 장면으로부터 또 다른 장면으로의 전환 횟수가 기존 미니 시리즈의 배에 이를 정도로 신속하고 빠른 전개를 선보이고 있다. 때문에, 이러한 특징에 길들여지지 않은 채 이 드라마를 처음 대하는 이들은 시작에서부터 그야말로 정신없이 전개되는 이야기로 인해 현기증마저 느끼기 십상이다. 게다가 등장인물들의 대화 속도마저 속사포처럼 빨라, 듣고만 있어도 40분의 방영 시간이 도대체 어떻게 지나갔는지도 모를 정도로 후딱 흘러간다.

3 "대학 교육을 4년이나 받은 녀석이 어떻게 앞뒤가 말도 안 되는 엉터리 문장을 쓸 수 있냐?" 1992년 7월, 모 신문사 경제부의 한쪽 구석에서 필자는 문법적으로 호응이 맞지 않는 문장을 작성한 탓으로 선배로부터 그야말로 허벌나게 깨지고 있었다. 필자의 기사를 한 줄 한 줄 읽어 내려가던 선배는 엉터리 문장들이 발견될 때마다 잡아먹을 듯이 자신의 얼굴을 바짝 들이밀며 점점 더 언성을 높여대고 있었다. 그러나 주변의 안쓰러운 눈들을 뒤통수로 느끼는 가운데에서도 필자의 벌개진 얼굴이 선배의 호통으로부터 빠져나올 길은 요원(遙遠)해 보였다. 딴에는 신경 써서 쓴다고 했는데 선배가 지적한 대로 기사 곳곳에는 문법적으로 도무지 말이 되지 않는 엉터리 문장들이 넘실댔기 때문이었다. 그로부터 몇 개월 동안, 필자는 자정이 훨씬 지나도록 밤늦게까지 경제부에 홀로 남아서 쓴 글들을 다듬고 고쳐가며 문장의 호응관계를 몸으로 익혀 나가야만 했다.

베껴 쓰면 짧은 글 갖기에 도움이 되는 서평들

번역본은 따분하다. 문장도 길고 가끔 어색한 어휘가 툭툭 튀어나올 때면 글 읽는 흐름도 끊긴다. 게다가 철학자가 쓴 책이라면 일단 읽을 엄두조차 쉽게 나지 않는다. 존 밀턴의 작품 중 가장 읽히지 않는 글이라고 책의 머리말에도 버젓이 적혀 있는 「아레오파지티카」. 그만큼 「아레오파지티카」는 보통의 인내심 없이는 읽어내려 가기 힘든 책이다. 그럼에도 불구하고 언론 전공생이라면 한번쯤 '도전해 볼 만하다'는 것이 필자의 견해다. 한국 사람이라면 누구나 단군 신화를 알고 있듯—비록 그것이 사실이 아닌 '신화'일지라도—언론 전공생이라면 언론 자유의 뿌리를 살펴볼 필요가 있기 때문이다.

이지현, 한림대 03학번 언론전공, 존 밀턴의 「아레오파지티카」 서평

이 책은 전북대학교 신문방송학과 강준만 교수가 지은 것이다. 평소, 언론 비평에 관심이 있었고, '미디어 오늘'이라는 비평지를 구독하다 보니 저자에 관해 조금은 알고 있었다. 이 책을 선정한 이유는 '언론과 사회' 수업 시간에 배웠던 내용과 연계된 주제라고 생각했기 때문이다.

책 속에는 언론 플레이의 여러 사례들이 실려 있다. 이와 함께, 사례 배경과 언론 플레이에 대한 비평도 담겨 있다. '미디어 오늘,' '언론노보' 등에서 발간한 자료들도 첨부돼 있어, 다른 이론서나 칼럼 형식의 글보다 훨씬 생생하게 주제를 전개시키고 있다.

책의 내용을 들여다보면 저자가 말하고자 하는 메시지가 뚜렷이 드러난다. '언론 플레이의 민주화'가 그것이다. 금력(金力)과 권력(權力)을 가진 자들만이 언론을 이용하며 경쟁하고 있는데, 사회적 약자들 역시 언론에 대한 거부감을 버리고 오히려 언론을 역이용해 영향력을 행사하자는 것이다. 그러한 것들이 나아가서는 곧 언론 개혁의 길을 모색하는 시발점이 된다는 것이다.

오홍택, 한림대 97학번 언론전공, 「다시 문제는 언론 플레이다」의 서평.

해답

가. 단 문 연 습

1 ~~마침내, 긴 겨울이 지나고 만물이 소생하는~~ 봄이 왔다.

※ 겨울이 지나야 봄이 오는 것은 자연의 당연한 이치다. 그런 면에서, 봄이 온다는 문장 앞에, "긴 겨울이 지나고"라고 밝히는 것은 또 다른 의미에서 중복이라고 볼 수 있다. 마찬가지로, '만물이 소생한다' 라는 문장도 새로울 것이 없는 표현이다.

2 ~~뇌를 울리는 듯,~~ 벽력 같은 음향이 청중들을 정신 차리~~지~~ 못~~하~~게 한다.

벽력 같은 음향이 청중들을 정신 못 차리게 한다. (○)

뇌를 울리는 음향이 청중들을 정신 못 차리게 한다. (○)

※ 한 글자라도 줄이기 위해선 늘어지기 쉬운 부정 동사 '못하게' 대신 부정 부사 '못' 을 사용하는 것이 요령이다.

3 ~~현대인들에게 있어~~ '자유' 는 ~~무엇보다도~~ 소중한 단어이다.

4 ~~세계 만방에 대한 건아(健兒)들의 기상을 떨친~~ 월드컵 전사들이 귀국했다.

※ "세계 만방에 대한 건아(健兒)들의 기상을 떨친"과 같은 표현은 대단히 진부*(陳腐)하다. 세계에 한국인의 기상을 떨칠 경우가 적었던 과거에는 이 같은 표현들이 신문 지상에서 자주 사용됐으나, 이제는 월드 스타들이 즐비한 데다 대한민국의 위상도 높아져 그다지 필요치 않는 표현이 돼 버렸다.

*진부(陳腐) : 사상, 표현, 행동 따위가 낡아서 새롭지 못함.

5 그는 멕시코 만류에 조각배 ~~하나를 달랑~~ 띄우고 ~~혼자서~~ 고기잡이하는 노인이었다.

※ '조각배를 띄운다는 문장' 에서 독자들은 '하나' 라는 사실을 대략 인지할 수 있다. 마찬가지로, '달랑' 이라는 표현 역시 조각배와 맞물려 있기에 그다지 필요 없는 듯 보인다. 1954년 헤밍웨이에게 노벨 문학상의 영예를 안겨준 소설, 「노인과 바다」는 하나의 단어라도 줄여가며 단문을 쓰려 했던 그의 실험정신이 돋보였던 작품이다. '단단익선' 을 위한 여러분의 연습을 돕는 의미에서 「노인과 바다」에 나오는 첫 문장에 거추장스런 살들을 조금 붙여봤다.

6 ~~21세기를 살아가는~~ 현대인의 삶에 대중매체가 미치는 영향은 (~~가히~~) 절대적이다.

※ 현재가 21세기인 것을 감안해 본다면, 현대인 앞에 굳이 '21세기' 라는 단어를 덧붙일 필요가 없다. '가히' 라는 부사 역시 생략해도 별 문제가 없다.

7 ~~천사 같은~~ 아이들의 눈망울에는 ~~때 묻지 않은~~ 순수함이 (~~고스란히~~) 담겨 있었다.

※ '천사 같은 아이들' 이라는 어구(語句)는 고루*한 표현이다. '때 묻지 않은' 도 '순수함' 과 그 의미가 중첩되는 곶감겹말이다. 부사 '고스란히' 는 글 앞의 흐름에 따라, 써도 무방, 안 써도 무방하다.

*고루: 차이가 없이 엇비슷하거나 같게.

8 ~~쓸데없이~~ 중언부언하는 단어들은 ~~보는 족족~~ 없애버리는 것이 ~~좋은~~ 요령이다.

9 인류 문명의 진화 속도가 ~~정신이 어지러울 정도로~~ 해를 거듭할수록 빨라지고 있다.

10 ~~한민족의 그림인~~ 민화(民畵)가 ~~우리나라보다~~ 해외에서 더욱 사랑받고 있다.

11 장정에 나선 젊은이들의 ~~위풍당당했던~~ 행군은 ~~초반의 패기와 달리,~~ 하루 하루가 지날수록 그 위세를 잃어 갔다.

※ '위세를 잃어갔다' 는 표현 하나만으로도 앞에서 기술한 '위풍당당했던' 이나 '초반의 패기와 달리' 같은 상황들을 어렵잖게 짐작할 수 있다. 모두 중언부언에 속하는 표현들이다.

12 이 소설은 단칸방에 기거하는 노인의 ~~아침나절에서부터 잠들 때까지의~~ 하루 일과를 소개한 이야기이다.

13 미사여구를 (~~장황하게~~) 나열하면 오히려 ~~글맛을 떨어뜨리는~~ 역효과가 ~~부지불식간(不知不識間)에~~ 나게 마련이다.

14 ~~기름이 줄줄 흐르는~~ 느끼한 음식보다는 ~~깍두기같이~~ 담백하고 산뜻한 맛이 (~~더욱~~) 오래가는 법이다.

※ 만일 비유로 사용한 '기름과 깍두기를' 글에 꼭 넣고자 한다면, 다음과 같이 도치를 이용한 두 문장으로 나눠 쓸 수 있다.

☞ **느끼한 음식보다 담백한 맛이 (더욱) 오래가는 법이다. 기름이 줄줄 흐르는 튀김보다 깍두기의 맛이 오래가는 것처럼.**

15 ~~꼼꼼히 신경 쓰지 않고~~ 마무리를 대충대충 ~~게을리~~ 하는 바람에 문제가 생겼다.
마무리를 대충대충 하는 바람에 문제가 생겼다. (○)
마무리를 게을리 하는 바람에 문제가 생겼다. (○)

16 '구상주의' 라는 개념~~의 의미가 정확하게 무엇~~을 ~~뜻하는지~~ 제대로 이해하는 사람들이 얼마나 될까?

※ 이 글의 핵심 단어는 '개념' 또는 '의미' 이다. 그러나 '개념' 과 유사한 곶감겹말(의미, 무엇을 뜻하는지)들이 중언부언 동원됐다.

17 아름다운 시는 ~~인류만이 지니고 있는~~ 언어(~~라는 매개체~~)를 통해 완성되는 예술이다. (○)
시는 언어를 통해 완성되는 예술이다. (★)

※ '매개체' 라는 단어조차 사족(蛇足)이다. 제거해도 아무 문제가 없는 문장이다.

18 ~~지금보다도 더~~ 어렸을 적부터 ~~발로~~ 공을 차는 모습이 ~~제법~~ 남달라 보이는 기대주였다.

19 모두~~가 함께~~ 발을 구르고 서로 ~~서로를~~ 얼싸안으며, ~~짜릿한~~ 승리의 기쁨을 ~~최대한~~ 만끽하고 있었다.

20 ~~몸에 좋다는~~ 건강식이 ~~남녀노소를 불문하고 전 국민적으로 갈수록 굉장히~~ 선풍적인 인기를 끌고 있다.
건강식이 선풍적인 인기를 끌고 있다. (○)
건강식이 인기다. (★)
※ 종국에는 두 번째 답문(答文)처럼 줄여질 수 있는 문장이다. 사실, 언론사에서는 "건강식이 인기다"와 같이 극단적인 형태의 '단단익선' 형 문장을 자주 선택한다.

나. 중 문 연 습

1 ~~이제는 거의 사라지고 없어졌지만~~ 번데기는 한때 ~~남녀노소를 불문하고~~ 온 국민이 애용하던 ~~영양만점의~~ 고단백 저가(低價) 식품이었다.

2 영화 속에서 주인공은 ~~어디서 누구와 어떻게 살아왔는지에 대한~~ 자신의 과거를 (~~전혀~~) 기억하지 못한 채 ~~자신을 도와주는~~ 정체불명의 사나이 덕에 (~~하루하루를~~) 살아가고 있다.

3 소설 속에 등장하는 여주인공은 ~~자신이 그토록 열렬히 사모하던~~ 주인집 큰아들에 대한 사랑을 ~~가슴 깊숙이~~ 혼자 간직한 채 안방마님의 (~~온갖~~) 구박을 ~~한마디 대꾸 없이~~ 묵묵히 받아낸다.

4 ~~세계의 60억 인구가 살고 있는~~ 지구촌이 ~~아프리카의 적도에서부터 냉한대의 극지에 이르기까지 지금~~ 독일 각지에서 벌어지고 있는 월드컵 열기로 뜨겁게 달아오르고 있다.
지구촌이 독일 각지에서 벌어지고 있는 월드컵 열기로 뜨겁게 달아오르고 있다. (○)
지구촌이 월드컵 열기로 뜨겁게 달아오르고 있다. (★)

5 요즘 젊은이들은 ~~영화를 보기 위해 영화관을 찾아가거나 비디오방, 비디오 가게 등을 방문하기보다 컴퓨터상의 P2P 프로그램을 이용해,~~ 보고 싶은 영화를 집에서 인터넷으로 (~~직접~~) 다운받아 감상하고 있~~는 실정이~~다.
※ 더 많은 부분을 넣을 수도 있겠지만, 필자가 보기엔 이 정도로 글을 줄여도 별 무리가 없다. 중요한 사실은 글줄기를 손상시키지 않는 범위 내에서 얼마만큼까지 줄일 수 있는가 하는 것이다.

6 역마차와 전서구, 정기선으로 ~~하염없이 더디게~~ 전달되던 뉴스는 ~~순식간에 지구를 일곱 바퀴 반이나 도는~~ 빛의 속도로 전파되기 시작했고, 서너 달씩 걸리던 대륙 간의 소식 왕래는 한나절로 그 기간이 ~~엄청나게~~ 단축됐다.
※ '하염없이 더디게' 라는 말은 사족이다. 뒤에 '서너 달씩 걸리던' 이라는 표현이 나오기 때문이다.

7 ~~지금이야 즐거운 시간을 보낼 장소가 무척 다양해졌지만,~~ (~~필자가 대학 다니던~~) 80년대 시절, ~~혈기왕성한~~ 젊은이들에게 있어 ~~마땅히~~ 시간을 때울 만한 곳은 ~~담배 연기 뿌옇던~~ 당구장과 ~~정신없이 시끄러웠던~~ 전자오락실, ~~시끌벅적한~~ 만화방이 전부였다.

8 당시의 편집국 분위기는 ~~고참이 죽으라면 죽는 시늉이라도 내야 할 만큼~~ 매우 살벌했기에 ~~끼니를 걸러가면서까지~~ (~~글자 하나하나~~), 문장 하나하나에서 오 · 탈자를 찾느라 ~~팥죽 같은~~ 진땀을 흘리곤 했다.

※ 이 글에서는 상황을 묘사하기 위한 부가적 설명이 세 곳에 걸쳐 지루하게 전개되고 있다. 예를 들자면, '매우 살벌한 했기에' 앞에 '고참이 죽으라면 죽는 시늉이라도 내야 할 만큼,' '끼니를 걸러가면서까지,' '글자 하나하나, 문장 하나하나에서' '팥죽 같은 진땀' 등과 같은 표현들이 이에 해당한다. 이들은 모두 제거해도 별무리가 없지만, 문맥의 흐름상 가장 중요한 '글자 하나하나, 문장 하나하나에서' 라는 형용어구에서는 한 개 정도만 제거하는 것이 글의 맛을 살리는 길이다. 만일 이들마저 모두 제거하게 되면, "당시의 편집국 분위기는 매우 살벌하였기에 오 · 탈자를 찾느라 진땀을 흘리곤 했다"라는 표현에서 느껴지듯이 뭔가 맥이 빠져나간 글이 되어 버린다.

9 영화로 비유하자면, 널리 읽히는 글, 술술 넘어가는 문장은 ~~감독 자신의 세계를 고집하며 타인들은 지루해하는 장면을 가감 없이 내보내는~~ 예술 영화보다는 ~~관객의 기호를 최우선적으로 고려해 박진감 넘치는 장면들을 집중적으로 내보내는~~ 헐리우드식 영화에 가깝다고 볼 수 있다.

※ 글을 짧게 쓰는 요령은 1) 불필요한 내용을 모두 제거하거나 2) 넘치는 내용은 나눠주는 것이다. 만일, 예술 영화와 헐리우드식 영화에 대한 부연 설명을 꼭 해주고 싶다면 도치의 형식으로 뒷문장에서 하도록 하자.

☞ 영화로 비유하자면, 널리 읽히는 글, 술술 넘어가는 문장은 예술 영화보다는 헐리우드식 영화에 가깝다고 볼 수 있다. 감독 자신의 세계를 고집하며 타인들은 지루해하는 장면을 가감 없이 내보내기보다, 관객들의 기호를 최우선적으로 고려해 박진감 넘치는 장면들을 집중적으로 내보내는.

10 60여 명~~이 졸업했던 당해 연도~~의 학과 졸업생들 가운데 필자만 유일하게 원고지에다 ~~육필(肉筆)로 일일이 작성한~~ 졸업논문을 냈던지라, ~~당시 졸업논문을~~ 지도 교수는 "허, 참"이라는 말만으로 처~~량하고 볼품없이 보이던~~ 필자의 논문을 받아주었다.

다. 장문연습

1 ~~내용에 구애받지 않고 어느 문장에서나~~ 짧은 글을 (~~무리 없이~~) 구사하기 위해서는 글을 지배해야 한다~~는 것이 필자의 지론이다.~~ 축구에서 ~~운동장과~~ 경기를 지배하고 ~~상대방을 압도하는~~ 팀이 결국 짧은 패스도 자유롭게 주고받을 수 있는 것과 같은 이치다. ~~선수 여러 명이 몰려 있는~~ 좁은 공간에서 ~~부드럽고 흐름이 끊기지 않는~~ 짧은 패스를 주고 받기 위해서는 주변에 누가 있~~고 누가 없~~는지를 완벽하게 파악해야 하다. 마찬가지로, ~~무슨 이야기가 먼저 나오고 무슨~~ 이야기~~가 다음에 이어지는지에~~ 대한 구도를 머릿속에 (~~완벽하게~~) 갖춰놓고 있어야 비로소 간결하면서도 자연스럽게 이어지는 문장을 지닐 수 있게 된다.

> 짧은 글을 (무리 없이) 구사하기 위해서는 글을 지배해야 한다. 축구에서 경기를 지배하는 팀이 짧은 패스도 자유롭게 주고받을 수 있는 것과 같은 이치다.
>
> 좁은 공간에서 짧은 패스를 주고받기 위해서는 주변에 누가 있는지를 완벽하게 파악해야 한다. 마찬가지로, 이야기에 대한 구도를 머릿속에 (완벽하게) 갖춰놓고 있어야 비로소 간결하면서도 자연스럽게 이어지는 문장을 지닐 수 있게 된다.

2 글(~~쓰기~~)에서의 짧은 문장은 TV 드라마 ~~촬영~~에서의 짧은 장면과 ~~거의~~ 비슷하다~~고 볼 수 있다.~~ 탈주범의 이야기를 ~~다뤘으며, 미국은 물론 한국에서도 시청자들로부터 폭발적인 인기를 얻은 바 있는~~ 미국의 미니 시리즈, '프리즌 브레이크'(Prison Break)는 ~~한 장면으로부터 또 다른~~ 장면~~으로~~의 전환 횟수가 기존 미니 시리즈의 배에 이를 정도로 ~~신속하고~~ 빠른 전개를 ~~선~~보이고 있다. 때문에, ~~이러한 특징에 길들여지지 않은 채~~ 이 드라마를 처음 대하는 이들은 ~~시작에서부터 그야말로 정신없이 전개되는 이야기 전개로 인해~~ 현기증마저 느끼기 십상이다. 게다가 등장인물들의 대화 속도마저 속사포처럼 빨라, 듣고만 있어도 40분의 방영 시간이 ~~도대체 어떻게 지나갔는지도 모를 정도로~~ 후딱 흘러간다.

> 글에서의 짧은 문장은 TV 드라마에서의 짧은 장면과 비슷하다. 탈주범의 이야기를 다룬 미국의 미니 시리즈, '프리즌 브레이크'(Prison Break)는 장면(의) 전환 횟수가 기존 미니 시리즈의 배에 이를 정도로 신속한/빠른 전개를 보이고 있다. 때문에, 이 드라마를 처음 대하는 이들은 현기증마저 느끼기 십상이다. 게다가 등장인물들의 대화 속도마저 속사포처럼 빨라, 듣고만 있어도 40분의 방영 시간이 후딱 흘러간다.

3 "대학 교육을 4년이나 받은 녀석이 어떻게 ~~앞뒤가~~ 말도 안 되는 엉터리 문장을 쓸 수 있냐?" 1992년 7월, 모 신문사 경제부의 한쪽 구석에서 필자는 ~~문법적으로 호응이 맞지 않는 문장을 작성한 탓으로~~ 선배로부터 ~~그야말로~~ 허벌나게 깨지고 있었다. 필자의 기사를 (~~한 줄 한 줄~~) 읽어 내려가던 선배는 엉터리 문장들이 발견될 때마다 ~~잡아먹을 듯이 자신의 얼굴을 바짝 들이밀며~~ 점점 더 언성을 높여대고 있었다. 그러나 ~~주변의 안쓰러운 눈들을 뒤통수로 느끼는 가운데에서도 필자의 벌개진 얼굴이~~ 선배의 호통으로부터 빠져나올 길은 요원(遙遠)해 보였다. ~~딴에는 신경 써서 쓴다고 했는데~~ 선배가 지적한 대로 기사 곳곳에는 (~~문법적으로 도무지 말이 되지 않는~~) 엉터리 문장들이 넘실댔기 때문이었다. 그로부터 몇 개월 동안, 필자는

~~자정이 훨씬 지나~~도록 밤늦게까지 ~~경제부에~~ (~~홀로~~) 남아서 (~~쓴 글들을 다듬고 고쳐~~가며) 문장의 호응관계를 몸으로 익혀 나가야만 했다.

> “대학 교육을 4년이나 받은 녀석이 어떻게 말도 안 되는 엉터리 문장을 쓸 수 있냐?” 1992년 7월, 모 신문사 경제부의 한쪽 구석에서 필자는 선배로부터 허벌나게 깨지고 있었다. 필자의 기사를 (한 줄 한 줄) 읽어 내려가던 선배는 엉터리 문장들이 발견될 때마다 점점 더 언성을 높여대고 있었다. 그러나 선배의 호통으로부터 빠져나올 길은 요원(遙遠)해 보였다. 선배가 지적한 대로 기사 곳곳에는 (문법적으로 도무지 말이 되지 않는) 엉터리 문장들이 넘실댔기 때문이었다. 그로부터 몇 개월 동안, 필자는 밤늦게까지 (경제부에 홀로) 남아서 (쓴 글들을 다듬고 고쳐가며) 문장의 호응관계를 몸으로 익혀 나가야만 했다.

※ 괄호를 친 부분은 제거해도 좋지만, 글의 흐름과 상황에 대한 부연 설명상 있는 것이 좋다고 판단되는 곳들이다.

10

문장부호 이야기

1인 15역의 수퍼스타, ‘쉼표’

까라진* 분위기 일거에 바꾸는
문장부호계의 ‘만능 연예인’

‘글짱’의 ‘문장부호 법칙 I’: ‘쉼표는 없을수록 좋다.’
‘글짱’의 ‘문장부호 법칙 II’: ‘쉼표는 많을수록 좋다.’

말장난이 아니다.

‘글짱’의 ‘문장부호 법칙 I,’ ‘쉼표는 없을수록 좋다’ 라는 의미는 문장의 길이가 그 정도로 짧아야 한다는 뜻이다. 쉼표가 비집고 들어갈 만한 공간의 여지 자체를 없애야 한다는 얘기다. 앞서 ‘파리의 연인과 단단익선(短短益善)’ 편에서 소개했던 ‘짧은 글이 경쟁력이다’ 라는 문구를 떠올리면 이해가 더욱 쉬울 것이다. 그런 면에서 현존하는 최고의 인기 작가 가운데 한 사람인 이문열(李文烈)에게 쉼표는 천연기념물에 해당하는 대상일 뿐이다. 그의 작품, 한 면 한 면에서는 쉼표를 찾는다는 것이 오자(誤字)를 찾는 것만큼이나 힘들다.

그렇다면 ‘글짱’의 ‘문장부호 법칙 II’는 어떻게 해석해야 할까? 생각을 통제하지 못해 글이 길어지게 될 경우에는 미련을 갖지 말고 쉼표를 ‘팍팍’ 찍어 넣으라는 얘기다. 문장 길이를 두 줄, 아니 세 줄로도 줄이는 것이 불가능하다면,

*까라진 기운이 빠져 축 늘어진.

'글짱'의 '문장부호 법칙 I'에서 넘어와야 할 2번 작전 — 영어로 얘기하자면 Plan B — 인 셈이다.

사실, 쉼표는 영어권에서 더욱 대접받고 있는 '수퍼스타'다. 이유는 물론 지극히 언어적이다. 인도유럽어족에 속하는 영어는 특성상 명사와 동사, 형용사와 부사의 형태가 같을 수 있는 언어이다. 따라서 'walk'나 'talk'처럼 형태 변화 없이 동사가 명사로도 쓰일 수 있으며, 'fast,' 'late,' 'high'처럼 형용사로 쓰이는 단어들이 부사로도 사용 가능하다. 게다가 문장 첫머리에 동사가 위치할 수도 있다는 언어적 특성으로 쉼표의 역할은 더욱 중요해진다. 예를 들어 「먹고, (총을) 쏘고 튄다」(원제, 「eats, shoots and leaves」)의 저자, 린 트러스는 영어에서 잘못된 쉼표 하나로 유순한 팬더 곰이 포악한 짐승으로 변할 수도 있다고 강변하고 있다. 그녀에 따르면 'eats shoots and leaves'라는 문장은 (팬더 곰이) '죽순(shoots)과 잎(leaves)을 먹는다'로 읽혀지는 반면, 쉼표 하나가 더 붙으면 'eats, shoots and leaves'로 (팬더 곰이) '먹고, 쏘고 튄다'라는 전혀 별개의 뜻이 된다는 것이다.

그렇다고 쉼표가 국어에서 '별것 아니다'라고 생각한다면 그것 또한 오산(誤算)이다. 무엇보다도 1인 다역(多役)이 다반사(茶飯事)인 문장부호의 세계에서 무려 1인 15역의 불가능을 구현해 내고 있다는 사실이 이를 반증(反證)하고 있다. 그러나 이들 15역 가운데 대부분은 이미 우리들에게 익숙한 터라 여기에서는 사용할수록 좋은 몇 가지 용례만 간단히 소개해 보기로 하자.

논개의 애국충정을 간직한 진주성의 촉석루

이 문장은 자칫 독자의 오해를 불러 일으키기 쉽다. 애국충정을 간직한 것이 진주성인지, 촉석루인지 명확하지 않기 때문이다. 그러나 상식적으로 생각해 볼 때 논개의 애국충정을 간직한 것은 촉석루일 가능성이 높으므로, 보다 확실하게 의사를 다지는 의미에서 쉼표를 사용해 다음과 같이 바꿔주는 것이 좋다.

논개의 애국충정을 간직한, 진주성의 촉석루

두 번째로, 중문(中文)에서 대조와 대구의 묘미를 2백 퍼센트 살리는 요령으로

콩 심은 데 콩 나고 팥 심은 데 팥 난다

라고 쓰기보다

콩 심은 데 콩 나고, 팥 심은 데 팥 난다

와 같이 시각적, 청각적 의미를 동시에 만족시킬 쉼표를 첨가하도록 한다. 마찬가지로 열거의 경우에도 "오곡밥은 조, 수수, 기장, 멥쌀, 팥 등을 섞어 지은 밥이다"라는 예제에서와 같이 나열하는 단어들 뒤에 쉼표를 넣는 것이 규칙이다.

마지막으로, 첫머리의 접속이나 연결을 나타내는 말 뒤에 쉼표를 붙여야 하는 경우를 챙겨보도록 하자. '결국,' '첫째,' '때문에' 등과 같은 첫머리 접속부사 뒤에서 쉼표를 놓치는 경우는 의외로 많이 발생한다. 한 가지 중요한 사실은 '그리고,' '그래서,' '그런데,' '그러나,' '그러므로' 등과 같이 일반적으로 쓰이는 접속어 뒤에는 쉼표가 따라오지 않는다는 것이다.

'잘 알고 너무 쉬운 것들'이라고 성급하게 결론짓지 말자. 문제는 정작 여러분들이 보고서와 서평, 리포트와 논문을 작성할 때가 될 터이니. 그런 면에서 최근 작성한 글에는 한 면 한 면에 몇 개 정도의 쉼표가 있는지를 물어보고 싶다. 짧은 글에 자신 있지 않는 한, 쉼표라도 자주 사용해야 하기에.

참 고 문 헌

이기섭 (2002). 「QuarXpress 4」. 안그라픽스.

린 트러스 지음, 장경렬 옮김 (2005). 「먹고 쏘고 튄다」. 문학수첩.

한글학회, 한글 맞춤법—문장부호: <http://www.hangeul.or.kr/2.htm>

따옴표(Question Marks):
<http://grammar.ccc.commnet.edu/grammar/marks/quotation.htm>

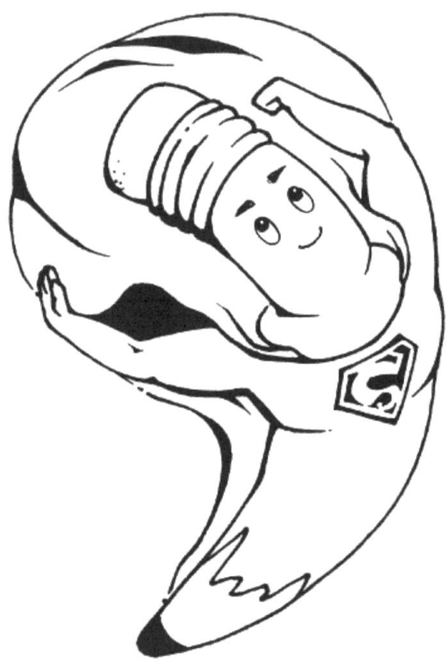

연습문제

가. 단 문 연 습

■ 적당한 곳에 쉼표를 넣어 답답한 문장에 활력과 리듬감을 불어넣어 보기 바랍니다.

1 한국 영화의 경우에는 자막이 필요 없지만 외화(外畵)의 경우는 사정이 다르다.
2 이 책에서 말하는 바와 같이 언론의 자유는 공공의 이익을 위한 것이다.
3 민주주의의 이념 아래 인간은 누구나 참정권을 누릴 수 있다.
4 선생님이 부임하면서 반의 질서는 바로잡히고 그는 반장에서 물러나게 된다.
5 그들이 성인이 되던 해 나이 든 수도사가 마을로 찾아오게 된다.
6 사과 배 귤 포도 등은 내가 특히 좋아하는 과일들이다.
7 지난번에 말썽을 일으킨 사장의 아들이 오늘 회사를 방문했다.
8 내가 하면 실수 남이 저지르면 수준 미달의 주인공이 바로 '오자(誤字)'이다.
9 아이들은 하루 종일 그를 기다렸지만 그는 다음날 아침까지도 돌아오지 않았다.
10 "'가재는 게 편이요 초록은 동색이다'라는 속담을 아느냐?"
11 더욱 심각한 것은 당사자가 이 사실을 전혀 눈치채지 못하고 있다는 데 있다.
12 자라 보고 놀란 가슴 솥뚜껑 보고 놀란다.
13 순간 눈앞에 불똥이 튀는 듯한 충격을 느꼈다.
14 적어도 모자 가면 망토는 준비해야 축제에 참가할 수 있다.
15 어두울수록 음산한 빛을 더하는 장미의 붉은 가시가 기괴해 보인다.
16 생일 케이크에 불을 붙이려고 하는 순간 철수가 들어왔다.
17 울릉도 동남쪽 뱃길 따라 2백 리에 있는 외로운 섬 하나가 바로 독도다.
18 적절히 사용되는 쉼표는 약이 되지만 남용되는 쉼표는 자칫 독이 될 수도 있다.
19 이와 같은 일 처리 방식은 그러나 자칫 직원들의 반발을 불러일으킬 수 있다.

20 같은 내용 같은 정보라도 누가 전달하느냐에 따라 영향력에 많은 차이가 난다.
21 군대에 있던 시절 아버지로부터 조그마한 소포가 배달돼 왔다.
22 다섯 문제에 대한 배점은 개당 4점씩이며 총점은 20점 만점이다.
23 "만일 이 같은 실수가 한 번 더 되풀이된다면 그땐 모든 책임을 져라."
24 갈릴레이가 살던 당시 태양은 지구를 돈다는 천동설이 대세를 이루고 있었다.
25 철수가 도착하기 5분 전 기다리다 지친 영희가 기차역을 떠나고 말았다.
26 막달라 마리아 그녀는 진정 성녀(性女)인가 성녀(聖女)인가?
27 준치는 고기 맛이 뛰어나 회나 탕은 물론 석쇠구이를 해 먹어도 일품이라고 한다.

나. 중문연습

■ 아래 문장에서는 쉼표를 넣어야 할 곳에 쉼표를 넣지 않는 바람에 글이 늘어지는 느낌을 주고 있습니다. 알맞은 곳에 쉼표를 넣어보기 바랍니다.

1 긴박한 상황을 재미있게 묘사한 속담으로 '소나기는 쏟아지고 똥은 마렵고 허리띠는 옹치고* 꼴짐*은 넘어지고 소는 뛰어간다' 라는 옛말이 있다.

*옹치고 : '뭉치고' 의 사투리.

*꼴짐 : 소나 말이 먹을 꼴을 싣거나 꾸려 놓은 짐.

2 경험적으로 비춰볼 때 의존명사의 경우는 열 가운데 대여섯 명 정도 단위명사의 경우에는 열 가운데 예닐곱 명 정도가 띄어쓰기 함정에 빠진다.

3 건설부에서는 고속도로 갓길 조성 사업이 제대로 진행되고 있지 않다고 보고 추가 사업비가 지원되는 대로 이들 갓길에 대한 체계적인 정비에 나설 계획이다.

4 관련 부처는 이 문건을 올 초 이메일과 인편 서면 등으로 세 차례나 접수하고도 지금까지 진상 조사나 수사 의뢰 등의 조치를 취하지 않고 있다.

5 한때 관련 규칙만 120여 항목에 달했으며 지위 고하 남녀 노소를 불문하고 누구

나 버거워하는 띄어쓰기는 국어학자들조차 헛갈려 하는 공포의 대상이기도 하다.

6 반복어구를 피한다는 것은 말처럼 결코 간단한 일이 아니다. 무엇보다 무의식 중에 같은 단어를 재차 삼차 사용하는 자신의 '머릿속 지우개' 같은 행태가 좀처럼 고쳐지지 않기 때문이다.

7 선생님들이 정성을 다해 가르치고 학생들은 열심히 공부하는 분위기가 조성되면서 학생들의 학력 신장에 가시적인 성과가 나타나고 있으며 이를 통해 학교와 선생님들이 존경과 신뢰를 받는 풍토가 조성되고 있다.

8 책 속에서 저자는 사회주의 국가에서는 자유가 자본주의 국가에서는 평등이 만개하기를 간절히 염원하고 있다.

9 「아레오파지티카」의 저자 존 밀턴은 17세기 영문학을 대표하는 청교도인으로 대서사시 실낙원을 집필했으며 영국에서는 세익스피어에 버금가는 문학가로 평가받고 있다.

다. 장 문 연 습

■ 단문 및 중문 연습을 통해 익힌 쉼표 삽입 요령에 따라, 알맞은 곳에 쉼표를 넣어보기 바랍니다. (괄호 안의 숫자는 필요한 쉼표 수)

1 다른 것은 접어두고서라도 한글 사랑에 있어 분명 북한이 우리보다 앞서 있는 것이 사실이다. 간혹 우습게 비춰질 순 있지만 어떻게 해서든 외래어를 순수 국어로 바꾸려는 그네들의 눈물겨운 노력이 그것을 웅변하고 있다. 이는 문장부호의 경우도 마찬가지여서 북한에서는 '맞춤법' '띄어쓰기' '표준 발음법' 과 함께 문장부호가 '표기법' 의 하나로 당당하게 대접받고 있지만 우리나라에서는 아직까지 한글 맞춤법의 부록 정도로밖에 다뤄지지 않고 있다. (5)

2 일명 '3-3' 법칙이라는 것이 있다. 글쓰기는 물론 우리의 삶도 부지불식간에 지배하는. 그러고 보면 글을 짧게 줄여 쓰는 요령도 세 줄 법칙으로 압축되고 글을 써나가는 최소한의 구성 방식도 들머리-펼치기-마무리의 3단 논법으로 대표된다. 이 같은 3-3 법칙은 일상생활 속에서도 어렵지 않게 찾아볼 수 있다. 물고 물리는 가위-바위-보는 세 개의 선택 사항으로 구성돼 있으며 가위-바위-보를 통한 승부 역시 삼세판으로 가려낸다. 구기 종목에서도 패스는 삼단이 돼야 골이 터지고 음악에서도 삼박자가 맞아 들어야 흥이 솟는다. 3-3 법칙은 속담에서마저 심심찮게 차용돼 서당개는 삼 년 만에 풍월을 읊고 업은 아기는 삼 년 동안 찾으러 돌아다닌다. 물론 잘되면 술이 석 잔 못되면 뺨 석 대는 기본 중의 기본이고. 그러고 보니 쿠테타도 삼일천하(三日天下) 금연도 작심삼일(作心三日)인 것은 우연의 일치라고 보기에 정말 희한하지 않은가? (13)

*들머리 : 들어가는 맨 첫머리.

3 과거와 달리 문장부호가 푸대접을 받게 된 데에는 원고지 문화의 실종이 크다. 원고지를 쓰던 예전에는 문장부호들이 '한 칸당 1부호 원칙'에 따라 당당하게 제 대접을 받아왔다. 해서 학생들은 원고지 작성 요령을 배울 때면 반드시 문장부호에 관한 규칙도 함께 익혀야 했다. 하지만 문장부호는 이제 '한글 2005'나 '훈민정음' 등과 같은 한글 워드프로그램에서만 존재할 뿐 써도 그만 안 써도 그만인 존재로 전락하고 말았다. 쉼표의 경우는 여타 부호에 비해 그나마 사정이 나은 편이다. 여전히 위력적인 까닭에 많이 사용되고 있기 때문이다. 반면, 실질적인 쓰임새가 많은 '작은따옴표'와 '줄표(—)' '괄호' '낫표(「 」)' 등은 그야말로 된서리를 맞아버린 시대의 불운아(不運兒)들이다. (8)

4 "우리를 포함한 모든 것은 언젠가는 반드시 마침표를 찍게 됩니다. 조금 있으면 이 책도 마침표를 찍을 시간이 올 것입니다. 정말 기다렸던 시간이지만 막상 그 순간을 맞이하려니 아쉬움이 생깁니다. 전 이 책에 마침표를 찍고 싶지 않은 것입니다. 차라리 그 자리에 쉼표를 찍고 싶습니다. 마침표의 확실한 당당함도 좋지만 쉼표의 불확실한 여유가 저에게는 필요합니다. 마침표를 찍기 위해 정신없이 달려가는 중간중간에 쉼표를 남기고 싶습니다. 현대 사회에서 가장 현명한 사람은 여유 있는 사람이라고 생각합니다. 그래서 이 책의 마지막을 쉼표로 끝맺고 싶습니다. 여유 있게" (5)

이기섭, 「QuarXpress 4」, 225쪽.

해답

가. 단문연습

1 한국 영화의 경우에는 자막이 필요 없지만, 외화(外畵)의 경우는 사정이 다르다.
※ 뒷문장의 내용이 앞과 다르게 전개되는 중문(重文)이다. 숨을 골라주는 의미에서 쉼표를 사용하는 것이 좋다.

2 이 책에서 말하는 바와 같이, 언론의 자유는 공공의 이익을 위한 것이다.
※ 뒷문장을 강조하기 위한 쉼표가 필요하다. 시각적으로도 훨씬 자연스러워 보인다.

3 민주주의의 이념 아래, 인간은 누구나 참정권을 누릴 수 있다.
※ '민주주의의 이념 아래(에서) 인간은 누구나 참정권을 누릴 수 있다' 라는 문장에서 조사가 생략된 경우이다. 따라서, 상황을 나타내는 명사 뒤에 생략된 조사를 대신해 숨을 골라주는 쉼표가 필요하다.

4 선생님이 부임하면서 반의 질서는 바로잡히고, 그는 반장에서 물러나게 된다.
※ 인과관계의 두 문장이 합쳐진 중문(重文)으로 중간에 쉼표가 필요하다. 글의 내용으로 보아 '선생님이 부임하면서' 보다 '바로잡히고' 뒤에 쉼표를 삽입하는 것이 좋다.

5 그들이 성인이 되던 해, 나이 든 수도사가 마을로 찾아오게 된다.
※ '그들이 성인이 되던 해(에) 나이 든 수도사가 마을로 찾아오게 된다' 라는 문장에서 조사가 생략된 경우이다. 시간이나 때를 나타내는 명사 뒤에 생략된 조사를 대신해 숨을 골라주는 쉼표가 필요하다.
예) 그녀와 헤어지던 날, 하늘에서 비가 내리고 있었다.

6 사과, 배, 귤, 포도 등은 내가 특히 좋아하는 과일들이다.
※ 열거의 경우, 쉼표 첨가는 필수적이다.

7 지난번에 말썽을 일으킨, 사장의 아들이 오늘 회사를 방문했다.
※ 수식어구가 사장인지, 사장의 아들인지를 분명히 하게 위해 쉼표가 필요하다. 문맥상으로 보아 사장이 말썽을 일으켰다고 보기 힘들지만, 보다 확실히 하기 위해 쉼표를 사용하는 것이 좋다.

8 내가 하면 실수, 남이 저지르면 수준 미달의 주인공이 바로 '오자(誤字)' 이다.

※ "내가 하면 실수(의 주인공이고) 남이 저지르면 수준 미달의 주인공이 바로 '오자(誤字)' 이다"라는 문장의 되풀이를 피할 때, 쉼표를 사용한다.

9 아이들은 하루 종일 그를 기다렸지만, 그는 다음날 아침까지도 돌아오지 않았다.
※ 서로 다른 내용이 전개되는 중문(重文)이다. 숨을 골라주는 의미에서 쉼표 첨가.

10 "'가재는 게 편이요, 초록은 동색이다' 라는 속담을 아느냐?"
※ 대등하거나 종속적인 절이 이어질 때는 절 사이에 쉼표가 필요함.

11 더욱 심각한 것은, 당사자가 이 사실을 전혀 눈치채지 못하고 있다는 데 있다.
※ 뒤의 문장을 강조하기 위해 잠시 숨을 골라주는 의미에서 쉼표를 첨가하면 좋다.

12 자라 보고 놀란 가슴, 솥뚜껑 보고 놀란다.
※ 대등하거나 종속적인 절이 이어질 때는 절 사이에 쉼표가 필요함.

13 순간, 눈앞에 불똥이 튀는 듯한 충격을 느꼈다.
※ "순간(적으로) 눈앞에 ~"에서와 같이 조사가 생략된 채, 문장 첫머리의 접속이나 연결을 나타내는 말 다음에는 쉼표를 쓴다.
☞ 잠시, 침묵이 흘렀다.

14 적어도 모자, 가면, 망토는 준비해야 축제에 참가할 수 있다.
※ 쉼표가 필요한 열거 문장임.

15 어두울수록 음산한 빛을 더하는, 장미의 붉은 가시가 기괴해 보인다.
※ 음산한 빛을 더하는 것이 '가시' 라는 점을 명확히 하기 위해서는 장미 앞에 쉼표가 필요하다.

16 생일 케이크에 불을 붙이려고 하는 순간, 철수가 들어왔다.
※ 시간이나 때, 동작 등을 나타내는 명사 뒤에 생략된 조사를 대신해 숨을 골라주는 쉼표가 필요하다.

17 울릉도 동남쪽, 뱃길 따라 2백 리에 있는 외로운 섬 하나가 바로 독도다.
※ '울릉도 동남쪽(으로) 뱃길을 따라~' 에서와 같이 방향을 나타내는 명사 뒤에 생략된 조사를 대신해 쉼표를 삽입해야 한다.

18 적절히 사용되는 쉼표는 약이 되지만, 남용되는 쉼표는 자칫 독이 될 수도 있다.
※ 뒷문장의 내용이 앞과 달리 전개되는 중문(重文)이다. 숨을 골라주는 의미에서 쉼표를 사용해야 된다.

19 이와 같은 일 처리 방식은 그러나, 직원들의 반발을 불러일으킬 수 있다. (△)
이와 같은 일 처리 방식은, 그러나, 직원들의 반발을 불러일으킬 수 있다. (○)
※ 중간에 들어간 접속사의 앞뒤를 구별하기 위해 두 개의 쉼표를 넣어주는 것이 보기에 훨씬 좋다.

20 같은 내용, 같은 정보라도 누가 전달하느냐에 따라 영향력에 많은 차이가 난다.

※ 대등하거나 종속적인 절이 이어질 때는 절 사이에 쉼표가 필요함.

21 군대에 있던 시절, 아버지로부터 조그마한 소포가 배달돼 왔다.
※ 시간이나 때를 나타내는 단독 명사 뒤에 생략된 조사를 대신해 숨을 골라주는 쉼표가 필요하다.

22 다섯 문제에 대한 배점은 개당 4점씩이며, 총점은 20점 만점이다.
※ 두 문장으로 이루어진 중문(重文)이다. 숨을 고르기 위한 쉼표가 필요하다.

23 "만일, 이 같은 실수가 한 번 더 되풀이된다면, 그땐 모든 책임을 져라."
※ 조건이나 상황을 나타내는 '~하면'은 안긴 문장이다. 안은 문장과의 사이에 쉼표를 넣어 주어 한 박자 쉬도록 하는 것이 좋다. 이와 함께, 조건을 나타내는 접속부사 '만일' 뒤에도 쉼표를 넣어주는 것이 시각적으로나 청각적으로나 훨씬 편해 보인다.

24 갈릴레이가 살던 당시, 태양은 지구를 돈다는 천동설이 대세를 이루고 있었다.
※ 시간이나 때를 나타내는 단독 명사 뒤에 생략된 조사를 대신해 숨을 골라주는 쉼표가 필요하다.

25 철수가 도착하기 5분 전, 기다리다 지친 영희가 기차역을 떠나고 말았다.
※ 시간이나 때를 나타내는 단독 명사 뒤에 생략된 조사를 대신해 숨을 골라주는 쉼표가 필요하다.

26 막달라 마리아, 그녀는 진정 성녀(性女)인가, 성녀(聖女)인가?
※ 감탄사 또는 호명, 칭호 뒤에는 쉼표를 넣는다. 이와 함께, 대등절 뒤에도 쉼표가 필요하다.

27 준치는 고기 맛이 뛰어나, 회나 탕은 물론, 석쇠구이를 해 먹어도 일품이라고 한다. (△)
준치는 고기 맛이 뛰어나 회나 탕은 물론, 석쇠구이를 해 먹어도 일품이라고 한다. (○)
※ 두 쉼표를 쓰기에는 한 문장의 길이가 너무 짧다. 때문에, 두 쉼표 간의 간격도 매주 좁아 시각적으로도 그다지 편해 보이지 않는다. 결국, 하나의 쉼표를 써 주는 것이 좋은데, 필자가 보기에는 문맥상 두 번째 것이 무난해 보인다.

나중문연습

1 긴박한 상황을 재미있게 묘사한 속담으로 '소나기는 쏟아지고, 똥은 마렵고, 허리띠는 옹치고, 꼴짐은 넘어지고, 소는 뛰어간다'라는 옛말이 있다.
※ 열거를 나타내는 문구 뒤의 쉼표들임.

2 경험적으로 비춰볼 때(에), 의존명사의 경우는 열 가운데 대여섯 명 정도, 단위명사의 경우에는 열 가운데 예닐곱 명 정도가 띄어쓰기 함정에 빠진다.
※ 첫 번째 쉼표는 조사가 생략된 시간 명사 뒤, 두 번째 쉼표는 되풀이를 피하기 위한 부분 뒤에 넣어줘야 한다.

3 건설부에서는 고속도로 갓길 조성 사업이 제대로 진행되고 있지 않다고 보고, 추가 사업비가 지원되는 대로 이들 갓길에 대한 체계적인 정비에 나설 계획이다.

※ 두 문장이 한 문장으로 합쳐진 중문(重文) 형태의 문장. 두 문장 사이에 쉼표가 필요하다.

4 관련 부처는 이 문건을 올 초(에), 이메일과 인편, 서면 등으로 세 차례나 접수하고도(,) 지금까지 진상 조사나 수사 의뢰 등의 조치를 취하지 않고 있다.

※ 조사가 생략된 단독 명사를 위한 쉼표와 열거용 쉼표가 각각 필요함. 마지막 쉼표는 한 문장에 사용된 쉼표의 수가 너무 많다는 점을 감안해 사용해도 그만, 안 해도 그만인 쉼표.

5 한때, 관련 규칙만 120여 항목에 달했으며, 지위 고하, 남녀 노소를 불문하고 누구나 버거워하는 띄어쓰기는 국어학자들조차 헛갈려 하는 공포의 대상이기도 하다.

※ 첫머리의 접속 또는 문장 연결을 위한 쉼표와 함께, 중문용 쉼표, 열거용 쉼표가 반드시 필요함.

6 반복어구를 피한다는 것은 말처럼 결코 간단한 일이 아니다. 무엇보다, 무의식 중에 같은 단어를 재차, 삼차 사용하는 자신의 '머릿속 지우개' 같은 행태가 좀처럼 고쳐지지 않기 때문이다.

※ 첫머리의 접속 또는 문장 연결을 위한 쉼표와 함께, 열거용 쉼표가 각각 필요함.

7 선생님들이 정성을 다해 가르치고 학생들은 열심히 공부하는 분위기가 조성되면서 학생들의 학력 신장에 가시적인 성과가 나타나고 있으며, 이를 통해 학교와 선생님들이 존경과 신뢰를 받는 풍토가 조성되고 있다.

※ 중문(重文)용 쉼표가 한 개 정도 필요한 문장이다. 글의 흐름으로 보아, 앞의 두 문장은 직접적인 인-과 관계로 얽혀 있으며, 뒤의 문장은 그에 따른 최종 결과를 보여주고 있다. 글의 내용을 감안해 볼 때, 뒷부분에 쉼표를 넣어주는 것이 무난하다.

8 책 속에서 저자는 사회주의 국가에서는 자유가, 자본주의 국가에서는 평등이 만개하기를 간절히 염원하고 있다.

※ 되풀이를 피하기 위한 쉼표가 첨가돼야 한다.

9 「아레오파지티카」의 저자, 존 밀턴은 17세기 영문학을 대표하는 청교도인으로 대서사시 「실낙원」을 집필했으며, 영국에서는 세익스피어에 버금가는 문학가로 평가받고 있다.

※ 조사의 도움을 받지 않은 단독 명사가 뒤의 말을 꾸밀 경우, 쉼표로 그 관계를 확실하게 다지는 것이 좋다. 원래는 '「아레오파지티카」의 저자인 존 밀턴은 ……' 이라는 문장에서 조사 '인'이 생략된 문장임. 뒤의 쉼표는 중문(重文)용 쉼표.

다. 장문연습

1 다른 것은 접어두고서라도 한글 사랑에 있어 분명, 북한이 우리보다 앞서 있는 것이 사실이다. 간혹 우습게 비춰질 순 있지만, 어떻게 해서든 외래어를 순수 국어로 바꾸려는 그네들의 눈물겨운 노력이 그것을 웅변하고 있다. 이는 문장부호의 경우도 마찬가지여서 북한에서는 '맞춤법,' '띄어쓰기,' '표준 발음법'과 함께 문장부호가 '표기법'의 하나로 당당하게 대접받고 있지만, 우리나라에서는 아직까지 한글 맞춤법의 부록 정도로밖에 다뤄지지 않고 있다.

※ 조사가 생략된 '분명'이라는 단어 뒤에 숨을 고르기 위한 쉼표가 필요하다. 이와 함께, 중문용 쉼표와 열거용 쉼표가 각각 필요하다. 작은따옴표나 큰따옴표와 나란히 쓰이는 쉼표를 작은/큰따옴표 안에 놓을 것인가, 밖에 놓을 것인가에 대한 부연 설명은 연습문제 '다'의 3번 참조.

2 일명, '3-3' 법칙이라는 것이 있다. 글쓰기는 물론, 우리의 삶도 부지불식간에 지배하는. 그러고 보면, 글을 짧게 줄여 쓰는 요령도 세 줄 법칙으로 압축되고, 글을 써나가는 최소한의 구성 방식도 들머리-펼치기-마무리의 3단 논법으로 대표된다. 이 같은 3-3 법칙은 일상생활 속에서도 어렵지 않게 찾아볼 수 있다. 물고 물리는 가위-바위-보는 세 개의 선택사항으로 구성돼 있으며, 가위-바위-보를 통한 승부 역시, 삼세판으로 가려낸다. 구기 종목에서도 패스는 삼단이 돼야 골이 터지고, 음악에서도 삼박자가 맞아 들어야 흥이 솟는다. 3-3 법칙은 속담에서마저 심심찮게 차용돼, 서당개는 삼 년 만에 풍월을 읊고, 업은 아기는 삼 년 동안 찾으러 돌아다닌다. 물론, 잘되면 술이 석 잔, 못되면 뺨 석 대는 기본 중의 기본이고. 그러고 보니, 쿠테타도 삼일천하(三日天下), 금연도 작심삼일(作心三日)인 것은 우연의 일치라고 보기에 정말 희한하지 않은가?

※ "일명": 첫머리의 접속 또는 연결용 쉼표
"물론": 조사 생략용 쉼표.
"그러고 보면": 첫머리의 접속 또는 연결용 쉼표.
"압축되고": 중문(重文)용 쉼표.
"구성돼 있으며": 중문(重文)용 쉼표.
"역시": 삼세판을 강조하기 위한 호흡 조절용 쉼표.
"골이 터지고": 중문(重文)용 쉼표.
"차용돼": 중문(重文)용 쉼표.
"풍월을 읊고": 중문(重文)용 쉼표.
"물론": 첫머리의 접속 또는 연결용 쉼표.
"석 잔": 대등절 뒤의 쉼표.
"그러고 보니": 첫머리의 접속 또는 연결용 쉼표.
"삼일천하(三日天下)": 대등절 뒤의 쉼표.

3 과거와 달리, 문장부호가 푸대접을 받게 된 데에는 원고지 문화의 실종이 크다. 원고지를 쓰던 예전에는 문장부호들이 '한 칸당 1부호 원칙'에 따라 당당하게 제 대접을 받아왔다. 해서, 학생들은 원고지 작성 요령을 배울 때면 반드시 문장부호에 관한 규칙도 함께 익혀야

했다. 하지만, 문장부호는 이제 '한글 2005'나 '훈민정음' 등과 같은 한글 워드프로그램에서만 존재할 뿐, 써도 그만, 안 써도 그만인 존재로 전락하고 말았다. 쉼표의 경우는 여타 부호에 비해 그나마 사정이 나은 편이다. 여전히 위력적인 까닭에 많이 사용되고 있기 때문이다. 반면, 실질적인 쓰임새가 많은 '작은따옴표'와 '줄표(?),' '괄호,' '낫표(「」)' 등은 그야말로 된서리를 맞아버린 시대의 불운아(不運兒)들이다.

※ "과거와 달리": 첫머리의 접속 또는 연결용 쉼표.
"해서": 첫머리의 접속 또는 연결용 쉼표.
"하지만": 첫머리의 접속 또는 연결용 쉼표.
"존재할 뿐": 뒤에 "이고"가 생략된 중문(重文)용 쉼표.
"써도 그만": 대등한 절(節)을 잇기 위한 쉼표.
"반면": 첫머리의 접속 또는 연결용 쉼표.
'줄표'와 '괄호': 열거(列擧)용 쉼표.

★ 작은따옴표가 포함된 단어들을 열거할 경우, 쉼표를 작은따옴표 안에 넣어야 하는지, 밖에 놓아야 하는지에 대해서는 아직 정해진 바가 없습니다. 이는 한글맞춤법에서 부록으로 취급되고 있는 '문장부호' 편에 정확한 용례가 예시되어 있지 않은 까닭에서입니다. 영미권의 경우에도 작은따옴표 안에 쉼표가 포함돼야 하는가에 대해 국가마다 입장이 조금씩 다릅니다. 그러나 미국의 경우에는 마침표와 쉼표가 큰따옴표와 작은따옴표 안에 '무조건' 들어가야 합니다. 필자의 경우에도 여타 이유를 떠나, 시각적인 입장에서 미국식을 따르고 있습니다. 아래의 두 문장을 한번 비교해 보기 바랍니다.

☞ '줄표,' '괄호,' '낫표' 등은 된서리를 맞은 문장부호들이다.
☞ '줄표', '괄호', '낫표' 등은 된서리를 맞은 문장부호들이다.

4 "우리를 포함한 모든 것은 언젠가는 반드시 마침표를 찍게 됩니다. 조금 있으면 이 책도 마침표를 찍을 시간이 올 것입니다. 정말 기다렸던 시간이지만, 막상 그 순간을 맞이하려니 아쉬움이 생깁니다. 전, 이 책에 마침표를 찍고 싶지 않은 것입니다. 차라리, 그 자리에 쉼표를 찍고 싶습니다. 마침표의 확실한 당당함도 좋지만, 쉼표의 불확실한 여유가 저에게는 필요합니다. 마침표를 찍기 위해 정신없이 달려가는 중간중간에 쉼표를 남기고 싶습니다. 현대 사회에서 가장 현명한 사람은 여유 있는 사람이라고 생각합니다. 그래서 이 책의 마지막을 쉼표로 끝맺고 싶습니다. 여유 있게,"

※ "시간이지만": 중문(重文)용 쉼표.
"전": 문맥상 끊어야 하는 쉼표.
"차라리": 첫머리의 접속용 쉼표.
"좋지만": 중문(重文)용 쉼표.
"여유 있게": 글 내용에 따른 쉼표.

제3부 문단론

1

"글맛을 오래가게 하는 힘, 접속부사"

'그리고,' '그래서,' '그러나' 등 그 계열을 줄이고
'더욱이,' '때문에,' '반면' 등 대체 부사 쓰는 것이 요령

1870년대 초 미국에서 처음 개발된 엔진 오일은 자동차의 내구력을 획기적으로 향상시켜 준 '세기의 발명품'이었다. 당시, 피스톤의 왕복 운동에서 야기되는 고온(高溫), 고압(高壓)의 마찰열은 실린더의 수명을 갉아먹는 주범(主犯)으로 작용하고 있었다. 결국, 수많은 시행착오 끝에 원유(原油)의 부산물에서 추출된 윤활유는 이러한 문제점들을 단숨에 해결하면서 엔진의 내구력을 대폭 늘려주었다. 이후, 말과의 경쟁에서 확실하게 앞서 가기 시작한 자동차는 20세기 운송 무대의 패자*(霸者)로 등극하게 된다.

마찬가지로 글에서도 문장 전개의 자연스런 흐름을 유도하는 윤활유가 절대적으로 필요하다. 자동차 엔진의 내구력에 해당하는 '글맛'을 오래 남기기 위한 연결어가 바로 그 대상에 속한다. 사실, 접속부사에 속하는 연결어는 영미권과 일본에서 '접속사'라는 이름의 독립 품사로 대접받는 귀한 손님이다. 때문에, 국어학계에서도 접속부사를 독립 품사로 추대하려는 움직임이 꾸준히 펼쳐지고 있다.

문제는 이렇듯 중요한 접속부사를 사용할 경우에는 신중한 간택*(揀擇)이 필요

***패자(霸者)** 운동 경기나 어느 분야에서 으뜸이 되는 사람. 패권자의 준말.

***간택(揀擇)** 분간하여 선택함. 역사적으로는 조선 시대에 임금, 왕자, 왕녀의 배우자를 고르던 행사를 칭하기도 한다.

하다는 것이다. 옷감을 누빌 때 실과 바늘에 대한 고려 없이 마구잡이로 바느질을 할 수 없듯이, 접속부사를 고르고 배치하는 데도 염두에 두어야 하는 요령들이 필요하다는 것이다. 해서, 옹골찬 글쓰기를 위해 알아 두어야 할 접속부사 사용 요령으로는 다음과 같은 것들을 들 수 있다.

우선, 가급적 '그' 계열의 접속부사를 피하라는 것이다. 말이 어려워 '그' 계열이지, 쉽게 말하자면 '그리고,' '그래서,' '그러나,' '그러니까' 등과 같이 '그'로 시작하는 접속부사를 사용하지 말라는 것이다. 그러고 보면, '그' 계열의 접속부사는 연결어에서 절대 다수를 차지하고 있는 대표 부사군(群)에 속한다. 우리말의 접속부사를 모두 131개로 나눠 분류하고 있는 홍재성과 박동호, 임유종에 따르면, 연결어 가운데 '그' 계열이 차지하는 비중은 무려 80개로 전체의 61.7%에 해당한다.

그렇다면 왜 절대 다수를 차지하는 '그' 계열의 접속부사를 피해야 할까? 이유는 간단하다. '그' 계열의 접속부사가 앞뒤 문장의 연결 상태를 노골적으로 일러주는 까닭에, 보다 차원 높은 글쓰기에서는 적절치 않기 때문이다. 실제로, 세밀한 감정 전개와 복잡한 논리 동원이 많이 필요한 고차원적 글쓰기에서는 '그' 계열의 접속부사만으로 생각의 전개를 표현하는 데 분명 한계가 있게 마련이다.

사실, 노련한 글쟁이들은 접속부사의 사용 자체를 별로 달가워하지 않는다. 가령, 「디지로그」라는 책으로도 우리에게 친숙한 이어령 전 문화부장관은 "상목수는 못질을 하지 않는다"고 강조하고 있다. 여러 목수를 총괄하는 책임 목수는 결코 '쾅쾅' 거리는 못질로 나무들을 잇기보다, 나무의 생김새에 따라 아귀*를 맞추어 균형과 조화로 구조물을 만들어 나간다는 의미에서다. 그런 면에서 볼 때, 저자가 '2군 접속부사'로 칭하기도 하는 '대체 부사'들은 '상목수의 못' 역할을 톡톡히 해내는 귀한 존재들이다. 예를 들면 접속부사의 3대 어군에 속하는 '그래서,' '그러나,' '그리고'와 같은 '순접,' '역접,' '첨가' 연결어들은 상황에 따라

***아귀** 사물의 갈라진 부분.

그래서 때문에, 따라서, 결국 …….

그러나 반면, 하지만 …….

그리고 게다가, 더구나, 아울러, 덧붙여 …….

등과 같은 대체 부사들로 바꿀 수 있다. 이러한 '대체 부사'는 과연 어떤 글맛을 불러 일으킬까? 다음의 경우를 한번 살펴보도록 하자.

> 문을 열었다. 그리고 주변을 둘러보았다. 그렇지만 신혜는 보이지 않았다. 그래서 그녀에게 전화를 걸기 시작했다.

위 문장의 경우, 그 전개가 평이하다 못해 단조롭기까지 하다. '그' 계열의 접속사만 사용하다보니 문장의 흐름도 유치하기 짝이 없다. 무엇보다도 글쓴이의 감정 상태가 어떤지는 짐작하기조차 쉽지 않은 상황이다. 그렇다면 다음 문장은?

> 문을 열었다. 바로, 주변을 둘러보았다. 하지만 신혜는 보이지 않았다. 결국, 그녀에게 전화를 걸기 시작했다.

어떤가? 차이가 느껴지지 않는가? 본문에서도 글의 물꼬*를 원활하게 트기 위한 접속부사와 대체 부사들이 곳곳에서 암약*(暗躍)하고 있다. 어디 어디에 있는지, 또 '그' 계열로 따지면 어느 접속부사에 속하는지 한번 찾아보기 바란다. (정답은 180-181쪽에)

***물꼬** 논에 물이 넘어 들어오거나 나가게 하기 위해 만든 좁은 통로. 어떤 일의 시작을 비유적으로 이르는 말.

***암약(暗躍)** 암중비약(暗中飛躍)의 준말. 어둠 속에서 활개치며 돌아다닌다는 뜻.

참 고 문 헌

손남익 (1995). 「국어 부사 연구」. 박이정.

안광복 (2005). 「철학, 역사를 만나다」. 웅진지식하우스.

이어령 (2000). 이어령의 명문론. 「월간조선」 7월호, 별책 단행본.

임재춘 (2004). 「한국의 이공계는 글쓰기가 두렵다」. 마이넌.

한경옥 (1992). 국민학교 읽기 교과서에 나타난 접속부사에 대한 고찰. 「초등국어교육」, Vol 1, No. 2, 129-175.

홍재성, 박동호, 임유종 (2001). 접속부사의 구문론적 특성. 「언어학」 제28호, 177-209.

황소웅 (2005). 「바른 글 좋은 글」. 랜덤하우스중앙.

엔진 오일의 역사: <http://www.volvoclub.org.uk/engine_oil_history.shtml>

‘알아둡시다’

노련한 글쟁이들이라면 으레 자신만의 단어장을 갖게 마련입니다. 좋은 어구들을 모아 놓았다가 필요할 경우, 자신들의 글쓰기에서 활용하기 위해서이지요. 접속부사들도 단어장에서 빼놓을 수 없는 존재입니다. 여러분도 한번 자신만의 연결어용 단어장을 만들어 보도록 하세요. 의외로 큰 도움이 될 겁니다. 다음은 저자가 가장 많이 쓰는 접속부사용 대체 부사들.

1. ‘그’ 계열의 접속부사들을 대체할 수 있는 부사들

예) 그래서: 해서,* 때문에,* 결국,* 따라서,* 이에 따라 …….

예) 그러나: 하지만,* 반면,* 대신 …….

예) 그리고: 또,* 마찬가지로,* 그런 면에서,* 더욱이,* 게다가, 더구나, 아울러, 덧붙여, 역시, 뿐만 아니라 …….

2. 1번 이외에 사용 가능한 부사군 A

예) 시간 관련: 당시,* 이후,* 한때,* 현재,* 순간 …….

예) 설명 관련: 말하자면,* 즉, 다시 말해, 소위, 부연하자면, 덧붙이자면, 참고로 …….

예) 실례 관련: 예를 들어,* 그러고 보면,* 일례로 …….

1번 이외에 사용 가능한 부사군 B

예) 분명,* 확실히 …….
무엇보다,* 우선, 먼저 …….
이와 함께,* 더불어 …….
만일,* 물론,* 비록*…….
사실,* 실제로 …….
이는*…….
끝으로, 마지막으로, 결론부터 말하자면 …….
모르긴 해도 …….
특히, 특별히 …….

*표시는 저자의 사용 빈도가 특히 높은 접속부사들.

연습문제

가. 중문/장문연습 I

■ 다음 글에서 '그리고,' '그래서,' '그러나' 등 '그' 계열의 접속부사를 찾아 글의 흐름을 좀 더 부드럽게 살릴 수 있는 다른 '그' 계열, 또는 그 밖의 대체 부사로 바꿔보기 바랍니다.

1 소설 「난장이가 쏘아 올린 작은 공」은 전체적으로 과거와 현재가 마구 뒤섞여서 진행되고 있다. 그리고 상황이나 내용들이 서로 연상작용을 일으키며 자유롭게 쓰이고 있다. 그래서 작품을 소화해 내기가 쉽지 않음에도 불구하고, 시대의 아픔을 예리하게 파헤쳤다는 점을 인정받아 독자들의 폭넓은 사랑을 받아왔다.

2 어렸을 적부터 바라던 꿈을 이룬다는 것은 결코 흔치 않은 일이다. 그리고 그 꿈이 한두 개 국가를 방문하는 것이 아닌 세계일주라면 그 꿈을 이루기란 불가능에 가깝다. 그러나 대한민국의 한 여성이 그와 같은 어릴 적 꿈을 실현해, 갈수록 나약해져 가기만 하는 현대인들에게 놀라움을 선사하고 있다. 이제는 오지에서, 재난 현장에서, 전쟁터에서, 고통받는 사람들을 위해 동분서주하는 한비야가 그 주인공이다.

3 이 책은 사회학이나 언론학에 관심 없는 사람들에게는 별 의미 없이 비칠 수 있다. 당연히 알고 있는 것을 지루하게 강조하는 내용들이 많기 때문이다. **그리고** TV 강의를 그대로 옮겨놓은 구어체식 표현도 오히려 읽기에 불편한 점을 초래한다. **그러나** 필자는 이 책을 언론학도들에게 추천하고 싶다. 그것은 지은이의 세계적인 명성을 감안해 볼 때, 적어도 텔레비전에 대한 그의 생각이 어떤지를 짐작할 수 있는 까닭에서다.

4 모택동은 "권력이 총구에서 나온다"고 말했다고 한다. **그러나** 현대 한국사회에서는 권력이 매스미디어에서 나온다고 볼 수 있다. **그리고** 방송의 권력은 막강하다 못해 무소불위*(無所不爲)의 경지에 이르고 있는 실정이다. 역대 어느 정권을 막론하고, 집권 초기에 공중파 방송사에 들이밀었던 당근과 채찍 정책은 그 면모를 잘 보여준다 하겠다. **그래서** 정권이 바뀔 때마다 방송사는 정치 역학 구도상, 가장 큰 수혜자이자 희생자가 되어온 것이 전통이자 법칙이었다.

*무소불위(無所不爲) : 못할 일이 없음. 사마천(司馬遷)이 「사기」(史記)에서 진(秦)의 여불위(呂不韋)를 소개할 때 그의 이름에 빗대어 비유한 말. 없을 무(無), 바 소(所), 아니 불(不), 할 위(爲)로, 글자 그대로 '못할 바가 없다'는 뜻.

5 민주주의 정부란 국민들이 직, 간접적으로 선출한 사람들의 모임이다. **그래서** 정부는 국민의 뜻을 존중하고, 국민의 신상을 보호하며, 국민들의 삶이 더 나아질 수 있도록 최선을 다해야 할 의무를 지니고 있다. **그러나** 교과서 속에서의 정부와 달리, 현실에서의 정부는 그렇지 못한 경우가 대부분이다. 오히려, 국민들의 권리를 침해하며 정당한 요구를 탄압하는 사례가 비일비재(非一非再)하다. **그래서** 정부에 대한 국민들이 불신이 높아져 가는 것이 세계적인 추세가 되고 있다.

6 필자는 언론 출판의 자유를 처음으로 주장했다는 점에서 존 밀턴의 저서, 「아레오파지티카」를 높이 평가한다. 그리고 검열과 사전 허가제의 부당함을 지적하면서 주장했던 여러 문구들은 — 예를 들어 "나에게 어떤 자유들보다 양심에 따라 자유롭게 알고 주장할 수 있는 자유를 달라" 명언처럼 — 말하고자 하는 논지가 무엇인지 한눈에 알 수 있어서 좋았다. 단점은 가끔 필자의 장황한 부연 설명 때문에 논지가 무엇을 읽고 있는지 잊을 때가 많았다는 것이다. 그리고 문장의 호흡이 너무 길어서 집중력이 흐려지고, 이해력이 떨어진다는 것이다. 그래서 비록 의원들을 겨냥하고 쓴 책이지만 일반인도 쉽게 읽을 수 있도록 '문장을 간결하게 했더라면 좋았을 걸' 하는 아쉬움이 남는다.

나. 중문/장문연습 II

■ 다음의 글들은 접속부사를 필요로 합니다. 알파벳으로 표기된 부분에 가장 적합한 접속부사를 찾아 적어보기 바랍니다.

1 모두가 기다리던 여름 방학. A 9살 소년, 마사오에게 여름방학은 결코 즐겁지가 않다. 가족이라고는 할머니밖에 없기 때문이다. 그나마 할머니는 일하느라 바쁘시고 친구들은 가족 여행을 떠난다고 분주한 까닭에 마사오는 긴긴 여름방학을 혼자 집에서 보내야 한다.

2 마이크로소프트에서 개발한 문서 작성 프로그램 '워드'는 한때, 잘못된 영어 철자를 자동으로 바로잡아 주는 기능을 '디폴트'(default)로 갖춘 적이 있었다. A '내일'을 뜻하는 'tomorrow'를 잘못 입력해도 타이핑을 끝내는 순간, 오타가 저절로 바뀌는 기능이었다. B 이러한 기능은 학생들 사이에서 유용하다 못해 절대적인 위력을 발휘했다. 사전을 들여다보거나, 생각 한번 해볼 필요 없이 단어를 대충대충 입력해도 오자가 바로잡혀 시간이 획기적으로 절약됐기 때문

이다. C 이러한 오자 정정 기능은 얼마 지나지 않아 '디폴트'에서 '옵션'으로 소리 소문 없이 바뀌고 말았다. 학생들의 철자 실력이 오히려 더 퇴보할 우려가 있다는 학계와 교육계의 비판 속에.

3 '그' 계열의 1차원적 접속부사가 얼마나 많이 사용됐는가만 훑어보아도 해당 글을 작성한 저자의 수준을 쉽게 짐작할 수 있다. A 최근 들어 보고서나 서평, 논문 속에서 1차원적 접속부사가 급증하고 있는 사실은 결코 새삼스러울 것이 못 된다. B 인터넷을 통한 '퍼오기'와 '붙여넣기' 문화가 널리 퍼져 있다 보니, 퍼온 글들을 쉽사리 연결시키는데 '그' 계열의 접속부사가 가장 효율적이기 때문이다. 빨리 쓰기는 해야겠고 퍼오는 것은 순간이니, 이들을 엮는 작업은 '그' 계열의 1차원적 부사들로 후다닥 해치우면 과제는 끝. C 여기저기서 대충대충 구해온 옷감들을 서둘러 바느질하려면, 옷감들을 연결하는 실에 대한 배려가 뒷전일 수밖에 없는 것처럼.

4 필자가 미국에서 유학 하던 때의 이야기다. 영어라고는 토익과 GRE 공부밖에 한 적이 없었던지라, 영작(英作)이라는 것이 생경하기만 한 시절이었다. A 매주 리포트를 작성하고 중간, 기말 때 논문을 제출해야 하는 대학원 수업은 많은 스트레스를 안겨 주기에 충분했다. 어휘력도 한정돼 있는 데다, 문법적으로도 자신이 없었던 터라, 한 줄 한 줄 써내려간다는 것은 말 그대로 대단한 고역이었다. B 어휘력과 관련한 고민은 여러 사전과 문서작성 프로그램에 내장돼 있는 동의어 사전을 통해 그럭저럭 상쇄시켜 나갈 수 있었다. C 필자의 영작을 가장 많이 괴롭혔던 것은 접속사였다. 한 문장 한 문장을 연결해 줄 말들이 And, But, So 등과 같이 초보적인 단어들밖에 없었기 때문이었다. D 여러 글들을 읽을 때마다 좋은 접속사와 대체 부사를 만나게 되면 메모장에 하나 하나씩 모으는 습관으로 접속부사용 단어장을 만들어 나갈 수밖에 없었다.

5 문장 이야기의 다섯 번째 주제는 바로 '반복어구의 회피'에 관한 것이다. A 같은 단어, 유사한 문구의 중언부언한 나열은 문장을 지루하게 할 뿐 아니라, 수준을 얕잡히는 결정적인 패인(敗因)을 제공한다. B 자신의 어휘력에 대한 한계를 만천하에 실토하는 아픔은 그 무엇으로도 비유할 수 없을 터. C 반복어구를 피한다는 것은 말처럼 결코 간단한 일이 아니다. 무엇보다, 무의식 중에 같은 단어를 재차, 삼차 사용하는 자신의 '머릿속 지우개' 같은 행태가 좀처럼 고쳐지지 않기 때문이다. D 아는 단어는 한정돼 있는 와중에 한 번 쓴 단어와 문구를 다시 동원하지 않을 수도 없는 노릇이니, 결국 알면서도 반복어구를 되풀이하는 수밖에.

6 11세기 들어 유럽인들은 문화적 충격에 휩싸였다. 에스파냐를 점령하고 있던 이슬람 왕국과의 전쟁과 십자군 원정을 겪으면서 자신들이 얼마나 미개한지를 깨닫게 된 것이다. 거리가 오물과 악취로 가득했던 여느 중세 유럽 도시와 달리, 이슬람이 지배하던 코르도바(에스파냐 남부에 위치한 도시) 같은 도시에는 수많은 공중 목욕탕과 인공 분수, 깔끔한 정원에 난방 시설까지 완비된 집들이 즐비했다. A 천문학, 수학 등의 기술 수준도 유럽보다 한 수 위였다. B 기독교 의사들이 아직도 향료를 피우고 주문을 외면서 치료하고 있을 때, 이슬람 의료진은 어느 정도 '과학적'이라 볼 수 있는 진료를 행하고 있었다. 그렇다면 사막의 유목민에 지나지 않았던 그들이 이렇듯 훌륭한 문화를 가진 민족으로 변모할 수 있었던 이유는 무엇일까? 유럽인들 사이에서 잊혀진 그리스 시대의 비밀 문서가 아랍 세계로 흘러가서 이들이 그것을 사용했기 때문이라는 '전설'이 돌기 시작했다. C 아랍인들은 정작 유럽인들은 잊고 있었던 한 그리스 철학자의 사상을 치밀하게 연구하고 있었다. 그 철학자는 바로 아리스토텔레스였다.

안광복, 「철학, 역사를 만나다」, 102-103쪽.

해답

가. 중/장문연습 I

1 그리고: 더욱이/더군다나, 뿐만 아니라, 게다가, 이와 함께, 또/또한, 더불어, 덧붙여…….
그래서: 이/그 같은 까닭/연유/이유(으)로, 따라서, (그) 때문에, 해서…….

2 그리고: 더욱이/더군다나, 게다가, 특히, 또/또한, 더불어…….

그러나: 하지만…….

3 그리고: 더욱이/더군다나, 뿐만 아니라, 게다가, 이와 함께, 또/또한, 덧붙여, 더불어…….

그러나: 하지만, 그럼에도 불구하고, 그렇지만(△)…….

4 그러나: 반면(에), 하지만…….

그리고: 더욱이/더군다나, 게다가, 이와 함께, 그 가운데에서도, 특히…….

그래서: 이/그 같은 까닭/연유/이유(으)로, 따라서, (그) 때문에, 해서…….

5 그래서: 이/그 같은 까닭/연유/이유(으)로, 따라서, (그) 때문에, 해서…….

그러나: 하지만, 그럼에도 불구하고, 그렇지만(△)…….

그래서: 이/그 같은 까닭/연유/이유(으)로, 따라서, (그) 때문에, 해서…….
(반복되지 않도록 교대로 사용할 것)

※ 마지막 문장의 경우에는 접속사를 아예 생략해 버리기 위해 다음과 같이 글을 살짝 바꿀 수도 있습니다. 보다 고급스런 글쓰기에 대한 노하우라고나 할까요? 잊지 마세요. 이어령 전 문화부 장관의 이야기처럼 '상목수는 결코 못질을 하지 않는다'는 점을.

☞ 정부에 대한 국민들의 불신이 세계적으로 높아져 가는 이유가 여기에 있다.

6 그리고: 더욱이/더군다나, 뿐만 아니라, 게다가, 이와 함께, 또/또한, 더불어…….
그리고: 더욱이/더군다나, 뿐만 아니라, 게다가, 이와 함께, 또/또한, 더불어…….
(반복되지 않도록 교대로 사용할 것)
그래서: 이/그 같은 까닭/연유/이유(으)로, 따라서, (그) 때문에, 해서…….

나. 중/장문연습 II

1 A: 하지만(○), 그렇지만(△)…….

2 A: 예를 들어/들면, 이를테면, 말하자면, 다시 말해…….

B: 당시

※ 앞의 '한때' 라는 단어에 주목할 것.

C: 하지만(○), 그렇지만(△), 그럼에도 불구하고(△)…….

3 A: 그런 면에서 볼 때, 그러고 보면…….

B: 아무래도, 역시…….

C: 마치, 흡사…….

※ A의 경우에는 '그' 계열의 접속부사를 살짝 변형하거나 관형어구로 늘려 사용하면 보다 세련되고 자연스런 문장을 얻을 수 있다. '그런 면에서,' '그런 의미에서,' '그러고 보면,' '그럼에도 불구하고' 등과 같은 종류의 관형어구들이 이에 속한다.

4 A: 자연히, 당연히, 이/그 같은 까닭/연유/이유(으)로, 따라서, (그) 때문에, 해서, 당시…….

B: 다행히, 하지만, 그렇지만, 그럼에도 불구하고, 그나마…….

C: 정작

D: 결국, 때문에(△), 따라서(△), 해서(△), 이 같은 이유로…….

5 A: 실제로, 사실, 그러고 보면…….

B: 더욱이/더군다나, 뿐만 아니라, 게다가, 이와 함께, 또/또한…….

C: 하지만, 그럼에도 불구하고, 그렇지만, 그러나(△)…….

D: 그렇다고, 그럼에도 불구하고, 그렇지만…….

6 A: 더욱이/더군다나, 뿐만 아니라, 게다가, 이와 함께, 또/또한…….

B: 더욱이/더군다나, 뿐만 아니라, 게다가, 이와 함께, 또/또한, 때문에, 이/그 같은 이유/까닭(으)로…….

(반복되지 않도록 교대로 사용할 것)

C: 실제로, 사실, 그러고 보면…….

| 170쪽 정답 |

1870년대 초 미국에서 처음 개발된 엔진 오일은 자동차의 내구력을 획기적으로 향상시켜 준 '세기의 발명품'이었다. 당시, 피스톤의 왕복 운동에서 야기되는 고온(高溫), 고압(高壓)의 마찰열은 실린더의 수명을 갉아먹는 주범(主犯)으로 작용하고 있었다. 결국, 수많은 시행착오 끝에 원유(原油)의 부산물에서 추출된 윤활유는 이러한 문제점들을 단숨에 해결하면서 엔진의 내구력을 대폭 늘려주었다. 이후, 말과의 경쟁에서 확실하게 앞서 가기 시작한 자동차는 20세기 운송 무대의 패자(霸者)로 등극하게 된다.

마찬가지로 글에서도 문장 전개의 자연스런 흐름을 유도하는 윤활유가 절대적으로 필요하다. 자동차 엔진의 내구력에 해당하는 '글맛'을 오래 남기기 위한 연결어가 바로 그 대상에 속한다. 사실(그러고 보면), 접속부사에 속하는 연결어는 영미권과 일본에서 '접속사'라는 이름의 독립 품사로 대접받는 귀빈(貴賓)이다. 때문에(그런 까닭에, 그래서, 그리하여, 이에 따라……), 국어학계에서도 접속부사를 독립 품사로 추대하려는 움직임이 꾸준히 펼쳐지고 있다.

문제는 이렇듯 중요한 접속부사를 사용할 경우에는 신중한 간택(揀擇)이 필요하다는 것이다. 옷감을 누빌 때 실과 바늘에 대한 고려 없이 마구잡이로 바느질을 할 수 없듯이, 접속 부사를 고르고 배치하는 데도 염두에 두어야 하는 요령들이 필요하다는 것이다. 해서(그래서, 그렇기에, 이에 따라……), 옹골찬 글쓰기를 위해 알아 두어야 할 접속부사 사용 요령으로는 다음과 같은 것들을 들 수 있다.

우선, 가급적 '그' 계열의 접속부사를 피하라는 것이다. 말이 어려워 '그' 계열이지, 쉽게 말하자면, '그리고,' '그래서,' '그러나,' '그러니까' 등과 같이 '그'로 시작하는 접속부사를 사용하지 말라는 것이다. 그러고 보면, '그' 계열의 접속부사는 연결어에서 절대 다수를 차지하고 있는 대표 부사군(群)에 속한다. 우리말의 접속부사를 모두 131개로 나눠 분류하고 있는 임유종과 박동호, 홍재성 등에 따르면, 연결어 가운데 '그' 계열이 차지하는 비중은 무려 80개로 전체의 61.7%에 해당한다.

그렇다면 왜 절대 다수를 차지하는 '그' 계열의 접속부사를 피해야 할까? 이유는 간단하다. 앞뒤 문장의 연결 상태를 노골적으로 일러주는 까닭에, 보다 차원 높은 글쓰기에서는 적절치 않기 때문이다. 실제로, 세밀한 감정 전개와 복잡한 논리 동원이 많이 필요한 고차원적 글쓰기에서는 '그' 계열의 접속부사만으로 생각의 전개를 표현하는 데 분명 한계가 있게 마련이다.

사실(그런 의미에서, 그러고 보면), 노련한 글쟁이들은 접속부사의 사용 자체를 별로 달가워하지 않는다. 가령, 「디지로그」라는 책으로도 우리에게 친숙한 이어령 전 문화부장관은 "상목수는 못질을 하지 않는다"고 강조하고 있다. 여러 목수를 총괄하는 책임 목수는 결코 '쾅쾅' 거리는 못질로 나무들을 잇기보다, 나무의 생김새에 따라 아귀를 맞추어 균형과 조화로 구조물을 만들어 나간다는 의미에서다. 그런 면에서 볼 때, 저자가 '2군 접속부사'로 칭하기도 하는 '대체 부사'들은 '상목수의 못' 역할을 톡톡히 해내는 귀한 존재들이다. 예를 들자면, 접속 부사의 3대 어군에 속하는 '그래서,' '그러나,' '그리고'와 같은 '순접,' '역접,' '첨가' 연결어들은 상황에 따라

> **그래서** 때문에, 따라서, 결국…….
> **그러나** 반면, 하지만…….
> **그리고** 게다가, 더구나, 아울러, 덧붙여…….

등과 같은 대체 부사들로 바꿀 수 있다는 것이다. (그러면, 그렇다면) 이러한 대체 부사는 과연 어떤 글맛을 불러 일으킬까? 다음의 경우를 한번 살펴보도록 하자.

> 불을 켰다. 그리고 주변을 둘러보았다. 그렇지만, 신혜는 보이지 않았다. 그래서, 그녀에게 전화를 걸기 시작했다.

위 문장의 경우, 그 전개가 평이하다 못해 단조롭기까지 하다. '그' 계열의 접속사만 사용하다보니 문장의 흐름도 유치하기 짝이 없다. 무엇보다도 글쓴이의 감정 상태가 어떤지는 짐작하기조차 쉽지 않은 형편이다. 그렇다면 다음 문장은?

> 불을 켰다. 바로, 주변을 둘러보았다. 하지만 신혜는 보이지 않았다. 결국, 그녀에게 전화를 걸기 시작했다.

어떤가? 차이가 느껴지지 않는가? 본문에서도 글의 물꼬를 원활하게 트기 위한 접속부사와 대체 부사들이 곳곳에서 암약(暗躍)하고 있다. 어디 어디에 있는지, 또 '그' 계열로 따지면 어느 접속부사에 속하는지 한번 찾아보기 바란다.

2

"공든 탑을 지켜라" – '생뚱 문장' 제거 작전

대패질서 놓친 가시 같은 존재, '생뚱 문장'
엉뚱한 말로 글 흐름 끊어놓는 '악의 축'

"쌩~뚱* 맞죠?"

몇 해 전, 모 방송국 코미디 프로에서 대단한 인기를 누렸던 2인조 개그 그룹 '컬투'는 저자의 글쓰기 수업에도 톡톡히 기여한 바 있다. 글의 흐름을 설명하는 데 있어 연결이 어색한 문장을 발견했을 경우, 그네들의 유행어 한마디로 학생들을 쉽사리 이해시킬 수 있었기 때문이었다. 문장 문장 간의 연결이 뻑뻑할 때마다 들먹였던 단어, '생뚱맞다'는 기실 "어떤 사람의 행동이나 말이 상황에 전혀 맞지 않고 아주 엉뚱하다"라는 적확한* 의미를 지니고 있다. 같은 맥락(脈絡)에서 「평범한 글쓰기」의 저자, 박진욱과 김동기는 이러한 생뚱 문장을 '노루 문장'이라 부르고 있다. 쓸개가 없어 동물들 중에서도 다소 엉뚱해 보이는 노루를 빗댔다는 것이 그들의 설명이다.

사실, 생뚱 문장은 글쓴이의 공든 탑을 일거에 무너뜨리는 주범(主犯)으로 결코 그 출현이 용납돼서는 안 되는 대상이기도 하다. 마치, 대패질을 게을리한 까닭에 곳곳에 도사리고 있는 나무 가시처럼, 언제든 글의 흐름을 끊을 수 있는 암초

***쌩뚱** 표기법상으로는 '생뚱'이 맞는 표현이다. 당사자들이 방송에서 첫마디를 강조하느라고 된소리로 거세게 발음하는 바람에 그에 맞춰 '쌩뚱'이라고 표기했다.

***적확하다** 틀림없이 들어맞다.

같은 존재가 생뚱 문장이다. 문제는 글을 쓰는 과정에서 이러한 생뚱 문장의 등장이 필연적이라는 것이다. 글이라는 것이 그때그때 생각나는 단상*(斷想)들을 풀어놓는 작업이기에 어느 누구도 완벽한 일관성을 유지하지 못하는 까닭에서다. 여러 번의 탈고 과정을 통해 이와 같은 가시 문장들을 제거하는 일은 따라서 매우 중요하다.

어떻게 해야 껄끄러운 '생뚱 문장'을 쉬이 없앨 수 있을까? 가장 기본적인 요령으로는 완성된 글을 탈고할 때, 문단별로 끊어 읽는 습관을 들 수 있다. 대패질한 나무 전체를 훑어보며 가시를 찾기보다, 가장자리 · 중간 · 측면 등으로 나눠 뒤져야 훨씬 수월하게 가시를 찾아낼 수 있는 것과 같은 이치다. 이와 함께, 무엇이 가시에 해당하는지를 명확히 하기 위해 나름대로의 기준을 설정하는 것도 필요하다. 글로 따지자면 문맥이 무엇인지 염두에 둬야 앞뒤 문장의 연결이 상응*(相應)하는지 아닌지를 알아챌 수 있다는 말이다. 물론, 이를 위해서는 문단마다 작은 제목을 떠올리며 글을 훑어보는 요령도 필요하다. 소도 언덕이 있어야 비비듯이 '꼬마 제목'이라도 있어야 생뚱 문장, 노루 문장을 골라내는 작업이 훨씬 수월해지는 이유에서다.

다녀온 지 오래된 여행일수록 세세한 장면보다는 전체적인 인상이 기억을 지배하는 법이다. 마찬가지로 글도 시간이 흐를수록 부분적인 단상(斷想)보다 전반적인 글맛이 앙가슴*에 머무르게 마련이다. 생뚱 문장의 잦은 출현은 자칫, 그런 독자들의 감상 후기(後記)에 "껄끄러웠다" 또는 "흐름이 좋지 않았다"라는 이미지를 남길 공산이 크다.

잊지 말자. 앞서 '문장론'에서 배웠던 여러 기술들이 '전투'와 관련된 '전술'에 해당한다면, 글의 흐름을 방해하는 '생뚱 문장 제거작전'은 '전쟁'에서 승리하기 위한 '전략'에 해당한다는 점을. 때문에, 수없이 많은 전투에서 승리하고도

***단상(斷想)** 생각나는 대로의 짧은 생각.
***상응(相應)** 서로 응하거나 어울림.
***앙가슴** 두 젖 사이의 가운데.

정작 전쟁에서 지는 경우가 발생하지 않도록 끊임없이 '생뚱 문장,' '노루 문장'을 제거하는 노력을 기울여야 한다. 작전명, '생뚱문장 제거작전'이 「한국인의 글쓰기」에서 한 자리를 차지할 수밖에 없는 이유가 여기에 있다.

참 고 문 헌

박진욱, 김동기 (2004). 「평범한 글쓰기」, 우리교육.
'1905년 미 라스베이거스 탄생' (2006. 5. 15). 「동아일보」. A27.

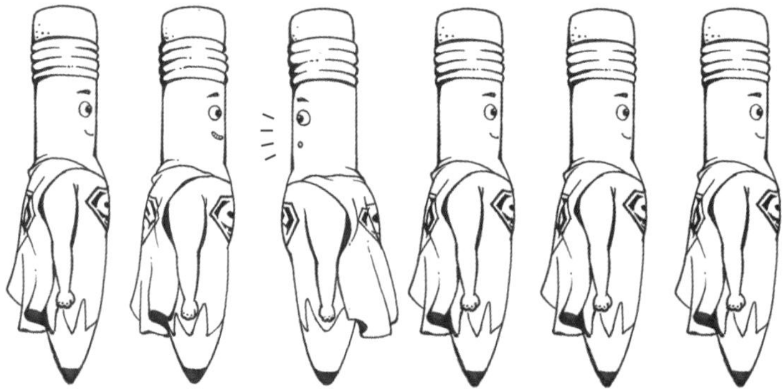

연습문제

가. 장 문 연 습 I

■ 다음 문단에서 생뚱 문장 또는 노루 문장을 찾아 제거해 보기 바랍니다.

1 '어린이는 나라의 기둥'이라고들 한다. 하지만, 어린이에 대한 영양 관리를 수십 년간 해오면서 느낀 점은 나라의 기둥을 바로 세우기 위한 체계적인 노력을 찾아보기 힘들다는 사실이다. 한국에는 어린이들을 위한 '어린이날'이 국경일로 정해져 있다. 그러기에 어린이를 위한 여러 구호들은 말 그대로 빛 좋은 개살구일 뿐, 공염불에 그치기 일수다. 미디어에서, 언론에서 비만 아동, 영양 결핍 아동들은 증가하고 있다고 아우성이지만 남의 집 이야기라고 치부하면 그만이다. 상황이 이럴진대, 어린이들을 위한 관련 연구나 데이터 축적이 제대로 이루어질 리 없다.

2 그는 모 대학의 화학과 출신이다. 그럼에도 불구하고 재학 당시, 학교 수업에는 별다른 관심이 없었다고 한다. 대신, 무선 동아리에서는 거의 매일 출근 도장을 찍을 정도의 열성을 보였었다. 이 때문에 졸업할 당시에 동아리 회장은 물론 충청지역 대표로까지 맹활약하게 된다. 전국적으로도 그의 이름은 꽤 유명하다고 알려져 있다. 취미가 다양할 뿐만 아니라 재미있는 사진도 인터넷에 많이 올려 그의 사이트를 정기적으로 방문하는 이들도 상당수 있다. 그런 그가 인터넷에서 무선통신 클럽을 처음 개설한 것은 지난 1998년. 당시만 해도 인터넷상에서는 무선통신 동아리가 거의 없던 시절이었다.

3 그녀가 학생들에게 가르치는 학문은 '레저 스포츠'이다. 역사도 짧고 아직까지 주변에서는 생소해하는 학문이다보니 관련 분야의 정보에 두루 정통해야 학생들의 호기심과 궁금증에 답할 수 있다는 것이 그녀의 설명이다. 그녀는 "스킨 스쿠버, 인라인 스케이트 등 최근에 배운 레저 스포츠만도 3~4가지는 된다"라며 "실기 위주로 가르치다 보니 체력은 자신 있다"라고 말한다. 실제로 그녀가 첫 수업을 들어갔을 때 학생들은 조교가 들어와 휴강을 공지하는 줄 알고 좋아했던 적이 한두 번이 아니라고 한다. 이렇듯 자신만만한 그녀에게도 남다른 고민이 있다. 그것은 다름아닌 학생들의 잦은 부상. 마음은 앞서는데 몸은 따라주지 않으니, 실습을 하다 보면 무리를 하다가 다치는 학생들이 꼭 나온다는 것이 그녀의 전언*(傳言)이다. 해서 생각해 낸 것이 실기 학습 전의 준비운동이란다.

*전언(傳言): 전하는 말.

4 라스베이거스는 매년 15만 쌍이 결혼식을 올리는 '결혼의 도시'이기도 하다. 수많은 사람이 결혼하기 위해 이곳을 찾는다. 애초에는 결혼 수속이 간단하기 때문이었지만, 요즘은 라스베이거스에서 결혼한다는 상징성도 크다. 차를 탄 채 결혼식을 올리는 '드라이브 스루 결혼식'에서 최고급 호텔의 호화판 결혼식까지 도시 곳곳에서 1년 내내 다양한 예식이 거행된다. 이혼 수속도 간단해서 미국에서 이혼하려는 커플이 가장 많이 찾는 곳이기도 하다. 프랑스의 수학자이자 철학자였던 파스칼은 "도박은 확실한 것을 내거는 행위"라고 꼬집었다. 일생의 반려자를 찾는 것은 도박과 닮은 점이 있을까. 도박과 결혼의 도시, 라스베이거스가 우리에게 던지는 질문이다.

'1905년 미 라스베이거스 탄생,' 동아일보, 2006년 5월 15일, A27.

5 자작나무과에 속하는 물오리나무는 산오리나무라고도 한다. 높이는 20m에 달하고 나무껍질은 검은 빛이 도는 갈색이며 회색의 피목이 있다. 4월에 꽃이 피고 10월에 열매가 나온다. 오리나무는 옛날 사람들이 거리를 나타내는 표시로 '5리마다 심어'서 오리목이란 이름이 생겼다고 한다. 물오리나무는 오리나무와 다르게 잎이 둥글고 끝이 뾰족하다. 잎 가장가리는 5~8개로 얕게 갈라지고 톱니가 있으며 잎의 표면은 짙은 녹색이다.

6 한 학년이 200명도 안 되던 작은 시골학교를 다니던 나에게 있어 대학이란 곳은 그동안의 내가 얼마나 '우물 안 개구리' 였는가를 확실하게 보여준 곳이었다. 대학은 정말이지 뛰고 나는 아이들의 집합소였던 것이다. 입학 후에도 줄어들지 않던 자괴심은 대학 신문사 생활을 하며 조금씩 사라지기 시작했다. 전공에 도움이 되겠다 싶어 시작한 학보사 일이 조금씩 자신감을 심어 주었기 때문이었다. 취재를 하고 글을 쓴다는 것이 결코 쉬운 일은 아니었기에 주변에서 보여준 "대단한 걸' 이라는 반응들은 나 자신을 다시 돌아보는 계기를 마련해 주었다. 또, 내 고민은 누구나 한 번쯤 갖게 마련이라는 선배의 말에 '처음부터 다시 배우자' 라는 각오를 더욱 굳게 다져나갔다.

7 찌개에는 두 종류가 있다. '두부가 있는 찌개' 와 '두부가 없는 찌개' 가 그것이다. 두부가 있는 찌개는 다시 '두부가 많이 있는 찌개' 와 '두부가 적게 있는 찌개' 로 나뉜다. 그러고 보면, 두부는 가공 방법에 따라 일반 두부, 연두부, 순두부 등으로 구분할 수 있다. 찌개를 나눔에 있어 두부가 있고 없고, 많고 적고가 중요한 이유는 찌개의 맛과 영양을 결정하는 데 있어 그만큼 두부의 역할이 크기 때문이다. 오죽하면 풍부한 단백질로 서양에서는 두부를 '동양의 치즈' 라 부를까? 이런 연유로 두부가 없는 찌개는 내 식탁에서 그다지 중요한 자리를 차지할 수 없다.

8 책은 읽으면 읽을수록 정신 세계가 맑아지며 마음의 양식이 가득해진다. 또, 진실을 구별할 수 있게 되며 삶의 진리와 지혜도 터득하게 된다. 이것은 스승으로부터 또는 명문 교육기관으로부터 얻을 수 있는 것과는 다른 종류의 것이다. 어느 소설가가 책을 읽으면 적어도 밥은 굶지 않는다고 강조한 것도 이러한 이유에서 이리라.

나. 장 문 연 습 II

■ 다음 문단에서 생뚱 문장 또는 노루 문장을 찾아 제거해 보기 바랍니다.

1 미디어의 속성과 관련해, 미국의 사회학자인 라자스펠트는 "당신이 중요하니까 매스미디어에 나와 일반인의 관심 대상이 되는 것이고, 매스 미디어에 나와 일반인의 관심 대상이 되니까 당신은 중요한 인물이 되는 셈"이라는 말을 남겼다. 마치 "닭이 먼저냐 달걀이 먼저냐?"에 대한 미디어적 수수께끼를 듣는 듯하다. 라자스펠트의 말이 공허한 말장난으로 들리지만은 않는다는 사실은 대중매체가 일반인의 의식에 얼마나 많은 영향을 미치는지 누구보다 우리 자신이 잘 알고 있기 때문일 것이다. 분명, 대중매체는 현대사회에서 그 어떤 존재보다 우리의 삶과 의식 구조를 깊숙이 지배하고 있다. 따라서 이 같은 매스컴의 속성을 충분히 파악한 연후에 매스컴에서 비추는 세상을 비판적으로 받아들이는 노력이 더욱 절실하다. 언론이 누구에게나 문호를 개방, 사회 각계각층의 목소리를 골고루 반영토록 제도적으로 강제해야 하는 이유가 여기에 있다. 마찬가지로 개가 사람을 물면 뉴스가 되지 않지만, 사람이 개를 물면 뉴스로 만들어 버리는 미디어의 속성 또한, 같은 맥락에서 사람들이 미디어의 무엇에 관심을 가지는지, 또는 미디어가 사람들의 무엇에 관심을 가지는지를 잘 보여준다고 하겠다.

2 현대인들은 정보와 뉴스의 홍수 속에서 살아가고 있다. 도심으로 출퇴근하는 도시인들은 지하철과 버스 정류장에서 엄청난 양의 무가지(無價紙)들을 만나는 것은 물론, 휴대용 TV와 각종 광고 전단 등을 통해 넘치는 뉴스와 정보를 접하게 된다. 게다가 자고 나면 새로운 매체들이 우후죽순(雨後竹筍) 생겨나고, 가판대에선 본 적도 들은 적도 없는 생면부지(生面不知)의 잡지들이 어지러이 볼거리, 읽을거리들을 제공하고 있다. 인터넷 포털사이트에서 클릭 수가 가장 많은 것을 조회하는 것이 어느덧 네티즌들의 일상사가 됐으니 더 이상 말해 무엇하겠는가?

정보가 넘쳐나는 정도를 지나쳐 폭증(暴增)하다 보니, 혹자는 어제 뉴스가 오늘은 전혀 쓸모없는 세상이 도래했다고 한탄하기도 한다. 넘쳐나는 정보들 가운데에서 자신에게 필요한 정보, 또 신뢰성과 객관성이 확보된 정보를 고르는 일조차 도통 어려운 일이 돼 버렸다. 과거, 우리네 조상님들은 오히려 정보가 부족해 묻고 수소문해 가며 호기심을 충족시킬 수밖에 없었고, 그런 와중에서도 풀리지 않는 궁금증은 마냥 가슴에 삭히기만 했다는데……. 해서, 정보의 폭풍 속에 휩쓸리지 않은 채, 자신만의 목표 지점을 향해 꾸준히 항해해 나가는 것은 이제 결코 만만치가 않다. 그렇게 볼 때, 여타 선진국에서 실시되고 있는 초·중·고등학교에서의 미디어 교육은 넘쳐나는 정보들을 어떻게 자신의 것으로 소화시켜 나갈 수 있는지에 대한 기초를 마련해 준다는 의미에서 큰 의의를 지니고 있다.

해답

가. 장문연습I

1 '어린이는 나라의 기둥' 이라고들 한다. 하지만, 어린이에 대한 영양 관리를 수십 년간 해오면서 느낀 점은 나라의 기둥을 바로 세우기 위한 체계적인 노력을 찾아보기 힘들다는 사실이다. **한국에는 어린이들을 위한 '어린이날' 이 국경일로 정해져 있다.** 그러기에 어린이를 위한 여러 구호들은 말 그대로 빛 좋은 개살구일 뿐, 공염불에 그치기 일수다. 미디어에서, 언론에서 비만 아동, 영양 결핍 아동들은 증가하고 있다고 아우성이지만 남의 집 이야기라고 치부하면 그만이다. 상황이 이럴진대, 어린이들을 위한 관련 연구나 데이터 축적이 제대로 이루어질 리 없다.

※ '어린이에 대한 체계적인 영양 관리가 미흡하다' 가 중심 문장인 문단이다. 그러니 "한국에는 어린이들을 위한 '어린이날' 이 국경일로 정해져 있다" 라는 문장은 글의 맥락에서 벗어난 노루/생뚱 문장이다. 만일, 이 문장이 윗글의 첫 문장 뒤에 바로 놓인다면 괜찮다. 어린이가 나라의 기둥이라는 글에 대한 부연 설명으로 볼 수 있기 때문이다. 그러나 이후의 글 흐름이 체계적인 노력 부족을 들고 있어, 다시 갑작스레, 어린이날 이야기를 꺼내면 독자들은 글의 진행에 대해 혼란을 느낄 수밖에 없다.

2 그는 모 대학의 화학과 출신이다. 그럼에도 불구하고 재학 당시, 학교 수업에는 별다른 관심이 없었다고 한다. 대신, 무선 동아리에서는 거의 매일 출근 도장을 찍을 정도의 열성을 보였었다. 이 때문에 졸업할 당시에 동아리 회장은 물론 충청지역 대표로까지 맹활약하게 된다. 전국적으로도 그의 이름은 꽤 유명하다고 알려져 있다. **취미가 다양할 뿐만 아니라 재미있는 사진도 인터넷에 많이 올려 그의 사이트를 방문하는 이들도 상당수 있다.** 그런 그가 인터넷에서 무선통신 클럽을 처음 개설한 것은 지난 1998년. 당시만 해도 인터넷상에서는 거의 무선통신 동아리가 없던 시절이었다.

※ '무선통신을 사랑하는 주인공에 대한 이야기' 가 소재인 글이다. 대학 시절부터, 졸업할 당시, 그리고 그 후의 인터넷 동아리에 이르기까지의 무선통신 관련 활동이 일관되게 소개되고 있다. 그러나 취미와 사진에 관한 다소 엉뚱한 문장이 중간에서 글의 흐름을 방해하고 있다.

3 그녀가 학생들에게 가르치는 학문은 '레저 스포츠'이다. 역사도 짧고 아직까지 주변에서는 생소해하는 학문이다 보니 관련 분야의 정보에 두루 정통해야 학생들의 호기심과 궁금증에 답할 수 있다는 것이 그녀의 설명이다. 그녀는 "스킨 스쿠버, 인라인 스케이트 등 최근에 배운 레저 스포츠만도 3~4가지는 됩니다"라며 "실기 위주로 가르치다 보니 체력은 자신 있다"라고 말한다. **실제로 그녀가 첫 수업을 들어갔을 때 학생들은 조교가 들어와 휴강을 공지하는 줄 알고 좋아했던 적이 한두 번이 아니라고 한다.** 이렇듯 자신만만한 그녀에게도 남다른 고민이 있다. 그것은 다름아닌 학생들의 잦은 부상. 마음은 앞서는데 몸은 따라주지 않으니, 실습을 하다 보면 무리를 하다가 다치는 학생들이 꼭 나온다는 것이 그녀의 전언(傳言)이다. 해서 생각해 낸 것이 실기 학습 전의 준비운동이란다.

※ 사실, 이 글은 두 가지의 내용을 포함하고 있는 문단이다. 처음에는 '레저 스포츠를 가르치는 여성에 대한 소개'이고, 두 번째는 '그녀의 고민과 해결 방안'이다. 문제는 첫 내용에서 두 번째 내용으로 흘러가는 도중에, 글의 맥락과는 상관없는 '휴강' 이야기가 나온다는 것이다. 당연히 제거해 주어야 한다.

4 라스베이거스는 매년 15만 쌍이 결혼식을 올리는 '결혼의 도시'이기도 하다. 수많은 사람이 결혼하기 위해 이곳을 찾는다. 애초에는 결혼 수속이 간단하기 때문이었지만, 요즘은 라스베이거스에서 결혼한다는 상징성도 크다. 차를 탄 채 결혼식을 올리는 '드라이브 스루 결혼식'에서 최고급 호텔의 호화판 결혼식까지 도시 곳곳에서 1년 내내 다양한 예식이 거행된다. 이혼 수속도 간단해서 미국에서 이혼하려는 커플이 가장 많이 찾는 곳이기도 하다. **프랑스의 수학자이자 철학자였던 파스칼은 "도박은 확실한 것을 내거는 행위"라고 꼬집었다.** 일생의 반려자를 찾는 것은 도박과 닮은 점이 있을까. 도박과 결혼의 도시, 라스베이거스가 우리에게 던지는 질문이다.

※ '라스베이거스는 결혼의 도시이기도 하다'라는 중심 문장이 두괄식으로 전개된 문단이다. 이후, 글은 결혼의 도시임을 증명하는 여러 부연 설명들을 나열하고 있다. 문제는 맨 마지막에서 결혼의 도시 라스베이거스를 전통적으로 알려진 도박의 도시 라스베이거스와 연결시키기 위해, 무리해서 파스칼의 어록을 끄집어 냈다는 것이다. 다음 글과의 보다 자연스런 연결을 위해 차라리 이 문장은 제거하는 것이 낫다.

5 자작나무과에 속하는 물오리나무는 산오리나무라고도 한다. 높이는 20m에 달하고 나무껍질은 검은 빛이 도는 갈색이며 회색의 피목이 있다. 4월에 꽃이 피고 10월에 열매가 나온다. **오리나무는 옛날 사람들이 거리를 나타내는 표시로 '5리마다 심어'서 오리목이란 이름이 생겼다고 한다.** 물오리나무는 오리나무와 다르게 잎이 둥글고 끝이 뾰족하다. 잎 가장가리는 5~8개로 얕게 갈라지고 톱니가 있으며 잎의 표면은 짙은 녹색이다.

※ 물오리나무를 설명하는 문단이다. 외양과 특성을 설명하는 와중에 문단 중간에 느닷없이 '오리나무' 이야기가 나온다. 이름이 비슷하다는 것 때문에 부연 설명된 것은 이해하지만, 전체적인 글의 흐름과는 동떨어진 노루/생뚱 문장이다.

6 한 학년이 200명도 안 되던 작은 시골학교를 다니던 나에게 있어 대학이란 곳은 그동안의 내가 얼마나 '우물 안 개구리'였는가를 확실하게 보여준 곳이었다. 대학은 정말이지 뛰고 나는 아이들의 집합소였던 것이다. 입학 후에도 줄어들지 않던 자괴심은 대학신문사 생활을 하며 조금씩 사라지기 시작했다. 전공에 도움이 되겠다 싶어 시작한 학보사 일이 조금씩 자신감을 심어 주었기 때문이었다. 취재를 하고 글을 쓴다는 것이 결코 쉬운 일은 아니었기에 주변에서 보여준 "대단한 걸'이라는 반응들은 나 자신을 다시 돌아보는 계기를 마련해 주었다. **또, 내 고민은 누구나 한 번쯤 갖게 마련이라는 선배의 말에 '처음부터 다시 배우자'라는 각오를 더욱 굳게 다져 나갔다.**

※ 우물 안 개구리였던 주인공이 점차 자신감을 되찾는 과정을 설명하고 있는 글이다. 그런데 맨 마지막 문장에서 난데없이 '처음부터 다시 배우자'라는 생뚱/노루 문장이 등장한다. 맨 마지막 문장이 자연스럽게 연결되려면, 오히려 앞 문장에서는 포기하려다 일단 더 노력해 보려는 내용이 담겨 있어야 한다.

7 찌개에는 두 종류가 있다. '두부가 있는 찌개'와 '두부가 없는 찌개'가 그것이다. 두부가 있는 찌개는 다시 '두부가 많이 있는 찌개'와 '두부가 적게 있는 찌개'로 나뉜다. **그러고 보면, 두부는 가공 방법에 따라 일반 두부, 연두부, 순두부 등으로 구분할 수 있다.** 찌개를 나눔에 있어 두부가 있고 없고, 많고 적고가 중요한 이유는 찌개의 맛과 영양을 결정하는 데 있어 그만큼 두부의 역할이 크기 때문이다. 오죽하면 풍부한 단백질로 서양에서는 두부를 '동양의 치즈'라 부를까? 이런 연유로 두부가 없는 찌개는 내 식탁에서 그다지 중요한 자리를 차지할 수 없다.

※ 찌개의 종류를 설명하는 와중에 갑작스레, 두부의 종류를 설명하는 문장이 나온다. 비록, '그러고 보면'이란 접속부사를 이용해 글을 자연스럽게 연결하고자 했지만, 여전히 전반적인 흐름에서 벗어나는 내용을 포함하고 있다. 마땅히 제거해야 한다.

8 책은 읽으면 읽을수록 정신 세계가 맑아지며 마음의 양식이 가득해진다. 또, 진실을 구별할 수 있게 되며 삶의 진리와 지혜도 터득하게 된다. 이것은 스승으로부터 또는 명문 교육기관으로부터 얻을 수 있는 것과는 다른 종류의 것이다. **어느 소설가가 책을 읽으면 적어도 밥은 굶지 않는다고 강조한 것도 이러한 이유에서이리라.**

※ 마음의 양식이 가득해진다는 것과 밥을 굶지 않는다는 것은 별개의 사실이다.

나. 장문연습II

1 미디어의 속성과 관련해, 미국의 사회학자인 라자스펠트는 "당신이 중요하니까 매스미디어에 나와 일반인의 관심 대상이 되는 것이고, 매스미디어에 나와 일반인의 관심 대상이 되니까 당신은 중요한 인물이 되는 셈"이라는 말을 남겼다. 마치 "닭이 먼저냐 달걀이 먼저냐?"에 대한 미디어적 수수께끼를 듣는 듯하다. 라자스펠트의 말이 공허한 말장난으로 들리지만은 않는다는 사실은 대중매체가 일반인의 의식에 얼마나 많은 영향을 미치는지 누구보다 우리 자신이 잘 알고 있기 때문일 것이다. 분명, 대중매체는 현대사회에서 그 어떤 존재보다 우리의 삶과 의식 구조를 깊숙이 지배하고 있다. 따라서 이 같은 매스컴의 속성을 충분히 파악한 연후에 매스컴에서 비추는 세상을 비판적으로 받아들이는 노력이 더욱 절실하다. **언론이 누구에게나 문호를 개방, 사회 각계각층의 목소리를 골고루 반영토록 제도적으로 강제해야 하는 이유가 여기에 있다.** 마찬가지로 개가 사람을 물면 뉴스가 되지 않지만, 사람이 개를 물면 뉴스로 만들어 버리는 미디어의 속성 또한, 같은 맥락에서 사람들이 미디어의 무엇에 관심을 가지는지, 또는 미디어가 사람들의 무엇에 관심을 가지는지를 잘 보여준다고 하겠다.

※ 미디어의 속성을 이야기 하는 와중에 느닷없이 언론에 대한 접근성 이야기가 등장한다. 제거해야 할 생뚱/노루 문장이다.

2 현대인들은 정보와 뉴스의 홍수 속에서 살아가고 있다. 도심으로 출·퇴근하는 도시인들은 지하철과 버스 정류장에서 엄청난 양의 무가지(無價紙)들을 만나는 것은 물론, 휴대용 TV와 각종 광고 전단 등을 통해 넘치는 뉴스와 정보를 접하게 된다. 게다가 자고 나면 새로운 매체들이 우후죽순(雨後竹筍) 생겨나고, 가판대에선 본 적도 들은 적도 없는 생면부지(生面不知)의 잡지들이 어지러이 볼거리, 읽을거리들을 제공하고 있다. **인터넷 포털사이트에서 클릭 수가 가장 많은 것을 조회하는 것이 어느덧 네티즌들의 일상사가 됐으니 더 이상 말해 무엇하겠는가?**

정보가 넘쳐나는 정도를 지나쳐 폭증(暴增)하다 보니, 혹자는 어제 뉴스가 오늘은 전혀 쓸모없는 세상이 도래했다고 한탄하기도 한다. 넘쳐나는 정보들 가운데에서 자신에게 필요한 정보, 또 신뢰성과 객관성이 확보된 정보를 고르는 일조차 도통 어려운 일이 돼 버렸다. 과거, 우리네 조상님들은 오히려 정보가 부족해 묻고 수소문해 가며 호기심을 충족시킬 수밖에 없었고, 그런 와중에서도 풀리지 않는 궁금증은 마냥 가슴에 삭히기만 했다는데……. 해서, 정보의 폭풍 속에 휩쓸리지 않은 채, 자신만의 목표 지점을 향해 꾸준히 항해해 나가는 것은 이제 결코 만만치가 않다. 그렇게 볼 때, 여타 선진국에서 실시되고 있는 초·중·고등학교에서의 미디어 교육은 넘쳐나는 정보들을 어떻게 자신의 것으로 소화시켜 나갈 수 있는지에 대한 기초를 마련해 준다는 의미에서 큰 의의를 지니고 있다.

※ 넘치는 정보와 관련된 글 속에 최다 클릭 수 이야기가 '가시'처럼 돋아나 있다. 만일, 인터넷 포털 사이트들의 막강한 영향력을 이야기하는 도중이라면 별 상관이 없지만, 윗글의 흐름에서는 분명히 벗어나는 부분이다.

3

'용서받지 못한 자'

독자 유추 강요하는 '마술 문장' 솎아내고*
눈높이 낮춰가며 한두 마디 설명 덧붙여야

"옛날, 어느 마을에 마음씨 착하고 부지런한 나무꾼이 살았어요."

"어느 날, 높은 산으로 간 나무꾼은 아주 좋은 나무 한 그루를 찾았어요."

"자, 그럼 일을 시작해 볼까?"

"쿵, 쿵, 쿵!"

"나무꾼은 나무를 하다가 그만 쇠도끼를 연못 속에 빠뜨리고 말았어요."

"아이고 이를 어쩌나?"

"나무꾼은 엉엉 울었습니다."

"그때 연못 속에서 신령님이 나타났어요."

"어허, 어찌하여 그렇게 울고 있느냐?"

"아이고, 신령님. 제가 그만 도끼를 잃어 버리고 말았답니다. 도끼가 없으면 어머님을 모실 수가 없어요."

여섯 살 아들: (이야기를 듣던 도중, 갑자기) "아빠, 도끼가 없으면 왜 어머니를 모실 수 없어?"

*솎아 내다 촘촘히 있는 것을 군데군데 골라 뽑아 성기게 하다.
예 머리 숱이 많아서 자를 때마다 적당히 솎아 내야 한다.

필자: "응, 원래 나무꾼은 남의 집 땔감용으로 쓰일 나무를 산에서 베어다 시장에 내다 파는 사람이거든. 그런데 도끼가 없어 나무를 못 베면 시장에 내다 팔 나무를 구할 수 없고, 그렇게 되면 나무를 팔아 마련하던 돈도 더 이상 못 벌게 되지. 돈이 없으면, 쌀이나 옷을 살 수 없으니 어머님을 제대로 모실 수가 없다는 뜻이야."

아들: "어렵다……."

어느 날, 잠자리에서 동화책을 읽어주던 필자가 큰 아이와 나눈 대화 내용이다. 이야기를 재미있게 듣던 와중에서 나무를 못하면 어머님을 모실 수 없다는 말을 이해하지 못했던 아이는 결국 필자의 설명을 듣고 나서야 어렵사리 고개를 끄덕였다. 아이들의 눈높이를 고려하지 못한 채 이야기를 지나치게 빨리 전개했던 동화 작가의 잘못을 필자가 대신 지불했던 셈이다.

이번 장의 주제는 '용서받지 못한 자'에 관한 얘기다. 독자들에게 무리한 유추*(類推)를 강요하며 자신만 이해하는 문장으로 상대방의 머리 위에 서려는 자들이 그 응징 대상에 속한다.

한때, 마술 공연이 명절날 TV 프로그램의 단골손님으로 등장하던 시절이 있었다. 요즘이야 워낙 TV 채널이 많아져서 지상파 방송이 더 이상 과거의 위용을 누리지는 못하고 있지만, 20여 년 전만 하더라도 명절날의 가장 보편적인 오락거리는 지상파 방송에서 중계해 주는 서커스나 마술 공연을 시청하는 일이었다. 특이한 복장의 마술사가 아름다운 도우미들의 보조 속에 진행했던 공연은 자칫 화기애매하기 쉬웠던 명절날 가족 모임을 나름대로 구순하게* 이끌어주는 역할을 충실히 해내곤 했다. 그런 마술 공연을 200% 즐기기 위해서는 가급적 마술의 비밀에 대한 원초적 호기심을 자제시키는 요령이 필요했다. 어떻게 마술을 부리는지 파헤치려 덤비다 보면, 결국 있는 그대로의 깜짝쇼를 즐기지 못한 채 화기 애매한 분위기만 망쳐놓는 경우가 종종 발생했기 때문이다.

재미있는 사실은 마술 공연과 달리 글쓰기 공연에서는 어떻게 이야기가 진행되

***유추(類推)** 같은 종류의 것, 또는 비슷한 것에 기초하여 다른 사물을 미루어 추측하는 일.

***구순하다** 사이가 좋고 화목하다.

는지에 대한 과정을 세세하게 소개해야 한다는 것이다. 이는 마술 자체가 '깜짝 결과'를 즐기기 위해 존재하는 예술이라면, 글쓰기는 이야기의 '진행 과정' 자체를 보여주기 위한 예술인 까닭에서다. 따라서 자신도 모르는 사이에 내질러 버리는 '깜짝 문장'들은 독자들을 내쫓는 악재(惡材)가 될 뿐이다. 생각해 보라. 아무리 쉽게 써도 독자들이 끝까지 읽어줄지 말지 가슴을 졸여야 하는 판국에, 여기저기서 마술 같은 깜짝 문장들이 펼쳐진다면 독자들의 반응이 어떨지.

다음 문장의 경우를 보자.

> 조세희의 연작 소설, 「난장이가 쏘아 올린 작은 공」은 시 · 공간을 뛰어넘는 구성을 통해 자칫 독자들로 하여금 혼란을 주는 부분도 상당수 담고 있다. 따라서 이 소설을 제대로 소화해 내려면…….

어느 학생이 저자의 수업과 관련해 제출했던 서평 가운데 일부분이다. 문제는 여기에서 '시 · 공간을 뛰어넘는 구성'이 무엇인지에 대한 덧글*이 전혀 없다는 사실이다. 모르긴 해도 '시 · 공간을 뛰어넘는 구성'이 무엇을 의미하는지, 글쓴이는 어느 정도 알고 있으리라는 것이 저자의 생각이다. 정작 중요한 사실은 그러한 이해가 글쓴이의 머릿속에서만 머물고 있다는 것이다. 독자에 대한 이러한 종류의 유추 강요는 단어 또는 문장에서부터 문단에 이르기까지 여러 형태로 나타날 수 있다. 한 가지 예를 더 들어 보자.

> 미디어가 남성 중심적인 시각에서 여성 관련 뉴스를 다룬다는 지은이의 주장에 전적으로 공감한다. 결론적으로 말해, 이 책을 읽으면서 언론을 바라보는 관점이 좀 더 넓어졌다. 앞으로는 이와 같은 책을 더욱 자주 접하는 것이 필요하다.

독자의 유추를 강요하는 '마술 문장'에는 크게 두 종류가 있다. 첫 번째 예제

***덧글** 덧붙이는 글.

에서 보듯, '도대체 무슨 소리를 하는 거지?' 라는 궁금증을 불러일으키는 '뭐라고?' 형(What-형) 마술 문장이 그것이다. 반면, '왜, 그렇게 됐을까?' 라는 호기심을 유도하는 '왜?' 형(Why-형) 마술 문장은 두 번째 유형에 속한다(위에서 소개하는 두 번째 예제는 '왜?' 형 마술 문장에 해당한다). 그렇게 본다면 자신 또는 타인의 '마술 문장' 이 어느 유형에 속하는지를 먼저 살펴본 다음, 예상되는 독자들의 궁금증을 간단하게나마 풀어줘야 한다. 그런 의미에서 위의 문장들을 다시 풀어 쓴 다음의 예를 통해 '용서받지 못한 자' 의 대열에서 한시 바삐 벗어나도록 하자.

> 조세희의 연작 소설, 「난장이가 쏘아 올린 작은 공」은 시 · 공간을 뛰어넘는 구성을 통해 자칫 독자들로 하여금 혼란을 주는 부분도 상당수 담고 있다. 예를 들어, 소설은 시간의 흐름에 따라 내용이 순차적으로 전개되기보다 과거와 현재를 오가며 각기 다른 장소에서 발생하는 서로 다른 이야기들을 따로따로 엮어 가는 방식으로 진행되고 있다. 따라서 이 소설을 제대로 소화해 내려면…….

> 언론이 남성 중심적인 시각에서 여성 관련 기사를 다루는 행태는 비단 우리나라에만 국한된 것이 아니다. 결론적으로 말해, 이 책을 읽으면서, 언론을 바라보는 관점이 좀 더 넓어졌다. 예전에는 한국의 언론 보도가 얼마나 성차별적인지를 느끼지 못했지만, 이제는 약자의 입장에서 볼 때 언론의 보도 행태가 얼마나 일방적이고 편파적인지를 깨달았기 때문이다. 앞으로는 이와 같은 책을 더욱 자주 접하는 것이 필요하다.

참 고 문 헌

임재춘 (2004). 「한국의 이공계는 글쓰기가 두렵다」, 마이넌.

'점령군이 바뀌면 신의 이름이 바뀌었다' (2006.12.2). 「동아일보」, 19.

'알아둡시다' – 까칠한 글쓰기

독자들의 궁금증을 없애주는 글쓰기 작업을 편의상 '까칠한 글쓰기' 라고 합시다. '까칠한 글쓰기'는 기실, 글쓴이에게 대단한 '인내심'을 요구합니다. 서평을 제출한 학생들을 옆에 세워놓고 그네들의 글을 고쳐주면서 마술 문장들에 대해 일일이 지적해 주면 "이 정도로 충분하지 않나요?," "왜 이 글을 이해 못하는지 오히려 제가 이해를 못하겠네요," "너무 까다로우신 거 아네요?" 등과 같은 반응들을 수도 없이 접하게 된다. 물론, 저자 역시 언론사와 대학원에서 글을 배울 때 고참 기자와 선생님들로부터 같은 지적을 무수히 받아봤고, 마찬가지 반응을 보이곤 했었지만.

문제는 이러한 조언을 받아들여 자신의 글쓰기에 접목(接木)시킬 줄 아는 '인내심'이다. '내 글이 어때서,' '되게 까칠하게 구네,' '앞으로는 상종 안 한다' 등과 같이 너무나 당연한 감정들이 마음 속에서 불끈 불끈 솟아올라도 이를 꾹 누른 채, 참고 또 인내하면서 담담하게 도움말을 받아들여야 어느 순간부터 비로소 "글이 참 쉽다," "네 글은 술술 읽힌다"와 같은 주변 반응을 들을 수 있는 경지에 도달하기 때문이다.

연습문제

가. 단 문 연 습

■ 다음에 나오는 글들은 모두 **'뭐라고?'** 형 마술 문장들입니다. 독자의 유추를 강요하는 단어들을 찾아 보고, 핵심 단어들에 대한 연관 지식을 구해 독자들의 눈높이에 맞도록 다시 설명해 보기 바랍니다.

1 베르메르는 작품, '진주 귀걸이를 한 소녀'로 우리에게도 잘 알려져 있다.
2 "문소리의 '오아시스'를 보고 감정이 복받쳐서 한참을 울었어요."
3 「유토피아」는 모든 이들이 평등하게 행복한 삶을 영위하는 영국판 무릉도원 이야기를 담고 있다.
4 브라운 대학에는 세계 최고의 두뇌들이 모여 학구열을 불태우고 있다.
5 김연아가 2006년 시니어 그랑프리 4차 대회에서 금메달을 획득한 것은 한국의 스포츠사(史)에 기록될 또 하나의 쾌거였다.
6 올해에는 청소년들 사이에서 스키니 진이 유행하고 있다.
7 미국을 제외하고 '스타크래프트'가 가장 많이 팔린 나라는 한국이다.
8 NG는 No Good의 약자로 일상 생활에서도 심심찮게 쓰이는 단어다.
9 외국인들에게 있어 신선로는 미각적인 면은 물론, 시각적인 측면에서도 무척 신기한 대상이다.
10 「중용(中庸)」은 짧은 분량에도 불구하고 대단히 함축적인 내용을 포함하고 있다.
11 '오로라'는 자연이 빚어내는 최고의 걸작품 가운데 하나이다.
12 'GS 25,' '세븐 일레븐,' '훼미리 마트' 등에서는 택배 서비스도 제공해 준다.
13 '스니커즈'만을 전문적으로 모으는 매니아들이 최근 들어 속속 등장하고 있다.

14 고려 때 중국에서 들어온 '아쟁'은 7줄로 구성돼 있다.
15 '라마'는 안데스 산맥에서 서식하고 있으며, 주로 화물 운반용으로 쓰인다.
16 '네이버'가 신세대들의 삶에서 차지하는 비중은 가히 절대적이다.
17 '산타페'의 세계적 인지도가 갈수록 높아지면서, 그에 따른 판매량도 가파르게 상승하고 있다.
18 '아래아 한글'에는 유용하면서도 일반인에게는 잘 알려지지 않은 기능들이 많이 숨겨져 있다.
19 '완소남'은 '완전 소중한 남자'를 줄인 말이다.
20 상사의 부인이 직원들을 개인적으로 부린다.

나. 중 문 연 습

■ 독자의 유추를 강요하는 단어나 어구, 문장들을 골라 그 유형(**'뭐라고?'** 또는 **'왜?'** 형)을 알아 맞혀 보고, 인터넷을 뒤져보거나 짐작이 가능한 범위 내에서 독자들이 이해할 수 있도록 최대한 풀어서 설명해 보기 바랍니다. 뒤에 제시한 답에 정확하게 들어 맞아야 할 필요는 없습니다.

1 기술 발전은 결과적으로 우리를 '정보의 바다'로 인도했다. 시 · 공간의 제약을 받던 인쇄 매체는 기술 발전으로 그 제약에서 해방되었고, 현대인들은 인터넷을 통해 어디서건 어떤 종류의 정보라도 수월하게 얻을 수 있게 됐다.

2 19세기를 '인쇄 매체'의 시대라 한다면, 20세기와 21세기는 '영상 매체'의 시대라고 할 수 있다. 이러한 영상 매체의 시대의 가장 대표적인 주자는 바로 텔레비전이다. 그러고 보면, 텔레비전은 정치 체제 또는 계급 간의 장벽을 초월한 매체로 굳건히 자리하고 있다.

3 유명한 어느 문예 비평가는 독서를 여러 행위 가운데 '축제'에 비유하곤 했다. 책이 서로 간의 마음을 열어주며 깊이 있는 대화를 가능케 하기 때문이라는 이유에서다.

4 1950년 9월 15일의 인천상륙작전은 한국전쟁의 판세를 일거에 뒤바꾼 한 편의 드라마였다. 당시, 영남 지방에 포위된 채 고립 상태에 빠졌던 국군과 미군은 이후, 대대적인 진격 작전을 개시해 중간에서 꼼짝 못하게 된 북한군을 섬멸한 후 북진을 시작한다.

5 저자는 미술평론가로서 만났던 수많은 화가들 가운데 자신에게 상처 같은 기억을 남긴 예술인 열 명을 골라, 그들의 작품과 삶에 대한 관한 감상을 책으로 써서 펴냈다.

6 "금년에는 지방선거와 군부대 전술훈련평가 등의 훈련장 사용 계획상, 부득이하게 학기 중에 훈련을 실시하오니 전원 참석하여 주시기 바랍니다. 이와 함께, 금년도에는 예비군 증가로 훈련장 수용인원이 한정되어 개인별로 지정된 일자 변경이 불가합니다."

어느 대학 게시판에 붙은 예비군 훈련 공고문

7 접속사는 매우 조심해서 활용해야 한다. 이는 접속사를 잘못 사용할 경우, 글의 흐름을 자연스럽게 하기보다 오히려 방해할 수 있기 때문이다. 이에 대해 이어령 전 문화부장관은 접속사를 못에 비유하면서 "상목수는 못질을 하지 않는다"고 충고하고 있다.

8 아카시아, 매화나무 등과 같이 뿌리가 얕은 천근성(淺根性) 수종(樹種)은 대개 척박한 땅에서도 잘 견디는 까닭에 우리나라 어느 곳에서나 재배가 가능하다. 그러나 뿌리가 얕게 자라므로 심어 기르려면 물이 잘 빠지는 땅을 골라야 한다. 아카시아의 경우에는 보통 5~6월에, 매화나무는 4월에 각각 꽃이 핀다.

9 느티나무는 가지가 넓게 퍼지며 잎이 무성해 그늘이 아주 시원하다. 그래서 모기도 느티나무 아래에는 들지 않는다. 이러한 까닭에 시골 아낙네들은 여름 한낮에 느티나무 아래에서 아기를 재운다.

10 중학교 시절의 일이다. 어느 날, 다음 시간까지 30cm 정도 크기의 인물상을 만들어 오라는 선생님의 영(令)이 떨어졌다. 그때까지만 해도 관련 지식이 전무했던 터라, 찰흙을 잔뜩 사다가 적당히 뭉개면 쉽사리 과제를 완성할 줄 알았다.

다. 장 문 연 습

■ 다음에서 독자의 유추를 강요하는 문장을 찾아보고, 그 유형과 함께 무엇이 문제인지 생각해 보기 바랍니다.

1 때는 1453년 5월 29일. 비잔틴 제국의 수도 콘스탄티노플(이스탄불)은 풍전등화의 위급한 상황에 놓였다. 오스만 제국의 술탄 메흐메트 2세(1451~1481)가 맹렬한 기세로 공세를 폈기 때문. 골든혼(이스탄불의 좁은 바닷길)에 쇠줄을 가설해 적선의 접근을 봉쇄하기는 했지만 언제 뚫릴지 알 수 없었다. 우려는 적중했다. 21세의 혈기왕성한 술탄은 선박 67척을 동원해 부교를 만들어 장애물을 무용지물로 만들었다. 콘스탄티노플은 이렇게 무너졌다.

'점령군이 바뀌면 신의 이름이 바뀌었다,' 「동아일보」 2006년 12월 2일, 19.

2 우주에서 작업 중인 지구인의 우주복에 구멍이 뚫리면 어떤 일이 발생할까? 영화에서 보여주는 가장 흔한 장면은 구멍을 통해 우주복의 산소가 빠져나가면서 우주인이 질식하는 것이다. 하지만 이는 어디까지나 영화상의 장면일 뿐, 실제로는 더욱 끔찍한 일이 벌어진다. 우선, 우주복에 구멍이 뚫리면 기압을 조절하는 우주복이 제 기능을 발휘하지 못하게 돼 우주인의 피 속에 있는 질소는 곧바로 기체로 변하게 된다. 이에 따라 기체가 된 질소는 혈관 속에서 혈액 공급 차단, 혈관 파열 등과 같은 부작용을 일으키게 된다. 다행히 기압조절장치가 제대로 작동한다손 치더라도 온도조절장치가 고장 난다면, 영하 260도에 달하는 우주의 냉기로 인해 우주인은 순식간에 꽁꽁 얼어버릴 것이다.

3 젊은이는 우물 곁에 서 있는 커다란 나무 위에 올라가 주위를 살피기 시작했다. 그때, 아름다운 아가씨가 우물가로 다가왔다. 바로 공주였던 것이다. 젊은이는 버드나무 잎을 물동이 위에 떨어뜨렸다. "아니, 당신은 누구세요? 어떻게 이곳까지 오셨죠?" 젊은이를 발견한 공주가 깜짝 놀라 물었다. 그러자 젊은이가 대답했다. "저는 공주님을 구하러 온 사람입니다. 공주님이 거인에게 납치된 후, 아바마마께서는 공주님을 구해오는 자에게 거액의 상금을 주겠다는 포고령을 내리셨고 제가 제일 먼저 자원하게 됐습니다."

해답

가. 단문연습

1 (17세기의) **네덜란드 화가**, (요하네스 얀) 베르메르는 (**'북구의 모나리자' 라는 별칭으로 유명한**) 작품, '진주 귀걸이를 한 소녀' 로 우리에게도 잘 알려져 있다.

2 "**영화 배우**, 문소리의 '오아시스' 를 보고 감정이 복받쳐서 한참을 울었어요."
"**여배우** 문소리의 **영화**, '오아시스' 를 보고 감정이 복받쳐서 한참을 울었어요."

3 (**16세기 영국의 대법관이었던**) **토마스 모어의 저서**, 「유토피아」는 모든 이들이 평등하게 행복한 삶을 영위하는 영국판 무릉도원 이야기를 담고 있다.

4 **아이비리그(Ivy League)의 하나인 미국**, 브라운 대학에는 세계 최고의 두뇌들이 모여 학구열을 불태우고 있다.

5 (여자) **피겨 스케이터/스케이트 선수**, 김연아가 2006년 시니어 그랑프리 4차 대회에서 금메달을 획득한 것은 한국의 스포츠사(史)에 기록될 또 하나의 쾌거였다.

6 올해에는 청소년들 사이에서 **몸에 짝 달라붙는 청바지인** 스키니 진이 유행하고 있다.

7 미국을 제외하고 **컴퓨터 (전략 시뮬레이션) 게임인** '스타크래프트' 가 가장 많이 팔린 나라는 한국이다.

8 **방송 용어인** NG는 No Good의 약자로 일상 생활에서도 심심찮게 쓰이는 단어다.

9 외국인들에게 있어 **한국의 전통 요리인** 신선로는 미각적인 면은 물론, 시각적인 측면에서도 무척 신기한 대상이다.

10 **사서삼경의 하나인 (고전)**, 「중용(中庸)」은 짧은 분량에도 불구하고 대단히 함축적인 내용을 포함하고 있다.

11 **극지방의 하늘에서 볼 수 있는** '오로라' 는 자연이 빚어내는 최고의 걸작품 가운데 하나이다.

12 **24시간 편의점인** 'GS 25,' '세븐 일레븐,' '훼미리 마트' 등에서는 택배 서비스도 제공해준다.

13 **운동화의 일종인** '스니커즈' 만을 전문적으로 모으는 매니아들이 최근 들어 속속 등장하고 있다.

14 고려 때 중국에서 들어온 **현악기인** '아쟁'은 7줄로 구성돼 있다.

15 **낙타의 일종인** '라마'는 안데스 산맥에서 서식하고 있으며, 주로 화물 운반용으로 쓰인다.

16 **(인터넷의) 포털사이트인** '네이버'가 신세대들의 삶에서 차지하는 비중은 가히 절대적이다.

17 **현대자동차의 SUV(스포츠형 다목적 차량)인** '산타페'의 세계적 인지도가 갈수록 높아지면서, 그에 따른 판매량도 가파르게 상승하고 있다.

18 **(컴퓨터의) 문서작성 프로그램인** '아래아 한글'에는 유용하면서도 일반인에게는 잘 알려지지 않은 기능들이 많이 숨겨져 있다.

19 **10대들의 은어인** '완소남'은 '완전 소중한 남자'를 줄인 말이다.

20 **직장** 상사의 부인이 직원들을 개인적으로 부린다.

※ 직원이란 말로 미루어 보아 군대는 아니라는 것을 알 수 있다.

나. 중문연습

1 **기술 발전**은 결과적으로 우리를 '정보의 바다'로 인도했다. **시 · 공간의 제약**을 받던 인쇄 매체는 기술 발전으로 그 제약에서 해방되었고, 현대인들은 인터넷을 통해 **어디서건 어떤 종류의** 정보라도 수월하게 얻을 수 있게 됐다.

※ 구체적으로 어떤 종류의 '기술 발전'인지에 대한 설명이 부족하다. 문맥상으로 보면, '커뮤니케이션,' '통신' 또는 '컴퓨터 기술'을 의미하는 듯하다. "시 · 공간의 제약"이 무엇인지도 정확하게 설명돼 있지 않아 독자의 입장에서는 제대로 유추해내기가 쉽지 않은 실정이다. 마지막으로 "어디서건 어떤 종류의 정보라도"라는 의미도 보다 자세하게 풀어주어야 독자들이 작자의 의중을 파악할 수 있다. "어디서건"은 우리나라를 의미하는 것인지, 아니면 전 세계를 뜻하는 것인지, 또 "어떤 종류의 정보라도"는 주로 뉴스에 국한된 이야기인지, 아니면 군사기밀까지 포함하는 것인지 등에 대해 비록 개략적이나마 간단하게라도 설명해 주는 배려가 필요하다. 유형별로 분류해 보자면, '뭐라고?'형 문장에 속한다고 볼 수 있다. 다음은 필자가 다듬어 본 글.

> ☞ 컴퓨터/통신 기술 발전은 결과적으로 우리를 '정보의 바다'로 인도했다. 정해진 시간, 정해진 장소에만 정보 전달이 가능해 시 · 공간의 제약을 받던 인쇄 매체는 컴퓨터/통신 기술 발전으로 그 제약에서 해방되었고, 현대인들은 인터넷을 통해 지구촌 어디서건/한국 어디서건 (극비 문서만 아니라면) 현재는 물론 과거의 정보라도 수월하게 얻을 수 있게 됐다.

2 19세기를 '인쇄 매체'의 시대라 한다면, 20세기와 21세기는 '영상 매체'의 시대라고 할 수 있다. 이러한 영상 매체의 시대의 가장 대표적인 주자는 바로 텔레비전이다. 그러고 보면,

텔레비전은 **정치 체제 또는 계급 간의 장벽을 초월한 매체**로 굳건히 자리하고 있다.

※ '정치 체제와 계급 간의 장벽을 초월한 매체'가 무엇인지 대충 감은 잡히지만, 글쓴이가 표현하고자 하는 의미는 정확하게 전달되지 않고 있는 '뭐라고?' 형 문장이다. 그렇다면 아래와 같은 덧글을 첨가해 보면 어떨까?

☞ "그러고 보면, 텔레비전은 공산주의, 자본주의와 같은 정치 체제 또는 노동자, 농민, 자본가 등과 같은 계급 간의 장벽을 초월해 어느 곳에서나 누구든지 즐겨 보는 매체로 자리 잡게 되었다."

3 유명한 어느 문예 비평가는 독서를 여러 행위 가운데 '축제'에 비유하곤 했다. 책이 **서로** 간의 마음을 열어주며 깊이 있는 대화를 가능케 하기 때문이라는 이유에서다.

※ 역시 '서로'가 구체적으로 누구를 뜻하는지에 대한 단서가 없다. 문맥상으로 보아 지은이와 독자를 뜻하는 것 같기도 하고, 같은 책을 읽은 독자들을 의미하는 것 같기도 하다. 역시, '뭐라고?' 형 문장에 포함시킬 수 있다. 다음과 같이 고쳐 보자.

☞ 책이 저자와 독자, 독자와 독자 서로 간의 마음을 열어주며 깊이 있는 대화를 가능케 하기 때문이라는 이유에서다.

4 1950년 9월 15일의 인천상륙작전은 한국전쟁의 판세를 일거에 뒤바꾼 한 편의 드라마였다. 당시, 영남 지방에 포위된 채 고립 상태에 빠졌던 국군과 미군은 이후, 대대적인 진격 작전을 개시해 **중간에서 꼼짝 못하게 된 북한군**을 섬멸한 후 북진을 시작한다.

※ 전세의 역전을 이야기하는 과정에서 느닷없이 '중간에서 꼼짝 못하게 된 북한군'의 이야기가 튀어나오고 있다. 어쩌다가 중간에 갇혔는지에 대한 이유 설명이 충분하지 않아 '왜?' 형 문장이라고 분류할 수 있다. 좀 더 구체적으로 풀어 본다면,

☞ 1950년 9월 15일의 인천상륙작전은 한국전쟁의 판세를 일거에 뒤바꾼 한 편의 드라마였다. 당시, 영남지방에서 포위된 채 고립 상태에 빠졌던 국군과 미군은 이후, 인천과 낙동강에서 각각 남북으로 대대적인 진격 작전을 개시해 그 중간에서 꼼짝 못하게 된 북한군을 섬멸한 후 북진을 시작한다.

5 저자는 미술평론가로서 만났던 수많은 화가들 가운데 자신에게 **상처 같은 기억**을 남긴 예술인 열 명을 골라, 그들의 작품과 삶에 대한 관한 감상을 책으로 써서 펴냈다.

※ 이 표현은 필자에게 대단한 상상력을 불어넣었다. 도대체, '상처 같은 기억'은 어떤 것일까? 문맥상으로 보면, 흉터같이 오래도록 남은 충격일 터인데, 독자의 입장에서는 그 구체적인 의미가 궁금하기만 하다. 역시 '뭐라고?' 형 문장이다. 다음은 굳이 고쳐 본 글.

☞ 저자는 미술평론가로서 만났던 수많은 화가들 가운데 저자의 비평 능력을 원색적으로 비난함으로써 저자 자신에게 상처 같은 기억을 남긴 예술인 열 명을 골라, 그들의 작품과 삶에 대한 관한 감상을 책으로 써서 펴냈다.

6 "금년에는 지방선거와 군부대 전술훈련평가 등의 훈련장 사용 계획상, **부득이하게** 학기 중에

훈련을 실시하오니 전원 참석하여 주시기 바랍니다. 이와 함께, 금년도에는 예비군 증가로 훈련장 수용인원이 한정되어 개인별로 지정된 일자 변경이 불가합니다."

※ 크게 두 가지 면에서 독자들의 유추를 강요하고 있는 '왜?' 형 문장들이다. 첫째, 지방선거 및 군부대 전술훈련평가와 학기 중 훈련 실시가 무슨 관계가 있는지 전혀 알려져 있지 않다. 추측하건대, 지방 선거와 군부대 전술훈련평가가 모두 공교롭게 여름 또는 겨울 방학 동안으로 일정이 잡혀 있지 않을까 생각된다. 그러고 보면, 지방 선거와 훈련장 사용 계획과는 또 무슨 상관이 있는지도 모르겠다. 두 번째로는, 훈련장 수용 인원이 한정돼 있는 것과 일자 변경이 불가한 것 역시, 미욱한 저자로서는 무슨 관계가 있는지 이해하기 쉽지 않다. 중요한 점은 예비군들의 이해를 구하는 것일 터인데, 대충 알려주다 보니, 오히려 궁금증만 커지는 결과를 낳고 말았다. 다음은 예비군들을 위해 필자가 손대 본 까칠한 글쓰기의 표본.

☞ "**금년에는 지방 선거와 군부대 전술훈련평가 등**이 각각 여름방학(8월)과 겨울방학(1월)에 잡혀 있습니다. 특히, 8월의 지방선거에서는 여러 후보들의 합동유세장 마련을 위해 군에서 훈련장을 제공하기로 관계 기관과 협의한 까닭에 예비군 훈련을 실시하기가 쉽지 않은 형편입니다. 이에 따라, **부득이하게 학기 중에 훈련을 실시하오니 전원 참석하여 주시기 바랍니다.** 이와 **함께, 금년도에는 예비군 증가로 훈련장 수용** 능력이 이미 포화상태에 달했기에 숙식과 운송 등 모든 면에서 **개인별로 지정된 일자를 변경하고자 하는 예비군들의 상황을 고려하기가 쉽지 않은 상황입니다.** 이 점, 양지해 주시기 바랍니다."

7 접속사는 매우 조심해서 활용해야 한다. 이는 접속사를 잘못 사용할 경우, 글의 흐름을 자연스럽게 하기보다 오히려 방해할 수 있기 때문이다. 이에 대해 이어령 전 문화부장관은 접속사를 못에 비유하면서 "**상목수는 못질을 하지 않는다**"고 충고하고 있다.

※ 명구를 인용한 것까지는 좋다. 그러나 구체적으로 이 속담이 무엇을 의미하는지를 모르는 터라, 독자들은 막연히 그 뜻을 추측할 수밖에 없다. 역시, '뭐라고?' 형 문장이다. 본시, 이 말은 "뛰어난 목수는 억지로 못질을 하여 나무를 잇는 것이 아니라 서로 아귀를 맞추어 균형과 조화로 구조물을 만들어간다"는 뜻이다. 그렇다면, 위의 문장은

☞ 접속사는 매우 조심해서 활용해야 한다. 이는 접속사를 잘못 사용할 경우, 글의 흐름을 자연스럽게 하기보다 오히려 방해할 수 있기 때문이다. 이에 대해 이어령 전 문화부장관은 뛰어난 목수는 억지로 못질을 하여 나무를 잇기보다 균형과 조화로 구조물을 만들어 나간다는 의미에서 접속사를 못에 비유하여 "상목수는 못질을 하지 않는다"고 충고하고 있다.

로 바꾸는 것이 독자들의 이해를 돕는 길이다.

8 아카시아, 매화나무 등과 같이 뿌리가 얕은 천근성(淺根性) 수종(樹種)은 대개 척박한 땅에서도 잘 견디는 까닭에 우리나라 어느 곳에서나 재배가 가능하다. 그러나 **뿌리가 얕게 자라므로**

심어 기르려면 물이 잘 빠지는 땅을 골라야 한다. 아카시아의 경우에는 보통 5~6월에, 매화나무는 4월에 각각 꽃이 핀다.

※ 뿌리가 얕은 것과 물이 잘 빠지는 땅과 무슨 상관 관계가 있는지가 명확하지 않은 '왜?' 형 마술 문장이다. 보다 명확하게 의미를 전달하기 위해서는 한 문장이 더 추가돼야 한다.

☞ 아카시아, 매화나무 등과 같이 뿌리가 얕은 천근성(淺根性) 수종(樹種)은 대개 척박한 땅에서도 잘 견디는 까닭에 우리나라 어느 곳에서나 재배가 가능하다. 그러나 뿌리가 얕게 자라므로 심어 기르려면 물이 잘 빠지는 땅을 골라야 한다. 그렇지 않다면, 나무 주위에 물이 조금만 고여도 얕은 뿌리 탓에 산소를 제대로 공급받지 못하고 금세 죽어버리기 때문이다. 아카시아의 경우에는 보통 5~6월에, 매화나무는 4월에 각각 꽃이 핀다.

9 느티나무는 가지가 넓게 퍼지며 잎이 무성해 그늘이 아주 시원하다. **그래서 모기도 느티나무 아래에는 들지 않는다.** 이러한 까닭에 시골 아낙네들은 여름 한낮에 느티나무 아래에서 아기를 재운다.

※ 그늘이 아주 시원한 것과 모기가 나무 아래에 들지 않는다는 것과 무슨 상관 관계가 있는지 모를 '왜?' 형 마술 문장이다. 언뜻 보면, 모기가 시원한 것을 싫어할지도 모른다는 착각을 불러일으킬 수 있다. 보다 자세한 설명이 필요하다.

☞ 느티나무는 가지가 넓게 퍼지며 잎이 무성해 그늘이 아주 시원하다. 그래서 느티나무 아래에 있으면 한여름에도 좀처럼 땀이 나지 않으므로 땀 냄새를 쫓는 모기도 느티나무 아래에는 들지 않는다. 이러한 까닭에 시골 아낙네들은 여름 한낮에 느티나무 아래에서 아기를 재운다.

10 중학교 시절의 일이다. 어느 날, **다음 시간**까지 30cm 정도 크기의 **인물상**을 만들어 오라는 선생님의 영(令)이 떨어졌다. 그때까지만 해도 관련 지식이 전무했던 터라, 찰흙을 잔뜩 사다가 적당히 뭉개면 쉽사리 과제를 완성할 줄 알았다.

※ 전반적인 글의 흐름으로 보건대, 미술 시간을 이야기하는 것 같다. 더욱이, 초등학교도 아닌 중학교인지라, 미술시간으로 짐작하기엔 별 무리가 없을 듯하다. 그러나 미술이라는 것에 관한 설명이 단 한 자도 없기에 독자들의 궁금증을 유발할 수밖에 없다. 이와 함께, '30cm 크기의 인물상' 이 구체적으로 어떤 종류의 것인지에 대한 설명도 부족하다. 이 역시, 뒤에 등장하는 '찰흙' 이라는 단어를 통해 유추가 가능하지만, 100% 확신할 수는 없다. 종합적으로 볼 때, 무엇을 말하고 있는지 언뜻 이해가 가지 않는 '뭐라고?' 형 문장이다. 때문에, 만일 미술 시간이 맞고, 재료 또한 찰흙이어야 한다면,

☞ 중학교 시절의 일이다. 어느 날, 다음 (미술) 시간까지 30cm 정도 크기의 찰흙 인물상을 만들어 오라는 미술 선생님의 영(令)이 떨어졌다. 그때까지만 해도 관련 지식이 전무했던 터라, 찰흙을 잔뜩 사다가 적당히 뭉개면 쉽사리 과제를 완성할 줄 알았다

에서와 같이 핵심 단어들을 첨가해 줘야 한다.

다. 장 문 연 습

1 때는 1453년 5월 29일. 비잔틴 제국의 수도 콘스탄티노플(이스탄불)은 풍전등화의 위급한 상황에 놓였다. 오스만 제국의 술탄 메흐메트 2세(1451~1481)가 맹렬한 기세로 공세를 폈기 때문. 골든혼(이스탄불의 좁은 바닷길)에 쇠줄을 가설해 적선의 접근을 봉쇄하기는 했지만 언제 뚫릴지 알 수 없었다. 우려는 적중했다. 21세의 혈기왕성한 술탄은 **선박 67척을 동원해 부교를 만들어 장애물을 무용지물로 만들었다.** 콘스탄티노플은 이렇게 무너졌다.

※ 부교를 만들어 어떻게 쇠줄을 무용지물로 만들었는지에 대한 덧글이 없어 당시의 상황을 이해하기가 힘든 실정이다. 인터넷을 뒤져 봤더니 당시 비잔틴 제국측은 건너편 육지에서 이슬람 군대가 좁은 바다를 건너지 못하게 해협 중간에 쇠줄을 얼기설기 엮어 놓은 상황이었다. 그러자 젊은 술탄은 커다란 배에 군인들을 실어 바다를 건너가기보다, 아예 바다 위에 조각배들을 연결해 다리를 놓음으로써 양 육지를 연결해 버렸다. 그런 상황 설명이 빈약하다 보니 독자의 입장에선 대단히 난해한 문장이 되어 버렸다. '뭐라고?' 형 마술 문장이다.

2 우주에서 작업 중인 지구인의 우주복에 구멍이 뚫리면 어떤 일이 발생할까? 영화에서 보여주는 가장 흔한 장면은 구멍을 통해 우주복의 산소가 빠져나가면서 우주인이 질식하는 것이다. 하지만 이는 어디까지나 영화상의 장면일 뿐, 실제로는 더욱 끔찍한 일이 벌어진다. 우선, 우주복에 구멍이 뚫리면 기압을 조절하는 우주복이 제 기능을 발휘하지 못하게 돼 **우주인의 피 속에 있는 질소는 곧바로 기체로 변하게 된다.** 이에 따라 기체가 된 질소는 혈관 속에서 혈액 공급 차단, 혈관 파열 등과 같은 부작용을 일으키게 된다. 다행히 기압조절장치가 제대로 작동한다손 치더라도 온도조절장치가 고장 난다면, 영하 260도에 달하는 우주의 냉기로 인해 우주인은 순식간에 꽁꽁 얼어버릴 것이다.

※ 기압조절장치가 제 기능을 발휘하지 못하면, 피 속의 질소가 어째서 기체로 변하는지가 무척 궁금한 '왜?' 형 마술 문장이다. 나름대로 조사해 본 결과에 따르면, 우주는 진공상태이기 때문에 기압이란 것이 없는데, 기압을 일상 상태로 유지해 주는 우주복 없이 우주인이 유영을 하게 되는 경우에는 지구에서의 기압으로 인해 우리 피 속에 액체 형태로 녹아 있는 질소가 곧바로 기체로 변한다고 한다. 마치, 높은 압력을 가해 청량음료 속에 이산화탄소를 강제로 용해시켰다가 병뚜껑을 여는 순간, 압력이 급속도로 낮아지면서 이산화탄소가 음료수병 밖으로 나가는 것과 같은 현상이 우리 몸속에서 발생한다고 보면 될 것 같다. 하지만, 위의 문장에서는 그와 같은

설명이 실종돼 있어, 과학적 지식이 없다면 이해하기가 매우 어려운 실정이다.

> **3** 젊은이는 우물 곁에 서 있는 커다란 나무 위에 올라가 주위를 살피기 시작했다. 그때, 아름다운 아가씨가 우물가로 다가왔다. 바로 공주였던 것이다. 젊은이는 버드나무 잎을 **물동이** 위에 떨어뜨렸다. "아니, 당신은 누구세요? 어떻게 이곳까지 오셨죠?" **젊은이를 발견한** 공주가 깜짝 놀라 물었다. 그러자 젊은이가 대답했다. "저는 공주님을 구하러 온 사람입니다. 공주님이 거인에게 납치된 후, 임금님께서는 공주님을 구해오는 자에게 거액의 상금을 주겠다는 포고령을 내리셨고 제가 제일 먼저 자원하게 됐습니다."

※ 언뜻 보면 아무런 무리가 없는 문장이다. 그러나 자세히 살펴보면, 은연 중에 독자들의 유추를 강요하고 있다. 공주는 우물가로 왔지만, 물동이를 가지고 물을 길으러 왔다는 표현은 없었다. 그런데 나무 위에 올라간 젊은이는 느닷없이 공주님의 물동이 위에 '버드나무' 잎을 떨어뜨린다. "난데없이 웬 물동이와 버드나무 잎?"이라는 의미에서 굳이 분류하자면, "뭐라고?"형 문장으로 분류할 수 있다. 더욱이, 버드나무가 물동이에 떨어지자마자, 공주는 마치 옆에서 보고 있었던 듯이 바로 젊은이를 향해 소리친다. 때문에, 문장이 보다 자연스럽고 정확하게 흐르려면

☞ 젊은이는 우물 곁에 서 있는 커다란 버드나무 위에 올라가 주위를 살피기 시작했다. 그때, 아름다운 아가씨가 물동이를 이고 우물가로 다가왔다. 바로 공주였던 것이다. 젊은이는 버드나무 잎을 따다가 공주의 물동이 위에 떨어뜨렸다. "아니, 당신은 누구세요? 어떻게 이곳까지 오셨죠?" 물동이에 떨어진 버드나무 잎을 괴상히 여겨 위를 쳐다보다 젊은이를 발견한 공주가 깜짝 놀라 물었다. 그러자 젊은이가 대답했다. "저는 공주님을 구하러 온 사람입니다. 공주님이 거인에게 납치된 후, 임금님께서는 공주님을 구해오는 자에게 거액의 상금을 주겠다는 포고령을 내리셨고, 제가 제일 먼저 자원하게 됐습니다."

4

'피카소는 글꽝'

예를 들거나 구체적인 장면 소개로 독자 흥미 유발해야 널리 읽히는 글

재미있게 이야기하는 친구는 어디에서나 인기가 많다. 같은 우스갯말이라도 그/그녀에게서 들으면 더욱 웃기고, 같은 장면도 그/그녀가 보여주면 훨씬 생생하다. 친구들 앞에서 관련 장면들을 잘 그려낼 뿐만 아니라 상황을 재현하는 몸짓도 흥미 유발에 한몫하기 때문이다.

글쓰기 역시 마찬가지다. 공연을 동시에 보고 나서 감상평(感想評)을 써도 묘사 능력에 따라 글에 대한 평가는 달라질 수밖에 없다. 매년 5월에 열리는 춘천 마임 축제를 공연을 보고 온 후 제출한 두 학생의 감상평을 예로 들어 보자.

예) 1

"뜨거웠던 열기 속에 수많은 사람들이 모인 춘천 마임축제에서 시민들과 관광객들은 하나가 돼 가족처럼 어우러졌다. 이들은 시내 곳곳에서 하루 종일 진행되는 마임에 함께 어울리며 다정하게 축제의 기쁨을 만끽했다. 게다가 행사도 알찼고 공연 내용들은 지속적으로 관객들의 동참을 요구했다. 여기저기에서 웃음과 미소가 끊기지 않는 아름다운 날이었다. 세계 각국에서 전쟁과 분규가 발생하고 있는 지금, 적어도 춘천에선 마임을 통한 평화가 싹트고 있었다."

예) 2

"춘천의 명동 거리 곳곳에는 각양각색의 외국인들이 넘쳐 흐르고 있었다. 한눈에 보기에도 일본과 중국 등지에서 온 것으로 보이는 동아시아 관광객들이 거리를 가득 메운 가운데, 푸른 눈과 금발의 외국인들도 심심찮게 눈에 띄었다. 가끔 흥에 겨워 어깨 동무를 하며 춤을 추는 외국인들과 한국인들도 보였다. 단 하루도 총성이 그칠 날 없는 지구촌이지만, 적어도 이날, 아침부터 밤늦도록 인구 20만의 조그마한 도시 춘천에서는 작지만 소중한 인종화합의 장이 펼쳐지고 있었다."

장면이나 상황을 자세히 묘사하는 것이 왜 중요할까? 이를 이해하기 위해서는 시각이나 청각 같은 감각에 더욱 효율적으로 반응하는 인간의 속성부터 이해해야 한다. 말하자면, 인간은 들은 이야기를 머릿속에서 그림으로 재현(再現)하려는 습성을 지니고 있어 구체적인 상황 또는 예제를 제시할 경우, 그 이미지를 떠올리기가 훨씬 수월하다. 어린이집에서, 유치원에서, 초등학교에서 수학과 과학을 가르치면서 여러 도형과 입체 조형물들을 등장시키는 까닭이 여기에 있다.

몇 해 전, 필자가 가르치는 '인터뷰 방법' 수업에서 생긴 일이다. 대단한 연구업적을 쌓은 과학자에 한해서만 회원 가입을 허용한다는 '국제 뫼비우스 클럽' 에 어느 한국인이 사상 처음으로 가입하게 되었다. 그의 전공 분야는 듣기만 해도 머리가 지끈지끈하는 나노* 테크놀로지. 그 사람과의 인터뷰를 성공적으로 따온 한 학생은 과제를 위해 제출한 기사에서 "극세(極細), 극소(極小) 기술의 대명사인 나노 테크놀로지는 무궁무진한 황금 시장의 열쇠나 다름없습니다"라는 과학자의 인용구를 실어 넣었다. 나노 기술에 대한 설명은 그것으로 끝이 나 있었다. 개인적으로 나노 기술이 어떻게 황금시장의 열쇠가 될지 궁금해서 그 학생이 과제와 함께 제출한 취재 노트를 펼쳐봤다.

그랬더니 웬걸. 취재 노트에는 과학자가 예를 들어가며 설명한 사례들이 고스란히 적혀 있었다. 초정밀 입자를 지닌 화장품의 개발에서부터 자동차에 정교한 색과 고른 광택을 입히는 도장(塗裝)산업에 이르기까지 활용 가능성이 무궁무진하다는 주옥 같은 이야기들이. 결국, 그 학생은 이러한 그림들을 자신의 머릿속

***나노** 10억분의 1 단위를 일컫는 말. ㎛라고 표기함.

에만 담아 둔 채, 독자들에게 전달하는 데에서는 실패했던 셈이다. 아니, 보다 정확히 말하면 왜 그래야 하는지, 독자들이 무엇을 궁금해할지 제대로 인식하지 못했던 셈이다.

20세기 미술사에 새로운 지평(地平)을 연 피카소는 음악의 모짜르트에 비할 천재 화가였다. 두 살 무렵부터 그림에 흥미를 보이기 시작해 10살 때에는 화가였던 아버지가 스스로 직업을 포기하게 만들 만큼 천부적인 재능을 지닌 예술가였다. 고등학교 입학 시절에는 웬만한 미술 지망생이 한 달 걸리는 데생을 하루 만에 끝내기도 했다. 그런 그가 개척한 색다른 분야가 현대미술의 금자탑인 '추상화'였다. 문제는 추상화가 비평가 또는 심미안*(審美眼)들 사이에서만 진정한 예술성을 인정받을 뿐, 대다수의 일반인에게는 여전히 이해하기 힘든 붓질에 불과하다는 것이다. 대중적인 글쓰기로 치면, '글짱'이 아닌 '글꽝'이라고나 할까? 그런데 그런 피카소처럼 그림을 그려도 일반인이 이해를 못할진대, 만일 여러분이 피카소처럼 글을 쓴다면?

참 고 문 헌

이효석 (1993).「메밀꽃 필 무렵」. 범우사.
임재춘 (2004).「한국의 이공계는 글쓰기가 두렵다」. 마이넌.
장진한, 후타쓰기 고조 (2003).「글쓰기 잘라서 읽으면 단숨에 통달한다」. 행담.
황소웅 (2005).「바른 글 좋은 글」. 랜덤하우스중앙.
나탈리 골드버그 (2005).「뼛속까지 내려가서 써라」. 한문화.
다카시나 슈지 외 엮음 (2004).「만화 서양미술사 5: 피카소와 20세기 미술」. 다빈치.

***심미안(審美眼)** 아름다움을 살펴 찾는 안목, 또는 그 같은 안목을 지닌 사람.

'알아둡시다'

상황 묘사를 잘해 나가기 위해서는 몇 가지 능력을 키우는 것이 필요합니다. 예를 들자면 날카로운 관찰력과 풍부한 상상력 등이 그것입니다. 만난 지 1백일을 기념하는 연인들이 어느 분위기 있는 장소에서 막 키스하려는 장면을 떠올려 본 후, 그 장면을 묘사해 보기 바랍니다. 만일 여러분이 불과 5분도 안 되는 이 찰나의 순간을 A4 용지 한 장에 꽉 채워 생생하게 묘사할 수 있다면 여러분은 이미 대단한 필력을 소유하고 있다고 말할 수 있습니다. 그러나 평소에 이런 훈련을 하지 않았다면 예닐곱 줄 정도에서 좀처럼 분량을 늘이지 못할 것입니다. 정밀한 상황 묘사와 장면 그려내기 능력은 어느 날 갑자기 하늘에서 뚝 떨어지는 것이 아닙니다. 글을 좀 더 재미있고 생생하게 그려 나가고자 한다면, 묘사력과 설명력, 상상력이 뛰어난 '기행문'과 '수필,' '소설' 등의 문학 작품을 자주 접해야 합니다.

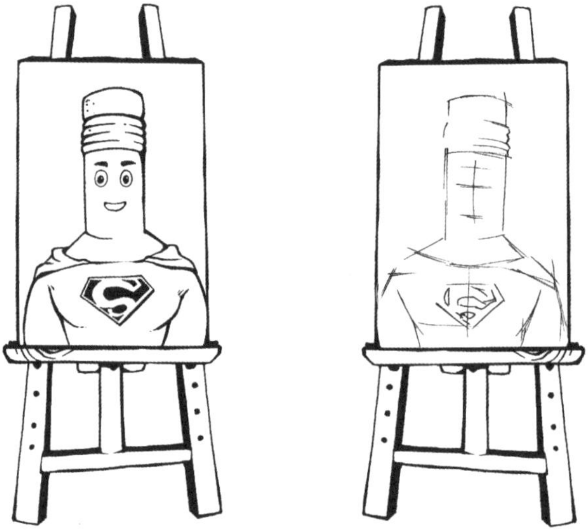

연습문제

가. 중 문 연 습 I

■ 다음 글에서 무슨 묘사가 부족한지 찾아서 지적해 보기 바랍니다. 이와 함께, 가능하다면 상상력을 발휘해서 묘사가 부족한 부분을 채워 넣기 바랍니다. 부족분을 정밀한 상상력으로 채워 넣을 수 있는 능력도 글쓰기를 함양시키는 데 큰 도움이 되기 때문입니다.

1 얼짱, 꽃미남들이 득실대는 곳이 바로 연예계이다. 그런 곳에서 국민배우, 장동건은 한국인답지 않은 이목구비를 갖추고 있어 이국적인 마스크를 지니고 있다는 평가를 받고 있다.

2 지난 겨울에도 춘천의 '연탄은행'에는 어려운 가정들에 모두 연탄을 공급해 줄 수 있을 정도의 후원금과 다수의 자원봉사자들이 몰려들어 훈훈한 겨울 인심을 연출해 냈다.

3 텔레비전의 선정성이 갈수록 심해지고 있다. 얼마 전에 가족들과 함께 심야 드라마를 본 적이 있다. 드라마에서는 남자와 여자의 애정 행각을 여과 없이 보여주고 있었으며, 폭력 장면 역시 과격하게 묘사하고 있었다.

4 교내 식당은 학교 밖의 식당들에 비해 음식 가격이 상당히 저렴한 편이다. 이에 따라, 경기가 어려워지면 한 푼이라도 절약하고자 교내 식당을 이용하는 학생들은 늘어나게 마련이다.

5 2002년 월드컵은 우리 국민들에게 무엇이든 할 수 있다는 희망을 안겨 주었다.

이와 함께, 대규모 길거리 응원은 우리 국민들의 염원 및 단결력과 함께 수준 높은 질서 의식을 잘 보여주었다.

6 조류독감이 올해도 어김없이 한국을 강타하고 있다. 다량의 닭과 오리 등이 집단으로 폐사하고 있는 가운데, 해당 지역에서의 방역작업도 전쟁을 방불케 하고 있다.

7 지난 구정에 벌어졌던 일이다. 모처럼 온 가족이 모인 자리에서 동생이 반값 아파트와 함께 내 집 마련의 시기에 대한 이야기를 끄집어내기 시작했다.

8 지난 2007년 1월, 미국의 경제전문 잡지인 「포천」지가 발표한 세계 500대 기업 순위에서 삼성전자, LG, 현대자동차 등 한국의 기업 3개는 세계 100대 기업에 포함되는 쾌거를 이뤘다.

9 영토와 국경은 결코 고정적인 개념의 것이 아니다. 해서, 요동이나 만주까지는 아니더라도 간도 땅만 다시 되찾게 되면 우리나라의 영토는 현재에 비해 대폭 늘어나게 될 것이다.

10 모짜르트의 개인사(個人史)는 불행, 그 자체였다. 하지만 그런 악조건에도 불구하고, 모짜르트는 마치 불행을 전혀 안중에 두지 않는 듯한 초인(超人)적인 기질로 그의 음악에서 경쾌함과 낭만을 가득 담아내고 있다.

11 입식 타격 스포츠인 K-1에서 돌풍을 일으킨 바 있는 최홍만은 근육질의 거구로, 별명이 '테크노 골리앗'인 씨름 천하장사 출신이다.

12 최근에 판매되고 있는 핸드폰들은 모든 면에서 초창기 제품과의 단순 성능 비교가 불가능할 정도로 새로운 기능들이 많이 첨가돼 있다.

나. 장 문 연 습 I

■ 사생문(寫生文)이란 사생화의 수법을 본 떠 사물을 있는 그대로 묘사하는 글을 말합니다. 그렇다면 글쓰기에서는 이러한 사생문을 한 번 정도 넣어 주어야 글맛과 글멋이 함께 살 때가 있습니다. 그림을 보지 않은 이들도 어느 정도로 유사한 이미지를 떠올릴 수 있도록, 다음의 그림을 열 줄 이상의 사생문으로 묘사해 보기 바랍니다.

'아른하임의 영역.'

벨기에의 초현실주의 화가, 르네 마그리트(1898~1967)의 1962년 작.

다. 장문연습 II

■ 다음의 보기에서 자신이 소유한 사물들 가운데 하나를 골라 그 외양을 열다섯 줄 이상의 분량으로 정밀하게 묘사해 보기 바랍니다. 주변에서 본인의 글을 읽었을 때 해당 사물의 모습을 어느 정도 구체적으로 떠올릴 수 있도록 묘사하기 위해서는 '외양'과 '부피,' '색깔'과 '재질' 등에 대한 정보들을 챙겨야 합니다.

핸드폰/스마트폰
지갑
가방/핸드백
열쇠 또는 열쇠 고리
시계
신발/구두

'알아둡시다'

묘사와 관련된 국문학의 장원(壯元)은 단연 가산(可山) 이효석입니다. 특히, 그의 자연에 대한 묘사는 국문학 사상 아직껏 대적할 자가 없다는 것이 정설(定說)입니다. 다음은 그가 소설을 통해 보여준 몇몇 예들입니다.

돌을 집어 던지면 깨금알같이 오드득 깨어질 듯한 맑은 하늘. 물고기 등같이 푸르다. 높게 뜬 조각구름 떼가 햇볕에 뿌려진 조개껍질같이 유난스럽게도 한편에 옹졸봉졸 몰려들었다.

「메밀꽃 필 무렵」 중, 「산(山) 」, 120쪽.

흙빛에서 초록으로—이 기막힌 신비에 다시 한번 놀라 볼 필요가 없을까. 땅은 어디서 어느 때 그렇게 많은 물감을 먹었기에 봄이 되면 한꺼번에 그것을 이렇게 지천으로 뱉아 놓을까. 바닷물을 고래같이 들이켰던가. 하늘의 푸른 정기를 모르는 결에 함빡 마셔 두었던가. 그것을 빗물에 풀어 시절이 되면 땅 위로 솟쳐 보내는 것일까. 그러나 한 포기의 풀을 뽑아 볼 때, 잎새만이 푸를 뿐이지 뿌리와 흙에는 아무 물들인 자취도 없음은 웬일일까.

「메밀꽃 필 무렵」 중, 「들」, 31쪽.

이지러는 졌으나 보름을 갓 지난 달은 부드러운 빛을 흐뭇이 흘리고 있다. 대화까지는 팔십 리의 밤길, 고개를 둘이나 넘고 개울을 하나 건너고 벌판과 산길을 걸어야 된다. 길은 지금 긴 산허리에 걸려 있다. 밤중을 지난 무렵인지, 죽은 듯이 고요한 속에서 짐승 같은 달의 숨소리가 손에 잡힐 듯이 들리며, 콩 포기와 옥수수 잎새가 한층 푸르게 젖었다. 산허리는 온통 메밀밭이어서 피기 시작한 꽃이 소금을 뿌린 듯이 흐뭇한 달빛에 숨이 막힐 지경이다.

「메밀꽃 필 무렵」, 25쪽.

해답

가. 중문연습 I

1 얼짱, 꽃미남들이 득실대는 곳이 바로 연예계이다. 그런 곳에서 국민배우, 장동건은 **한국인답지 않은 이목구비**를 갖추고 있어 이국적인 마스크를 지니고 있다는 평가를 받고 있다.

※ 한국인답지 않은 이목구비가 무엇인지 궁금해지는 문장이다. 다음의 예를 보자.

얼짱, 꽃미남들이 득실대는 곳이 바로 연예계이다. 그런 곳에서 국민배우, 장동건은 **큼직하고 쌍꺼풀진 눈, 시원하게 뻗은 콧대 등으로** 한국인답지 않은 이목구비를 갖추고 있어 이국적인 마스크를 지니고 있다는 평가를 받고 있다.

2 지난 겨울에도 춘천의 '연탄은행'에는 어려운 가정들에 모두 연탄을 공급해 줄 수 있을 정도의 후원금과 **다수의** 자원봉사자들이 몰려들어 훈훈한 겨울 인심을 연출했다.

※ 구체적으로 얼마나 많은 후원금과 몇 명의 자원봉사자들이 몰렸는지에 대한 설명이 없다. 예를 들어 다음의 글과 비교해 보자.

지난 겨울에도 춘천의 '연탄은행'에는 어려운 가정들에 모두 연탄을 공급해 줄 수 있을 정도로 **10억 원**에 달하는 후원금과 **5백여 명에 이르는** 다수의 자원봉사자들이 몰려들어 훈훈한 겨울 인심을 연출해냈다.

3 텔레비전의 선정성이 갈수록 심해지고 있다. 얼마 전에 가족들과 함께 심야 드라마를 본 적이 있다. 드라마에서는 남자와 여자의 **애정 행각**을 여과 없이 보여주고 있었으며, 폭력 장면 역시 **과격하게** 묘사하고 있었다.

※ 텔레비전의 선정성이 심해진다고 말하는 문장에서 정작 그 정도가 어느 정도인지에 대해서는 구체적으로 예시하지 못하고 있다. 노골적인 애정 행각이 어느 정도인지, 영화와 비교해도 전혀 차이가 없을 정도의 폭력 장면은 무엇인지 독자들은 궁금하기만 하다.

텔레비전의 선정성이 갈수록 심해지고 있다. 얼마 전에 가족들과 함께 심야 드라마를 본 적이 있다. 드라마에서는 남자와 여자의 **키스는 물론, 서로의 몸을 더듬으며 상의를 벗기는 장면**을 여과 없이 보여주고 있었다. 이와 함께, 폭력 장면 역시 화면에 **피가 튀길 정도의 집단 난투극**을 과격하게 묘사하고 있었다.

4 교내 식당은 학교 밖의 식당들에 비해 음식 가격이 **상당히 저렴한** 편이다. 이에 따라, 경기가

어려워지면 한 푼이라도 절약하고자 교내 식당을 이용하는 학생들은 늘어나게 마련이다.

※ 교내 식당이 학교 밖의 식당들에 비해 얼마나 저렴한지가 궁금한 글이다. 다음과 같이 바꿔보면 어떨까?

교내 식당은 학교 밖의 식당들에 비해 **적게는 20%에서 많게는 50%까지** 음식 가격이 상당히 저렴한 편이다. **예를 들어, 학생들이 가장 많이 찾는 돈가스의 경우, 학교 밖에서는 보통 5000원 인데 반해, 교내 식당에서는 2500원에 푸짐하게 먹을 수 있다.** 이에 따라, 경기가 어려워지면 한 푼이라도 절약하고자 교내 식당을 이용하는 학생들은 늘어나게 마련이다.

5 2002년 월드컵은 우리 국민들에게 무엇이든 할 수 있다는 희망을 안겨 주었다. 이와 함께, **대규모** 길거리 응원은 우리 국민들의 단결력과 함께 수준 높은 질서 의식을 잘 보여주었다.

※ 어떤 종류의 대규모 길거리 응원을 일컫는 것인지에 대한 몇 마디 보충 설명이 아쉬운 문장이다. 다음의 예를 보자.

2002년 월드컵은 우리 국민들에게 무엇이든 할 수 있다는 희망을 안겨 주었다. 이와 함께, **남녀노소를 불문하고 전국 각지의 대로변에서 한치의 흐트러짐도 없이 행해진** 대규모 길거리 응원은 우리 국민들의 단결력과 함께 수준 높은 질서 의식을 잘 보여주었다.

6 조류독감이 올해도 어김없이 한국을 강타하고 있다. **다량의** 닭과 오리 등이 집단으로 폐사하고 있는 가운데, 해당 지역에서의 방역작업도 **전쟁**을 방불케 하고 있다.

※ 닭과 오리가 몇 마리나 폐사했는지, 당국의 방역작업은 어떤 면에서 전쟁터를 방불케 하는지가 몹시 궁금한 글이다.

조류독감이 올해도 어김없이 한국을 강타하고 있다. **벌써 5만 마리에 달하는/벌써 수만 마리에 달하는** 닭과 오리들이 집단으로 폐사하고 있는 가운데, 해당 지역에서의 방역 작업도 **외부인 출입 통제 및 소독 강화, 폐사 조류에 대한 대규모 매립 실시 등으로** 전쟁을 방불케 하고 있다.

7 지난 구정에 벌어졌던 일이다. 모처럼 온 가족이 모인 자리에서 동생이 반값 아파트와 함께 내 집 마련의 시기에 대한 이야기를 끄집어내기 시작했다.

※ 어디에서 몇 명, 또는 몇 집에 이르는 가족들이 모인 자리인지에 대한 부연 설명이 실종돼 있다. 다음과 같이 고쳐보면 어떨까?

지난 구정에 **안양에 있는 큰 아버지 댁에서** 벌어졌던 일이다. 모처럼 **30여 명에 달하는 대가족들이 전부** 모인 자리에서 동생이 반값 아파트와 함께 내 집 마련의 시기에 대한 이야기를 끄집어내기 시작했다.

8 지난 2007년 1월, 미국의 경제전문 잡지인 「포천」지가 발표한 세계 500대 기업 순위에서 삼성전자, LG, 현대자동차 등 한국의 기업 3개는 세계 100대 기업에 포함되는 쾌거를 이뤘다.

※ 세계 100대 기업에 포함된 한국 기업들의 순위가 빠져 있다. 독자들이라면 가장 궁금하게 생각할 것이 회사 이름과 함께, 그들의 순위라는 사실을 챙기는 것이 이 문장의 핵심.

지난 2007년 1월, 미국의 경제전문 잡지인 「포천」지가 발표한 세계 500대 기업 순위에서 삼성전자(**46위**), LG(**72위**), 현대 자동차(**80위**) 등 한국의 기업 3개는 세계 100대 기업에 포함되는 쾌거를 이뤘다.

9 영토와 국경은 결코 고정적인 개념의 것이 아니다. 해서, 요동이나 만주까지는 아니더라도 간도 땅만 다시 되찾게 되면 우리나라의 영토는 현재에 비해 **대폭** 늘어나게 될 것이다.

※ 구체적으로 우리나라의 영토가 얼마나 늘어날지에 대한 설명이 부족한 글이다. 다음은 필자가 인터넷을 뒤져가며 적어본 글.

영토와 국경은 결코 고정적인 개념의 것이 아니다. 해서, 요동이나 만주까지는 아니더라도 **좁게는 함경북도, 넓게는 대한민국 영토의 두 배에 이르는** 간도 땅만 다시 되찾게 되면, 우리나라의 영토는 현재에 비해 **최대 세 배까지** 늘어나게 될 것이다.

10 모짜르트의 개인사(個人史)는 불행, 그 자체였다. 하지만 그런 악조건에도 불구하고, 모짜르트는 마치 불행을 전혀 안중에 두지 않는 듯한 초인(超人)적인 기질로 그의 음악에서 경쾌함과 낭만을 가득 담아내고 있다.

※ 모짜르트의 개인사(個人史)가 어떠했기에, 불행 그 자체였는지 무척 궁금한 글이다. 다음과 같이 고쳐보면 어떨까?

모짜르트의 개인사(個人史)는 불행, 그 자체였다. **21살 때 어머니를 여의고, 아버지와의 불화 속에서 경제적으로도 궁핍한 생활을 보내다 35살의 젊은 나이에 요절했으니.** 하지만 그런 악조건에도 불구하고, 모짜르트는 마치 불행을 전혀 안중에 두지 않는 듯한 초인(超人)적인 기질로 그의 음악에서 경쾌함과 낭만을 가득 담아내고 있다.

11 입식 타격 스포츠인 K-1에서 돌풍을 일으킨 바 있는 최홍만은 근육질의 **거구**로, 별명이 '테크노 골리앗' 인 씨름 천하장사 출신이다.

※ 최홍만의 거구가 어느 정도인지 궁금증을 불러일으키는 글이다.

입식 타격 스포츠인 K-1에서 돌풍을 일으키고 있는 최홍만은 **키 218cm, 체중이 160kg에 달하는** 근육질의 거구로, 별명이 '테크노 골리앗' 인 씨름 천하장사 출신이다.

12 최근에 판매되고 있는 핸드폰들은 모든 면에서 초창기 제품과의 단순 성능 비교가 불가능할 정도로 **새로운 기능**들이 많이 첨가돼 있다.

※ 새로 추가된 기능들이 어떤 것들인지에 대한 설명이 빈약한 글이다. 너무 많지 않게 3~4가지 정도를 곁들여 안내하는 것이 좋다.

최근에 판매되고 있는 핸드폰들은 모든 면에서 초창기 제품과의 단순 성능 비교가 불가능할 정도로 **문자 전송, 카메라 촬영, MP3 플레이어, DMB 수신 등** 새로운 기능들이 많이 첨가돼 있다.

나. 장 문 연 습 I

초저녁인지 새벽인지 분간하기 힘든 정도로 화면 전체가 옅은 푸른색을 띤 그림의 맨 윗부분 한 가운데에 자그마한 초승달 하나가 떠 있다. 초승달 밑으로는 흡사 알프스의 한 지류처럼 보이는 장대한 산의 등성이가 왼편 위에서부터 오른편 아래로 완만하게 흐르고 있다. 특이한 사실은 산맥의 가운데 부분이자 초승달 바로 밑부분에 위치한 산 등성이가 마치 독수리의 옆머리 모양처럼 돌출돼 있다는 것이다. 그러고 보니, 오른쪽을 향한 독수리의 옆머리 부분을 중심으로 각기 왼편과 오른편으로 전개된 산등성이의 선은 흡사 독수리의 날개와 같이 펼쳐져 있다. 그림의 약 5분의 4 정도를 차지하고 있다고 여겨지는 이러한 독수리 산맥은 대부분 눈으로 뒤덮여 있는데, 그림의 맨 아래 부분에는 산 밑에 있는 것으로 여겨지는 어느 집의 담장이 살짝 드러나 있다. 결국, 이 그림은 산 아래 어느 집에서 담장 너머로 독수리 산을 바라본 모양의 구도를 갖고 있는 셈이다. 어슴푸레한 달빛에 비친 담장은 어둑어둑한 벽돌들로 구성돼 있으며, 그림에서는 담장 맨 위의 벽돌 한 줄만이 그 모습을 완전히 드러내 놓고 있다. 그리고 그 담장의 가운데 부분에는 마치 산맥이 그리고 있는 독수리의 것으로 여겨지는 둥지 하나가 살포시 얹어져 있다. 물론, 담장의 폭이 넓지 않아 둥지가 놓여져 있는 모습은 그다지 안정적으로 보이지는 않는다. 둥지 속에는 아직 부화되지 않는 하얀 알, 두 개가 들어 있다.

다. 장 문 연 습 II

■ 공간적인 제약에 따라 여기에서는 편의상, 저자의 핸드폰과 지갑에 대한 외양 묘사를 소개해 봤습니다.

내 핸드폰

내 핸드폰은 200×년 봄에 출시된 A사의 모델이다. 발매 당시에는 70만원대에 육박할 정도로 비쌌지만, 다음 해 봄에 인터넷을 통해 중고로 구입했던 까닭에 전체 지불 비용은 택배비를 포함해 14만원이 들었다. (간단한 소개)

전반적으로는 은색 계열에 앞 부분의 액정 주위만 짙은 남색으로 디자인된 이 제품은 슬라이드 형으로 약간 두툼하고 투박하게 생겼다. 사용하면서 느낀 불편한 점은 주머니에서 꺼낼 때 손에서 자주 빠져나와 땅에 떨어진다는 것이다. 구입할 당시에는 가격과 디카폰의 위력에 신경을 쓰느라 이런 점을 생각지 못했는데, 나중에서야 손에 잡히는 모양새도 중요하다는 것을 알게 해준 핸드폰이다. 이 핸드폰의 두께는 약 3cm

정도로 한때 큰 인기를 끌었던 모社의 제품보다 배 이상 두툼하다. 이와 함께 핸드폰 무게에 대한 감은 전혀 없지만, 스스로 느끼기에는 무게가 적어도 작은 계란 두 개에 해당하는 100g은 됨직할 정도로 묵직하다. (전반적인 외양 묘사)

액정의 크기는 가로 2cm, 세로 4cm 정도로 그렇게 크지는 않지만, 작다고도 말할 수는 없다. 중고폰이다 보니 여기저기 흠이 많이 가 있는 것이 사실이다. 정면 윗부분에 새겨져 있는 흰 색깔의 제조사 로고는 거의 다 지워져서 음각된 부분만 희미하게 보이고 있으며, 액정 아래 부분에 나타나 있는 통신사 이름 역시 중간과 마지막 부분의 흰색 글씨가 많이 탈색된 상태이다. 핸드폰을 열면 나타나는 기판에서 숫자 1이 표시돼 있는 버튼의 경우에는, 위에 입힌 은색 칠이 벗겨지는 바람에 가운데에 직경 3mm 정도로 뒷배경 색깔인 짙은 남색이 드러나 천지인(天地人) 시스템의 천(天)에 해당하는 '아래 아' 글자를 거의 가리고 있다. 두툼한 핸드폰의 뒷부분 — 배터리가 붙어 있는 부분 — 에는 흠집이 더욱 많이 나 있다. 또, 배터리의 왼쪽 측면에도 무슨 스티커를 붙였다가 떼낸 자국이 새끼손톱 정도의 크기로 남아 있다. (자세한 외양 묘사)

측면의 경우에는 오른쪽에 음악과 카메라 기능을 위해 두 개, 왼편에는 음량 조절을 위한 버튼이 각각 하나씩 달려 있다. 직경이 5mm 정도 되는 카메라 렌즈는 슬라이딩 도어를 열면 핸드폰 뒷면의 상단부에 나타나며, 카메라 렌즈 바로 밑에는 길쭉한 타원형 형태의 플래시가 가로로 자리하고 있다. 카메라의 성능은 130만 픽셀 정도로 가격에 견준다면 대단히 만족스럽다. 저장 용량도 충분해 웬만한 사진은 100여 장 정도 너끈하게 저장할 수 있다.

내 지갑

5년은 족히 썼던 검은색 지갑을 버리고, 얼마 전 밤색 반 지갑을 구입했다. 가마솥에 넣기 직전의 붉은 토기 색깔을 연상케 하는 이 지갑은 펼쳤을 때의 길이가 16~17cm 정도로 이전보다 1cm가량 늘어났지만, 돈을 집어넣는 폭은 오히려 0.5cm 정도 줄어들었다. 때문에, 지폐를 집어넣을 경우에는 폭이 깊지가 않아 지폐의 맨 끝 부분까지 쏙 집어넣기에는 다소 어려움이 있다. 새로 나온 지폐들이 날씬한 점을 고려해 이와 같은 형태의 지갑을 만들었다는 것이 제작사의 설명이지만, 아직까지는 구지폐를 많이 사용하는 터라 일면 불편한 것도 사실이다.

물론, 가죽으로 유명한 A사의 제품인지라 표면 광택이나 지갑에 대한 촉감 등은 매우 만족스러운 편이다. 소가죽으로 추정되는 황토색 표면의 가장자리를 금색의 실로 박음질한 디자인도 무척 깔끔한 인상이다. 지갑 앞면에는 번잡스런 디자인이나 장식 하나 없이, 오직 오른쪽 아래 끝부분에만 회사의 로고가 창립 연도와 함께 가로 2cm, 세로 1cm 크기로 조그맣게 표시돼 있을 뿐이다.

지갑을 펼쳐 보면 오른편에는 4개의 카드를 꽂을 수 있는 칸들이 세로로 나열돼 있으며, 왼쪽에는 4개의 카드란 가운데 맨 위쪽에 신분증을 두 개 넣을 수 있는 접이식 투명 미니 지갑이 꽂혀 있다. 평상시에는 꽂아 쓰지만 필요할 경우에는 빼서 따로 쓸 수도 있다는 암묵적인 메시지를 전하듯. 왼편과 오른편의 카드 꽂이대 밑으로는 각각 명함이나 기타 카드를 넣을 수 있는 공간들이 각각 한 개씩 마련돼 있다. 지폐를 넣는 지갑 속은 겉면과 마찬가지의 황토색 가죽으로 이뤄져 있으며, 카드를 꽂는 쪽과 맞닿아 있는 부분은 세무 처리돼 있다. 그러나 지갑 안에는 정작 칸막이가 없어 영수증과 저액, 고액권 등을 따로 구분해 넣을 수 없는 실정이다.

5

형식 문단 이야기

"열 줄마다 들여 써라"

지루할 땐 장면 바꿔주는 카메라 신에 해당
문장처럼 문단도 '短短益善' 해야 읽기 편해

1455년 출판 당시 30권 발행. 현재까지 완전한 형태로 보존돼 있는 책은 모두 4권. 개당 가격은 수백억 원. 일명 「구텐베르크 성서」로 더 잘 알려진 「42행 성서」에 대한 개략적인 정보이다. 서양 인쇄술의 산 역사이자 근대 서양 문명의 시발점(始發點)으로 꼽히고 있는 이 책은 그러나 읽는 이의 시각에서 놓고 볼 때, 그야말로 가격 자체가 거품인 작품이기도 하다. 수려한 디자인과 아름다운 채색에도 불구하고 현대 성경에서 필수적으로 등장하는 '장(章)'과 '절(節)' 및 '문단 나누기'의 구별이 아예 없는 까닭에서다. 더욱이 마흔두 줄에 이르는 행들의 간격마저 빡빡해, 책을 들여다보노라면 금세 질려 버리는 것이 사실이기도 하다. 그렇다면 새로운 줄과 함께 몇 칸의 들여쓰기로 시작되는 형식 문단 나누기는 언제부터 생겨나기 시작했을까?

영문법과 성경의 전문가가 아니지만 인터넷을 뒤져가며 필자가 나름대로 조사해 본 바에 따르면, 성경에서 형식 문단이 처음 모습을 드러내는 때는 1873년에 수정 발간된 「제임스 왕의 성경」을 통해서이다. 말하자면 서양의 경우에는 성경을 기준으로 볼 때 형식 문단의 역사가 이제 한 세기를 넘긴 셈이다. 하지만 한글의 경우에는 언제부터 형식 문단 나누기가 등장했는지 아직까지 정확하게 알려진 바가 없다.

'생각 덩어리' 또는 '생각 묶음' 정도로 풀이해 볼 수 있는 형식 문단은 눈앞의 장면을 바꿔줌과 동시에 읽는 이의 숨결을 고르게 해주는 역할을 맡고 있다. 「글쓰기, 잘라서 읽으면 단숨에 통달한다」의 지은이, 장진한과 후타쓰기 고조에 따르면 이러한 문단은

① 시간, 장소, 장면이 달라질 때
② 인물, 상태, 동작이 달라질 때
③ 사건, 현상이 달라질 때
④ 생각이나 논점, 주장이 달라질 때
⑤ 서술문에서 대화문으로 바뀔 때나 말하는 사람이 바뀔 때
⑥ 긴 인용문을 넣을 때
⑦ 어떤 부분을 강조하고 싶을 때

사용되는 것이 적절하다고 한다. 그러나 여러 경우를 일일이 외우기보다 문단 자체를 카메라 촬영의 '신'(scene) 정도로 바꿔 생각한다면 문단 나누기가 더욱 쉬우리라는 것이 필자의 솔직한 생각이다. 즉 같은 장소, 같은 시간, 또는 같은 사물/대상을 여기저기서 다른 각도로 촬영할 때는 문단을 바꿀 필요가 없겠지만—방송 전문용어로는 이렇게 촬영하는 것을 '샷'(shot)이라고 함—다른 장소, 다른 시간, 또는 다른 사물/대상의 모습을 비추려 하다면, '신'(scene)에 해당하는 문단 자체를 바꿔줘야 하는 이치로 이해하면 된다.

적절한 수준의 문장 길이는 어느 정도가 좋을까? 「문장력 향상의 길잡이」라는 책을 쓴 서정수는 원고지 서너 장을 가장 이상적인 단락의 분량으로 정의하고 있다. 200자 원고지를 기준으로 볼 때 원고지 3~4장이면 거의 A4 용지의 절반에 가까운 분량이니, 사실 만만치는 않은 길이인 셈이다. 재미있는 사실은 '문단'의 경우에도 문장론에서 소개했던 것과 같은 '단단익선(短短益善)'의 법칙이 그대로 적용된다는 것이다. 실제로 벽초(碧初) 홍명희가 쓴 「林巨正」(임꺽정)에서 보듯, 20세기 초만 하더라도 소설의 문단 길이가 한 면에 버금갈* 정도로 길었지만, 이

제는 문단 길이가 예닐곱 줄에 불과한 소설들이 심심찮게 눈에 띌 정도로 글의 전개 방식이 빨라지고 있다.

참고로, 필자의 경우에는 문단의 몸피*가 가급적 열 줄을 넘어가지 않도록 신경 쓰고 있다. 이는 숫자 '열'에 특별한 의미를 부여한다기보다 시각적으로 볼 때, 열 줄 이하의 모양새가 끼끗해* 보이는 개인적인 이유에서다. 그렇게 볼 때, 문단을 이루는 문장 수는 보통 3~4개, 많아야 5~6개에서 그치는 것이 읽기에도 좋다. 그렇다고 이 규칙을 맹목적으로 따를 필요는 없다. 어차피 가장 중요한 사실은 호흡이 길어진다 싶을 때, 또 조금이라도 지루해진다 여겨질 때 가차없이 '엔터 키'(enter key)를 치는 요령일 테니.

참 고 문 헌

박진욱, 김동기 (2004). 「평범한 글쓰기」. 우리교육.

서정수 (2004). 「문장력 향상의 길잡이」. 동광출판사.

윤지현 (2005. 9). "Let's feed them better: 서울대 어린이 놀이터를 소개합니다." 「국민 영양」, 41-43.

이권우 (2003). 「각주와 이크의 책읽기」. 한국출판마케팅연구소.

임재춘 (2004). 「한국의 이공계는 글쓰기가 두렵다」. 마이넌.

장진한, 후타쓰기 고조 (2003). 「글쓰기 잘라서 읽으면 단숨에 통달한다」. 행담.

존 맨 (2003). 「구텐베르크 혁명」. 예지.

한효석 (2006). 「너무나도 쉬운 논술」. 한겨레신문사.

홍명희 (1985). 「林巨正」. 사계절.

황소웅 (2005). 「바른 글 좋은 글」. 랜덤하우스중앙.

***버금가다** 으뜸의 바로 아래가 되다. 뒤지지 않을 정도로 팽팽하게 견주다.

***몸피** 몸통의 굵기 또는 둘레.

***끼끗하다** 생기가 있고 깨끗하다.

성경의 띄어쓰기에 관한 웹사이트들:

<http://www.bible.org/page.asp?page_id=1791>
<http://www.logos.com/logos3/new/cambridgeparagraphbible>
<http://www.christeternalchristianchurch.com/learningactivity53.htm>

사진 출처:

<http://www.hrc.utexas.edu/exhibitions/permanent/gutenberg/web/pgsdbl560/1_237238_114v115r.html>

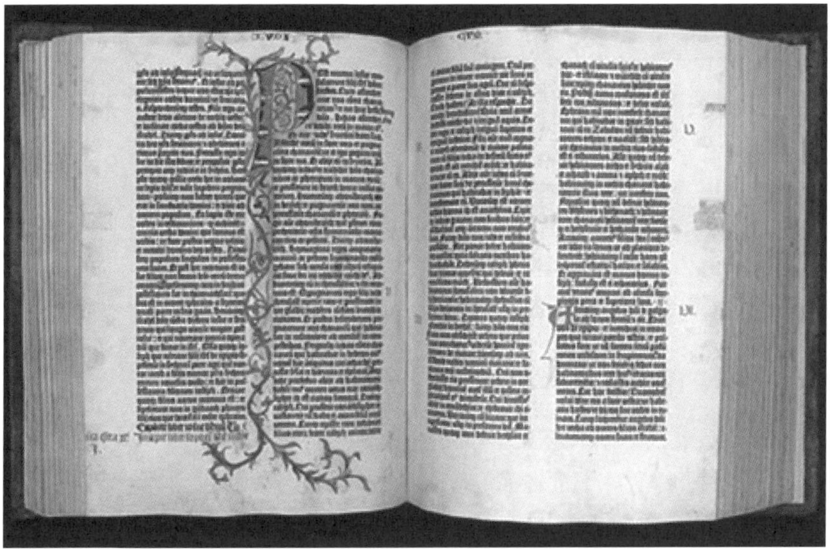

구텐베르크의 금속 활판 인쇄술은 서구 사회에 혁명적인 변화를 가져왔다. 「구텐베르크 성경」이 발간된 이후, 40년간 유럽의 110개 도시에는 인쇄소가 설치됐고, 그로부터 10년 동안 이들 인쇄소에서 발간된 서적 수는 800만 권에 달했다. 구텐베르크의 인쇄술은 결과적으로 왕과 승려, 귀족들의 전유물이었던 지식을 일반 대중들에게 급속도로 확산시키며 중세의 봉건체제를 붕괴시키는 기폭제가 됐다. 이런 까닭에, 미 시사주간지 '라이프'(Life)는 밀레니엄을 앞둔 지난 1997년, 1천 년 인류사상 가장 중요했던 사건 1위로 「구텐베르크 성경」의 탄생을 꼽은 바 있다. 위의 사진은 미 텍사스 주립대 랜섬(Ransom) 센터에 소장돼 있는 「구텐베르크 성경」의 114~115쪽.

1분에 익힙시다

퇴고를 위해서도 교열 기호를 익히는 것은 중요합니다. 다음은 문단 나누기와 관련된 교열 기호들입니다.

1. 

줄을 바꾼 후 들여 쓰라는 의미로 새로운 문단을 만들라는 뜻을 전달합니다. 예를 들어

> 철수는 오늘도 늦잠을 잤다. 결국, 아침을 먹는 둥 마는 둥하며 학교로 뛰어갔다. 하지만 정작 교실에는 아무도 없었다. "모두들 어디로 간 것이지?" 하며 중얼거리고 있을 때, 창 밖에서 웅성웅성하는 소리가 들렸다.

는 다음과 같이 고쳐주라는 의미입니다.

> 철수는 오늘도 늦잠을 잤다. 결국, 아침을 먹는 둥 마는 둥하며 학교로 뛰어갔다. 하지만 정작 교실에는 아무도 없었다.
>
> "모두들 어디로 간 것이지?" 하며 중얼거리고 있을 때, 창 밖에서 웅성웅성하는 소리가 들렸다.

2. 

들여쓰기를 하라는 의미의 교열 부호입니다. 예를 들어

> 철수는 오늘도 늦잠을 잤다. 결국, 아침을 먹는 둥 마는 둥하며 학교로 뛰어갔다. 하지만 정작 교실에는 아무도 없었다.
> "모두들 어디로 간 것이지?" 하며 중얼거리고 있을 때, 창 밖에서 웅성웅성하는 소리가 들렸다.

는 두 번째 문단의 시작 부분을 예제 1과 같이 안으로 들여 쓰라는 의미입니다.

연습문제

가. 장 문 연 습 I

■ 아래의 글들에는 문단의 구별이 없습니다. 읽어본 후, 필요에 따라 문단 바꾸기와 문단 들여쓰기 표시를 병행해 편집해 보기 바랍니다.

1 흙집이 인기다. 건강에도 좋고, 건축 비용도 저렴하기 때문이다. 더욱이 보온, 단열은 물론, 방충 등에서도 탁월한 효과를 보여 흙집을 찾는 사람들은 해마다 늘고 있다. 최근에는 흙집만 전문적으로 시공해 주는 업체들도 속속 등장하고 있는 실정이다. 21세기의 웰빙 건축물로 주목받고 있는 흙집은 보통 흙벽돌집, 심벽집, 담틀집 등으로 나뉜다. 이 가운데 흙벽돌집은 흙으로 만든 벽돌을 쌓아 집을 만드는 것이고, 심벽집은 전통적인 초가집을 짓는 방식으로 만들어지는 것을 일컫는다. 말하자면, 심벽집은 나무로 기둥과 보(기둥 사이를 수평으로 연결하는 나무)를 세우고 기둥과 기둥 사이에 힘살이라 불리는 가느다란 나무들을 무수히 박은 후, 여기에 흙을 덧입혀서 벽을 만드는 방식으로 짓는 집을 말한다. 마지막으로, 담틀집은 거푸집 안에 생흙을 넣고 소석회를 뿌려가며 꾹꾹 다져서 벽체를 만든 뒤 거푸집을 떼어내고 바로 그 자리에서 지붕을 씌우는 공법으로 건축한 집이다. 이러한 흙집들은 새 집을 지을 때 나오게 마련인 라돈, 석면, 일산화탄소, 미세 먼지 등에서 자유로울 수밖에 없어 말 그대로 가장 친환경적인 거주지라 할 수 있다. 때문에, 새집증후군에 시달린 적이 있는 사람들이나 아토피로 고생하는 사람들이 특히 흙집을 많이 찾고 있는 실정이다.

한림대학교 언론정보 04 학번 김은지/한재원

2 현대인의 삶에서 컴퓨터는 떼려야 뗄 수 없는 필수품이 되어 버렸다. 예전에는 눈을 뜨면서 TV를 켜고, 잠자리에 들면서 TV를 껐지만, 이제는 컴퓨터를 켜는 것으로 아침을 시작하고 컴퓨터 종료와 함께 하루 일과를 마친다. 그러나 일방적으로 화면을 내보내기만 하는 TV와 달리 컴퓨터는 인터넷을 통해 사이버 세계 내에서 다른 이들과 교감할 수 있다는 면에서 훨씬 능동적인 매체이다. 문제는 이렇듯 우리 생활에 깊숙이 스며들어 있는 컴퓨터의 영향력이 이제는 도리어 우리의 삶을 위협할 지경에 이르고 있다는 사실이다. 인터넷 신문은 그와 같은 현실을 구체적으로 확인할 수 있는 좋은 경우에 속한다. 이미, 신문과 방송에 이어 당당히 언론의 한 축으로 인정받고 있는 인터넷 신문은 의제 구축 및 여론 형성에 막강한 영향력을 발휘하며 사회 변혁에 있어 결코 만만찮은 역할을 수행하고 있다. 그럼에도 불구하고, 인터넷 신문은 정확성이나 심층성에 신경 쓰기보다 속보성과 선정성에 치중하면서 상대적으로 많은 부작용들도 양산하며 제2, 제3의 오보와 '아니면 말고' 식 폭로, 비방 뉴스를 남발하고 있는 실정이다.

3 문단 나누기는 시각적 측면에서도 매우 중요하다. 문단이 너무 길면 글이 무겁게 느껴질 뿐만 아니라 장황하고 지루해 보이기까지 한다. 반대로, 짧은 문단은 글을 가벼워 보이게 만들거나 글쓴이의 성의를 의심받게 한다. 글에 집중할 만하면 느닷없이 바뀌는 문단은 독자에게 당혹감을 불러일으키기 쉬우며, 문단 바꾸기로 인해 여기저기 드러내는 공백들은 글 자체가 어딘지 허술해 보이는 듯한 인상마저 심어준다. 문단 들여쓰기 역시, 시각적인 효과를 극대화시키기 위해서는 반드시 필요한 작업이다. 줄만 바꾼 채 들여쓰기를 하지 않을 경우, 정도의 차이는 있을망정 여전히 답답해 보이기 때문이다. 영어로 인덴트(indent)라 불리는 문단 들여쓰기는 띄어쓰기로 두 칸 또는 세 칸 정도 써주는 것이 가장 무난하다. 한 칸만 들여 쓰면 이전 문단과의 구별이 쉽지 않으며, 키보드 상의 탭 (tab)키를 이용할 경우에는 지나치게 과격한 들여쓰기가 이루어지게 마련이다. 워드 시험에서는 두 칸씩 들여쓰기를 모범적인 사례로 권장하고 있다. 필자의 경우에는 문서작성 프로그램의 눈금자 가운데 한 칸 정도에 해당하는 문단 들여쓰기(약 두 글자 띄어쓰기)를 시행하고 있다.

나 장 문 연 습 II

■ 다음은 하나의 글 덩어리로 놔 두기에 시각적으로 상당히 무거워 보이는 글들입니다. 읽어 본 후, 필요에 따라 줄 바꾸기와 들여쓰기 표시를 적절하게 사용해 보기 바랍니다.

1 제이미 올리버는 올해 30살의 영국인이다. 자국의 푸드채널 '네이키드 쉐프'(Naked Shef : 벌거벗은 주방장)를 통해 간단한 요리법과 파격적인 진행으로 명성을 얻기 시작, 이제는 세계적인 유명세를 타고 있는 신세대 요리사이다. 얼마 전에는 국위를 선양한 공로를 인정받아 대영제국훈장을 받기도 했다. 그런 그가 요즘 국내의 한 케이블 채널에서 '제이미 스쿨디너' 라는 프로그램을 통해 한국에도 얼굴을 내밀고 있다. 올 초, 영국의 '채널 4' 에서 방송되었던 이 프로그램은 냉동 식품과 패스트푸드 위주로 짜여진 영국의 학교급식이 학생들의 입맛은 물론 영양 공급의 균형까지 파괴할 만큼 엉망이라는 비판적인 메시지를 담고 있어 영국 사회에 엄청난 반향을 불러일으킨 바 있다. 프로그램에서 제이미는 학교들을 찾아다니며 급식 담당자들을 어렵게 설득, 이들과 함께 신선하고 영양 만점인 음식들을 학생들에게 선보이며 그들의 입맛을 서서히 돌려놓는 전쟁을 치른다. 그렇다면 공무원이나 학교 직원도 아니며, 결코 돈 되는 일도 아닌 학교급식 해결에 왜 제이미가 자청하고 나섰을까? 요리사로서, 음식을 다루는 사람으로서의 사명감이 그를 스쿨디너 개혁에 뛰어들게 했다고 그는 분명히 밝히고 있다. 프로그램 초기에 어느 학교 급식담당자가 그에게 묻는다. "당신의 명성에 화려한 이력을 한 줄 더 써 넣고 싶어서 이 일에 뛰어든 것입니까?" "결코 아닙니다. 우리 아이들이 먹는 식단 좀 보십시오. 한 아이는 아침, 점심, 저녁으로 감자 튀김만 줄곧 먹어대더니 결국 소화기관에 이상이 생겼습니다. 요리를 하는 입장으로서 이런 현실을 도저히 외면할 수 없었습니다." 영양사이자 단체급식을 전공한 필자에게 있어 '제이미 스쿨디너' 가 지니는 백미(白眉)는 바로 여기에 있다. 학교급식의 개선을 위해 한 시민이 자신의 전문지식을 활용하고자 소매를 걷어붙이고 나서선다는 것이다. 학자나, 시민단체, 영양사나 관련 공무원도 아닌 한 요리사가…….

윤지현, 'Let's feed them better, 서울대 어린이 놀이터를 소개합니다,' 41쪽.

2 일전에 지방 어느 대학의 신문방송학과 교수로부터 들은 이야기이다. 당시 그 교수는 졸업논문 수업을 맡고 있었는데, 학생들이 논문을 소화해 내기에 매우 버거워한다는 사실을 접하곤 학생들에게 좀 더 신축적인 기회를 주기로 마음먹었다고 한다. 학생들이 원할 경우에는 탐사 또는 기획 기사 등과 같은 형태의 글들도 졸업논문의 일환으로 인정해 주기로 하고는 기사 작성법에 대한 도움말을 열심히 전해 주었다는 것이 그의 설명이었다. 그런데 학기초에 탐사 기사를 써보겠다던 한 학생이 기말 즈음에 갑작스레 장문(長文)의 이메일을 보내 왔단다. 내용인즉 "선생님이 허락하신다면 졸업논문으로 대체해 제출키로 했던 기사 대신 신문의 사설과 칼럼을 하루에 5시간 정도씩 꼬박꼬박 손으로 베껴서 기말까지 내겠다"는 다소 황당한 글이었다. 시간은 촉박하고 취재 역량은 부족한 데다 글마저도 잘 안 되는 상황에서 제 깜냥을 깨닫고 남은 시간이나마 자신의 모자란 점을 만회해 보고자 나름대로 마련한 고육지책(苦肉之策)이라는 이유에서였다. 그러면서 자신이 최근 겪은 이야기로 글쓰기가 얼마나 중요한지를 다시 한번 깨달았다는 말꼬리를 덧붙였다고 한다. 사정을 들어보니 글을 다루는 입장에서 혼자만 듣기엔 너무 아까워 당사자를 조르다시피 해서 겨우 그 학생이 보냈다는 이메일을 손에 넣었다. 물론, 해당 학생과 당사자의 신분에 대한 비밀보장은 철저하게 지킨다는 전제 아래. 다음은 어렵사리 손에 넣은 그 학생의 편지 내용이다. 사적인 내용들과 함께 분량이 만만찮았던 관계로 조금 손질했다는 점을 먼저 밝히고자 한다.

해답

가. 장문연습 I

1 흙집이 인기다. 건강에도 좋고, 건축 비용도 저렴하기 때문이다. 더욱이 보온, 단열은 물론, 방충 등에서도 탁월한 효과를 보여 흙집을 찾는 사람들은 해마다 늘고 있다. 최근에는 흙집만 전문적으로 시공해 주는 업체들도 속속 등장하고 있는 실정이다. 21세기의 웰빙 건축물로 주목받고 있는 흙집은 보통 흙벽돌집, 심벽집, 담틀집 등으로 나뉜다. 이 가운데 흙벽돌집은 흙으로 만든 벽돌을 쌓아 집을 만드는 것이고, 심벽집은 전통적인 초가집을 짓는 방식으로 만들어지는 것을 일컫는다. 말하자면, 심벽집은 나무로 기둥과 보(기둥 사이를 수평으로 연결하는 나무)를 세우고 기둥과 기둥 사이에 힘살이라 불리는 가느다란 나무들을 무수히 박은 후, 여기에 흙을 덧입혀서 벽을 만드는 방식으로 짓는 집을 말한다. 마지막으로, 담틀집은 거푸집 안에 생흙을 넣고 소석회를 뿌려가며 꾹꾹 다져서 벽체를 만든 뒤 거푸집을 떼어내고 바로 그 자리에서 지붕을 씌우는 공법으로 건축한 집이다. 이러한 흙집들은 새 집을 지을 때 나오게 마련인 라돈, 석면, 일산화탄소, 미세 먼지 등에서 자유로울 수밖에 없어 말 그대로 가장 친환경적인 거주지라 할 수 있다. 때문에, 새집증후군에 시달린 적이 있는 사람들이나 아토피로 고생하는 사람들이 특히 흙집을 많이 찾고 있는 실정이다.

※ 첫 문단에서는 반드시 들여쓰기를 해주어야 한다. 이와 함께, 첫 문단은 '인기를 끌고 있는 흙집'이라는 내용으로 구분시켜 주고, 두 번째 문단은 '흙집의 종류'를 소주제로 묶어주면 된다. 마지막으로, '흙집을 찾는 사람들' 또는 '친환경적인 흙집'이라는 이야기로 또 하나의 문단을 편성하면 된다.

2 현대인의 삶에서 컴퓨터는 떼려야 뗄 수 없는 필수품이 되어 버렸다. 예전에는 눈을 뜨면서 TV를 켜고, 잠자리에 들면서 TV를 껐지만, 이제는 컴퓨터를 켜는 것으로 아침을 시작하고 컴퓨터 종료와 함께 하루 일과를 마친다. 그러나 일방적으로 화면을 내보내기만 하는 TV와 달리 컴퓨터는 인터넷을 통해 사이버 세계 내에서 다른 이들과 교감할 수 있다는 면에서 훨씬 능동적인 매체이다. 문제는 이렇듯 우리 생활에 깊숙이 스며들어 있는 컴퓨터의 영향력이 이제는 도리어 우리의 삶을 위협할 지경에

이르고 있다는 사실이다. 인터넷 신문은 그와 같은 현실을 구체적으로 확인할 수 있는 좋은 경우에 속한다. 이미, 신문과 방송에 이어 당당히 언론의 한 축으로 인정받고 있는 인터넷 신문은 의제 구축 및 여론 형성에 막강한 영향력을 발휘하며 사회 변혁에 있어 결코 만만찮은 역할을 수행하고 있다. 그럼에도 불구하고, 인터넷 신문은 정확성이나 심층성에 신경 쓰기보다 속보성과 선정성에 치중하면서 상대적으로 많은 부작용들도 양산하며 제2, 제3의 오보와 '아니면 말고' 식 폭로, 비방 뉴스를 남발하고 있는 실정이다.

※ 두 번째 문단의 시작을 어디에서부터 보아야 하는가를 고민하게 하는 글이다. 세 번째 문장인 "그러나 일방적으로 화면을……"을 새로운 문단으로 시작하기에는 앞의 두 문장만으로 이뤄진 문단이 너무 짧아 보인다. 이와 함께, 이야기의 소주제만 놓고 보더라도, 앞의 세 문장은 모두 '우리 생활에 깊숙이 파고 든 컴퓨터'에 관한 것이다. 반면, 네 번째 문장은 '이러한 컴퓨터가 갖는 문제점'에 대한 것으로, 이야기 자체가 다른 방향으로 전개되고 있다.

3 문단 나누기는 시각적 측면에서도 매우 중요하다. 문단이 너무 길면 글이 무겁게 느껴질 뿐만 아니라 장황하고 지루해 보이기까지 한다. 반대로, 짧은 문단은 글을 가벼워 보이게 만들거나 글쓴이의 성의를 의심받게 한다. 글에 집중할 만하면 느닷없이 바뀌는 문단은 독자에게 당혹감을 불러일으키기 쉬우며, 문단 바꾸기로 인해 여기저기 드러내는 공백들은 글 자체가 어딘지 허술해 보이는 듯한 인상마저 심어준다. 문단 들여쓰기 역시, 시각적인 효과를 극대화시키기 위해서는 반드시 필요한 작업이다. 줄만 바꾼 채 들여쓰기를 하지 않을 경우, 정도의 차이는 있을망정 여전히 답답해 보이기 때문이다. 영어로 인덴트(indent)라 불리는 문단 들여쓰기는 띄어쓰기로 두 칸 또는 세 칸 정도 써주는 것이 가장 무난하다. 한 칸만 들여 쓰면 이전 문단과의 구별이 쉽지 않으며, 키보드 상의 탭 (tab)키를 이용할 경우에는 지나치게 과격한 들여쓰기가 이루어지게 마련이다. 워드 시험에서는 두 칸씩 들여쓰기를 모범적인 사례로 권장하고 있다. 필자의 경우에는 문서작성 프로그램의 눈금자 가운데 한 칸 정도에 문단 들여쓰기(약 두 칸 띄어쓰기)를 시행하고 있다.

※ 크게 두 개의 이야기 덩어리로 이뤄져 있는 글이다. 먼저, 앞에서는 '문단 나누기의 중요성'에 대해 설명하고 있으며, 뒤에서는 '문단 들여쓰기'라는 또 다른 소주제에 대해 논하고 있다.

나. 장문연습 II

1 제이미 올리버는 올해 30살의 영국인이다. 자국의 푸드채널 '네이키드 쉐프'(Naked Shef : 벌거벗은 주방장)를 통해 간단한 요리법과 파격적인 진행으로 명성을 얻기 시작, 이제는 세계적인 유명세를 타고 있는 신세대 요리사이다. 얼마 전에는 국위를 선양한 공로를 인정받아 대영제국훈장을 받기도 했다. 그런 그가 요즘 국내의 한 케이블 채널에서 '제이미 스쿨디너' 라는 프로그램을 통해 한국에도 얼굴을 내밀고 있다. 올 초, 영국의 '채널 4' 에서 방송되었던 이 프로그램은 냉동 식품과 패스트푸드 위주로 짜여진 영국의 학교급식이 학생들의 입맛은 물론 영양 공급의 균형까지 파괴할 만큼 엉망이라는 비판적인 메시지를 담고 있어 영국 사회에 엄청난 반향을 불러일으킨 바 있다. 프로그램에서 제이미는 학교들을 찾아다니며 급식 담당자들을 어렵게 설득, 이들과 함께 신선하고 영양 만점인 음식들을 학생들에게 선보이며 그들의 입맛을 서서히 돌려놓는 전쟁을 치른다. 그렇다면 공무원이나 학교 직원도 아니며, 결코 돈 되는 일도 아닌 학교급식 해결에 왜 제이미가 자청하고 나섰을까? 요리사로서, 음식을 다루는 사람으로서의 사명감이 그를 스쿨디너 개혁에 뛰어들게 했다고 그는 분명히 밝히고 있다. 프로그램 초기에 어느 학교 급식담당자가 그에게 묻는다. "당신의 명성에 화려한 이력을 한 줄 더 써 넣고 싶어서 이 일에 뛰어든 것입니까?" "결코 아닙니다. 우리 아이들이 먹는 식단 좀 보십시오. 한 아이는 아침, 점심, 저녁으로 감자 튀김만 줄곧 먹어대더니 결국 소화기관에 이상이 생겼습니다. 요리를 하는 입장으로서 이런 현실을 도저히 외면할 수 없었습니다." 영양사이자 단체급식을 전공한 필자에게 있어 '제이미 스쿨디너' 가 지니는 백미(白眉)는 바로 여기에 있다. 학교급식의 개선을 위해 한 시민이 자신의 전문지식을 활용하고자 소매를 걷어붙이고 나선다는 것이다. 학자나, 시민단체, 영양사나 관련 공무원도 아닌 한 요리사가…….

※ 크게 네 개의 이야기 덩어리로 이뤄져 있는 글이다. 먼저, 앞에서는 '제이미 올리버' 라는 요리사에 대한 개괄적인 설명을 진행하고 있다. 이어 두 번째 문단에서는 '제이미 스쿨디너' 라는 프로그램에 대한 첫 번째 이야기를 다루고 있다. 세 번째 문단에서는 프로그램의 내용 자체를 구체적인 예와 함께 소개하고 있다. 사실, 얼핏 보기에는 세 번째 문단을 "프로그램 초기에 어느 학교 급식담당자가……"에서 다시 나눠도 별 무리는 없어 보인다. 하지만 가만히 들여다보면, 뒷부분의 이야기는 앞에서 언급한 것을 예로 들어가며 답변하고 있는 내용이다. 따라서, 세 번째 문단을 굳이 둘로 나누는 것보다는 한 개로 묶어주는 것이 훨씬 자연스럽다. 마지막으로, 제이미와 그의 프로그램에 대한 필자의 소감이 전개되고 있다.

2 일전에 지방 어느 대학의 신문방송학과 교수로부터 들은 이야기이다. 당시 그 교수는 졸업논문 수업을 맡고 있었는데, 학생들이 논문을 소화해 내기에 매우 버거워 한다는 사실을 접하곤 학생들에게 좀 더 신축적인 기회를 주기로 마음먹었다고 한다. 학생들이 원할 경우에는 탐사 또는 기획 기사 등과 같은 형태의 글들도 졸업논문의 일환으로 인정해 주기로 하고는 기사 작성법에 대한 도움말을 열심히 전해 주었다는 것이 그의 설명이었다. 그런데 학기초에 탐사 기사를 써보겠다던 한 학생이 기말 즈음에 갑작스레 장문(長文)의 이메일을 보내 왔단다. 내용인즉 "선생님이 허락하신다면 졸업논문으로 대체해 제출키로 했던 기사 대신 신문의 사설과 칼럼을 하루에 5시간 정도씩 꼬박꼬박 손으로 베껴서 기말까지 내겠다"는 다소 황당한 글이었다. 시간은 촉박하고 취재 역량은 부족한 데다 글마저도 잘 안 되는 상황에서 제 깜냥을 깨닫고 남은 시간이나마 자신의 모자란 점을 만회해 보고자 나름대로 마련한 고육지책(苦肉之策)이라는 이유에서였다. 그러면서 자신이 최근 겪은 이야기로 글쓰기가 얼마나 중요한지를 다시 한번 깨달았다는 말꼬리를 덧붙였다고 한다. ( )사정을 들어보니 글을 다루는 입장에서 혼자만 듣기엔 너무 아까워 당사자를 조르다시피 해서 겨우 그 학생이 보냈다는 이메일을 손에 넣었다. 물론, 해당 학생과 당사자의 신분에 대한 비밀보장은 철저하게 지킨다는 전제 아래. 다음은 어렵사리 손에 넣은 그 학생의 편지 내용이다. 사적인 내용들과 함께 분량이 만만찮았던 관계로 조금 손질했다는 점을 먼저 밝히고자 한다.

※ 첫 문단의 들여쓰기와 함께, 두 개의 문단 나누기가 더 필요한 글이다. 맨 처음 문단이 '졸업논문 수업과 관련된 소개말'이라면, 두 번째 문단은 '한 학생이 보낸 이메일'에 대한 글이다. 여기에서도 두 번째 문단의 다섯 번째 문장인 "사정을 들어보니……"하는 부분에서 새로운 문단 나누기를 시도할 수도 있다(개인적으로는 이 부분에서 문단 나누기를 시도하지 않는 것을 권하지만 그렇다고 그것을 정답으로까지 강권하고 싶지는 않다). 그러나 다음에 전개되는 내용에서는 문단 나누기가 더욱 까다로워진다. 앞에서는 학생의 이메일에 관한 내용이 전개되었지만, 뒤에선 그 이메일을 한 다리 건너 손에 넣은 필자의 이야기가 진행되고 있기 때문이다. 이 부분은 세 번째(또는 네 번째) 문단으로 분류해 주어도 글의 흐름상 별 문제가 없지만, 이후 전개되는 "다음은 어렵사리 손에 넣은……"이라는 부분을 또 다른 문단으로 분류시키기에, 그렇다고 같은 세 번째(또는 네 번째) 문단 안에 넣어주기에도 '시각적'으로 애매모호한 상태를 발생시킨다. 사실, 모양새로 따지자면, "다음은 어렵사리 손에 넣은 ……"이라는 문장을 문단 나누기로 새롭게 들여 쓰는 것이 보기에 좋다. 그런 의미에서 다음에 제시된 두 종류의 편집 상태를 한번 비교해 보기 바란다. 둘 다 무난하지만, 필자가 굳이 이 문제의 정답으로 B형을 제시한 이유를 생각하면서.

A

일전에 지방 어느 대학의 신문방송학과 교수로부터 들은 이야기이다. 당시 그 교수는 졸업논문 수업을 맡고 있었는데, 학생들이 논문을 소화해 내기에 매우 버거워한다는 사실을 접하곤 학생들에게 좀 더 신축적인 기회를 주기로 마음먹었다고 한다. 학생들이 원할 경우에는 탐사 또는 기획 기사 등과 같은 형태의 글들도 졸업논문의 일환으로 인정해 주기로 하고는 기사 작성법에 대한 도움말을 열심히 전해 주었다는 것이 그의 설명이었다.

그런데 학기초에 탐사 기사를 써보겠다던 한 학생이 기말 즈음에 갑작스레 장문(長文)의 이메일을 보내 왔단다. 내용인즉 "선생님이 허락하신다면 졸업논문으로 대체해 제출키로 했던 기사 대신 신문의 사설과 칼럼을 하루에 5시간 정도씩 꼬박꼬박 손으로 베껴서 기말까지 내겠다"는 다소 황당한 글이었다. 시간은 촉박하고 취재 역량은 부족한 데다 글마저도 잘 안 되는 상황에서 제 깜냥을 깨닫고 남은 시간이나마 자신의 모자란 점을 만회해 보고자 나름대로 마련한 고육지책(苦肉之策)이라는 이유에서였다. 그러면서 자신이 최근 겪은 이야기로 글쓰기가 얼마나 중요한지를 다시 한번 깨달았다는 말꼬리를 덧붙였다고 한다.

사정을 들어보니 글을 다루는 입장에서 혼자만 듣기엔 너무 아까워 당사자를 조르다시피 해서 겨우 그 학생이 보냈다는 이메일을 손에 넣었다. 물론, 해당 학생과 당사자의 신분에 대한 비밀보장은 철저하게 지킨다는 전제 아래.

다음은 어렵사리 손에 넣은 그 학생의 편지 내용이다. 사적인 내용들과 함께 분량이 만만찮았던 관계로 조금 손질했다는 점을 먼저 밝히고자 한다.

B

일전에 지방 어느 대학의 신문방송학과 교수로부터 들은 이야기이다. 당시 그 교수는 졸업논문 수업을 맡고 있었는데, 학생들이 논문을 소화해 내기에 매우 버거워한다는 사실을 접하곤 학생들에게 좀 더 신축적인 기회를 주기로 마음먹었다고 한다. 학생들이 원할 경우에는 탐사 또는 기획 기사 등과 같은 형태의 글들도 졸업논문의 일환으로 인정해 주기로 하고는 기사 작성법에 대한 도움말을 열심히 전해 주었다는 것이 그의 설명이었다.

그런데 학기초에 탐사 기사를 써보겠다던 한 학생이 기말 즈음에 갑작스레 장문(長文)의 이메일을 보내 왔단다. 내용인즉 "선생님이 허락하신다면 졸업논문으로 대체해 제출키로 했던 기사 대신 신문의 사설과 칼럼을 하루에 5시간 정도씩 꼬박꼬박 손으로 베껴서 기말까지 내겠다"는 다소 황당한 글이었다. 시간은 촉박하고 취재 역량은 부족한 데다 글마저도 잘 안 되는 상황에서 제 깜냥을 깨닫고 남은 시간이나마 자신의 모자란 점을 만회해 보고자 나름대로 마련한 고육지책(苦肉之策)이라는 이유에서였다. 그러면서 자신이 최근 겪은 이야기로 글쓰기가 얼마나 중요한지를 다시 한번 깨달았다는 말꼬리를 덧붙였다고 한다. 사정을 들어보니 글을 다루는 입장에서 혼자만 듣기엔 너무 아까워 당사자를 조르다시피 해서 겨우 그 학생이 보냈다는 이메일을 손에 넣었다. 물론, 해당 학생과 당사자의 신분에 대한 비밀보장은 철저하게 지킨다는 전제 아래.

다음은 어렵사리 손에 넣은 그 학생의 편지 내용이다. 사적인 내용들과 함께 분량이 만만찮았던 관계로 조금 손질했다는 점을 먼저 밝히고자 한다.

이제부터는 본격적인 글쓰기가 시작됩니다.

길고도 지루한 기초의 길을 걸어온 여러분의 노고(勞苦)에 경의(敬意)를 표하며, 보다 높은 글쓰기를 향해 솟구쳐 오를 수 있도록 기원해 봅니다.

6

"입장을 정해라"

'결론' 없는 글쓰기는 '계획' 없는 도시 건설
한 문장으로 요약 가능한 글이 최고의 글

시나리오 없는 영화는 없다. 대본 없는 드라마도 없다. 그렇다면 구성(構成) 없는 글은? 역시 없다. 물론, 좋은 글의 경우에 한한 얘기다.

1980년대, 본격적인 개발 열풍 속에 미국 유학파들이 그림 그리듯 설계해 창조한 지역이 서울의 '강남'이었다. 반대로 그때그때 필요에 따라 주먹구구식으로 확장된 난개발(亂開發)의 전형(典型)이 '강북'이었다. 같은 서울이지만 땅값에서부터 교육 수준에 이르기까지 종국에는 도저히 극복할 수 없는 차이를 보인 출발점은 바로 도시 계획이었다.

글쓰기도 마찬가지다. 결국, '글짱'과 '글꽝'을 갈라놓는 기준은 바로 계획과 설계이다. 사실, 좋은 글은 주제에 대한 메시지가 글쓴이의 머릿속에 이미 확실히 결정돼 있는 가운데 탄생하기 마련이다. 굳이 영화로 말하자면 감독이 전달하고자 하는 철학이 확고해야 영화도 힘을 받는다는 얘기다. '복수' 시리즈에 남달리 천착*(穿鑿)하는 박찬욱 감독은 이런 점에서 확실한 자기 주제로 세계 영화계에 자신의 이름을 아로새긴 경우다.

그런 면에서 볼 때, 집필(執筆) 이전의 과정까지 포함한 글쓰기에서 가장 중요

***천착(穿鑿)** 어떤 원인이나 내용 따위를 따지고 파고들어 알려고 하거나 연구함.

한 첫 번째 과제는 바로 해당 논제(論題)에 대한 자신의 입장을 정리하는 것이다. 여럿에게 두루 적용될 수 있는 보기를 제시하고자 다음과 같이 다소 광범위한 네 가지의 논제로 예로 들어 보겠다.

1. '한국적 현실을 고려해 볼 때, 성장이 먼저인가? 분배가 먼저인가?'
2. '한류 열풍은 일시적 현상인가?'
3. '북한에 대한 햇볕정책은 지속돼야 하는가?'
4. '우리는 부모 세대보다 행복한 삶을 살고 있는가?'

만일 위와 같은 주제로 논술하거나 보고서, 작문 등을 써야 할 경우, 첫 번째로 해야 할 작업은 바로 '결론'을 내려야만 하는 것이다. 결론 없이 글을 써 나가면서 자신의 입장을 정리하는 것은 도로를 닦아 나가면서 방향을 정하는 것과 매한가지다. 결국 임시방편(臨時方便)으로, 또는 당장 필요한 대로 건축(建築)된 도로는 건설 비용에서부터 환경 평가, 유지 보수 등에 이르기까지 모든 방면에서 계획된 도로 건설보다 비효율적일 수밖에 없다.

그러나 말이 쉬워 자신의 입장을 정리하는 것이지, 뒤집어 말하면 이는 머릿속에 이미 할 말을 정해 놓고 있어야 한다는 것과 다를 바 없다. 다행히 자신이 잘 아는 분야일 경우, 이와 같은 고민은 자연스럽게 해결되지만 아직 관련 정보가 많이 부족한 경우에는 문제가 발생할 수밖에 없다. 해서 좋은 글을 쓰려면 정보 수집을 통해 충분한 지식을 습득한 후, 확고부동(確固不動)한 자신만의 결론을 지닌 채 책상 앞에 앉아야 한다. 평소 '많이 눈여겨보고,' '많이 접하고,' '많이 여행하고,' '많이 경험해 본' 사람들이 유리할 수밖에 없는 이유가 여기에 있다.

생각해 보라. 언론과 미디어에서 성장과 발전, 한류 열풍과 햇볕정책에 대해 수없이 떠드는 와중에 집안에서 게임만 한 사람과 호기심을 가지고 TV 뉴스라도 본 사람과의 차이를. 이런 관점에서 볼 때, 글 쓰는 작업은 그야말로 자신의 생각을 '기술(記述)*' 하는 '기술(技術)*' 에 불과할 뿐이다.

다음은 위에서 제시한 논제들에 대해 각각 찬반(贊反)의 입장에서 정리한 결론들.

1. '한국적 현실을 고려할 때, 성장이 먼저다.'
1. '한국적 현실을 고려할 때, 분배가 먼저다.'

2. '한류 열풍은 일시적 현상이다.'
2. '한류 열풍은 일시적 현상이 아니다.'

3. '북한에 대한 햇볕정책은 지속돼야 한다.'
3. '북한에 대한 햇볕정책은 지속되면 안 된다.'

4. '우리는 부모 세대보다 행복한 삶을 살고 있다.'
4. '우리는 부모 세대보다 행복한 삶을 살고 있지 않다.'

글을 쓰기 위해 자신의 입장을 반드시 정리해야 한다는 첫 번째 관문(關門)을 무사히 통과하게 되면, 두 번째 관문으로 영화 또는 시나리오의 대본(콘티)을 짜야 하는 일이 기다리고 있다. 이 작업은 적어도 들머리,* 펼치기, 마무리의 세 단계로 구성되는 글을 쓸 경우에 실질적인 내용 전개는 어떻게 풀어나갈 것인가를 결정짓는 일이다. 그렇다면 다음 단계로의 진입을 위해 여러분이 최소한 준비 해야 할 과제는? 위의 논제에 대한 입장 결정과 "왜?" 그런지에 대한 간단한 이유 정도를 꼽아볼 수 있다.

***기술(記述)** 대상이나 과정의 내용과 특징을 있는 그대로 열거하거나 기록하여 서술함.
***기술(技術)** 사물을 잘 다룰 수 있는 방법이나 능력.
***들머리** 들어가는 맨 첫머리.

참 고 문 헌

김남수 (2006). 「논술의 끝」. 한언.
서울대학교 국어교육연구소 (1995). 「논술, 출제와 평가의 실제」. 한샘출판사.
송국현, 윤진호, 김면수 (2006). 「논술의 정석 10 · 3」. 글담출판사.
임재춘 (2004). 「한국의 이공계는 글쓰기가 두렵다」. 마이넌.
장진한, 후타쓰기 고조 (2003). 「글쓰기 잘라서 읽으면 단숨에 통달한다」. 행담,
철학아카데미 (2005). 「철학, 예술을 읽다」. 동녘.

연습문제

가. "예," "아니오"를 묻는 찬반(贊反) 주제들

■ 평소, 많이 생각하는 습관을 들여야 글도 탄탄한 논리력을 갖출 수 있습니다. 중국 송나라의 구양수가 좋은 글짓기의 세 가지 조건 가운데 하나로 꼽은 '다상량'(多想量: 많이 생각하기)은 그래서 필요합니다. 생각하는 훈련을 위한 첫 단계로는 찬 · 반 양론이 팽팽히 맞서는 문제에 대해 고민해 보는 것이 가장 좋습니다. 다음은 우리 주변에서 흔히 접할 수 있는 찬반 양론의 주제들입니다. 주제가 익숙하지 않을 경우에는 성급하게 결론을 내리기보다, 인터넷 등을 통해 무엇이 문제이고 무엇이 쟁점(爭點) 사안인지를 파악해 보기 바랍니다. 그런 연후에, 자신의 입장을 분명히 정리하고 그 '이유'와 '근거'를 머릿속으로 헤아려 봅시다.

1 낙태(落胎)
2 사형제도(死刑制度)
3 공창(公娼)
4 간통죄(姦通罪)
5 동성 결혼(同姓 結婚)
6 안락사(安樂死)
7 공무원 노조(公務員 勞組)
8 학교 체벌(學校 體罰)
9 스크린 쿼터(Screen Quarter)
10 양심적 병역 거부

나. 상황 인식 능력과 관찰력을 묻는 주제들

■ 입장을 정하는 것 가운데 가장 쉬운 단계인 찬반론이 끝났습니다. 이제부터는 좀 더 고급 단계인 원인-결과 추적과 대안 제시, 가치 선택과 관찰력을 가늠하는 단계입니다. 아래에 제시된 논제들을 읽어보고 질문자의 의도가 무엇인가를 파악한 후, 입장을 정리해 보기 바랍니다. 동문서답(東問西答)하지 않고 질문자가 제시한 질문에 정확하게 답변하는 것이 중요하다는 사실을 잊지 말기 바랍니다.

1 일본에서는 이미 오래 전부터 학교 폭력과 '이지매' 라 불리는 왕따 현상이 심각한 사회문제로 대두돼 왔습니다. 요사이, 한국에서도 이러한 학교 문제는 대단히 위험한 수위에 이르렀습니다. 한국에서 최근 들어 학교 폭력이 부쩍 심각해진 근본 이유는 무엇이라고 보십니까? 또, 학교 폭력의 해결을 위해 '현실적' 으로 여러분이 내놓을 수 있는 대안(代案)으로는 무엇이 있겠습니까?

2 관행(慣行)은 변화(變化)와 부딪칠 수밖에 없습니다. 그동안 성과 제일주의와 결과 만능주의를 근간으로 앞만 보고 달려온 한국 사회에 있어, '황우석 사태' 는 그 결정판이었습니다. 엄밀한 의미에서 따져보자면, 대한민국의 어느 누구도 관행으로부터 자유롭지 못한 것이 사실입니다. 촌지와 뇌물, 청탁과 알선 등이 여전히 암묵적으로 행해지는 가운데, 표절과 대필, 불법 다운로드와 불법 복제 등 온갖 종류의 관행이 탈법과 준법을 아슬아슬하게 넘나들면서 곳곳에서 행해지고 있습니다. 그렇다면 한국 사회는 과연 언제부터, 어떤 방식으로 이러한 '관행' 에서 탈피해야 할까요? 사건이 터질 때마다 표적이 되는 사람들을 희생양으로 해당 분야에서의 관행을 탈피하는 방법이 최선일까요? 아니면, 좀 더 유연하면서도 피해를 최소화할 수 있는 다른 방법이 있을까요? 현재의 관행 타파 방식에 대한 입장을 정리하고 그 이유와 함께 현실적인 대안(代案)을 제시해 보기 바랍니다.

3 한국인들은 한국인을 깔보거나 편견으로 대하는 외부 시각에 대해서는 집단적인 적개심과 적대심을 쉬이 드러내곤 합니다. 그런 한국인들은 정작 또 다른 외부인—특히 제3세계의—들에 대해서는 그들의 정서를 무시한 채, 편견과 업신여김, 무례함으로 응대하는 경우가 많습니다. 이와 관련해 주변에서 흔히 경험할 수 있는 사례를 한번 들어보고, 이런 이중적인 태도는 극복 가능한 것인지, 또 가능하다면 어떤 방식으로, 불가능하다면 왜 그런지에 대해 의견을 정립해 보기 바랍니다.

4 박정희 대통령에 대한 인식이 나날이 달라지고 있습니다. 해를 거듭할수록 높아지고 있는 한국의 국제적 위상에 따라, 한국의 도약을 위해 그가 닦아 놓은 기반에 대한 평가도 달라지고 있는 것입니다. 그렇다면 타임머신의 시계를 약 40년 전으로 돌려볼 때, 자본이라고는 일천했던 한국 사회에서 종자돈 마련을 위해 노동자보다는 자본가의 입장에서 노동자의 권익을 등한시했던 당시의 경제정책은 필요악*(必要惡)이었을까요? 당신이 국가 최고지도자의 입장이라면, 당시에 어떤 방식으로 자본가와 노동자, 자본과 인권의 관계를 설정해 가며 미래의 경제 대국을 향한 경제정책을 진수*(進水)해 나갔겠습니까?

*필요악(必要惡): 없는 것이 바람직하지만 사회적인 상황에서 어쩔 수 없이 요구되는 악.

*진수(進水): 새로 만든 배를 처음으로 물에 띄움.

5 아버지는 아들을 엄하고 혹독하게 다뤘습니다. 툭하면 고성(高聲)에 손찌검도 하셨습니다. 무엇보다 죽으라면 죽는 시늉까지 해야 할 정도로 절대적인 권위를 앞세우셨습니다. 그러다 서서히 몸이 나기 시작한 아들이 어느 날부터인가 나가서 돈을 벌어오기 시작했습니다. 문제는 집안에 돈을 벌어오는 사람들이 아버지와 아들, 둘로 늘어나면서 아버지가 아들에게 "오냐, 오냐"하기 시작했다는 겁니다. 게다가 갈수록 나이가 들며 힘이 달리기 시작한 아버지와 달리 아들의 덩치는 해를 거듭할수록 커져 갔습니다. 아버지에게서 배운 그대로 아들이 술주정

을 부리기 시작하면, 아버지가 슬그머니 자리를 뜨는 날들이 잦아지기 시작했습니다. 과거, 아들에게 대했던 자신의 행동이 미안하기도 하고, 집안 수입도 짭짤해서 아들의 행패는 그때그때 눈감아 주기 일쑤였습니다. 아들 역시, 자신의 위세와 힘을 믿고 행패 부려도 별다른 제재가 없자 더더욱 손을 댈 수조차 없는 망나니가 되어 갔습니다. 이제는 술만 먹으면 밖에서도 사고를 치고 다니는 형편입니다. 사태가 이 지경에 이른 데는 누구의 책임이 더 큰지, 왜 그런지에 대한 이유와 함께 입장을 정리해 보기 바랍니다. 그리고 현재의 한국적 사회 상황에 비춰볼 때, 이와 같은 사례에 비견할 수 있는 상황으로는 무엇이 있는지에 대해서도 생각해 보기 바랍니다.

6 갑: "과연, 진실이라는 것이 있을까?"

을: "있지."

갑: "그렇다면 진실 보도도 가능할까?"

을: "당연하지."

갑: "난 잘 몰라서 그러는데, 어떤 것이 진실 보도인지 한번 얘기해 줄래?"

을: "예를 들어, 양쪽의 이야기를 균형 있게 다뤄준다면 독자들이 진실을 이해하는 데 도움을 주지 않을까?"

갑: "그렇다면 양쪽의 이야기를 똑같은 분량으로 취급하는 기계주의적 형평성을 말한다고 볼 수 있나?"

을: "굳이 말하자면, 그렇다고도 볼 수 있지."

갑: "그럼, 만약에 양쪽의 이야기를 다 들을 수 없는 상황이라면? 가령, 피해자는 죽은 사건이라거나, 아니면 한쪽이 일방적으로 진술을 거부할 경우, 말야."

을: "흠, 그렇다면 상황을 다 설명해 주고 한쪽의 이야기만 다뤄주면 되지 않을까?"

갑: "그럼, 이건 어떨까? 가령, 원인과 결과가 복잡하게 얽혀 있는 사건, 예를 들면, 황우석 사태나 9.11 테러 사건 같은 경우에는 어떻게 해야 진실 보도가 될까?"

을: "휴, 갈수록 어려워지는군."

갑: "그리고 미국과 한국, 아랍에서 가장 존경받는 언론인들이 진실 보도를 위해 각각 내보낸 기사가 서로 다른 각도에서 사건을 취재해 다른 결론을 내리고 있다면?"

을: "……."

갑: "그런 의미에서, 진실 보도는 불가능하다고 생각하지 않나?"

을: "그렇지만, 네 말대로라면, 언론이 보도를 해야 할 이유 자체가 없어지는 것 아닐까? 만일, 사실이 그렇다면 너무 우울한 결론일 테고. 무엇보다 난 언론 보도가 분명히 인류 발전에 기여한다고 생각하네. 그렇다면 역시 그건 진실을 밝히기 위해 노력해 왔고, 지금도 진실 보도를 위해 투쟁하고 있는 언론의 존재 이유이기도 하고."

갑: "……."

위의 대화에 대해 당신은 '갑'과 '을' 가운데 어느 의견에 동조합니까? 그리고 '갑'과 '을'의 의견 중, 찬성할 수 없는 쪽의 맹점(盲點)은 무엇이라고 생각합니까? 찬성하는 쪽의 의견을 더욱 확고히 하기 위해 반대하는 의견에 대해 조목조목 반박할 이유를 찾아보기 바랍니다.

7 1961년 피에로 만초니는 자신의 똥을 90개의 작은 깡통에 채웠다. 그러고는 그 깡통에 "내용물: 미술가의 똥, 30그램, 신선하게 보존됨. 1961년 5월에 생산되고 저장됨"이라는 문구를 새겼다. 그 깡통들은 대단한 예술 작품으로 취급되어 같은 무게의 금값으로 판매되었다.

조광제, '예술 개념, 움직이는 미로', 「철학, 예술을 읽다」, 14쪽.

미술 감상에서 필자를 자주 고민에 빠뜨리게 하는 분야가 있습니다. 현대미술에서 추상예술과 초현실주의로 대표되는 전위예술이 그 대상입니다. 비록 칸딘스키, 피카소, 달리 같은 불세출의 예술가들이 개척하고 집대성하기는 했지만, 추상예술과 초현실주의는 언제 대해도 난해하고 어렵기만 합니다. 그에 비하면, 머릿속에 떠오르는 이미지를 구체화하는 구상화는 사정이 훨씬 나은 셈이지요. '여러분'의 시각에서 볼 때, 추상화도 예술의 일종일까요? 아니면, 예술 범주에 넣기에는 다소 껄끄러운 대상일까요? 입장과 함께 그 이유를 들어보고 싶습니다.

8 분명, 현대사회에서는 정보가 폭증(暴增)하고 있습니다. TV는 물론, 신문, 잡지, 인터넷, 위성, 케이블에 이르기까지 대중매체가 토해내는 정보의 양은 그야말로 어마어마합니다. 그렇다면 이러한 정보 홍수는 사회 현상 및 국제 정세를 판단하는 데 있어, 여러분에게 과거보다 더욱 객관적인 입장을 취하도록 도와주고 있을까요? 아니면 오히려 더 혼돈 속으로 몰아가고 있을까요? 그것도 아니라면, 과거나 현재나 모두 별 차이가 없을까요? 입장을 정하고, 그에 합당한 논리적인 근거도 준비해 보기 바랍니다.

9 위인(偉人)의 자녀들이 역시 역사적인 위인으로 성장한 경우는 손꼽을 정도로 드문 것이 사실입니다. 한국의 경우만 보더라도, 부자나 부녀, 모자나 모녀가 모두 역사적인 인물로 기록된 경우는 거의 없습니다. 사정은 외국의 경우도 별반 다를 것이 없어서, 미국이나 영국, 프랑스, 독일 등과 같은 선진국에서도 2대에 걸친 역사적 인물을 꼽아보기란 쉽지 않습니다. 그렇다면 어째서 이런 현상이 벌어진 것일까요? 여러 가지 원인이 있겠지만, 여러분이 추측하건대 가장 중요한 원인을 한번 생각해 보기 바랍니다.

10 한국인들의 재벌 기업에 대한 생활 의존도는 세계에서 유래를 찾아볼 수 없을 정도로 심각합니다. 물론, 대기업들이 한국 경제 발전의 견인차로서 우리 생활을 윤택하게 해준 일등공신이란 것은 결코 부인할 수 없는 사실입니다. 그러나 작금의 현실은 이러한 현상을 단순히 긍정적으로 바라보도록 허락하지만은 않고 있는 실정입니다. 우리나라 최고의 기업인 S 그룹을 예로, 현실적인 상황을 들어보겠습니다.

> K 가족은 S 그룹에서 만든 자동차를 타고, S 마트에서 장을 보며, S 병원에서 치료를 받습니다. 역시, S 물산에서 수입한 식품을 먹고 있으며, S 핸드폰으로 통화하고, S mp3 플레이어로 음악을 듣습니다. 그러고 보니, 데스크 탑 컴퓨터와 노트북 역시 S사 제품이군요. 노후를 대비한 보험 역시 S 생명에서 들었으며, 주말엔 S 놀이공원에 가서 즐거운 시간을 보내다 옵니다. 참, K 가족이 S 아파트에서 살고 있다는 말을 빼먹었군요.

위의 경우에 대해 필자만 너무 예민하게 반응하는 것인지, 이에 대한 여러분의 입장과 그 이유를 들어보고 싶습니다.

다. 상상력과 추리력을 묻는 주제들

■ 평소에 사물을 바라보아도 철학적이고 비평적으로 인지하고자 노력했다면, 어떤 유형의 문제나 화두에 대해서도 비슷한 맥락에서 합리적이고 체계적으로 유추해 낼 수 있습니다. 다음은 필자가 가끔 궁금해하는 논제들입니다. 상상력과 추리력을 동원하여 입장을 정리한 후, 그 이유와 근거 역시 준비해 보기 바랍니다.

1 역사상 위대한 인물, 예를 들면 세종 대왕이나 이순신 장군 같은 위인들이 현대사회에 다시 부활한다면, 이들의 역사적 업적 완수를 방해할 만한 가장 큰 방해 대상으로 단연 무엇을 꼽을 수 있을까요? 그리고 세종 대왕과 이순신 장군은 이러한 방해 대상을 결국 훌륭하게 극복해 낼 수 있을까요? 아니면 극복해 낼 수 없을까요? 마지막으로, 여러분의 결론이 의미하는 바는 무엇일까요?

2 인류 역사상 가장 위대한 발명이라고 생각하는 것을 하나 선정해 보고, 그 발명이 왜 가장 위대하다고 생각하는지를 '논술' 해 보기 바랍니다.

3 삼국지에는 촉(蜀)의 유비, 관우, 장비와 조자룡, 제갈공명, 방통을 비롯해서 위(魏)의 조조, 하후돈, 허저, 사마의, 오(吳)의 손권, 주유, 육손, 노숙 등 기라성 같은 인물들이 나옵니다. (혹자에 따르면, 삼국지에 나오는 주요 인물만 수백 명이며 등장인물은 3천 명에 이른다고 합니다.) 여러분 자신은 삼국지에 나오는 인물 가운데 개성이나 성격, 능력 면에 비춰볼 때, 누구에 가장 가깝다고 생각합니까? 또, 그 이유는 무엇입니까?

4 불교의 윤회 사상은 생명이 있는 것, 즉 중생은 죽어도 다시 태어나기에 생이 반복된다는 것입니다. 만일, 여러분이 불교의 윤회 사상에 따라 다시 태어난다면, 이제껏 자신의 행적에 비춰볼 때, 어떤 종류의 생명으로 되살아날 것 같습니까? 생명의 종류와 시기 및 서식지와 그에 따른 이유를 구체적으로 써 보기 바랍니다.

7

'206 對 3'

들머리, 펼치기, 마무리로 나눈 후 각 부분의 '중심 문장' 개발해 내야

중3 시절의 일이다. 어느 날, 다음 시간까지 찰흙을 이용해 30cm 정도 크기로 자신의 전신상(全身像)을 만들어 오라는 미술 선생님의 영(令)이 떨어졌다. 그때까지만 해도 관련 지식이 전무(全無)했던 터라, 찰흙을 잔뜩 사다가 적당히 뭉개면 과제를 쉽사리 완성할 줄 알았다. 하지만 조금만 높이 쌓아도 자신의 무게를 이기지 못하고 무너지는 찰흙 때문에 손바닥 크기의 조소(彫塑)를 만들어 제출할 수밖에 없었다. 나중에 안 사실이었지만 철사를 꼬아 원하는 형상으로 대충 모양을 잡은 후, 찰흙이 잘 붙도록 뼈대에다 새끼줄을 둘둘 말아야 무너지지 않고 찰흙도 쉽게 붙일 수 있는 조소를 만들 수 있었다. 건축으로 말하자면 토대를 다지고 철근 구조물을 올려야 벽도 세우고 지붕도 얹을 수 있는 것과 같은 이치였던 셈이다.

마찬가지로 단단하면서도 일관성 있는 글을 유지하기 위해서는 뼈대와 함께 새끼줄을 챙기는 노하우가 필요하다. 굳이 비유하자면, 뼈대에 해당하는 '소주제'와 새끼줄에 해당하는 '중심 문장'을 챙겨야 무너지지 않는 글을 쓸 수 있다는 얘기다. 실제로, 이와 같은 방식의 글쓰기는 하얀 원고지를 가득 채워야 하는 이의 '심리적' 부담마저 덜어주는 일석이조(一石二鳥)의 역할도 수행한다. 맨땅에 헤딩하는 심정으로 빈 종이를 대하기보다 '소주제'와 '중심 문장'에 글덩이들을 조금씩 덧붙이면 훨씬 수월하게 몸피*를 늘릴 수 있기 때문이다. 그렇게 볼 때, 하나의 옹글을 만들기 위해서는 각각 몇 개의 '소주제'와 '중심 문장'이 필요할까?

인체를 원활하게 움직이기 위해서는 무려 206개의 뼈가 필요하지만, 좋은 글을 위한 뼈대는 단 3개면 충분하다. 들머리, 펼치기, 마무리로 구성되는 3단 논법이 그것이다. 경우에 따라서는 4개(起-承-轉-結), 혹은 5개(발단－전개－위기－절정－결말)를 동원하기도 하지만, 필자의 입장에서 볼 때 이들은 결국 3개의 뼈대에서 파생된 변형(變形)일 뿐이다. 어차피, 글이 제아무리 정교해 봐야 인체의 신비에 비하면 새 발의 피일 터이니. 해서, 일단 3개의 뼈대만 마련하면 이미 여러분의 글은 절반가량 완성된 것이나 다름없다.

예를 들어 "평준화 교육이냐, 비평준화 교육이냐?"에 관한 글을 쓴다고 가정해 보자. 3단계에 걸쳐 그 뼈대에 해당하는 소주제를 완성하자면, 대략

들머리 평준화 교육의 시행 동기 또는 역사
펼치기 이후 일어난 여러 문제점 또는 효과들
마무리 펼치기에서 제시된 논거를 바탕으로 한 맺음말

과 같은 얼개*를 엮을 수 있다. 한 가지만 더 해보자. 만일 기부금 입학제에 대한 글을 쓴다면, 역시

들머리 기부금 입학제에 관한 배경 설명 또는 그동안의 논란
펼치기 기부금 입학제를 실시하는 데 따른 장점 또는 단점
마무리 펼치기를 바탕으로 한 맺음말

과 같은 방향으로 흘러가는 것이 바람직하다. 주의해야 할 사실은 첫 번째 예제

***몸피** 몸통의 굵기 또는 둘레.
***얼개** 어떤 사물이나 조직의 전체를 이루는 짜임새나 구조.

의 경우, 이미 시행되고 있는 제도라 서론에서는 그 동기 또는 역사를 챙겨야 하지만, 두 번째 예제의 경우에는 아직 시도되지 않는 제도라 이에 대한 해설적 설명이 들머리 또는 펼치기에서 '반드시' 필요하다는 점이다.

다음으로는 앞서 설명한 대로 새끼줄에 해당하는 '중심 문장'을 개발해야 한다. 「한국의 이공계는 글쓰기가 두렵다」의 저자 임재춘에 따르면, '중심 문장'이란 문단 내에서 소주제를 핵심적으로 전달하는 문장을 일컫는다. 명심할 것은 한 문단에 가급적 한 가지 내용만 써야 힘도 있고 일관성도 유지할 수 있다는 것이다. 그렇다면 윗글의 경우에는

들머리 중심 문장

가: 교육 평준화는 중학교 교육이 고교 입시 위주로 과열되자 이를 진정시키기 위해 실시됐다.

펼치기 중심 문장

가: 그동안 실시된 교육 평준화는 지나치게 과열된 고교 입시 제도를 잘 진정시켜 왔다.

나: 그동안 실시된 교육 평준화는 지나치게 과열된 고교 입시 제도를 진정시키는 데 실패했다.

마무리 중심 문장

가: 현재, 각 지역 자치단체별로 시행되고 있는 교육 평준화를 전면적으로 확대, 실시해야 한다.

나: 현재, 각 지역 자치단체별로 시행되고 있는 교육 평준화를 폐지하고, 자신의 능력에 맞는 고등학교를 선택할 수 있는 고교 입시 제도를 부활해야 한다.

와 같은 방식으로 '새끼줄'(중심 문장)을 '뼈대'(소주제)에 붙일 수 있다.

덧붙이자면, '뼈대'에 해당하는 '소주제'는 말하고자 하는 '대상'을 일컬으며, '새끼줄'에 해당하는 '중심 문장'은 소주제에 대한 '입장/결론'을 일컫는다. 그러고 보면 글쓰기란 미리 결론을 정한 다음, 입장을 밝히는 대상에 대한 자신의 생각을 차분하고 조리 있게 전개하는 과정일 터. 때문에, 하나의 옹글은 위의 세 문장을 중심으로 수많은 보조 문장 — 이를테면 연골과 근육, 살과 털 — 이 달라붙으며 완성되게 마련이다.

참 고 문 헌

박진욱, 김동기 (2004).「평범한 글쓰기」. 우리교육.
임재춘 (2004).「한국의 이공계는 글쓰기가 두렵다」. 마이넌.
송국현, 윤진호, 김면수 (2006).「논술의 정석 10 · 3」. 글담출판사.
심훈 (2004). 대학생의 말하기와 쓰기. 한림대학교 출판부.
정희모, 이재성 (2005).「글쓰기의 전략」. 들녘.
한효석 (2006).「너무나도 쉬운 논술」. 한겨레신문사.

연습문제

가. 장 문 연 습 I

■ 문단나누기 또는 들여쓰기를 한 후, 글에서 들머리, 펼치기, 마무리 문단이 어디에서부터 어디까지인지를 각각 구별하고, 해당 문단의 '중심 문장' 도 찾아보기 바랍니다.

1 현대인의 하루에서 결코 적지 않은 비중을 차지하고 있는 것이 바로 텔레비전 시청이다. 텔레비전은 등장 초기부터 우리 사회에 엄청난 반향을 불러일으켰고, 지금도 진화에 진화를 거듭하면서 우리의 삶에 있어 결코 무시하지 못할 영향력을 행세하고 있다. 오죽하면 각양각색의 TV들이 자동차, 지하철은 물론이거니와 산꼭대기와 화장실, 엘리베이터 안에서도 우리를 향해 쉴 새 없이 떠들어대고 있을까? 사실, 텔레비전은 사용자의 의지에 따라 얼마든지 약(藥)이 될 수도, 혹은 독(毒)이 될 수도 있는 야누스의 얼굴을 지니고 있다. 문제는 21세기 정치 체제의 패자(者)인 자본주의 아래에서는 텔레비전이 약보다 독으로 더욱 쉽게 작용하고 있다는 것이다. 나날이 공영방송을 구석으로 몰아넣고 있는 상업 TV와 광고들의 위력은 단적으로 그 예를 증명하고 있다. 프랑스의 사회학자이자 철학자인 피에르 부르디외는 그런 TV를 독으로 인식하며 그만의 날카로운 외과용 메스를 갖다 대고 있다. 예를 들어 피에르 부르디외는 그의 책 「TV에 대하여」를 통해, TV에 단골로 출연하는 지식인들을 '패스트 사상가' — '패스트 푸드' 를 빗댄 말 — 라고 부르며 이들이 얼마나 피상적이면서 TV 방송국의 입맛에 맞는 대중적인 사상들을 양산(量産)하고 있는지 맹렬히 비난한다. 이와 함께 부르디외는 TV가 철저하게 상업주의적 원칙에 따라 프로그램을 제작하는 공장에 불과하다며, 장사를 위해서는 왜곡 보도조차 서슴지 않는다고 혹평하고 있

다. 이 같은 날카로운 비판에도 불구하고 부르디외의 책이 지니는 약점은 이 책이 지나치게 프랑스적이라는 것이다. 등장인물에서부터, 언급되는 방송사와 TV 프로그램, 지명에 이르기까지 온통 프랑스 사례만 나열하다보니 독자들이 내용을 따라잡으려면 상당한 어려움을 겪을 수밖에 없다. 더군다나, TV의 긍정적인 기능은 깡그리 무시해 버리는 태도도 지나치게 독단적으로 비친다. 분명, 다큐멘터리나 교육방송같이 긍정적인 측면을 지닌 프로그램들도 있을 터인데, 애초부터 그런 양질의 프로그램들은 아예 염두에 두지도 않는다. 그런 까닭에 부르디외의 책을 읽을 때는 그 어느 경우보다 자신을 다잡아 가며 비평의 날을 세우는 현명함이 필요하다. 자칫 잘못하다간 독자들이 그의 명성에 현혹돼 물먹은 솜처럼 그의 주장을 받아들일 테니.

2 "주사위는 던져졌다." (시저)
"그래도 지구는 돈다." (갈릴레오)
"국민의, 국민에 의한, 국민을 위한 정부." (링컨)

듣기만 해도 대화 내용은 물론, 시대 상황까지 훤히 들여다보이는 이들 명언(名言)은 서양 역사의 일부분을 차지하고 있다. 동양에 비해 어록과 명언이 유난히 많은 서양의 말하기 전통은 낯선 이를 붙들고도 대화하기 좋아하는 그네들의 기질에서조차 유감없이 나타난다. 사실, 서구 사회가 말하기에 쏟아붓는 애정은 상상을 초월한다. 지난 수천 년간 대다수의 유럽 국가에서 대화, 웅변, 설득 등을 포함하는 수사학을 핵심 과목으로 가르쳐 온 역사가 이를 잘 증명하고 있다. 이런 분위기에 힘입어 서양 유수*(有數)의 지성인들은 자신들의 저서와는 별도로 그들만의 어록(語錄)을 후대에 남기고 있다. 생각해 보면 "악법도 법이다"라고 말했던 아테네의 소크라테스는 당대 최고의 달변가였다. 하도 징얼거린다고 해서 별명도 '울보'였던 키케로 역시 최고의 언변을 자랑하던 로마의 변호사였다. 역사의 시계를 확 돌려 현대에 이르면, 전 세계를 전화(戰禍)로 몰아넣었던 히틀러의 수사(修辭)도 20세기에 한 획을 긋고 있다. 단순하면서도 직설적인 노동자 어투로 대중들의 마음을 단박에 사로잡았던 히틀러는, 그러나, 말로 이뤄지는 문화의 폐해가 어떨 수 있는지를 극명하게 보여주었다. 반면, 동양의 유교 문화는 전통적으로 절제된 언행을 군자의 미덕(美德)으로 삼아왔다. '발 없는 말이 천 리 간다,' '낮말은 새가 듣고, 밤말은 쥐가 듣는다,' '말이 씨가 된다' 따위의 속담들은 말에 대한 우리 조상들의 인식이 어떠했는가를 잘 보여주고 있다. 오죽했으면 '침묵은 금'이라는 속담이 다 나왔을까! 때문에 설득(說得)보다는 상소(上訴)로, 선동(煽動)보다는 격문(檄文)으로, 토론(討論)보다는 필담(筆談)으로 사상과 역사를 남기고자 했던 것이 우리 선조들이다. 이런 이유에서 혹자는 동양인들의 사고가 서양인들에 비해 폭넓고 깊을 수밖에 없다고 강변하기도 한다. 즉흥적으로 이루어지는 말보다는 사고의 정리가 필요한 글을 선호하는 문화적 전통이 물론 그 이유다. 그렇다면 이 시점에서 필자는 왜 느닷없이 말과 글에 대한 이야기를 꺼냈을까? 과거의 전통에 비춰볼 때, 21세기의 한국 사회는 정반대로 가고 있다는 인상을 지울 수 없는 까닭에서다. 사실, 서양적인 가치관이 범람하고 있는 현대 사회에서 한국인들은 과거 그 어느 때보다도 많이 대화하고 논쟁할 것을 요구받고 있다. 역으로 말하자면, 이제는 말 잘하고 입만 잘 놀려도 시쳇말*로 '뜨는' 시대가 됐다는 것이다. 문제는 넘치는 '말'과 달리 옹골찬 '글'은 없다는 것이다. 필자의 대학시절 때도 마찬가지였지만, 언제부터인가 우리 사회에서는 글쓰기가 "있어도 그만, 없어도 그만"인 대상으로 전락해 버렸다. 분(分), 초(秒)를 다투는 바쁜 세상에 그 결과가 더디기만 한 작문은 상당수의 대학 교과과정에서조차 빠져 있는 것이 현실이다. 그런 의미에서 "과학에는 국경이 없지만, 과학자에게는 국경이 있다," "세계 생명공학의 고지에 태극기를 꽂고 온 기분," "한국인 말고 누가 쇠젓가락으로 콩을 집을 수 있나?," "월화수목금금금" 등 숱한 어록을 만들어 낸 황우석 전 서울대 교수와 "이쯤 되면 막 가자는 거죠?", "대통령직 못해 먹겠다"는 등의 발언으로 위험 수위를 넘나들었던 노무현 대통령은 말만 있고 글이 없을 경우의 폐해를 고스란히 보여준 전형(典型)이었다. '논술'이란 이름도 좋고 '작문'이란 제목도 상관없다. 간판 명이 무엇이든 간에 이제부터라도 글쓰기에 대한 기초교육을 강화시켜 나가야 한다. 서양에서는 오히려 글쓰기의 중요성을 깨달아 관련 과목들을 늘리고 있는 마당에, 직장에서건 학교에서건 글쓰기보다는 말하기에만 치중하고 있는 한국 교육이 자칫 훌륭한 전통을 사장*(死藏)시킬까 하는 노심초사에서 건네는 말이다.

> *유수(有數) : 손꼽을 만큼 두드러지거나 훌륭함.
>
> *시쳇말 : 그 시대에 유행하는 말
>
> *사장(死藏) : 사물 따위를 필요한 곳에 활용하지 않고 썩혀 둠.
>
> (이 글은 저자의 2004년도 글에 몇몇 사실들을 추가한 것입니다.)

나. 찬반(贊反) 의견을 묻는 주제들

■ 앞장에서 입장 정리를 위해 제시했던 찬반 주제들을 이용해 글의 뼈대(소주제)를 세우고 새끼줄(중심 문장)을 두르도록 합시다.

1 낙태(落胎)
2 사형제도(死刑制度)
3 공창(公娼)
4 간통죄(姦通罪)
5 동성 결혼(同姓 結婚)
6 안락사(安樂死)
7 공무원 노조(公務員 勞組)
8 학교 체벌(學校 體罰)
9 스크린 쿼터 (Screen Quarter)
10 양심적 병역 거부

해답

가. 장문연습 I

1

〈들머리〉

현대인의 하루에서 결코 적지 않은 비중을 차지하고 있는 것이 바로 텔레비전 시청이다. 텔레비전은 등장 초기부터 우리 사회에 엄청난 반향을 불러일으켰고, 지금도 진화에 진화를 거듭하면서 우리의 삶에 있어 결코 무시하지 못할 영향력을 행세하고 있다. 오죽하면 각양각색의 TV들이 자동차, 지하철은 물론이거니와 산꼭대기와 화장실, 엘리베이터 안에서도 우리를 향해 쉴 새 없이 떠들어대고 있을까?

〈펼치기〉

사실, 텔레비전은 사용자의 의지에 따라 얼마든지 약(藥)이 될 수도, 혹은 독(毒)이 될 수도 있는 야누스의 얼굴을 지니고 있다. **문제는 21세기 정치 체제의 패자(覇者)인 자본주의 아래에서는 텔레비전이 약보다 독으로 더욱 쉽게 작용하고 있다는 것이다.** 나날이 공영방송을 구석으로 몰아넣고 있는 상업 TV와 광고들의 위력은 단적으로 그 예를 증명하고 있다. 프랑스의 사회학자이자 철학자인 피에르 부르디외는 그와 같은 TV에 더욱 날카로운 외과용 메스를 갖다 대며, 비판의 날을 번뜩인다. 예를 들어 피에르 부르디외는 그의 책「TV에 대하여」를 통해, TV에 단골로 출연하는 지식인들을 '패스트 사상가' ― '패스트 푸드'를 빗댄 말 ― 라고 부르며 이들이 얼마나 피상적이면서 TV 방송국의 입맛에 맞는 대중적인 사상들을 양산(量産)하고 있는지 맹렬히 비난한다. 이와 함께 부르디외는 TV가 철저하게 상업주의적 원칙에 따라 프로그램을 제작하는 공장에 불과하다며, 장사를 위해서는 왜곡 보도조차 서슴지 않는다고 혹평하고 있다.

〈마무리〉

이 같은 날카로운 비판에도 불구하고 부르디외의 책이 지니는 약점은 이 책이 지나치게 프랑스적이라는 것이다. 등장인물에서부터, 언급되는 방송사와 TV 프로그램, 지명에 이르기까지 온통 프랑스 사례만 나열하다보니 독자들이 내용을 따라잡으려면 상당한 어려움을 겪을 수밖에 없다. 더군다나, TV의 긍정적인 기능은 깡그리 무시해버리는 태도도 지나치게 독단적으로 비친다. 분명, 다큐멘터리나 교육방송같이 긍정적인 측면을 지닌 프로그램들도 있을 터인데, 애초부터 그런 양질의 프로그램들은 아예 염두에 두지도 않는다. **그런 까닭에 부르디외의 책을 읽을 때는 그 어느 경우보다 자신을 다잡아 가며 비평의 날을 세우는 현명함이 필요하다.** 자칫 잘못하다간 독자들이 그의 명성에 현혹돼 물먹은 솜처럼 그의 주장을 받아들일 테니.

※ 언뜻 보기에는 들머리, 펼치기, 마무리를 나누기 쉽지 않은 글이다. 하지만, 전반적인 글의 구도를 파악한다면 별 무리 없이 3단으로 구분할 수 있다. 무엇보다 이 글은

1. TV의 영향력
2. TV의 문제점과 그에 관한 부르디외의 책 소개
3. 부르디외 책의 문제점 (서평)

등 세 부분의 소주제로 나누어져 있기 때문이다.

2

〈들머리〉

"주사위는 던져졌다." (시저)
"그래도 지구는 돈다." (갈릴레오)
"국민의, 국민에 의한, 국민을 위한 정부." (링컨)

듣기만 해도 대화 내용은 물론, 시대 상황까지 훤히 들여다보이는 이들 명언(名言)은 서양 역사의 일부분을 차지하고 있다. **동양에 비해 어록과 명언이 유난히 많은 서양의 말하기 전통은 낯선 이를 붙들고도 대화하기 좋아하는 그네들의 기질에서조차 유감없이 나타난다.**

〈펼치기〉

사실, 서구 사회가 말하기에 쏟아붓는 애정은 상상을 초월한다. 지난 수천 년간 대다수의 유럽 국가에서 대화, 웅변, 설득 등을 포함하는 수사학을 핵심 과목으로 가르쳐 온 역사가 이를 잘 증명하고 있다. 이런 분위기에 힘입어 서양 유수(有數)의 지성인들은 자신들의 저서와는 별도로 그들만의 어록(語錄)을 후대에 남기고 있다. 생각해 보면 "악법도 법이다"라고 말했던 아테네의 소크라테스는 당대 최고의 달변가였다. 하도 징얼거린다고 해서 별명도 '울보'였던 키케로 역시 최고의 언변을 자랑하던 로마의 변호사였다. 역사의 시계를 확 돌려 현대에 이르면, 전 세계를 전화(戰禍)로 몰아넣었던 히틀러의 수사(修辭)도 20세기의 한 획을 긋고 있다. 단순하면서도 직설적인 노동자 어투로 대중들의 마음을 단박에 사로잡았던 히틀러는, 그러나, 말로 이뤄지는 문화의 폐해가 어떨 수 있는지를 극명하게 보여주었다.

반면, 동양의 유교 문화는 전통적으로 절제된 언행을 군자의 미덕(美德)으로 삼아

왔다. '발 없는 말이 천 리 간다,' '낮말은 새가 듣고, 밤말은 쥐가 듣는다,' '말이 씨가 된다' 따위의 속담들은 말에 대한 우리 조상들의 인식이 어떠했는가를 잘 보여주고 있다. 오죽했으면 "침묵은 금"이라는 속담이 다 나왔을까! 때문에 설득(說得)보다는 상소(上訴)로, 선동(煽動)보다는 격문(檄文)으로, 토론(討論)보다는 필담(筆談)으로 역사를 기록했던 것이 우리 선조들이다. 이런 이유에서 혹자는 동양인들의 사고가 서양인들에 비해 폭넓고 깊을 수밖에 없다고 강변하기도 한다. 즉흥적으로 이루어지는 말보다는 사고의 정리가 필요한 글을 선호하는 문화적 전통이 물론 그 이유다.

그렇다면 이 시점에서 필자는 왜 느닷없이 말과 글에 대한 이야기를 꺼냈을까? 과거의 전통에 비춰볼 때, 21세기의 한국 사회는 정반대로 가고 있다는 인상을 지울 수 없는 까닭에서다. 사실, 서양적인 가치관이 범람하고 있는 현대 사회에서 한국인들은 과거 그 어느 때보다도 많이 대화하고 논쟁할 것을 요구받고 있다. 역으로 말하자면, 이제는 말 잘하고 입만 잘 놀려도 시쳇말로 뜨는 시대가 됐다는 것이다.

문제는 넘치는 '말'과 달리 '글'은 없다는 것이다. 필자의 대학 시절 때도 마찬가지였지만, 언제부터인가 우리 사회에서는 글쓰기가 "있어도 그만, 없어도 그만"인 대상으로 추락하기 시작했다. 분(分), 초(秒)를 다투는 바쁜 세상에 그 결과가 더디기만 한 작문은 상당수의 대학 교과과정에서조차 빠져 있는 것이 현실이다. 그런 의미에서 "과학에는 국경이 없지만, 과학자에게는 국경이 있다," "세계 생명공학의 고지에 태극기를 꽂고 온 기분," "한국인 말고 누가 쇠젓가락으로 콩을 집을 수 있나?," "월화수목금금금" 등 숱한 어록을 만들어 낸 황우석 전 서울대 교수와 "이쯤 되면 막 가자는 거죠?", "대통령직 못해 먹겠다"는 등의 발언으로 위험 수위를 넘나들었던 노무현 대통령은 말만 있고 글이 없을 경우의 폐해를 고스란히 보여준 전형(典型)이었다.

〈마무리〉

'논술'이란 이름도 좋고 '작문'이란 제목도 상관없다. **간판 명이 무엇이든 간에 이제부터라도 글쓰기에 대한 기초교육을 강화시켜 나가야 한다.** 서양에서는 오히려 글쓰기의 중요성을 깨달아 관련 과목들을 늘리고 있는 마당에, 직장에서건 학교에서건 글쓰기보다는 말하기에만 치중하고 있는 한국 교육이 자칫 훌륭한 전통을 사장(死藏)시킬까 하는 노심초사에서 건네는 말이다.

※ 글을 세 토막으로 나눈다는 것은 결코 수월한 작업이 아닙니다. 무엇보다, 수학 공식처럼 깔끔한 정답이 글쓰기에서는 존재할 수 없다는 것이 가장 큰 이유입니다. 특히, 이 글의 경우에는 개인에 따라, 들머리, 펼치기, 마무리에 대한 구분이 얼마든지 다를 수 있습니다. 따라서 이에 대한 양해를 미리 구하는 가운데 필자는 위와 같이 구별해 보았다는 점을 알려드립니다. 어차피 중요한 것은 정답을 외우는 것보다, 글을 읽어 나가면서 문단을 구별하고 중심 문장을 골라내는 연습, 그 자체일 테니까요. 필자가 제시한 정답에 맹목적으로 고개를 끄덕이기보다는 필자의 정답에 얼마나 공감하는지, 또 다른 방안으로는 무엇이 있을지 고민해 보는

것도 유용할 듯합니다. 다음은 위의 구분을 기준으로 달아 본 소주제들입니다. 참고로 굵은 색글자들은 들머리, 펼치기, 마무리의 중심 문장들입니다.

1. 서양의 말하기 전통
2. 동양의 글쓰기 전통과 요즘의 사태
3. 한국에서의 글쓰기에 대한 필요성 제기

8

주제 위치에 따른

문단 구성 이야기 I: 두괄식

복잡해 보이는 글도 인수분해하듯
하나씩 뜯어보면 의외로 간단해

서양 음악에 있어 '바하' 집안은 200여 년 동안 50여 명에 이르는 음악가들을 배출한 세기의 가문이었다. 그런 바하 집안에서도 요한은 18세기 초의 유럽 음악사에 굵은 족적을 남긴 독보적인 존재였다. 당시, '대위법'이라 불리는 작곡 기법을 정점으로 끌어올림으로써 고전파는 물론 낭만파 음악이 만개(滿開)하는 자양분*을 마련했기 때문이었다. 그의 공적을 기린 후배 음악가들은 이후, '음악의 아버지'라는 존칭을 그에게 헌정*(獻呈)하기에 이른다.

'음표' 대 '음표'를 뜻하는 라틴어에서 유래한 '대위법'은 쉽게 말하자면, 철저하게 원리 · 원칙을 따르는 작곡 기법이었다. 예를 들어 소프라노의 소리가 높은 음에서 낮은 음으로 진행된다면, 베이스의 목소리는 낮은 음에서 점점 높은 음으로 올라가다 나중에는 같은 음에서 만나는 식으로 정해진 규칙에 따라 형식의 조화와 균형을 추구하는 방식이었다. 이는 근대의 유럽인들이 군더더기 하나 없는 완벽한 음악을 통해 신과 천국, 그리고 이데아*에 가까이 다가가려 했던 또

***자양분(滋養分)** 정신의 성장이나 발전에 도움을 주는 정보, 지식, 사상 따위를 비유적으로 이르는 말. 원 뜻은 몸을 좋게하는 영양 성분.

***헌정(獻呈)** 물품을 올림. 주로 책 따위를 남에게 줄 때 쓴다.

***이데아** 이성만으로 파악할 수 있는 영원 불변의 세계, 또는 진리 그 자체. 플라톤(B.C. 429~B.C. 347) 이래 2,500년간 서양 철학과 예술에서 주요 화두로 다뤄온 주제이다.

다른 의지의 표현이기도 했다.

그렇다면 고전파 음악과 대위법이 글쓰기와는 무슨 상관이 있을까? 한없이 복잡하고 어려워만 보이는 글쓰기도 사실은 구조를 따져보면 몇 개의 핵심 법칙들이 전체의 근간을 이루고 있는 '대위법'과 별반 다를 바가 없다는 것이다. 「글쓰기의 전략」을 지은 정희모와 이재성은 가장 기본적인 문단 구조로, **나열식 구성**과 **현상-원인-해결책** 등 두 가지를 소개한 바 있다. 마찬가지로 「한국의 이공계는 글쓰기가 두렵다」의 저자, 임재춘도 문단을 쉽게 작성하기 위해 '미시적 구상'이라고 부르는 **문제-해결/해결-문제, 원인-결과/결과-원인, 배열, 비교나 대조, 옹호와 비판**으로 나눠볼 것을 주문하고 있다.

필자 역시 예외는 아니어서 글쓰기 대위법으로 다음과 같은 분석표를 제시해 보고자 한다(표1). 그렇다고 분석표 자체만 보고 지레 겁먹을 필요는 없다. 일견 복잡해 보이는 듯하나 그 원리를 알면 쉬이 파악할 수 있는 이유에서다.

〈표 1〉의 제목에서 보듯, 필자가 이해하는 문단 구성 방식은 '주제 위치'와 '전개 방식'에 따라 크게 두 가지 차원으로 나눠볼 수 있다. 그 가운데, 이번 장(章)에서는 앞서 소개한 '중심 문장'이 어디에 놓여 있느냐의 '주제 위치'에 따른 구분을 설명하고자 한다.

한자어로 묶는다는 의미의 '괄(括)'자 앞에 머리 '두(頭)'자를 놓으면 '머리를 묶는다'는 뜻이 된다. '묶는다'라는 의미가 '한데 모아 놓는다'라는 뜻이고 보면, 문단 작성에 있어 앞 부분에 '(중심)글을 모아 놓는다'는 의미가 곧 '두괄식(頭括式)' 문단이 되는 셈이다. 마찬가지로 끝 부분에 중심 글을 모아 놓으면 '미괄식(尾括式)'이 된다. 이와 함께 중심 문장이 문단 전체를 관통(貫通)하고 있거나 아예 중심 문장 자체가 없는 경우는 편의상 '통괄식' 문단이라고 하자. 반면, '중괄식(中括式)'이나 '양괄식(兩括式)'이라 칭할 법한 문단 구성은 그 쓰임새가 많지 않아 여기에 포함시키지 않겠다. 물론, 한자(漢字)만 가지고도 독자 여러분은 '중괄식'이나 '양괄식'이 무엇을 의미하는지는 충분히 짐작할 수 있으리라 믿는다.

| 표 1 | 문단 구성 방식: 주제 위치 * 전개 방식

전개방식 \ 주제위치		두괄식	미괄식	통괄식
인과	이유			
	결과			
열거	병렬			
	대조/비교			
일화	평서			
	대화			
문답				

이제, '두괄식,' '미괄식,' '통괄식' 문단이란 어떤 것들인지 살펴보도록 하자. 앞서 우리는 '교육 비평준화, 바람직한가' 라는 논제를 중심으로 아래와 같은 새끼줄(중심 문장)을 각각 마련한 바 있다.

들머리:

가: 교육 평준화는 중학교 교육이 고교 입시 위주로 과열되자 이를 진정시키기 위해 실시됐다.

펼치기:

가: 그동안 실시된 교육 평준화는 지나치게 과열된 고교 입시 위주의 교육을 잘 진정시켜 왔다.

나: 그동안 실시된 교육 평준화는 지나치게 과열된 고교 입시 위주의 교육을 진정시키는 데 실패했다.

마무리:

가: 현재, 지역에 따라 선택적으로 실시되고 있는 교육 평준화를 전면적으로 확대, 실시해야 한다.

나: 현재, 지역에 따라 선택적으로 실시되고 있는 교육 평준화를 폐지하고, 자신의 능력에 맞는 고등학교를 선택할 수 있는 고교 입시 제도를 부활해야 한다.

공간의 제약상, 여기에서는 '가' 군의 중심 문장들을 이용한 문단 구성에 대해 이야기 해보자. 만일 들머리, 펼치기, 마무리 모두를 두괄식으로 풀어 나가려면 위의 세 문단에서 중심 문장(새끼줄)은 모두 맨 앞에 배치돼야 한다.

들머리:

교육 평준화는 중학교 교육이 고교 입시 위주로 과열되자 이를 진정시키기 위해 실시됐다. 이는 교육 평준화가 처음 실시된 1970년대 당시, 중학교 교육이 고등학교 입시 위주로 파행 운영되는 데다, 학생들의 스트레스와 학업 부담이 엄청나서 각종 사회문제를 야기했기 때문이다. 더욱이, 소위 일류 고등학교로 알려진 명문 고등학교로의 진학을 위한 대도시 전입 증가현상도 결코 무시할 수 없는 문제를 불러일으키고 있었다. 이에 따라 교육부에서는 1972년 정부의 인가를 받아 서울, 경기, 부산 등에서 학군에 따라 학생들을 배치하는 교육 평준화를 실시하게 되었다.

펼치기:

돌이켜 보면, 그동안 실시된 교육 평준화는 지나치게 과열된 고교 입시 위주의 교육을 잘 진정시켜 왔다. 우선, 학군제에 따른 추첨을 통해 학생들을 인근 고등학교로 배정하자, 입시를 치를 필요가 없어지면서 중학생들의 학습 부담이 눈에 띄게 줄었다. 게다가 중학생 고액과외 등과 같은 고교 비평준화 부작용도 자연스럽게 없어졌다. 무엇보다, 대학이 아닌 고등학교도 시험 봐서 들어가야 되는 학생들의 스트레스가 많이 줄어들었다. 때문에, 고등학교는 명문 대학을 가기 위한 수단으로서가 아닌 국민 교육의 일환으로서 중학교와 대학 사이의 징검다리 역할을 충실히 수행하게 되었다.

마무리:

따라서 지역에 따라 선택적으로 실시되고 있는 교육 평준화를 전면적으로 확대, 실시해야 한다. 사실, 우리 학생들과 학부모들은 교육부의 오락가락한 정책으로 그동안 너무나 많은 고통을 겪어 왔다. 그러므로 이제부터라도 확고한 교육 평준화 철학으로 백년대계(百年大計)를 설계해야 한다. 수월(秀越) 교육,* 선택 교육이라는 열매에 비해 잃는 것이 너무나 많은 제도가 교육 비평준화인 까닭에서다.

어떤가? 비록, 짤막하게 써 봤지만 나름대로 일관성과 함께 힘도 갖추고 있지 않은가? 그럼, 다음 장에서는 '미괄식'과 '통괄식'에 대해 알아보기로 하자.

***수월(秀越) 교육** 우수하고 월등한 인재들을 별도로 모아 그들의 수준에 맞춰 진행하는 교육. 외고(外高), 과기고(科技高)와 같은 특목고가 수월 교육의 대표적인 예이다.

참 고 문 헌

금난새 (2005).「금난새와 떠나는 클래식 여행」. 생각의 나무.

박경미 (2006).「수학 콘서트」. 동아시아.

임재춘 (2004).「한국의 이공계는 글쓰기가 두렵다」. 마이넌.

정희모, 이재성 (2005).「글쓰기의 전략」. 들녘.

철학 아카데미 (2006).「철학, 예술을 읽다」. 동녘.

9 주제 위치에 따른

문단 구성 이야기 II: 미괄식과 통괄식

직선적인 두괄식은 '장비'
논리적인 미괄식은 '관우'
간접적인 통괄식은 '유비'

앞장에 이어 같은 중심 문장을 가지고 '미괄식'과 '통괄식'으로 된 예를 들어 보기로 하자.

들머리:

비평준화 교육이 실시되던 1970년대 초에는 중학교 교육이 고등학교 입시 위주로 파행 운영되는 데다, 학생들의 스트레스와 학업 부담이 엄청나서 각종 사회문제가 야기되고 있었다. 더욱이, 소위 일류 고등학교로 알려진 명문 고등학교로의 진학을 위한 대도시 전입 증가 현상도 결코 무시할 수 없는 문제를 불러일으키고 있었다. **이에 따라 교육부에서는 중학교 교육이 고교 입시 위주로 과열되는 것을 진정시키기 위해 1972년 정부의 인가를 받아 서울, 경기, 부산 등에서 학군에 따라 학생들을 배치하는 교육 평준화를 실시하게 되었다.**

펼치기:

효과는 바로 나타났다. 학군제에 따라 추첨을 통해 인근 고등학교로 학생들을 배정하는 고교 평준화가 도입되자, 입시를 치를 필요가 없어지면서 중학생들의 학습 부담이 눈에 띄게 줄었다. 게다가 중학생 고액 과외 등과 같은 고교 비평준화 부작용도 자연스럽게 없어지기 시작했다. 무엇보다, 대학이 아닌 고등학교도 시험 봐서 들어가야 되는 학생들의 스트레스가 많이 줄어들었다. 결국, 고등학교는 명문 대학을 가기 위한 수단으로서가 아닌 국민 교육의 일환으로서 중학교와 대학 사이의 징검다리라는 본연의 역할을 충실히 수행하게 되었다. **시행된 지 어느덧 30여 년이 넘은 교육 평준화는 본래의 목표대로 지나치게 과열된 고**

교 입시 위주 교육을 잘 진정시켜 온 셈이다.

마무리:

돌이켜 보면, 우리 학생들과 학부모들은 교육부의 오락가락한 정책으로 인해 그동안 너무나 많은 고통을 겪어 왔다. 그러므로 이제부터라도 확고한 교육 평준화 철학으로 백년대계(百年大計)를 설계해야 한다. 수월(秀越) 교육, 선택 교육이라는 열매에 비해 잃는 것이 너무나 많은 제도가 교육 비평준화인 까닭에서다. **이에 따라 현재 지역에 따라 선택적으로 실시되고 있는 교육 평준화를 전면적으로 확대, 실시해야 한다.**

눈치 빠른 독자들이라면 이미 파악했겠지만, 위의 '미괄식' 문단들은 모두 앞 장에서 제시했던 '두괄식' 문단의 문장 순서만 바꾼 것이다. 글의 흐름을 자연스럽게 하기 위해 일부 문장은 가다듬거나 중간에 다른 표현들을 끼워 넣었지만 기본적인 내용은 거의 대동소이(大同小異)하다.

그렇다면 결론은 한 가지. '두괄식'과 '미괄식'은 모두 하나의 글덩이(문단)를 가지고 중심 문장을 어디에 배치(配置)하느냐에 따라 만들 수 있다는 것이다. 중요한 사실은 앞서 본 바와 같이, 결론부터 이야기하면 뒷받침 문장으로 불리는 후속 문장들이 중심 문장에 대한 부연 설명으로 쫓아와야 한다는 것이고, 반대로 뒤에서 결론을 이야기하고자 하면, 앞에서 결론을 위한 상황 설명을 도출해 내야 한다는 것이다. 이와 함께, 중심 문장을 어디에 놓느냐에 따라 달라지는 글맛에도 주목할 필요가 있다. 분명, 주장하고 싶은 말을 글머리에서 툭 내던지는 '두괄식'은 힘차고 선이 굵어 흡사 삼국지의 장비가 말하는 느낌이 드는 반면, 물 흐르는 듯한 구성으로 맨 마지막에 자신의 주장을 펼치는 '미괄식'은 나지막하지만 조리 있게 자신의 주장을 펴는 관우의 그것과 비슷하다.

그렇다면 결론 자체가 없거나 문단 안의 글 하나 하나가 다 중심 문장의 역할을 하는 '통괄식'의 경우는? 다음을 보자.

들머리:

"……12253번 C 고등학교, 12254번 A 고등학교, 12255번 B 고등학교……."

"와 ~."

30여 년 전 1월의 어느 날. 당시, 고등학교 입학 자격 시험인 '연합고사'를 끝내고 라디오에서 흘러나오는 학교 배정 발표를 듣고 있던 필자의 식구들은 일제히 환호성을 질렀다. B 고등학교보다는 A 고등학교에 배정되기를 바랐는데 그 소원이 이뤄졌기 때문이었다. 사실, B 고등학교는 교내 부대 시설도 형편없는 데다 선배들이 거칠기로 소문난 곳이었다. 이에 반해 길 건너편의 A 고등학교는 체육관, 대강당은 물론, 도서관과 테니스장, 수영장 등 없는 것이 없는 별천지였다—결국, 학교측은 졸업 때까지 도서관만 이용하도록 강제했지만. 과거, 교육 비평준화 시절에는 감히 꿈도 못 꿨을 교육 평준화 정책의 혜택은 먼저 그렇게 필자에게 다가왔다.

펼치기:

돌이켜 생각해 보니, 고등학교 진학을 위해 특별히 머리 싸매고 공부했던 기억은 없었다. '연합고사'라는 것이 워낙 쉽게 출제되었기에 반에서 웬만큼 공부하는 학생들은 200점 만점에서 180점 정도는 힘들이지 않고 얻는 것이 다반사(茶飯事)였다. 물론, 만점을 맞는 학생들도 적지 않았다. 그런 분위기에서 고등학교 진학을 위한 최소 커트라인으로 일컬어지던 120점 이하의 점수를 얻기도 대단히 힘들었다. 오히려, 고등학교 진학에 실패하는 것이 '하늘의 별따기'처럼 힘들었던 시절이었다. 그러니 과거 비평준화 시절에 유행했다는 '중3병,' '고액 과외' 등과 같은 부작용을 겪을 리가 없었다. 자연히 교실 분위기는 화기애애했고 학생들은 저마다 하고 싶은 일을 하며 스트레스 없는 학창 시절을 만끽했다. 지금도 필자의 기억 속에 남아 있는 선생님과 친구들은 대부분 중학교 시절의 사람들이다. 물론, 이러한 상황은 고등학교에 진학하자마자 돌변했다. 대학 입학이 최우선 목표인지라 선생님들은 엄하고 성난 얼굴로 언제나 "공부, 공부"라는 말을 입에 달고 다녔다. 게다가 반 분위기도 늘 무겁고 전투적이었다.

마무리:

교육 비평준화를 놓고 여전히 논란이 뜨겁다. 물론 평준화, 비평준화 모두 일장일단(一長一短)이 있다. 그러나 적어도 필자의 경우를 놓고 볼 때, 한창 꿈이 많던 시절의 교육 평준화는 분명, 넘치는 추억과 행복한 기억을 안겨주었다. 그래서 그런지 공부 잘하는 소수의 아이들에게만 가장 큰 혜택이 돌아가게 될 비평준화를 선뜻 지지하기란 어려운 것이 사실이다.

공부 잘하는 소수의 학생들조차 한 명 한 명에게 등급을 매기고 서열화하는 비평준화의 올가미에서 결코 자유롭지 못할 테니, 그들 역시 제도의 희생자가 되기는 마찬가지일 것이다. 그렇다면 이런 상황에서 굳이 비평준화를 강행할 필요가 있을까? 만일 실시한다손 친다면, 전국적으로는 평준화를 정착시키되 지역별로 한두 개씩만 비평준화 고교를 허용하는 방식은 어떨까?

필자가 정의하는 '통괄식' 이란 앞장에서 간단히 설명한 대로 중심 문장이 아예 없거나 또는 중심 문장이 여럿 나열돼 있는 경우다. 그런 의미에서 볼 때, '통괄식' 으로 가장 쉽게 분류할 수 있는 것이 '일화(逸話)' 와 '문답형(問答形)' 이다. 통괄식 문단으로 예를 든, 두 번째 예제의 들머리와 마무리가 각각 '일화' 와 '문답형' 의 전형(典型)에 속한다. 이와 함께, 마무리 부분에서는 중심 문장으로 분류해도 손색 없는 문장들이 여럿 보이고 있다.

이제까지 두 단계에 거쳐, 문단의 구성과 관련해 '주제의 위치' 를 어디에 배치하느냐 또는 주제가 아예 없거나 주제가 많을 경우에 따라 문장을 어떻게 기술할 수 있는지에 대해 알아봤다. 그렇다면 다음 10장에서는 앞서 얘기했던, '전개 방식' 에 따른 문단의 구조에 대해 알아보기로 하자.

참 고 문 헌

한효석 (2006). 「너무나도 쉬운 논술」. 한겨레신문사.

'알아둡시다'

중심 문장의 위치에 따라 문단별로 두괄식, 미괄식, 통괄식 등을 소개했습니다만, 원래 두괄식, 미괄식, 통괄식 등은 글 전체의 구조를 아우르는 분석 방법입니다. 때문에, 위에서 배운 바를 확장해 글의 가장 중요한 '중심 문단'이 어디에 있느냐에 따라 글 전체의 구성 방식을 두괄식, 미괄식, 통괄식 등으로 구별해 볼 수 있습니다.

연습문제

가. 장 문 연 습 I

■ 다음 글의 들머리, 펼치기, 마무리는 각각 두괄식, 미괄식, 통괄식 가운데 어디에 속하는지 분류해 보고, 두괄식 또는 미괄식의 경우에는 어디에 중심 문장이 있는지를 찾아보기 바랍니다.

1 '낙태(落胎): 자연 분만 시기 이전에 태아를 모체에서 분리하는 일.'

국어사전에 나와 있는 '낙태(落胎)'에 대한 뜻풀이이다. 하지만 이는 '낙태'라는 현상에 대한 정의일 뿐, 여기에는 낙태에서 가장 첨예하게 대립하는 여성의 '출산권'과 아기의 '출생권'에 대한 '권리' 이야기가 없다. 사실, 낙태에서 가장 큰 화두(話頭)가 되는 부분은 여성이 원치 않는 임신을 했을 경우다. 여러 가지 이유로 임산부가 아이를 원하지 않을 때, 어느 쪽의 손을 들어주어야 하는가가 쟁점의 핵심이 되는 셈이다. 문제는 이들 가운데 어느 쪽의 권리를 인정해 주어야 하느냐를 따지기보다 '낙태권'을 둘러싼 한국의 현실을 먼저 논하는 것이 더욱 중요하다는 것이다. '낙태권'에 대한 찬반론은 여성을 둘러싼 사회 현실을 어떻게 인식하고 있는가와 매우 밀접한 관계를 지니고 있기 때문이다.

2 낙태권은 여성의 시각에서 볼 때, 철저히 남성 중심적인 사고에서 여성의 권리를 제약하는 용어이다. 다시 말해, 생명의 존귀함을 전제로 자신의 몸 관리조차 마음대로 하지 못하도록 갖은 조건을 갖다 붙여 '권리'라는 이름으로 포장한

것이 낙태권이라는 것이다. 그런 면에서 "단순히 임신부의 안녕을 위해 의사 표현조차 할 수 없는 생명을 죽일 수 있느냐?"라고 부르짖는 낙태 반대론자들의 주장은 낙태권에 대한 전제 자체에서부터 심각한 오류를 안고 있다. 만일 이 사회가 10대 미혼모에게, 성폭행으로 인한 출산 소녀에게, 기형아를 출산한 아내에게 아무런 불편함이 없이 살아갈 수 있는 복지를 보장한다면, 필자 역시 여성들의 낙태 권리를 앞장서서 빼앗을 것이다. 그러나 작금의 현실은 어떠한가? 한 번쯤이라도 숙고해 본다면, 그토록 많은 여성들이 왜 낙태를 하려 하는지를 금방 이해할 수 있다. 사회적 약자인 여성에 대해 한없이 이기적인 남성, 구성원 개개인에 대한 최소한의 행복을 보장해 주지 못하는 사회가 어떻게 관습과 제도, 인습과 전통의 피해자인 여성으로부터 낙태할 수 있는 최소한의 권리마저 빼앗을 수 있을까? 마치, 부부 생활을 책임져 주지도 못할 부모가 예외 규정만 허용한 채, 자녀의 배우자 선택을 강제하는 것이 임신부의 낙태 금지와 하등 다를 바 없다면 이는 필자의 지나친 비유일까?

3 분명, 미혼모와 장애인 엄마에게 최소한의 관심과 애정조차 보여주지 못하는 한국 사회가 낙태권을 인정하려 들지 않는 것은 어불성설(語不成說)이다. 어느 사회도 여성에 대해, 특히 10대 미혼모와 기형아를 출산한 여성에 대해 완벽한 복지를 보장하는 경우는 물론 없다. 하지만 낙태권을 인정하지 않고 있는 선진국들의 경우, 적어도 우리의 기준에서 볼 때는 한참 선진적인 수준의 최소 생계비용이나 사회복지를 보장해 주고 있는 것이 사실이다. 낙태권을 둘러싼 논쟁이 한국 여성들의 현주소를 적나라하게 바라볼 수 있는 창(窓)을 제공하는 이유가 여기에 있다.

나. 장 문 연 습 II

■ '안락사'에 대해 두괄식, 미괄식, 통괄식을 고루 섞어 글을 써 보기 바랍니다. 두괄식, 미괄식, 통괄식의 전개 순서는 바뀌어도 상관없습니다. 앞서 소개한 내용들을 한 번 더 소개해 보자면, 글을 쓰는 순서로는

1 먼저 '안락사'에 대해 찬성하는지 반대하는지에 대한 입장을 정하고
2 이에 대한 뼈대(소주제)와 새끼줄(중심 문장)을 마련한 후,
3 이야기를 풀어 가면서 중심 문장을 어디에 놓을지 염두에 두는 것입니다.

■ 다음은 안락사에 관한 글쓰기를 위해 글쓴이가 준비하면 좋은 생각과 질문 목록들.

1 '입장 정하기'와 관련된 질문 목록들

가. 안락사에 대해 찬성합니까? 반대합니까?

가—1. 찬성한다면, 무조건 찬성입니까? 아니면, 조건부 찬성입니까?

가—2. 반대한다면, 무조건 반대입니까? 아니면, 조건부 반대입니까?

나. 찬성 또는 조건부 찬성이라면 그 조건과 이유는 무엇입니까?

다. 반대 또는 조건부 반대라면 그 조건과 이유는 무엇입니까?

2 '뼈대(소주제)'와 '새끼줄(중심 문장)'에 관한 질문 목록들

가. 안락사의 정의가 무엇입니까?

나. 안락사의 역사는 어떻습니까?

다. 안락사의 쟁점(爭點)으로는 무엇이 가장 큰 문제입니까?

3 일화(逸話)와 문답(問答) 등을 활용하기 위한 관련 질문 목록들

가. 안락사와 관련해 신문이나 잡지, TV, 책 등에서 접한 기사, 다큐멘터리, 영화 가운데 기억에 남거나 인상적인 것이 있습니까?

나. 만일 관련 기사를 접한 적이 있다면, 당시의 느낌이나 감정은 어떠했습니까?

다. 편안한 죽음 또는 고통스런 죽음과 관련해 알고 있는 고사성어나 속담, 설화나 전설 등이 있습니까?

라. 주변에서 고통스럽게 또는 행복하게 돌아가신 어른이 계십니까?
마. 자신의 죽음에 관해 진지하게 생각해 본 적이 있습니까?

4 한국과 외국의 현실 챙기기

가. 한국에서는 법적으로 안락사를 허용하고 있습니까? 금지하고 있습니까?
나. 법적 움직임에 찬성 또는 반대하는 움직임은 거센 편입니까? 아니면 조용한 편입니까?
다. 전 세계적으로 안락사를 허용하는 경우가 있습니까? 있다면 어느 나라에서 어떤 경우에 있습니까?

해답

가. 장 문 연 습 I

1 '낙태(落胎): 자연 분만 시기 이전에 태아를 모체에서 분리하는 일.'

국어사전에 나와 있는 '낙태(落胎)'에 대한 뜻풀이이다. 하지만 이는 '낙태'라는 현상에 대한 정의일 뿐, 여기에는 낙태에서 가장 첨예하게 대립하는 여성의 '출산권'과 아기의 '출생권'에 대한 '권리' 이야기가 없다. 사실, 낙태에서 가장 큰 화두(話頭)가 되는 부분은 여성이 원치 않는 임신을 했을 경우다. 여러 가지 이유로 임산부가 아이를 원하지 않을 때, 어느 쪽에 손을 들어주어야 하는가가 쟁점의 핵심이 되는 셈이다. **문제는 이들 가운데 어느 쪽의 권리를 인정해 주어야 하느냐를 따지기보다 '낙태권'을 둘러싼 한국의 현실을 먼저 논하는 것이 더욱 중요하다는 것이다.** '낙태권'에 대한 찬반론은 여성을 둘러싼 사회 현실을 어떻게 인식하고 있는가와 매우 밀접한 관계를 지니고 있기 때문이다.

※ 말하자고 하는 중심 문장이 문단의 마지막 부분에 배치된 '미괄식' 문장이다. 중심 문장인 '결과 문장' 뒤에 따라오는 문장은 11장과 12장에 걸쳐 설명하게 될 '이유 문장'이다.

2 낙태권은 여성의 시각에서 볼 때, 철저히 남성 중심적인 사고에서 여성의 권리를 제약하는 용어이다. 다시 말해, 생명의 존귀함을 전제로 자신의 몸 관리조차 마음대로 하지 못하도록 갖은 조건을 갖다 붙여 '권리'라는 이름으로 포장한 것이 낙태권이다. 그런 면에서 "단순히 임신부의 안녕을 위해 의사 표현조차 할 수 없는 생명을 죽일 수 있느냐?"라고 부르짖는 낙태 반대론자들의 주장은 낙태권에 대한 전제 자체에서부터 심각한 오류를 안고 있다. 만일 이 사회가 10대 미혼모에게, 성폭행으로 인한 출산 소녀에게, 기형아를 출산한 아내에게 아무런 불편함이 없이 살아갈 수 있는 복지를 보장한다면, 필자 역시 여성들의 낙태 권리를 앞장서서 빼앗을 것이다. 그러나 작금의 현실은 어떠한가? 한 번쯤이라도 숙고해 본다면, 그토록 많은 여성들이 왜 낙태를 하려 하는지를 금방 이해할 수 있다. 사회적 약자인 여성에 대해 한없이 이기적인 남성, 구성원 개개인에 대한 최소한의 행복을 보장해 주지 못하는 사회가 어떻게 관습과 제도, 인습과 전통의 피해자인 여성으로부터 낙태 할 수 있는 최소한의 권리마저 빼앗을 수 있을까? 마치, 부부 생활을 책임져 주지도 못할 부모가 예외 규정만 허용한 채, 자녀의 배우자 선택을 강제하는 것이 임신부의 낙태 금지와 하등 다를 바

없다면 이는 필자의 지나친 비유일까?

※ 상황에 따라, '두괄식' 또는 '통괄식' 문단으로 볼 수 있는 글이다. 그러나 들머리에서 '낙태권을 둘러싼 한국적 현실을 논해야 한다'고 언급했던 사항을 떠올린다면, 이 글은 분명, 문제아를 출산한 여성들에 대한 한국 사회의 준비자세가 얼마나 미비한가를 문답과 부연 설명을 통해 차곡차곡 이끌어 내고 있다. 그런 의미에서 볼 때, 필자는 '두괄식'보다 '통괄식'에 더욱 힘을 실어주고 싶다.

3 **분명, 미혼모와 장애인 엄마에게 최소한의 관심과 애정조차 보여주지 못하는 한국 사회가 낙태권을 인정하려 들지 않는 것은 어불성설(語不成說)이다.** 물론, 어느 사회도 여성에 대해, 특히 10대 미혼모와 기형아를 출산한 여성에 대해 완벽한 복지를 보장하는 경우는 없다. 하지만 낙태권을 인정하지 않고 있는 선진국들의 경우, 적어도 우리의 기준에서 볼 때는 한참 선진적인 수준의 최소 생계비용이나 사회복지를 보장해 주고 있는 것이 사실이다. 낙태권을 둘러싼 논쟁이 한국 여성들의 현주소를 적나라하게 바라볼 수 있는 창(窓)을 제공하는 이유가 여기에 있다.

※ 이 글의 중심 문장은 "미혼모와 장애인 엄마에게……어불성설이다"이다. 그렇다면 마지막 문단은 '두괄식'이 되는 셈이다. 중요한 사실은 마지막 문장인 "필자가 우리나라 여성들의……여기에 있다"를 중심 문장으로 보아서는 안 된다는 것이다.

10

전개 방식에 따른

문단 구성 이야기 III: 인과, 열거, 일화, 문답

서양 클래식 음악의 근간(根幹)을 이루는 '소나타'는 원래 '칸타타'(성악)에 대한 반대 개념(기악)으로 사용되기 시작한 이탈리아 용어다. 그러다가 17~18세기의 바로크를 거쳐 고전주의 시대에 이르러서는 기악곡을 대표하는 장르로 성장, 발전하게 되었다. 그런 '소나타'는 보통 3~4악장으로 구성돼 있는데, 첫 악장은 예외 없이 제시부, 전개부, 재현부의 3단계로 구성되는 '소나타 형식'을 취하고 있다. 말하자면 서양 음악의 진수(眞髓) 중에서도 진수(眞髓)를 대표하는 고갱이*가 '소나타 형식'인 셈이다.

마찬가지로 글에서도 '소나타 형식'처럼 문단의 진행을 특징 짓는 기본 구조가 존재하게 마련이다. 앞서 '주제 위치'와 함께 간략히 소개한 '전개 방식'에 따른 분류가 그것에 속한다. 필자가 「한국인의 글쓰기」에 등장하는 칼럼들을 분석한 결과에 따르면 〈표 2〉의 좌측 열(列)에서 보듯, 문단의 전개 방식은 크게, '인과(因果),' '열거(列擧),' '일화(逸話),' '문답(問答)' 등 4가지로 구분해 볼 수 있다. 이 가운데 '문답'을 통한 문단 구성은 매우 드물다는 사실을 염두에 둔다면, 결국 문단 구성의 전개 방식은 '인과,' '열거,' '일화'의 세 종류로 단순화시킬 수

*고갱이 나무 속의 가운데 연한 심. 사물의 중심이 되는 부분을 비유적으로 이르는 말.

있다.

먼저, 첫 번째 전개 방식에 해당하는 '인과(因果)'는 말 그대로 원인(原因)과 결과(結果)에 관한 전개가 주(主)를 이루는 글덩이를 말한다. 앞서 소개한 8, 9장의 들머리는 그 전형(典型)에 속한다. 독자들의 기억을 환기시키기 위해 다시 8, 9장의 들머리를 끄집어 내보면,

8장의 들머리:

교육 평준화는 중학교 교육이 고교 입시 위주로 과열되자 이를 진정시키기 위해 실시됐다(**결과**). 이는 교육 평준화가 처음 실시된 1970년대 당시, 중학교 교육이 고등학교 입시 위주로 파행 운영되는 데다, 학생들의 스트레스와 학업 부담이 엄청나서 각종 사회문제를 야기했기 때문이다(**원인** 1). 더욱이, 소위 일류 고등학교로 알려진 명문 고등학교로의 진학을 위한 대도시 전입 증가현상도 결코 무시할 수 없는 문제를 불러일으키고 있었다(**원인** 2). 이에 따라 교육부에서는 1972년 정부의 인가를 받아 서울, 경기, 부산 등에서 학군에 따라 학생들을 배치하는 교육 평준화를 실시하게 되었다(결과 부연 설명).

9장의 들머리:

비평준화 교육이 실시되던 1970년대 초에는 중학교 교육이 고등학교 입시 위주로 파행 운영되는 데다, 학생들의 스트레스와 학업 부담이 엄청나서 각종 사회문제가 야기되고 있었다(**원인** 1). 더욱이, 소위 일류 고등학교로 알려진 명문 고등학교로의 진학을 위한 대도시 전입 증가현상도 결코 무시할 수 없는 문제를 불러일으키고 있었다(**원인** 2). 이에 따라 교육부에서는 중학교 교육이 고교 입시 위주로 과열되는 것을 진정시키기 위해 1972년 정부의 인가를 받아 서울, 경기, 부산 등에서 학군에 따라 학생들을 배치하는 교육 평준화를 실시하게 되었다(**결과**).

다시 말해 8, 9장에 선보인 두괄식, 미괄식 머리말은 모두 '인과형'을 인(因)-과(果) 또는 과(果)-인(因)으로 순으로 바꿔 전개한 글이라는 것이다. 앞장에서 소개했던 '주제 위치'와 이번 장에서 다루고 있는 '전개 방식'을 합쳐, 필자가 나름대로 '문단 구성 방식'(주제 위치 * 전개 방식)이라 부르는 공식에 따르면, 위의 두 문단 가운데 8장의 들머리는 두괄식 * 인과형, 9장의 들머리는 미괄식 * 인과

형으로 각각 분류해 볼 수 있다.

그렇다면 전개 방식의 두 번째 종류에 해당하는 '열거'에는 어떤 것이 있을까? 다음의 예를 보자.

> 어느새 중학생 고액 과외가 사라졌다. '중3병'으로 불리던 스트레스도 없어졌다. 고교 입시 위주로 파행 운영되던 중학교 수업도 정상으로 돌아왔다. 무엇보다 선생님과 학생들 간의 사제 관계가 원활하게 회복됐다. 웃음소리가 사라졌던 교실에서 다시 생기가 돌기 시작했다. 교육 평준화가 전격적으로 실시된 다음, 전국의 중3 교실에서 생기기 시작한 일이다.

위의 글은 '주제 위치'를 놓고 볼 때, 딱히 두괄식 또는 미괄식으로 꼽을 수 없는 통괄식에 속한다. 뒤에서 다시 설명하겠지만, 시간의 흐름에 따라 서사적으로 전개되는 '일화'를 끄집어 냈기 때문이다. 이와 함께, 전개 방식은 '열거' 가운데에서도 같은 내용의 상황들을 가, 나, 다 식으로 나열해 소개하는 '병렬'을 쓰고 있다. '문단 구성 방식'(주제 위치 * 전개 방식)에 따라 분류해 본다면, 이 글의 유형은 통괄식 * 열거 중 병렬로 구분되는 되는 셈이다. 그렇다면 다음 글은?

> 한국에서는 '교육 평준화냐 비평준화냐'를 놓고 여전히 논란이 뜨겁다. 반면, 일본을 비롯한 선진국에선 이미 교육 평준화에 대한 논란이 끝난 지 오래다. 토론도 좋고 실험도 좋다. 정작, 문제는 시간을 끌면 끌수록 지불해야 하는 사회적 비용이 만만치 않다는 것이다. 언제까지 실험 결과를 놓고 왈가왈부(曰可曰否)할 것인가? 선진국들은 이미 달려가고 있는데, 우리는 아직도 출발선을 정하는 문제로 티격태격하니 안타까울 따름이다. 무엇이 걸림돌일까? 일방적으로 자신들의 주장만 관철시키려는 경직된 태도다. 선진국들은 유연하게 양쪽의 장점들을 모두 취하려 하는 판에, 우리는 한쪽이 다른 한쪽을 굴복시키려고만 하는 자세가.

주제 위치를 보자면 미괄식으로 분류할 법한 글이다. 이와 함께, 전개 방식은

'인과' 라고 보기보다 여러 사실들을 한꺼번에 복합적으로 소개하는 '열거' 라고 볼 수 있다. 재미있는 사실은 하나의 현상을 강조할 때마다 그에 대한 반대 현상도 문답형식으로 아울러 소개하고 있다는 것이다. 때문에, 윗글의 '문단 구성 방식' (주제 위치 * 전개 방식)은 미괄식 * 열거 중 대조 또는 미괄식 * 문답으로 볼 수 있다.

마지막으로 '일화' 의 경우를 들여다보자.

> 중3 시절의 일이다. 어느 날, 다음 시간까지 찰흙을 이용해 30cm 정도 크기로 자신의 전신상(全身像)을 만들어 오라는 미술 선생님의 영(令)이 떨어졌다. 그때까지만 해도 관련 지식이 전무(全無)했던 터라, 찰흙을 잔뜩 사다가 적당히 뭉개면 과제를 쉽사리 완성할 줄 알았다. 하지만, 조금만 높이 쌓아도 자신의 무게를 이기지 못하고 무너지는 찰흙 때문에 결국 손바닥 크기의 조소(彫塑)를 만들어 제출할 수밖에 없었다. 나중에 안 사실이었지만 철사를 꼬아 원하는 형상으로 대충 모양을 잡은 후, 찰흙이 잘 붙도록 뼈대에다 새끼줄을 둘둘 말아야 무너지지 않고 찰흙도 쉽게 붙일 수 있는 조소를 만들 수 있었다. 건축으로 말하자면 토대를 다지고 철근 구조물을 올려야 벽도 세우고 지붕도 얹을 수 있는 것과 같은 이치였던 셈이다.

이미 7장에서 선보인 바 있는 '206 對 3' 의 첫 문단이다. 위의 경우는 딱히, 중심 문장이라 부를 소주제가 눈에 띄지 않는다. 게다가 전개 방식을 놓고 볼 때, '인과' 또는 '열거' 로 분류하기에도 마뜩잖은 것이 사실이다. 영어에선 '에피소드' (episode)라고 부르는 '일화' 를 끄집어 낸 까닭에서다. 따라서 이 글의 '문단 구성 방식' (주제 위치 * 전개 방식)은 통괄식 * 일화 중 평서로 결론지을 수 있다. (여기에 만일 대화가 담겨 있다면 '일화 중 대화' 로 보면 된다. 한 가지 덧붙이자면 '일화 중 대화 방식' 은 십중팔구, 글의 들머리에 놓이게 마련이다. 독자들의 눈길을 끌기에 매우 적합하기 때문이다.)

그렇다면 '문답형' 은? 비록 짧긴 하지만 본 문단 자체에 답이 담겨 있다. 쓰임새는 많지 않지만, 때때로 들머리이나 마무리에 쓰일 경우에는 무척 요긴 방법이다. 하면, 이 문단의 구성 방식은? "통괄식 * 문답형."

참 고 문 헌

임재춘 (2004). 「한국의 이공계는 글쓰기가 두렵다」, 마이넌.
정희모, 이재성 (2005). 「글쓰기의 전략」, 들녘.

| 표 2 | 문단 구성 방식: 주제 위치 * 전개 방식

전개방식 \ 주제위치		두괄식	미괄식	통괄식
인과	원인–결과			
	결과–원인			
열거	병렬			
	대조/비교			
일화	평서			
	대화			
문답				

'알아둡시다'

필자가 문단 구성 이야기를 통해 소개하고 있는 '문단 구성 방식'은 여러분의 개성과 글의 상황에 따라 얼마든지 다른 방식으로 응용될 수 있습니다. 예를 들어, 다음의 글을 보기 바랍니다.

글쓰기가 중요하지 않던 시절이 있었다. 아니, 글쓰기가 필요하지 않던 때가 있었다. 경영자와 부하 직원 상호 간의 커뮤니케이션이 활성화되지 않고 수직적 의사소통이 주를 이루던 옛날 이야기다. 당시에는 관공서, 기업, 학교를 막론하고 위에서 까라는 대로 까기만 해도 별 탈 없이 모든 것이 잘 굴러가던 때였다. 높은 곳에서는 일의 저돌적인 추진을 위해 가탈 없이 말 잘 듣는 사람들을 원했고, 밑에서는 자리 보존을 위해 '성실'하게 윗선의 지시를 따르는 것이 요구되는 세상이었다. 그러나 그로부터 강산이 대략 두세 번 정도 바뀐 지금, 한국의 기업 풍속도는 무서울 정도로 급변해 버렸다.

「한국인의 글쓰기」, 1부 3장, '글짱'은 직장에서도 '짱'

앞서 배운 바를 토대로 전체 구조를 따져보자면, 이 글은 중심 문장이 맨 뒤에 있는 '미괄식' 글입니다. 이와 함께, '인과,' '열거,' '일화,' '문답'으로 거칠게 분류하는 '문단 전개 방식'에 따르면, 일단 열거로 보는 데는 무리가 없는 듯합니다. 문제는 이 글의 전개 방식이 '열거 중 병렬'과 '열거 중 대조'의 요소를 동시에 안고 있다는 점입니다. 사실, '열거 중 병렬'의 기본 구조를 ♥1, ♥2, ♥3 등으로 볼 때, '열거 중 대조' 구조는 ♥1, ♣1, ♥2, ♣2, ♥3, ♣3 또는 ♥1, ♥2, ♥3, ♣1, ♣2, ♣3 등으로 볼 수 있습니다. 하지만, 이 글의 전개 방식이 ♥1, ♥2, ♥3, ♥4, ♥5, ♣1으로 흘러가고 있다는 것을 감안해 본다면, 두 가지 방식 다 포용하는 의미에서 '열거 중 병렬+대조'라고 봐도 무방할 듯합니다. 그런 의미에서 수학적 기호를 빌어, 이 문단의 구성 방식을 미괄식 * 열거 중 (병렬+대조)라고 명명해 보았습니다. 사족으로 덧붙이자면, 어느 누구도 글의 구조에 대한 방식을 정답으로 내놓을 수 없다는 것입니다. 이 점에 있어서는 저 또한 예외가 아닙니다. 그러니 위에서 소개한 바와 같은 '문단 구성 방식'을 참조는 하되, 뒤의 연습문제에서 제시하는 답안들을 맹목적으로 받아들일 필요는 없다는 점을 먼저 밝혀 두고자 합니다.

연습문제

가. 장 문 연 습 I

■ 앞서 제시된 표를 이용해 아래 글의 전체 구조를 '문단 구성 방식'(주제 위치 * 전개 방식)에 따라 분류해 보기 바랍니다. (예, 두괄식 * 인과형)

1 지난 2003년의 이라크전(戰) 모습이 어땠는지 기억하는가? TV 뉴스를 통해 비추어진 참전 군인들은 밝은 표정이었고, 전쟁은 게임처럼 박진감이 넘쳐흘렀다. 폭격은 있었으되 민간 희생은 없었고, 전투는 있었으나 사상자들은 보이지 않았다. 전쟁에서 으레 대하기 마련인 수많은 주검들, 상처 입은 어린이들과 울부짖는 어머니들, 공포에 질린 포로들의 모습은 결코 TV 어느 곳에서도 볼 수 없었다. 그렇다면 이라크 전쟁의 참모습은 TV가 비춰준 그대로였을까? 여기에 전쟁 당시 이라크 현지의 모습을 생생하게 보여주는 책이 있다. 우리에겐 오지 여행가로 잘 알려진 한비야가 쓴 「지도 밖으로 행군하라」가 그것이다.

(______ * ______)

2 띄어쓰기는 한글을 익히고 난 후, 맞춤법과 더불어 한국인들이 가장 먼저 배워야 하는 글쓰기의 기본에 속한다. 해서, 초등학교 저학년생들은 선생님과 부모님의 지도 아래 띄어쓰기에 관한 규칙들을 끊임없이 숙지하고 익혀 나가야 한다. 이후, 기본 법칙들을 어느 정도 터득한 학생들은 주-술-목 호응이나 접속사를 통한 문장 연결 등과 같은 고급 과정들을 익히게 되며, 중 · 고등학교에서부터 본격적으로 작문 및 논술 같은 고급 글쓰기들을 경험하게 된다.

(______ * ______)

3 일전에 지방 어느 대학의 신문방송학과 교수로부터 들은 이야기이다. 당시, 그 교수는 졸업논문 수업을 맡고 있었는데, 학생들이 논문을 소화해 내기에 매우 버거워한다는 사실을 접하곤 학생들에게 좀 더 신축적인 기회를 주기로 마음먹었다고 한다. 그네들이 원할 경우에는 탐사 또는 기획 기사 등과 같은 형태의 글들도 졸업논문의 일환으로 인정해 주기로 하고는 기사 작성법에 대한 도움말을 열심히 전해 주었다는 것이 그의 설명이었다. (______ * _______)

4 좋은 글, 널리 읽히는 글을 쓰고자 하는 사람은 반드시 많은 수의 독자를 고려해야 한다. 만일, 제출한 이후에는 다시 읽지 않을 글, 자기 혼자만 꺼내 보고 좋아라 할 글들이면 얼마든지 영어와 전문용어를 남발해도 좋다. 그러나 자신의 글쓰기를 한 차원 향상시키고자 한다면, 결코 이 같은 일을 되풀이해서는 안 된다. 한번 생각해 보라. 자동차 수리공에게 차를 맡기며 고장 원인을 묻는 고객에게 도대체 알아들을 수 없는 전문용어와 영어만 남발하는 자동차 정비소에 어느 손님들이 모여들지를. (______ * _______)

5 지난 2006년 가을, 미국 의회 소속의 정부회계 감사원(GAO)에서 재미있는 보고서를 상원 외교위원회에 제출한 적이 있다. 미 국무부가 전 세계에 파견 근무중인 외국어 보직자 2,832명을 대상으로 69개 외국어에 대한 난이도를 설문조사한 결과가 그것이었다. 설문에서 미 국무부는 조사 대상 언어들을 '세계어'와 '고난도 언어,' '초고난도 언어,' '기타 언어' 등의 4가지로 나누었는데, 응답자들은 우리말을 일본어, 중국어, 아랍어와 더불어 초고난도 언어로 구분했던 것이다. 모르긴 해도, 미국인들의 입장에선 발음에서부터 어순(語順)에 이르기까지 무엇 하나 용이하지 않는 한국어가 불가능에 가까운 대상이었던 것 같다. 때문에, 그런 초고난도 언어를 자유자재로 구사하는 한국인들이 세계에서 가장 똘똘하다는 농담도 그네들에겐 결코 농(弄)으로만 들리진 않을 듯싶다. 문제는 언어학적으로 가장 어렵다는 한국어를 '누워서 떡 먹기'처럼 구사하는 우리에게조차 버거운 대상이 있다는 것이다. 주어, 목적어, 술어 간의 호

응 관계를 매끄럽게 이뤄 나가야 하는 미끈한 글쓰기가 바로 그 주인공이다.
(_______ * ________)

나. 장 문 연 습 II

■ 다음 글의 전체 구조를 '문단 구성 방식'(주제 위치 * 전개 방식)에 따라 유형별로 분류해 보기 바랍니다.

어려운 질문 하나: '움베르토 에코,' '마이클 크라이튼,' '칼 세이건'의 공통점은?
답 : 세계적인 베스트셀러 작가들이다. (_______ * ________)

움베르토 에코는 중세 유럽을 배경으로 한 추리소설「장미의 이름」을, 마이클 크라이튼은 가상 SF소설「'쥐라기 공원」을, 칼 세이건은 우주의 신비를 다룬「콘택트」를 각각 집필했다. 이들의 원작은 모두 같은 이름으로 영화화 돼 흥행에서도 대성공을 거둔 바 있다. 필자가 이들 작품에 주목하는 이유는 원작자들의 배경에 있다. 움베르토 에코는 세계적인 철학자이자 기호학자이며, 마이클 크라이튼은 영문학을 공부하다 의학과 인류학을 전공한 의사 출신이다. 칼 세이건은 천문학자로 나사(NASA: 미 우주 항공국)에서 오랫동안 근무했었다.
(_______ * ________)

영화까지는 가지 않더라도 소설만으로 논의를 국한시킨다면 특이한 이력의 외도쟁이들은 점점 더 늘어난다. 휠체어의 과학자로 잘 알려진 스티븐 호킹은「시간의 역사」를, 세계적 칼럼니스트인 존 앨런 파울로스는「수학자의 신문읽기」를, 뉴욕타임스의 베스트셀러 코너를 무려 8년간이나 석권한 스코트 펙은 영혼의 성장을 다뤘던 「끝나지 않은 길」을 각각 집필했다. 천체 물리학자, 수학자와 의사가 이들의 직함이었다. (_______ * ________)

「인간의 본성에 대하여」라는 책으로 유명한 사회생물학자 에드워드 윌슨은 교수가 된 다음에도 개인 교사로부터 글쓰기 훈련을 받았다. 자신의 학문적 입장을 가능한 한 많은 사람들에게 알리고 이해시키기 위해서였다. 이화여대 석좌교수인 최재천 박사는 글쓰기에 매진했던 에드워드 윌슨으로부터 수혜받은 대표적인 한국인 과학자로 통한다. 누구보다 글쓰기의 중요성을 잘 알고 있었던 스승 밑에서 수학(修學)했기에, 그 역시 한국에서 독보적인 필명(筆名)을 드날리는 과학자로 자리매김했다. (_______ * ________)

그런 면에 비춰볼 때, 「대화록」과 「비글호의 항해」를 쓴 갈릴레이와 다윈 역시 역사적으로 '한 글' 하는 사람들이었다. 반면, 아인쉬타인은 그다지 글에 뛰어나지 못했다는 것이 저자의 생각이다. 중학생 정도만 돼도 만유인력과 지동설, 진화론을 쉽게 이해할 수 있는 데 반해, 상대성이론과 $E=MC^2$은 대학원생들조차 소화해 내기가 힘든 이유도 일정 부분 거기에 있다면 지나친 비약일까?

(_______ * ________)

세계적인 공과대학, MIT에서는 대학생들이 반드시 2단계에 거쳐 4과목의 글쓰기 수업을 통과해야만 졸업장을 손에 쥘 수 있다. 성공적인 과학자가 갖춰야 할 중요한 능력 가운데 하나가 글쓰기라는 이유에서다. 자신의 생각을 조리 있게 설명함으로써 연구에 필요한 자금을 신청하기 위한 기획안 작성에서 이 같은 글쓰기 훈련은 대단한 위력을 발휘한다. 마찬가지로, 하버드대 역시 재학생들이나 졸업생들 모두 첫손가락에 꼽는 기술이 글쓰기다. 재학 중에는 매년 100여 쪽 이상의 리포트를 써내야 하는 데다 사회생활에서도 글쓰기가 지니는 파괴력을 몸소 체험하는 까닭에서다. 의사, 수학자, 물리학자가 베스트셀러를 써내는 사회 분위기는 그런 환경 속에서 자연스레 탄생한다.

(_______ * ________)

문화적으로 앞서 가는 사회에서는 글쓰기를 강조한다. 반면, 이미지와 영상, 말들만 넘쳐 나는 사회에서는 글쓰기가 강조될 리 없다. 이와 관련해 한국 사회는 적어도 글쓰기에 있어 아직 한참 후진적인 경우다. 본고사 부활 시비로 연결된 정운찬 서울대 前총장의 '논술' 강조는 이 같은 맥락에서 나왔다고 해도 과언이 아니다. (______ * _______)

대학 입시에서 논술이 차지하는 비중이 점차 커지고 있는 가운데 최근 들어 대학에서조차 글쓰기에 대한 인식이 바뀌고 있다. 서울대는 몇 년 전부터 '인문학 글쓰기,' '사회과학 글쓰기,' '과학기술 글쓰기' 등과 같은 글쓰기 과목들을 인문대와 사회대, 공대에 각각 신설하거나 필수과목으로 지정했다. 성균관대는 얼마 전부터 '글쓰기와 커뮤니케이션' 과목을 중점 교양과목으로 지정해 모든 신입생들이 수강토록 강제하고 있다. 성대는 이를 위해 무려 11명에 이르는 신규 교원을 새로 채용했다고 한다. '사고와 표현' 이라는 교양 과목에 올인 하다시피 하고 있는 고려대학교의 경우, 학교측과 학생, 학부모 모두의 반응이 대단히 만족스럽다고 하니, 이제나마 다행한 일이 아닐 수 없다.

(______ * _______)

"실험만 하는 거죠." 공대에서도 글쓰기가 필요하지 않느냐는 필자의 물음에 대답하던 어느 공대 교수님의 말이 문득 귓전을 맴돈다. 분명, 20세기 과거에서는 통하던 대답이었다. 하지만 앞으로도 그럴까? 변화와 변혁의 속도에서 세계 최고인 한국을 누구보다도 잘 아는 여러분이기에 하는 말이다.

(______ * _______)

해답

가. 장문연습 I

1 지난 2003년의 이라크전(戰) 모습이 어땠는지 기억하는가? TV 뉴스를 통해 비추어진 참전 군인들은 밝은 표정이었고, 전쟁은 게임처럼 박진감이 넘쳐흘렀다. 폭격은 있었으되 민간 희생은 없었고, 전투는 있었으나 사상자들은 보이지 않았다. 전쟁에서 으레 대하기 마련인 수많은 주검들, 상처 입은 어린이들과 울부짖는 어머니들, 공포에 질린 포로들의 모습은 결코 TV 어느 곳에서도 볼 수 없었다. 그렇다면 이라크 전쟁의 참모습은 TV가 비춰준 그대로였을까? **여기에 전쟁 당시 이라크 현지의 모습을 생생하게 보여주는 책이 있다.** 우리에겐 오지 여행가로 잘 알려진 한비야가 쓴 「지도 밖으로 행군하라」가 그것이다.

(미괄식 * 문답)

※ 분명히 '열거 중 병렬'의 요소를 지닌 문단이지만, 여기에서 사용된 열거들은 결국 질문에 대한 답으로 동원된 것들이다. 그렇다면 보다 커다란 틀에서 볼 때, '문답'이 글의 전개 방식을 지배하고 있다.

2 **띄어쓰기는 한글을 익히고 난 후, 맞춤법과 더불어 한국인들이 가장 먼저 배워야 하는 글쓰기의 기본에 속한다.** 해서, 초등학교 저학년생들은 선생님과 부모님의 지도 아래 띄어쓰기에 관한 규칙들을 끊임없이 숙지하고 익혀 나가야 한다. 이후, 기본 법칙들을 어느 정도 터득한 학생들은 주-술-목 호응이나 접속사를 통한 문장 연결 등과 같은 고급 과정들을 익히게 되며, 중 · 고등학교에서부터 본격적으로 작문 및 논술 같은 고급 글쓰기들을 경험하게 된다.

(두괄식 * 인과)

※ 원인 또는 이유를 설명하는 중심 문장 뒤로 그에 따른 결과들이 순차적으로 전개되고 있다.

3 일전에 지방 어느 대학의 신문방송학과 교수로부터 들은 이야기이다. 당시, 그 교수는 졸업논문 수업을 맡고 있었는데, 학생들이 논문을 소화해 내기에 매우 버거워한다는 사실을 접하곤 학생들에게 좀 더 신축적인 기회를 주기로 마음먹었다고 한다. 그네들이 원할 경우에는 탐사 또는 기획 기사 등과 같은 형태의 글들도 졸업논문의 일환으로 인정해 주기로 하고는 기사 작성법에 대한 도움말을 열심히 전해 주었다는 것이 그의 설명이었다.

(통괄식 * 일화 중 평서)

4 **좋은 글, 널리 읽히는 글을 쓰고자 하는 사람은 반드시 많은 수의 독자를 고려해야 한다.** 만일, 제출한 이후에는 다시 읽지 않을 글, 자기 혼자만 꺼내 보고 좋아라 할 글들이면 얼마든지 영어와 전문용어를 남발해도 좋다. 그러나 자신의 글쓰기를 한 차원 향상시키고자 한다면, 결코 이 같은 일을 되풀이해서는 안 된다. 한번 생각해 보라. 자동차 수리공에게 차를 맡기며 고장 원인을 묻는 고객에게 도대체 알아들을 수 없는 전문용어와 영어만 남발하는 자동차 정비소에 어느 손님들이 모여들지를.

(두괄식 * 열거 중 대조/비교)

5 지난 2006년 가을, 미국 의회 소속의 정부회계 감사원(GAO)에서 재미있는 보고서를 상원 외교위원회에 제출한 적이 있다. 미 국무부가 전 세계에 파견 근무중인 외국어 보직자 2,832명을 대상으로 69개 외국어에 대한 난이도를 설문 조사한 결과가 그것이었다. 설문에서 미 국무부는 조사 대상 언어들을 '세계어'와 '고난도 언어,' '초고난도 언어,' '기타 언어' 등의 4가지로 나누었는데, 응답자들은 우리말을 일본어, 중국어, 아랍어와 더불어 초고난도 언어로 구분했던 것이다. 모르긴 해도, 미국인들의 입장에선 발음에서부터 어순(語順)에 이르기까지 무엇 하나 용이하지 않는 한국어가 불가능에 가까운 대상이었던 것 같다. 때문에 그런 초고난도 언어를 자유자재로 구사하는 한국인들이 세계에서 가장 똘똘하다는 농담도 그네들에겐 결코 농(弄)으로만 들리진 않을 듯싶다. **문제는 언어학적으로 가장 어렵다는 한국어를 '누워서 떡 먹기' 처럼 구사하는 우리에게조차 버거운 대상이 있다는 것이다. 주어, 목적어, 술어 간의 호응 관계를 매끄럽게 이뤄 나가야 하는 미끈한 글쓰기가 바로 그 주인공이다.**

(미괄식 * 일화 중 평서)

나. 장문연습 II

어려운 질문 하나: '움베르토 에코,' '마이클 크라이튼,' '칼 세이건'의 공통점은?
답 : 세계적인 베스트셀러 작가들이다.

(통괄식 * 문답)

움베르토 에코는 중세 유럽을 배경으로 한 추리소설「장미의 이름」을, 마이클 크라이튼은 가상 SF소설「'쥐라기 공원」을, 칼 세이건은 우주의 신비를 다룬「콘택트」를 각각 집필했다. 이들의 원작은 모두 같은 이름으로 영화화 돼 흥행에서도 대성공을 거둔 바 있다. **필자가 이들 작품에 주목하는 이유는 원작자들의 배경에 있다.** 움베르토 에코는 세계적인 철학자이자 기호학자이며, 마이클 크라이튼은 영문학을 공부하다 의학과 인류학을 전공한 의사 출신이다. 칼 세이건은 천문학자로 나사(NASA: 미 우주항공국)에서 오랫동안 근무했었다.

(중괄식 * 열거 중 병렬)

영화까지는 가지 않더라도 소설만으로 논의를 국한시킨다면 특이한 이력의 외도쟁이들은 점점 더 늘어난다. 휠체어의 과학자로 잘 알려진 스티븐 호킹은「시간의 역사」를, 세계적 칼럼니스트인 존 앨런 파울로스는「수학자의 신문읽기」를, 뉴욕타임스의 베스트셀러 코너를 무려 8년간이나 석권한 스코트 펙은 영혼의 성장을 다뤘던「끝나지 않은 길」을 각각 집필했다. 천체 물리학자, 수학자와 의사가 이들의 직함이었다.

(두괄식 * 열거 중 병렬)

「인간의 본성에 대하여」라는 책으로 유명한 사회생물학자 에드워드 윌슨은 교수가 된 다음에도 개인 교사로부터 글쓰기 훈련을 받았다. 자신의 학문적 입장을 가능한 한 많은 사람들에게 알리고 이해시키기 위해서였다. 이화여대 석좌교수인 최재천 박사는 글쓰기에 매진했던 에드워드 윌슨으로부터 수혜받은 대표적인 한국인 과학자로 통한다. 누구보다 글쓰기의 중요성을 잘 알고 있었던 스승 밑에서 수학(修學)했기에, 그 역시 한국에서 독보적인 필명(筆名)을 드날리는 과학자로 자리매김했다.

(통괄식 * 인과 > 통괄식 * 열거 중 병렬)

※ 기본적으로는 통괄식 * 인과가 중심인 구도의 글이다. 그러나 윌슨 교수의 글쓰기를 설명하면서 전개되는 인과 관계의 문장들이 최재천 교수를 소개하면서 되풀이되고 있어, 통괄식 * 열거 중 병렬로 봐도 큰 무리는 없다.

그런 면에 비춰볼 때, 「대화록」과 「비글호의 항해」를 쓴 갈릴레이와 다윈 역시 역사적으로 '한 글' 하는 사람들이었다. 반면, 아인쉬타인은 그다지 글에 뛰어나지 못했다는 것이 저자의 생각이다. 중학생 정도만 돼도 만유인력과 지동설, 진화론을 쉽게 이해할 수 있는 데 반해, 상대성이론과 $E=MC^2$은 대학원생들조차 소화해내기가 힘든 이유도 일정 부분 거기에 있다면 지나친 비약일까?

(통괄식 * 인과 > 통괄식 * 열거 중 대조)

※ 역시 앞 문단과 마찬가지로 기본적으로는 통괄식 * 인과가 중심인 구도의 글이다. 그러나 통괄식 * 열거 중 대조로 봐도 큰 무리는 없다.

세계적인 공과대학, MIT에서는 대학생들이 반드시 2단계에 거쳐 4과목의 글쓰기 수업을 통과해야만 졸업장을 손에 쥘 수 있다. 성공적인 과학자가 갖춰야 할 중요한 능력 가운데 하나가 글쓰기라는 이유에서다. 자신의 생각을 조리 있게 설명함으로써 연구에 필요한 자금을 신청하기 위한 기획안 작성에서 이 같은 글쓰기 훈련은 대단한 위력을 발휘한다. 마찬가지로, 하버드대 역시 재학생들이나 졸업생들 모두 첫손가락에 꼽는 기술이 글쓰기다. 재학 중에는 매년 100여 쪽 이상의 리포트를 써내야 하는데다 사회생활에서도 글쓰기가 지니는 파괴력을 몸소 체험하는 까닭에서다. **의사, 수학자, 물리학자가 베스트셀러를 써내는 사회 분위기는 그런 환경 속에서 자연스레 탄생한다.**

(미괄식 * 인과 > 미괄식 * 열거 중 병렬)

※ 역시 기본적으로는 미괄식 * 인과가 중심인 구도의 글이다. 마찬가지로, MIT의 인 · 과 문장들이 하버드대의 경우에서도 고스란히 재현되고 있다.

문화적으로 앞서 가는 사회에서는 글쓰기를 강조한다. 반면, 이미지와 영상, 말들만 넘쳐 나는 사회에서는 글쓰기가 강조될 리 없다. 이와 관련해 한국 사회는 적어도 글쓰기에 있어 아직 한참 후진적인 경우다. 본고사 부활 시비로 연결된 정운찬 서울대 前총장의 '논술' 강조는 이 같은 맥락에서 나왔다고 해도 과언이 아니다.

(두괄식 * 열거 중 대조 > 통괄식 * 열거 중 대조)

※ 기본적으로는 두괄식 * 열거 중 대조가 중심인 구도의 글이다.

대학 입시에서 논술이 차지하는 비중이 점차 커지고 있는 가운데 최근 들어 대학에서조차 글쓰기에 대한 인식이 바뀌고 있다. 서울대는 몇 년 전부터 '인문학 글쓰기,' '사회과학 글쓰기,' '과학기술 글쓰기' 등과 같은 글쓰기 과목들을 인문대와 사회대, 공대에 각각 신설하거나 필수과목으로 지정했다. 성균관대는 얼마 전부터 '글쓰기와 커뮤니케이션' 과목을 중점 교양과목으로 지정해 모든 신입생들이 수강토록 강제하고 있다. 성대는 이를 위해 무려 11명에 이르는 신규 교원을 새로 채용했다고 한다. '사고와 표현'이라는 교양 과목에 올인 하다시피 하고 있는 고려대학교의 경우, 학교측과 학생, 학부모 모두의 반응이 대단히 만족스럽다고 하니, 이제나마 다행한 일이 아닐 수 없다.

(두괄식 * 열거 중 병렬)

"실험만 하는 거죠." 공대에서도 글쓰기가 필요하지 않느냐는 필자의 물음에 대답하던 어느 공대 교수님의 말이 문득 귓전을 맴돈다. 분명, 20세기 과거에서는 통하던 대답이었다. **하지만 앞으로도 그럴까? 변화와 변혁의 속도에서 세계 최고인 한국을 누구보다도 잘 아는 여러분이기에 하는 말이다.**

(미괄식 * 문답 > 미괄식 * 일화 중 대화)

※ 문단 첫머리에 대화가 있어 '문단 구성 방식'을 '일화 중 대화'로 봐도 큰 무리는 없다. 그러나 문단의 뒤에 배치된 중심 문장 자체가 문답 형식으로 이뤄져 있기에, 역시 主는 미괄식 * 문답이다.

★ 글의 전체 구조를 파악하기 위해 필자가 여기에서 제안하는 '문단 구성 방식'은 결코 완벽할 수도 없으며 완벽해서도 안 됩니다. 그와 같은 방식에 여러분들이 얽매인다면 자칫, 여러분만의 창의적인 글쓰기가 오히려 죽을 수도 있기 때문입니다. 필자가 이와 같은 방식을 소개하는 가장 큰 이유는 일견 복잡해 보이는 듯한 글쓰기도 이처럼 낱낱이 분석될 수 있다는 사실을 웅변하기 위해서입니다. 구조적인 시각에서 남의 글을 분해하거나, 자신의 글을 써 나가고자 한다면 위와 같이 유형의 분류 방식을 섭취는 하되, 자신만의 기준으로 씹어서 소화하는 것이 보다 유용할 듯합니다.

11

문장 결합 방식에 따른

문단 구성 이야기 IV

중심, 인-과, 문-답, 사례, 추가 설명, 덧글 등 8가지 문장이 문단 구성 특징짓는 중심 재료들

앞에서 세 장(章)에 걸쳐 '주제 위치' 및 '전개 방식'에 따라 형성되는 문단의 구성 방식을 가름해 보았다. 음식으로 따져 본다면 집에 모셔온 귀한 손님에게 주(主)요리를 언제 내놓는지, 무엇을 염두에 두고 준비하는 요리들인지에 관한 얘기였다.

'주제 위치'는 주요리의 '등장 순서'로, 문단의 '전개 방식'은 음식 '접대 방식' 정도로 비견해 볼 수 있다. 예를 들어 채식주의를 지향하는 어느 집에 초대받았다고 하자. 그날 저녁, 초대 요리의 백미(白眉)는 식사 마지막에 등장하는 새싹 비빔밥. 글 주제의 위치로 따지자면 '미괄식'에 해당하는 저녁인 셈이다. 물론, 요리 접대 방식으로 볼 수 있는 상차림은 자신의 개인적인 체험이 깃들어 있는 채식들을 주로 내놓을 경우에는 '일화형,' 모든 식단을 한꺼번에 즐길 수 있는 뷔페식으로 준비했다면 '열거형,' 손님의 식성과 건강 상태를 고려해 식단을 짰다면 '인과형' 정도로 유추해 볼 수 있다.

하지만, 식사를 훌륭하게 즐긴 손님 '갑'이 훗날 똑같은 요리를 재현하면서 다른 친구 '을'을 초대할 때는 정작 다른 방식으로 과거의 식도락*(食道樂)을 떠올

***식도락(食道樂)** 여러 가지 음식을 두루 맛보는 것을 즐거움으로 삼는 일.

릴 수도 있다. 가령, 처음에는 과일, 중간에는 야채, 나중에는 곡식이 나왔다는 식으로. 말하자면, 요리의 재료가 무엇이었는가에 따라 그날의 요리를 반추*(反芻)해 볼 수도 있다는 얘기다.

이에 따라 '문단 구성 방식'의 대미(大尾)로, 접대 요리의 재료에 견줄 수 있는 문장의 '종류'에 대해 알아보고자 한다. 다시 말해, 문단을 구성하는 문장 하나하나에는 어떤 종류가 있으며 그 특징과 유형으로는 각각 무엇이 있는지를 알려주는 것이 이 장(章)의 목적이 되는 셈이다.

필자가 「한국인의 글쓰기」에 실린 29개 칼럼들을 대상으로 나름대로 거칠게 분석해 본 결과, 문단을 이루는 문장 종류에는 모두 여덟 가지가 있는 것으로 나타났다. 그렇다고 '여덟'이라는 숫자에 지레 겁먹을 필요는 없다. 여러분이 알고 있는 경우가 그 가운데 이미 절반을 넘는 까닭에서다. 예를 들어, 문단을 구성하는 문장 종류의 첫 번째에 해당하는 것은 단연 '중심 문장'이다. 이미 앞에서 여러 장(章)에 걸쳐 누누이 설명해온 터라 그에 대한 부연*(敷衍)은 생략하겠다. 두 번째와 세 번째로는, 인과형 전개 방식에 필수적인 '원인 문장(因)'과 '결과 문장(果)'을 들 수 있다. 이와 함께, 네 번째와 다섯 번째 문장 종류로는 '문(問)'과 '답(答)'을 각각 꼽아볼 수 있다.

그렇다면 여섯 번째는? 다른 이들이 뒷받침 문장으로 부르는 '추가 설명'이 그 주인공이다. 일곱 번째는 글쓰기에 있어 상황 소개 또는 예시를 위해 반드시 필요한 '사례'이며, 마지막은 있어도 그만, 없어도 그만인 '덧문장'이다. '덧문장'은 글자 그대로, 약방의 감초처럼 독자들의 편의를 제공하기 위한 것으로 제거해줘도 문맥상 아무 지장이 없는 경우를 뜻한다. 그렇게 따진다면 이번 장(章)을 통해 여러분이 새로 익혀야 할 문장 종류로는 '추가 설명,' '사례,' '덧문장' 등 3개를 들 수 있다.

***반추(反芻)** 1. 한번 삼킨 먹이를 다시 게워 내어 씹는 행위를 일컬음. 2. 어떤 일을 되풀이하여 음미하거나 생각함. 또는 그런 일.

***부연(敷衍)** 이해하기 쉽도록 설명을 덧붙여 자세히 말함.

다시, 앞 장의 연습문제에서 소개했던 다음 글의 문장들을 하나씩 살펴보도록 하자.

> 글쓰기가 중요하지 않던 시절이 있었다. 아니, 글쓰기가 필요하지 않던 때가 있었다. 경영자와 부하 직원 상호 간의 커뮤니케이션이 활성화되지 않고 수직적 의사소통이 주를 이루던 옛날 이야기다. 당시에는 관공서, 기업, 학교를 막론하고 위에서 까라는 대로 까기만 해도 별 탈 없이 모든 것이 잘 굴러가던 때였다. 높은 곳에서는 일의 저돌적인 추진을 위해 가탈 없이 말 잘 듣는 사람들을 원했고, 밑에서는 자리 보존을 위해 '성실' 하게 윗선의 지시를 따르는 것이 요구되는 세상이었다. **그러나 그로부터 강산이 대략 두세 번 정도 바뀐 지금, 한국의 기업 풍속도는 무서울 정도로 급변해 버렸다.**
>
> **미괄식 * 열거 중 대조**

> 글쓰기가 중요하지 않던 시절이 있었다.

앞서 제시했던 여덟 가지 문장 종류 가운데, 우선 '중심 문장' 은 여기에 해당되지 않는다. 이와 함께, 뒷문장의 흐름을 감안해 볼 때, '원인' 또는 '결과 문장' 으로도 분류할 수 없다. 물론, '문,' '답' 은 더더욱 아닐 테니. 그렇다고 글 자체를 빼도 되는지 생각해 보면, 다음 글도 같은 맥락에서 빼야 할 것이고, 그러다 보면, 글 자체가 말이 되지 않으니 '덧문장' 도 아닌 셈이다. 그렇다면 이제 남아 있는 종류는 '추가 설명' 또는 '사례' 일 터인데, 들머리의 첫 문장이라 결코 '추가 설명' 일 리는 없으니 정답은 상황을 소개하는 '사례' 가 되는 셈이다. 그렇다면 두 번째 문장의 경우는 어떨까?

> 아니, 글쓰기가 필요하지 않던 때가 있었다.

역시, 앞서 분석했던 바와 같이 가장 관계없는 것부터 하나씩 제거해 나간다면, 먼저 '중심 문장' 과 '원인' 또는 '결과 문장,' '문' 과 '답' 을 제외시킬 수 있다. 그렇다면 '사례,' '덧문장,' '추가 설명' 가운데 하나로 분류할 수 있는데,

'사례'의 경우에는 이미 첫 문장의 내용을 감안해 볼 때, 또 다른 사례로 분류하기에는 꼴이 우습다. 결국, '덧문장' 또는 '추가 설명'이라고 보는 것이 가장 바람직한데, '추가 설명'으로 보기에는 별다른 '추가' 내용도 없는 실정이다. 그러고 보면 이 문장은 말장난에 불과한, "있어도 그만, 없어도 그만"인 '덧문장'이 되는 셈이다. 실제로 이 문장을 들머리에서 제거해도 글의 흐름을 좇아가는 데는 전혀 지장이 없다. 하면, 다음 문장은?

> 경영자와 부하 직원 상호 간의 커뮤니케이션이 활성화되지 않고 수직적 의사소통이 주를 이루던 옛날 이야기다.

이 문장을 단독으로 떼어놓고 읽어보면, 앞 글에서 무엇인가 설명이 이뤄지고 있었음을 짐작할 수 있다. 어떤 종류의 이야기를 일러 준 후, 그에 따른 상황이었다는 것이 이 글의 핵심 내용이기 때문이다. 그렇게 따져본다면, 여러 후보군들 가운데에서는 '추가 설명'이 가장 유력해 보인다. 우선, '중심 문장'과 '덧문장'은 확실히 아닌 가운데, '사례'라기보다는 '사례'에 대한 부연 설명에 '추가 설명'이다. 만일 이 문장을 '원인 문장'으로 분류하고자 한다면, 이전 글은 "과거에는 글쓰기가 그다지 필요하지 않았다"는 식으로, 그리고 위의 글은 "수직적 의사소통을 통해 일 처리가 진행된 까닭에서다"와 같이 문장 상호 간의 인과관계가 보다 명확하게 드러나야 한다. 그렇다면 다음 문장은?

> 당시에는 관공서, 기업, 학교를 막론하고 위에서 까라는 대로 까기만 해도 별 탈 없이 모든 것이 잘 굴러가던 때였다.

마찬가지로, 앞의 문장을 풀어서 더욱 쉽게 벌려 놓은 문장이다. 모양새만 조금 다를 뿐, 결국 같은 이야기를 하고 있다는 말이다. 이 문장 역시, '추가 설명'으로 구별해 볼 수 있다. 좀 더 세분화하려면, 앞의 추가 설명과 구분하기 위해

번호를 붙여줄 수도 있다.

> 높은 곳에서는 일의 저돌적인 추진을 위해 가탈 없이 말 잘 듣는 사람들을 원했고, 밑에서는 자리 보존을 위해 '성실' 하게 윗선의 지시를 따르는 것이 요구되는 세상이었다.

바로 앞에서 언급된 문장들에 대한 추가 설명이다. 그렇게 본다면, 예시 문단의 '문장 결합 방식' 은

사례+덧문장+추가 설명 1+추가 설명 2+추가 설명 3+중심 문장

정도로 분석해 볼 수 있다.

다음 장에서는 이를 응용해 다소 복잡해 보이는 다른 종류의 문단들을 분해해 보기로 하자. 그렇다고 지레 걱정할 건 없다. 어차피, 이번 장에서 이야기한 여덟 개의 문장 종류만으로 필자의 칼럼을 난도질해 볼 터이니. 그러고 보니 어느덧 종착역이 코앞이다.

'알아둡시다'

| 표 1 | 문장 결합 방식에 사용되는 문장의 종류들

중심 문장	원인	결과	문	답	추가 설명	사례	덧문장
소주제를 포함한 문장	한 문단에서, 원인/결과 혼자만 단독으로 사용될 수 없다. 쉽게 가려내기 위해서는 "때문에, 해서, 따라서, 이 같은 이유(연유)로" 등의 접속부사와 " ~한 탓이다, ~한 까닭이다, ~때문이다, ~한 연유다" 등과 같은 서술어들을 찾아보는 방법을 들 수 있다.		때로는 추가 설명 등과 함께, 문 또는 답이 단독으로 사용될 수 있다. 하지만, 대부분의 경우에는 병행한다.		사례와 헛갈리기 쉽다. 간략히 말해, 선뜻 이해 가기 어려운 **앞의 말을 쉽게 풀어주는 역할** 정도로 이해하면 무난하다.	예시 또는 상황 소개	빼도 글의 흐름을 좇는데 무리가 없는 문장

12

문장 결합 방식에 따른

문단 구성 이야기 V

데카르트는 만물의 구성을 수학으로 봐
글도 수학적으로 분해, 조립 가능해

"나는 생각한다. 고로, 나는 존재한다."

이성의 부활을 부르짖으며 근대 서양 철학의 문을 연 데카르트는 열렬한 수학 예찬론자였다. 1천 년 이상 서양을 지탱해 온 천동설이 무너지던 혼란의 시기에, 그로 하여금 결코 부정할 수 없는 사실을 유추하는 데 결정적인 역할을 한 도구가 바로 수학이었다. 훗날, 데카르트는 "나에게 있어 만물은 수학으로 환원된다"는 명언(名言)으로 수학에 대한 그의 무한한 경의(敬意)를 표시했다. 마찬가지로, 「한국인의 글쓰기」도 수학에 상당 부분 빚을 지고 있다. 복잡다단해 보이는 문단 구성 방식을 단순하게 풀이하기 위해 몇몇 수학 공식들을 차용(借用)한 까닭에서다.

앞서 우리는 특성에 따라 여덟 가지로 분류할 수 있는 문장 '종류'에 대해 알아보았다. 그렇다면 이제부터는 이 책의 1부 1장에 등장하는 'MIT 이야기'를 통해 '문단 구성 방식'(주제 위치 * 전개 방식)과 함께 문단을 구성하는 또 다른 '문장 결합 방식'에 대해 알아보기로 하자. 먼저, 들머리다.

어려운 질문 하나: '움베르토 에코,' '마이클 크라이튼,' '칼 세이건'의 공통점은?

답 : 세계적인 베스트셀러 작가들이다.

주제 위치로 보면, 이 글은 의심할 여지 없이 '통괄식' 으로 이뤄진 문단이다. 글의 전개 방식은 물론 '문답형' 이고. 하면, 문장의 결합 방식은? 바로 '질문' 과 '대답' 이다. 그렇다면 이 글은

문장 구성 방식: 통괄식 * 문답

문장 결합 방식: 문+답

으로 이뤄져 있다고 볼 수 있다. 문장 수가 좀 더 늘어나는 다음 문단을 보자.

> 움베르토 에코는 중세 유럽을 배경으로 한 추리소설 「장미의 이름」을, 마이클 크라이튼은 가상 SF소설 「쥐라기 공원」을, 칼 세이건은 우주의 신비를 다룬 「콘택트」를 각각 집필했다. 이들의 원작은 모두 같은 이름으로 영화화 돼 흥행에서도 대성공을 거둔 바 있다. 필자가 이들 작품에 주목하는 이유는 원작자들의 배경에 있다. 움베르토 에코는 세계적인 철학자이자 기호학자이며, 마이클 크라이튼은 영문학을 공부하다 의학과 인류학을 전공한 의사 출신이다. 칼 세이건은 천문학자로 나사(NASA: 미 우주 항공국)에서 오랫동안 근무했었다.

우선, 이 글은 중심 문장이 중간에 있는 '중괄식' 이다. 게다가 전개 방식은 '열거 중 병렬' 을 따르고 있다. 따라서 전체 구조는 중괄식 * 열거 중 병렬이다. 다음으로, 문장의 종류는? 먼저, 첫 번째 문장인 "움베르토 에코는……각각 집필했다"는 전형적인 '사례' 에 속한다. 재미있는 사실은 한 문장 안에서 사례가 무려 세 개나 포진돼 있다는 것이다. 그렇다면 수학적으로는 사례 (1, 2, 3)과 같이 표현할 수 있을 것이다. 이와 함께, 바로 뒤의 문장인 "이들의 원작은……"은 '추가 설명' 또는 '덧문장' 가운데 하나일 것이다. 그러나 추가 설명이 글자 그대로 '앞의 말을 좀 더 쉽게 풀어주기 위한 것' 이라는 의미로 받아들인다면, 이 글의 두 번째 문장은 '추가 설명' 이라기보다 제거해도 아무 문제가 없을 듯한 '덧문장' 에 가깝다고 볼 수 있다. 종합적으로 볼 때 여태까지의 '문장 결합 방식' 은 각각 사례 (1, 2, 3)+덧문장으로 볼 수 있다. 세 번째 글은 '중심 문장' 이므로 넘

어가도록 하자. 이후 등장하는 "움베르토 에코는……의사 출신이다"와 "칼 세이건은……근무했었다" 문장들은 중심 문장에 대한 '추가 설명'들이다. 그렇게 본다면 'MIT 이야기' 두 번째 문단의 '문장 결합 방식'은

사례 (1, 2, 3)+덧문장+중심 문장+추가 설명 1+추가 설명 2

라고 유추해 볼 수 있다. 다음 문단을 보자.

> 영화까지는 가지 않더라도 소설만으로 논의를 국한시킨다면 특이한 이력의 외도쟁이들은 점점 더 늘어난다. 휠체어의 과학자로 잘 알려진 스티븐 호킹은 「시간의 역사」를, 세계적 칼럼니스트인 존 앨런 파울로스는 「수학자의 신문읽기」를, 뉴욕타임스의 베스트셀러 코너를 무려 8년간이나 석권한 스코트 펙은 영혼의 성장을 다뤘던 「끝나지 않은 길」을 각각 집필했다. 천체 물리학자, 수학자와 의사가 이들의 직함이었다.

이제껏 연습해 온 바에 따른다면, 이 글의 '문단 구성 방식'과 '문장 결합 방식'은 바로 전의 문단과 흡사한

두괄식 * 열거 중 병렬
중심 문장+사례 (1, 2, 3)+추가 설명 (1, 2, 3)

이다. 다음 문장이다.

> 「인간의 본성에 대하여」라는 책으로 유명한 사회생물학자 에드워드 윌슨은 교수가 된 다음에도 개인교사로부터 글쓰기 훈련을 받았다. 자신의 학문적 입장을 가능한 한 많은 사람들에게 알리고 이해시키기 위해서였다. 이화여대 석좌교수인 최재천 박사는 글쓰기에 매진했던 에드워드 윌슨으로부터 수혜받은 대표적인 한국 과학자로 통한다. 누구보다 글쓰기의 중요성을 잘 알고 있었던 스승 밑에서 수학(修學)했기에, 그 역시 한국에서 독보적인 필명(筆名)을 드날리는 과학자로 자리매김했다.

위의 문단 역시, 첫 번째 문장은 '사례'로 유추해 볼 수 있다. 그러나 가만히 들여다보면 뒤에 따라오는 문장이 이유를 설명하는 원인 문장인지라, 두 문장의 결합 관계를 '결과 + 원인'으로 보는 것이 가장 무난할 듯하다. 세 번째와 네 번째로 등장하는 문장 역시, '윌슨으로부터 수혜받은 대표적인 한국 과학자, 최재천'(결과)과 '스승 밑에서 수학했기에'(원인)의 인과(仁果) 관계로 연결돼 있다. 그렇다면 이 글의 '문장 결합 방식'은

결과 1＋원인 1＋결과 2＋원인 2

정도로 유추해 볼 수 있다. 물론, 이 글의 '문단 구성 방식'은 3부 10장의 연습문제 '나'에서 **통괄식 * 인과 > 통괄식 * 열거** 중 병렬이라고 설명했다. 그럼, 다음은?

> 그런 면에 비춰볼 때, 「대화록」과 「비글호의 항해」를 쓴 갈릴레이와 다윈 역시 역사적으로 '한 글' 하는 사람들이었다. 반면, 아인쉬타인은 그다지 글에 뛰어나지 못했다는 것이 저자의 생각이다. 중학생 정도만 돼도 만유인력과 지동설, 진화론을 쉽게 이해할 수 있는 데 반해, 상대성이론과 $E=MC^2$은 대학원생들조차 소화해내기가 힘든 이유도 일정 부분 거기에 있다면 지나친 비약일까?

역시 전체 구조는 **통괄식 * 인과**가 지배적인 글이다. 그렇다면 위의 글은 처음에 결과(1, 2)가 나오고, 곧이어 이와는 대조적인 결과가 좇아오므로, 결과 (1, 2)＋{결과 3 ≡ 결과 $(1, 2)^{-1}$} 정도로 표현해 볼 수 있다. (여기에서 독자들의 양해를 구해야 할 사실은 부득이하게 역행렬의 표시 기호를 '문장 결합 방식'에 동원했다는 것이다. 이와 함께, 단 한 문장으로 이뤄진 결과 3이 두 개의 결과를 지닌 결과(1, 2)에 대조된다는 의미에서 중괄호 안에 두 문장을 집어넣고 합동 표시로 연결해 보았다. 그렇지 않다면, 앞의 문장과는 대조적인 속성을 지녔으되 결과는 하나밖에 없는 두 번째 문장의 속성을 동시에 표현하기가 매우 어렵기 때문이다.) 이와 함께 한 문장으로 이뤄진 마지막 글은 원인(1,

2)와 대조 원인(3)이 결합돼 있으므로, 원인 〔(1, 2)+{3 ≡ (1, 2)$^{-1}$}〕 정도로 공식화할 수 있다. 결국, 이 글의 '문장 결합 방식'은

결과 (**1**, **2**)+{결과 **3** ≡ 결과 (**1**, **2**)$^{-1}$}+원인 〔(**1**, **2**)+{**3** ≡ (**1**, **2**)$^{-1}$}〕

으로 볼 수 있다. 공식이 복잡해진다고 너무 겁먹지 말자. 이것으로 가장 어려운 단계는 끝났으니. 더욱이 이와 같은 문장은 일상 속에서 좀처럼 만나기 힘들다는 사실을 고백한다면 어느 정도 위안이 될 터. 다시 한번 강조하지만, 본 장(章)의 가장 큰 의의는 문장들의 종류를 외우고 문장의 결합 방식을 습득하기보다, 요리의 재료가 무엇으로 구성돼 있는가를 이해하는 데 있다. 그럼, 다음을 보자.

> 세계적인 공과대학, MIT에서는 대학생들이 반드시 2단계에 거쳐 4과목의 글쓰기 수업을 통과해야만 졸업장을 손에 쥘 수 있다. 성공적인 과학자가 갖추어야 할 중요한 능력 가운데 하나가 글쓰기라는 이유에서다. 자신의 생각을 조리 있게 설명함으로써 연구에 필요한 자금을 신청하기 위한 기획안 작성에서 이 같은 글쓰기 훈련은 대단한 위력을 발휘한다. 마찬가지로, 하버드대 역시 재학생들이나 졸업생들 모두 첫손가락에 꼽는 기술이 글쓰기다. 재학 중에는 매년 100여 쪽 이상의 리포트를 써내야 하는 데다, 사회생활에서도 글쓰기가 지니는 파괴력을 몸소 체험하는 까닭에서다. 의사, 수학자, 물리학자가 베스트셀러를 써내는 사회 분위기는 그런 환경 속에서 자연스레 탄생한다.

역시 '문단 구성 방식'이 미괄식 * 인과인 글덩어이다. 이와 함께, '문장 결합 방식'은

결과 **1**+원인 (결과 **1**)+추가 설명+결과 **2**+원인 (결과 **2**)+중심 문장

이다. 드디어, 마무리 부분이 시작된다.

문화적으로 앞서 가는 사회에서는 글쓰기를 강조한다. 반면, 이미지와 영상, 말들만 넘쳐나는 사회에서는 글쓰기가 강조될 리 없다. 이와 관련해 한국 사회는 적어도 글쓰기에 있어 아직 한참 후진적인 경우다. 본고사 부활 시비로 연결된 정운찬 서울대 前 총장의 '논술' 강조는 이 같은 맥락에서 나왔다고 해도 과언이 아니다.

'문단 구성 방식'은 두괄식 * 열거 중 대조이며, '문장 결합 방식'은

$$\text{중심 문장} + \text{중심 문장}^{-1} + \text{덧문장} + \text{사례}$$

로 볼 수 있다.

대학 입시에서 논술이 차지하는 비중이 점차 커지고 있는 가운데 최근 들어 대학에서조차 글쓰기에 대한 인식이 바뀌고 있다. 서울대는 몇 년 전부터 '인문학 글쓰기,' '사회과학 글쓰기,' '과학기술 글쓰기' 등과 같은 글쓰기 과목들을 인문대와 사회대, 공대에서 각각 신설하거나 필수과목으로 지정했다. 성균관대는 얼마 전부터 '글쓰기와 커뮤니케이션' 과목을 중점 교양과목으로 지정해 모든 신입생들이 수강토록 강제하고 있다. 성대는 이를 위해 무려 11명에 이르는 신규 교원을 새로 채용했다고 한다. '사고와 표현'이라는 교양 과목에 전력을 쏟아붓고 있는 고려대의 경우, 학교측과 학생, 학부모 모두의 반응이 대단히 만족스럽다고 하니, 이제나마 다행한 일이 아닐 수 없다.

'문단 구성 방식'은 두괄식 * 열거 중 병렬이며 '문장 결합 방식'은

$$\text{중심 문장} + \text{사례 } 1 + \text{사례 } 2 + \text{덧문장} + \text{사례}3$$

이다. 마지막으로,

"실험만 하는 거죠." 공대에서도 글쓰기가 필요하지 않느냐는 필자의 물음에 대답하던 어느 공대 교수님의 말이 문득 귓전을 맴돈다. 분명, 20세기 과거에서는 통하던 대답이었다. 하지만 앞으로도 그럴까? 변화와 변혁의 속도에서 세계 최고인 한국을 누구보다도 잘 아는 여러분이기에 하는 말이다.

는 '문단 구성 방식'이 미괄식 * 문답이며 '문장 결합 방식'은

답+추가 설명+덧문장+(문 ≡ 중심 문장)+(답 ≡ 중심 문장)

이다. 특이한 점은 문단 말미의 중심 문장이 '문'과 '답'의 형식으로 이뤄져 있다는 것이다. 어떤가? 비록, 익히기에는 다소 지루했지만 글의 구조를 파악하는 데 조금이라도 도움이 되지 않았는가?

'알아둡시다'

3부 8장부터 12장까지 무려 다섯 장에 걸쳐 문단과 글이 어떻게 구성되는지에 대해 나름대로의 시각에서 소개해 보았습니다. 하지만, 여기에서 소개한 문단 분석 방식은 필자의 칼럼들을 대상으로 거칠게 개발한 최소한의 구성 단위들로 이뤄졌다는 점을 다시 한번 밝혀두고자 합니다. 다시 말해, 좀 더 고차원적인 글이나 문학적인 글, 또는 필자와는 사뭇 다른 유형의 글들을 분석 대상으로 삼기에는 본 책의 '문단 구성 이야기'가 심히 미욱*할 수밖에 없다는 사실을 고백하고자 합니다.

*미욱: 하는 짓이나 됨됨이가 매우 어리석고 미련하다.

| 표 1 | 문단 구성 방식: 주제 위치 * 전개 방식

		두괄식	미괄식	통괄식
인과	원인-결과			
	결과-원인			
열거	병렬			
	대조/비교			
일화	평서			
	대화			
문답				

| 표 2 | 문장 결합 방식에 사용되는 문장의 종류들

중심 문장	원인	결과	문	답	추가 설명	사례	덧문장
소주제를 포함한 문장	한 문단에서, 원인/결과 혼자만 단독으로 사용될 수 없다. 쉽게 가려내기 위해서는 "때문에, 해서, 따라서, 이 같은 이유(연유)로" 등의 접속부사와 " ~한 탓이다, ~한 까닭이다, ~ 때문이다, ~한 연유다" 등과 같은 서술어들을 찾아보는 방법을 들 수 있다.		때로는 추가 설명 등과 함께, 문 또는 답이 단독으로 사용될 수 있다. 하지만, 대부분의 경우에는 병행한다.		사례와 헛갈리기 쉽다. 간략히 말해, 선뜻 이해 가기 어려운 앞의 말을 쉽게 풀어주는 역할 정도로 이해하면 무난하다.	예시 또는 상황 소개	빼도 글의 흐름을 좇는 데 무리가 없는 문장

연습문제

가. 장 문 연 습 I

■ 다음의 글을 '문단 구성 방식'(주제 위치 * 전개 방식)과 '문장 결합 방식'(문장 종류+문장 종류+문장 종류……)에 따라 분석해 보기 바랍니다. 이전에도 언급한 바와 같이, 절대적으로 들어맞는 정답을 찾을 필요는 없습니다. 어차피 글쓰기에서 정답이 존재한다는 것 자체가 말이 안 되니까요. 앞서 제시한 분석표를 바탕으로 여러분의 눈높이에 맞게 글을 분해해 유형별로 분류해 보기 바랍니다.

1 모든 것이 빨라지고 있다. 인터넷의 속도도, 사람들의 발걸음도. 이러한 흐름에서 말과 글 또한 예외가 아니다. 영미 소설의 경우, 2백 년 전 문장이 지금보다 세 배는 길었다고 한다. 말과 글이 길면 호흡이 늘어지고 리듬도 처지는 법. '시간이 금'인 현대에서는 결코 통용되지 않는 '낭만의 추억'인 셈이다.

문단 구성 방식: __________ * __________
문장 결합 방식: ________ + ________ + ________ + ________ + ________ + ________

2 이야기가 다소 길어졌다. 필자가 하고 싶은 말의 핵심(核心)은 짧은 글에 경쟁력이 있다는 것이다. 이러한 현상은 시, 수필, 소설 등의 문학 장르에서도 두루 발견되고 있다. 이념적 성향을 제쳐 두고서라도 필자가 존경해마지 않는 소설가 이문열은 대단한 흡입력의 글발을 자랑한다. 한번 그의 책을 펼치면 좀처럼 손을 뗄 수가 없다. 책 한 면, 한 면에 글자 몇 개 없는 싸구려 무협지도 아

닌데 도무지 책장을 넘기는 속도가 줄어들지 않는다. 비결은 바로 짧은 문장에 있다. 물론, 아이디어도 좋고 상황 묘사도 생생하다. 그렇지만 좀처럼 늘어지지 않는 문장이 눈을 붙들어 놓는다.

문단 구성 방식: ___________ * ___________
문장 결합 방식: _________ + _________ + _________ + _________ + _________ + __________ + ________ + _________ + ________

3 왜 짧은 글이 빠르고 재미있게 읽힐까? 모르긴 해도 문장에 담긴 정보량이 적은 것이 이유일 게다. 뇌에서 해독(解讀)하고 처리하는 속도가 빠르니 책장을 넘기는 속도도 느릴 리 없다. 해서, 자신의 글을 돋보이게 하려면 문장 길이를 줄여 나가는 수밖에 없다.

문단 구성 방식: ___________ * ___________
문장 결합 방식: ________ + ________ + ________ + ________

4 얼마나 짧은 글이 경쟁력을 지닐까? 사실 정답은 없다. 굳이 말하자면 '다다익선(多多益善)' 이 아닌 '단단익선(短短益善)' 이라고나 할까? 그런 면에서 몇 해 전, '내 안에 너 있다" 와 같은 유행어로 공전의 히트를 기록했던 드라마 '파리의 연인' 은 그 전형(典型)을 보여주고 있다.

문단 구성 방식: ___________ * ___________
문장 결합 방식: ________ + ________ + ________ + ________

5 짧은 문장으로 치자면 으뜸가는 이가 바로 언론사이다. 지면(紙面)이 한정돼 있어 긴 글을 실을 여유가 없는 까닭에서다. 바쁜 현대인들의 눈길을 오래 붙잡아 둘 시간이 없는 것도 다른 원인으로 들 수 있다. 그런 언론사의 글 가운데에서도 문장이 짧은 순서를 다시 따지자면 아무래도 일간지, 주간지, 월간지 순으로 꼽아 볼 수 있다. 예를 들어, 한 달에 한 번 발행되는 월간지는 상대적으로 시간과 공간이 넉넉하게 마련이다. 자연히 글은 늘어지고 미사여구(美辭麗句)가 들러붙기 십상이다. 반면, 주간지는 월간지보다 모든 면에서 발행 여건이 열악(劣惡)하다. 상황이 이럴진대 일간지는 더 이상 말할 필요조차 없다. 때문에 짤막하고 쉽게 읽히는 글을 얻고자 한다면, 일간지를 가까이하는 것이 좋다.

문단 구성 방식: __________ * __________

문장 결합 방식:________ + ________ + ________ + ________ + ________ + ________ + ________ + ________ + ________

6 어떻게 해야 짧은 글을 지닐 수 있을까? 이를 위해서는 무엇보다 주어, 동사와 함께 가장 필요한 체언(體言)만 남기는 '절제(節制)'가 필요하다. 필요한 재료만 사용해 한입에 쏙 넣을 정도의 미니 김밥을 만들어 내야 한다는 것이다. 같은 맥락(脈絡)에서 「미저리」, 「쇼생크 탈출」, 「그린 마일」 등으로 유명한 세계적 소설가, 스티븐 킹은 부사와 형용사를 "최대한 잘라낼 것"을 조언(助言)하고 있다. 그러고 보면, 맛에 자신 없는 업소들의 밑반찬이 많은 것도 비슷한 맥락으로 유추해 볼 수 있다. 짧은 글에 자신 없어 온갖 미사여구를 동원하는 글쟁이들의 수작마냥.

문단 구성 방식: __________ * __________

문장 결합 방식: ________ + ________ + ________ + ________ + ________ + ________

7 문장 내에서 주어와 동사, 목적어를 단 한 번만 등장시키는 단문(短文)의 중용(重用) 역시 빼놓을 수 없는 또 하나의 요령이다. "코스모스가 활짝 핀 가을이 왔다"라는 문장에서 '코스모스'와 '가을'이라는 두 개의 주어를 사용하기보다 "가을이 왔다"라는 식으로 줄여 쓰라는 것이다. 정, 코스모스를 보여주고 싶다면, "가을이 왔다"라는 문장 뒤에 "코스모스도 활짝 폈다" 정도로 짤막하게 이어주고.

문단 구성 방식: ____________ * ____________
문장 결합 방식: ________ + ________ + ________

8 이쯤에서 마지막 조언 하나. 구구절절 설명만 해봐야 소용 없으니 기억하기 수월한 '세 줄 법칙'을 소개하고자 한다. 한 문장의 길이가 세 줄을 넘어서는 절대로 안 된다는 것이 그 골자(骨子)다. 물론, 고수(高手)들의 경우에는 '두 줄' 또는 '한 줄 법칙'으로까지 그 요령을 확대시켜 나가겠지만, 아직 짧은 글이 손에 익지 않은 이들에게는 '세 줄 법칙'마저 어려울 수 있을 터. 그런 의미에서 이 글만큼은 다른 때보다 애면글면 짧게 썼다.

문단 구성 방식: ____________ * ____________
문장 결합 방식: ________ + ________ + ________ + ________ +
____

9 "왜?"
"주제가 주제이니만큼!"

문단 구성 방식: ____________ * ____________
문장 결합 방식: ________ + ________

나. 장 문 연 습 II

■ 전 세계—특히 일본과 동남아, 그리고 중국—에 거세게 불어닥치고 있는 한류(寒流) 열풍에 대한 여러분의 입장을 아래와 같은 구조의 세 문단으로 작성해 보기 바랍니다. 이와 함께 여러분의 최종 입장은 마무리 문단에서 드러내는 미괄식으로 글을 완성시켜 보기 바랍니다.

> ※ 한 편의 탄탄한 옹글을 만들기 위해서는 반드시 '발품' 을 팔아야 합니다. 유명한 맛집은 좋은 재료를 확보하기 위해 남들보다 한발 앞서 물건을 구하러 다니는 것과 같은 이치입니다. 필요하다면 인터넷 등을 통한 관련 정보 수집에도 적극 나서 보기 바랍니다. 필자 역시, 이 문제에 대한 답을 위해 나름대로 인터넷을 뒤적거렸습니다.

1 들머리

문단 구성 방식: 두괄식 * 열거 중 병렬

문장 결합 방식: 중심 문장 + 추가 설명 + 사례 (1, 2) + 사례 3

2 펼치기

문단 구성 방식: 두괄식 * 열거 중 병렬

문장 결합 방식:

중심 문장 + 추가 설명 (1, 2) + 사례 {추가 설명 (1)} + 사례 {추가 설명 (2)}

3 마무리 I

문단 구성 방식: 통괄식 * 문답/통괄식 * 열거 중 병렬

문장 결합 방식: 문 + (답 ≡ 중심 문장 1) + 추가 설명 + 중심 문장 2

4 마무리 II

문단 구성 방식: 미괄식 * 열거 중 병렬

문장 결합 방식: 원인 + 결과 + 덧문장 + 중심 문장 + 문

해답

가. 장문연습Ⅰ

1 문단 구성 방식: (중괄식 > 통괄식) * 열거 중 병렬

문장 결합 방식: 사례 + 추가 설명 (1, 2) + 중심 문장+사례 2+추가 설명 (사례 2) + 덧문장

※ 중심 문장을 찾기가 쉽지 않은 문단임에도 불구하고 글쓴이가 하고 싶은 말을 가장 잘 대변하는 문장을 꼽아보라면 "이러한 흐름에서~예외가 아니다"를 들 수 있다. 전개 방식 역시, 인과나 일화, 문답은 아니기에 다소 무리가 있을 수 있지만, '열거 중 병렬'로 정했다. 이와 함께 "모든 것이 빨라지고 있다"라는 첫 글은 종류로 보면, '사례'에 가장 가깝다고 볼 수 있다. 이는 중심 문장이 아니라면, 문-답, 인-과 등의 4종류를 제외하고 문단의 첫머리에 놓일 수 있는 경우가 사례, 추가 설명, 덧문장 가운데 '사례'나 '덧문장' 밖에 없기 때문이다. 두 번째, 세 번째 문장에서 맨 앞의 말을 다시 풀어주는 상황까지 고려해 본다면, "모든 것이 빨라지고 있다"라는 글을 '사례'로 보는 것이 가장 무난하다.

2 문단 구성 방식: 두괄식 * 일화 > 두괄식 * 인과

문장 결합 방식: 덧문장 + 중심 문장 + (덧문장 > 추가 설명) + 사례 + 결과 + 추가 설명 + 원인 + 덧문장 + 추가 설명(원인)

※ 문장 결합 방식을 보면 알겠지만, 문장 종류로 원인-결과와 사례가 모두 동원된 까닭에 '전개 방식'을 놓고 다소 혼란을 겪을 수 있는 문단이다. 하지만 필자의 입장에서 보자면, 전체적으로는 인과 관계라기보다 글쓴이의 경험을 통해 "짧은 글에 경쟁력이 있다"는 이야기를 풀어가고 있는 글이다. 만일, 인과 관계로 문단의 큰 틀을 설정하려 한다면, "짧은 글에 경쟁력이 있다"라는 중심 문장 뒤에 '왜 그런지'에 대한 이유가 중점적으로 따라와야 한다. 그러나 위에서 보듯, 중심 문장 뒤에는 우선 소설가, 이문열을 예로 들어가며 짧은 글이 잘 읽힌다는 이야기를 계속 꺼내고 있다.

3 문단 구성 방식: 미괄식 * 문답 > 미괄식 * 인과

문장 결합 방식: 문+답 + 추가 설명 + 중심 문장

4 문단 구성 방식: 중괄식 * 문답 > 통괄식 * 문답

문장 결합 방식: 문+답+중심 문장+사례

5 문단 구성 방식: 미괄식 * 인과 > 미괄식 * 열거 중 병렬

문장 결합 방식: 결과 1 + 원인 1 (결과 1) + 원인 2 (결과 1) + 결과 (2, 3, 4) + 원인 (결과 4) + 결과 (결과 4) + 원인 (결과 3) + 원인 (결과 2) + 중심 문장

또는 결과 1 + 원인 1 (결과 1) + 원인 2 (결과 1) + 결과 (2, 3, 4) + 원인 (결과 4) + 추가 설명 {원인 (결과 4)} + 원인 (결과 3) + 원인 (결과 2) + 중심 문장

※ 앞의 본문에서 예제를 통해 연습했던 '에드워드 윌슨과 최재천의 글쓰기'와 유사한 유형의 문단이다. 사실, 이 문단은 고차원적인 글의 구조가 어떤 방식으로 복잡해지는지, 그 전형(典型)을 잘 보여주고 있다. 사례와 인과 관계도 많고, 그 인과 관계 간의 물고 물리는 방식이 얽히고 설켜 있어 굳이, 공식으로 표현해 보자면 이렇게 복잡해질 수밖에 없다. 그래도 문단 앞의 도입부와 문단 뒤의 문장 종류를 분류하는 데 있어 별 어려움은 없는 실정이다. 문제는 아래에 있는 두 문장 간의 관계를 어떻게 규정하느냐에 달려 있다.

예를 들어, 한 달에 한 번 발행되는 월간지는 상대적으로 시간과 공간이 넉넉하게 마련이다. 자연히 글은 늘어지고 미사여구(美辭麗句)가 들러붙기 십상이다.

※ 만일, 두 문장 가운데 첫 번째 것을 뒷문장의 원인으로 본다면, 이 문장들의 결합 방식은 '원인+결과'가 되어 '월간지의 글이 가장 길다'는 결과 4에 대한 또 다른 '원인'과 '결과 설명'으로 볼 수 있다. 반면, 뒷문장을 앞 문장에 대한 추가 설명으로 볼 경우에는 '월간지의 글이 가장 길다'는 결과 4에 '원인' 문장과 난해한 원인 문장을 다시 풀어주는 '추가 설명' 문장으로 규정할 수 있다.

6 문단 구성 방식: 두괄식 * 열거 중 병렬

문장 결합 방식: 문 + (답 ≡ 중심 문장) + 추가 설명 (중심 문장) + 사례 + 덧문장 + 추가 설명 (덧문장)

7 문단 구성 방식: 두괄식 * 열거 중 병렬

문장 결합 방식: 중심 문장 + 추가 설명 1 + 추가 설명 2

8 문단 구성 방식: (두괄식 > 중괄식 > 통괄식) * 열거 중 병렬

문장 결합 방식: 덧문장 + 중심 문장 + 추가 설명 + 덧문장 1 + 덧문장 2

9 문단 구성 방식: 통괄식 * 문답

문장 결합 방식: 문 + 답

나. 장 문 연 습 II

1 들머리

문단 구성 방식: 두괄식 * 열거 중 병렬

문장 결합 방식: 중심 문장 + 추가 설명 + 사례 (1, 2) + 사례 3

한류(韓流) 열풍이 세계를 휩쓸고 있다. 영화는 물론, TV 드라마, 공연 등 한국의 문화 상품들이 전세계를 누비고 있는 것이다. 국내에서도 대박을 기록했던 영화 '실미도,' '태극기 휘날리며,' '올드 보이' 등이 수출 최고가를 연이어 경신하며 세계 각국으로 배급되는 가운데, '겨울연가,' '대장금,' '풀하우스' 등과 같은 TV 드라마도 동남아 등지에서 인기리에 방영되고 있다. 이와 함께, 최근에는 '난타,' '점프' 같은 공연 예술마저 뉴욕 브로드웨이에 속속 진출하고 있는 실정이다.

※ 여기에서는 영화와 TV 드라마, 공연 장르를 각각 하나씩의 사례로 묶어 보았다.

2 펼치기

문단 구성 방식: 두괄식 * 열거 중 병렬

문장 결합 방식: 중심 문장 + 추가 설명 (1, 2) + 사례 {추가 설명 (1)} + 사례 {추가 설명 (2)}

문제는 한류(韓流) 열풍이 거세질수록 이에 대한 역풍(逆風)도 점차 강해지고 있다는 것이다. 최근 들어, 일본과 중국에서 일고 있는 혐한(嫌韓), 반한(反韓) 기류는 그와 같은 동향을 잘 보여주고 있다. 예를 들어, 일본에서는 개고기 문화처럼 자신들의 기준에선 혐오스런 장면들을 집중적으로 부각시키는 보도들이 점차 늘고 있다. 마찬가지로, 중국에서도 전통적인 문화 대국이라는 자존심을 내세우며 애국심과 자긍심에 호소하는 움직임이 점차 탄력을 받고 있는 형편이다.

3 마무리 I

문단 구성 방식: 통괄식 * 문답/통괄식 * 열거 중 병렬

문장 결합 방식: 문 + (답 ≡ 중심 문장 1) + 추가 설명 + 중심 문장 2

어떻게 해야 한류(韓流) 열풍을 순풍(順風)으로 이어갈 수 있을까? 우선, 한류(韓流) 열풍을 지나치게 과대 보도하는 언론부터 자제해야 할 필요가 있다. 사실, 언론은 국내 스타들의 시시한 해외 나들이조차 한류(韓流)로 포장하는 데 누구보다 앞장서 온 장본인이다. 따라서, 독자와 시청자들의 값싼 애국심에 호소하며 신문 한 장, 시청률 1%라도 올리려고 발버둥 치는 상술은 이제 그만 지양(止揚)돼야 한다.

4 마무리 II

문단 구성 방식: 미괄식 * 열거 중 병렬

문장 결합 방식: 원인 + 결과 + 덧문장 + 중심 문장+문

> 국제사회에서 한국이 차지하는 정치적, 경제적 위상은 이제 한류(韓流) 운운하며 자화자찬(自畵自讚)하기에는 너무 커져 버렸다. 그런 의미에서 '벼는 익을수록 숙인다'는 말처럼 스스로의 몸가짐을 조신하게 하며 이제는 한 차원 높아진 위상에 걸맞는 품격을 지니도록 하자. 빈 수레가 요란하고, 하룻강아지가 겁이 없는 법. 자칫 우리 자신을 격하시키며 반한(反韓) 기류만 드높일 우려가 있는 '한류(韓流) 예찬'은 경계하도록 하자. 겨우 불붙기 시작했는데 역풍 속에 다시 사그라지기에는 그 불길이 너무 안쓰럽지 않은가?

전체 글 보기

한류(韓流) 열풍이 세계를 휩쓸고 있다. 영화는 물론, TV 드라마, 공연 등 한국의 문화 상품들이 전세계를 누비고 있는 것이다. 국내에서도 대박을 기록했던 영화 '실미도,' '태극기 휘날리며,' '올드 보이' 등이 수출 최고가를 연이어 경신하며 세계 각국으로 배급되는 가운데, '겨울연가,' '대장금,' '풀하우스' 등과 같은 TV 드라마도 동남아 등지에서 인기리에 방영되고 있다. 이와 함께, 최근에는 '난타,' '점프' 같은 공연 예술마저 뉴욕 브로드웨이에 속속 진출하고 있는 실정이다.

문제는 한류(韓流) 열풍이 거세질수록 이에 대한 역풍(逆風)도 점차 강해지고 있다는 것이다. 최근 들어, 일본과 중국에서 일고 있는 혐한(嫌韓), 반한(反韓) 기류는 그와 같은 동향을 잘 보여주고 있다. 예를 들어, 일본에서는 개고기 문화처럼 자신들의 기준에선 혐오스런 장면들을 집중적으로 부각시키는 보도들이 점차 늘고 있다. 마찬가지로, 중국에서도 전통적인 문화 대국이라는 자존심을 내세우며 애국심과 자긍심에 호소하는 움직임이 점차 탄력을 받고 있는 형편이다.

어떻게 해야 한류(韓流) 열풍을 순풍(順風)으로 이어갈 수 있을까? 우선, 한류(韓流) 열풍을 지나치게 과대 보도하는 언론부터 자제해야 할 필요가 있다. 사실, 언론은 국내 스타들의 시시한 해외 나들이조차 한류(韓流)로 포장하는 데 누구보다 앞장서 온 장본인이다. 따라서, 독자와 시청자들의 값싼 애국심에 호소하며 신문 한 장, 시청률 1%라도 올리려고 발버둥 치는 상술은 이제 그만 지양(止揚)돼야 한다.

국제사회에서 한국이 차지하는 정치적, 경제적 위상은 이제 한류(韓流) 운운하며 자화자찬(自畵自讚)하기에는 너무 커져 버렸다. 그런 의미에서 '벼는 익을수록 숙인다'는 말처럼 스스로의 몸가짐을 조신하게 하며 이제는 한 차원 높아진 위상에 걸맞는 품격을 지니도록 하자. 빈 수레가 요란하고, 하룻강아지가 겁이 없는 법. 자칫 우리 자신을 격하시키며 반한(反韓) 기류만 드높일 우려가 있는 '한류(韓流) 예찬'은 경계하도록 하자. 겨우 불붙기 시작했는데 역풍 속에 다시 사그라지기에는 그 불길이 너무 안쓰럽지 않은가?

※ 전체적으로 읽어보면, 위와 같은 아담한 글이 완성됩니다. 어떻습니까? 이 정도면 꽤 쓸 만하지 않습니까? 그래도 연습문제 '나'를 통해 제시해 본 위의 공식은 필자의 글쓰기 유형에 바탕을 둔 것이라, 감히 여러분에게 글쓰기의 모범으로 권하고 싶지는 않습니다. 중요한 것은 여러분만의 글쓰기 방법을 개발하는 것일 테니까요. 본인의 마음에 드는 글을 발견하면, 문단 구성 이야기를 통해 소개한 공식에 따라 자신만의 눈높이로 분해해 보고, 독자적인 방식으로 소화해서 공력을 높여보기 바랍니다.

제4부 퇴고 이야기

1 '오르페우스'의 교훈

2 천재는 '감탄,' 퇴고는 '존경'의 대상

3 '콩꺼풀 벗기기'

1

퇴고 이야기 I

'오르페우스'의 교훈

'작문은 짧게, 퇴고는 길게'
완성 전 앞글 읽지 말아야

'메리에겐 뭔가 특별한 것이 있다'(There's something about Mary)라는 영화가 있었다. '20세기 폭스社'의 1998년 작품으로 카메론 디아즈라는 여배우를 세계적인 스타 반열에 올려 놓았던 영화다. 남자 주인공을 비롯해 숱한 등장인물들—물론 남성들—이 사랑하지 않고서는 못 배기는 금발의 아름다운 순진녀, '메리'에 얽힌 이야기가 그 주된 내용이었다. 물론, 영화는 제목에 걸맞게 '메리'의 설명 불가능한 그 어떤 매력을 잘 전달했기에 흥행(興行)에서도 대성공을 거두었다.

마찬가지로 글 잘 쓰는 이들에게도 무엇인가 '특별한' 것이 있다. 소재를 찾아내는 안목(眼目)에서부터 첫머리를 이끌어 나가는 노하우에 이르기까지. 그 가운데 염직해선 잘 드러나지 않는 '특별한' 기술로 퇴고*(推敲)가 있다. 글쓰기의 마지막 과정에 해당하는 것으로 무대 예술로 따지자면 리허설에 해당하는 최종 단

***퇴고(推敲)** 글을 지을 때 여러 번 생각하여 고치고 다듬음. 또는 그런 일. 당나라의 시인, 가도(賈島)가 '僧敲月下門(승고월하문: 중이 달빛 아래 문을 두드린다)'이란 시구를 지을 때 두드릴 '고(敲)'를 밀 '퇴(推)'로 바꿀까 말까 고민하던 도중, 높은 벼슬에 있던 한유(韓愈)의 행차와 맞닥뜨리게 되었다. 길에서 비켜나는 예의를 미처 차리지 못했던 가도(賈島)의 전후 사정을 들은 한유(韓愈)는 시구에 대해 잠시 생각하더니 두드릴 '고'가 낫다고 조언해 주었다. 이를 계기로 가도(賈島)와 한유(韓愈)는 둘도 없는 친구가 되었으며, 이후 '퇴'와 '고'는 합성어로서 교정(校訂)을 뜻하는 대명사가 되었다.

계다.

'작문은 짧게, 퇴고는 길게.' 글 잘 쓰는 사람들에겐 이른바 황금법칙으로 통하는 격언 중의 격언(格言)이다. 말의 요지인 즉, 하나 하나의 문장을 다듬느라 시간을 소비하기보다, 먼저 질러버리고 난 후 고치라는 것이다. 같은 맥락에서 「뼛속까지 내려가서 써라」의 작가, 나탈리 골드버그는 계속해서 손을 움직이라고 권유하고 있다. 방금 쓴 글을 읽기 위해 손을 멈추는 순간, 진행 중인 글을 조절하려고 머뭇거리게 되기 때문이다. 골드버그는 심지어, 철자법이나 구두점 등 문법마저 무시한 채 글쓰기를 진행해야 한다고 목소리를 높이고 있다. 점 하나 고치려는 순간, 마음 속에 떠오른 단상(斷想)을 놓칠 수도 있다는 우려에서다. 그런 면에서 볼 때, 글은 절대로 '오르페우스' 처럼 쓰지 말라는 것이 저자의 강변*(强辯)이다.

하프의 명수 '오르페우스' 는 끔찍이 사랑하던 아내를 독사에게 잃은 후, 저승의 신 '하데스' 를 찾아간 그리스 신화의 주인공이다. 모든 이들의 가슴을 후벼파는 연주로 '하데스' 마저 감동시킨 '오르페우스' 는 마침내 아내를 데려가도 좋다는 허락을 얻는 데 성공한다. 그러나 '오르페우스' 는 '하데스' 의 마지막 시험을 통과하지 못한다. 아내가 자신의 뒤를 잘 따라오는지 되돌아보다 결국 영원한 작별을 고하기 때문이다. 그렇다면 이 시점에서 '오르페우스' 이야기가 우리에게 주는 교훈은 무엇일까? 마지막 문단을 완성시키기 전까진 앞의 문장들을 쳐다보지 말라는 의미에서 극강(極强)의 '절제력' 을 설파*(說破)하고 있다는 것이 필자의 주장이다.

그런고로 작문(作文)과 퇴고(推敲) 간의 시간 투자 비중이 8대2나 9 대 1 정도에 머무르던 여러분의 글쓰기는 이제 정반대로 바뀌어야 한다. 정작 가치 있는 도자기는 초벌구이*보단 재벌구이, 재벌구이보단 삼벌구이를 통해 탄생하기에 밑

***강변(强辯)** 강력한 변론.
***설파(說破)** 어떤 내용을 듣는 사람이 납득하도록 분명하게 드러내어 말함.
***초벌구이** 잿물을 바르지 않고 낮은 온도의 열로 굽는 일. 또는 그렇게 구워 낸 도자기.

그림보다 덧칠에 더욱 신경 쓰라는 얘기다. 이쯤에서 문제 하나. '글은 단숨에 써내려가야 한다' 라는 의미에서 이번 주제에 가장 잘 맞는 사자성어를 골라 본다면? (정답은 327쪽에)

참고문헌

나탈리 골드버그, 권진욱 옮김 (2005). 「뼛속까지 내려가서 써라」. 한문화.
로버타 진 브라이언트, 승영조 옮김 (2004). 「누구나 글을 잘 쓸 수 있다」. 예담.

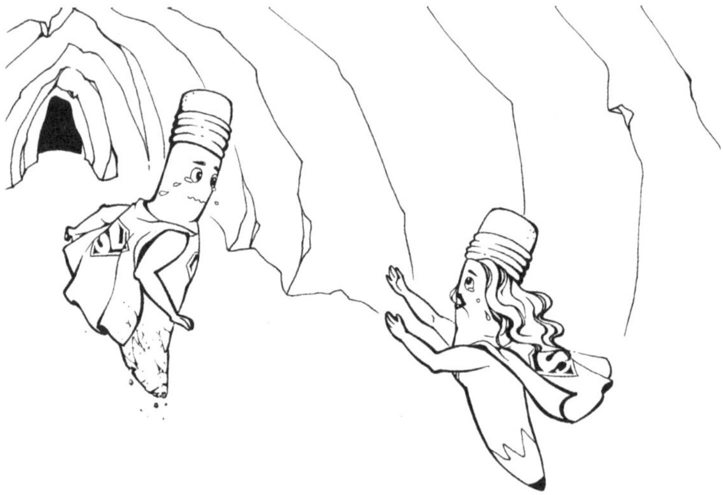

2

퇴고 이야기 II

천재는 '감탄' 퇴고는 '존경'의 대상

10분 쓰고 50분 고친 글 > 50분 쓰고 10분 고친 글
美 헤밍웨이는 「노인과 바다」 원고만 200번 고쳐 써

'음악 신동'으로 불렸던 모짜르트는 다섯 살에 작곡을 시작해 아홉 살 때 교향곡, 열두 살에는 오페라를 완성한 세기의 천재였다. 열네 살 되던 해에는 아버지와 이탈리아를 여행하다 11분짜리 곡을 단 한 번 듣고, 기억만으로 악보를 적어내 사람들을 놀라게 했다. 더욱 경악할 만한 사실은 그의 악보들이 언제나 깨끗했다는 것. 한 곡을 만들기까지 수십 차례의 수정을 거쳐야 했던 여느 음악가들과 달리 그는 작품을 쓰며 수정하는 경우가 거의 없었다. 아닌 게 아니라 그는 자신이 악보를 써내려가는 모습을 보고 놀란 사람들에게 이렇게 말했다고 한다. "나는 머릿속에서 완성된 음악을 그저 오선지에 옮기고 있을 뿐이오."

이런 모짜르트에 대해 현대 심리학자들이 추정하는 그의 지능지수는 무려 230~250. 실제로 그의 일생을 다룬 음악 영화 '아마데우스'에서도 초능력에 가까운 그의 재주에 좌절하는 라이벌, 살리에르의 비애(悲哀)가 생생하게 묘사되고 있다. 그러나 영국의 철학자인 새뮤얼 스마일즈의 말처럼 천재는 어디까지나 감탄의 대상일 뿐, 더도 덜도 아닌 존재이고 보면 모짜르트에 대한 음악사적 의미도 반감되기 마련이다. 그런 의미에서 끊임없이 노력하는 자(者)야말로 진정한 존경의 대상이라는 스마일즈의 또 다른 격언은 숱한 글쓰기를 통해 '글짱'을 지향하는 우리에게 시사하는 바가 크다.

돌이켜 보면, 글쓰기에 있어서도 불세출의 천재들은 시대를 불문하고 늘 존재해 왔다. 그러나 세인(世人)들에 의해 회자*(膾炙)되고 찬양되어 온 이들은 대부분 숱한 땀방울을 원고지와 타자기 위에 떨어뜨린 '노력파'들이었다. 즉흥적인 시상(詩想)에 의존했던 이백(李白)과 달리 치열한 고민 끝에 시 한 수 한 수를 써내려 간 두보(杜甫)의 글은 언제나 우리의 옷깃을 여미게 한다. 마찬가지로, 미국인들에게 있어 '글짱' 교과서처럼 통용되고 있는 헤밍웨이의 「노인과 바다」는 무려 200번의 퇴고 끝에 완성됐다고 알려져 있다. 6개월 동안 쓰면 6개월 동안 다듬는다는 프랑스 작가, 베르베르는 소설 「개미」를 120번에 걸쳐 고쳤다고 한다. 한국의 경우에는 소설가, 이외수가 작품 한 권을 끝낼 때마다 원고지 매수로 1200장에서 1500장 정도의 고치기를 시도하는 것으로 전해지고 있다. A4용지 1매에 원고지가 대략 6장 들어간다고 가정해 본다면, 적어도 A4 용지 200장에 해당하는 분량의 글들이 고치기를 통해 재생산되는 셈이다.

그렇다면 글쓰기에서 이토록 퇴고가 중요한 이유는 뭘까? 답은 간단하다. 인간의 능력은 유한(有限)한지라 한 번에 한 가지씩밖에 볼 수 없기 때문이다. 처음엔 오 · 탈자를, 두 번째엔 띄어쓰기를, 세 번째는 엉터리 문장을 걸러내는 작업은 그래서 더더욱 필요하다. 네 번째로 가면 반복어구들을 쳐내는 작업이, 다섯 번째에는 짧게 고치는 손질도 요구된다. 그렇게 읽으며 고칠수록 문맥은 자연스러워지고 글은 옹골차게 단단해진다. 궤도를 이탈하는 글들, 읽을수록 힘을 잃는 글들은 그런 과정 속에서 자연스럽게 걸러지고. 해서, 50분 고민하고 10분 고쳐 나간 글보다는, 10분 고민하고 50분 고친 글이 월등히 좋은 반응을 이끌어 낼 수밖에 없다.

명심하자. 아무리 좋은 발틀로 구두를 잘 뽑아내도 편안한 구두는 결국 신어보고 다듬는 것만 못하다는 사실을. 편안하게 읽히는 글 역시, 숱한 퇴고 속에 탄생하기는 마찬가지다. 이쯤에서 상황 퀴즈 하나. 헤밍웨이가 마냥 부럽기만 한 필

***회자(膾炙)** 회와 구운 고기라는 뜻으로, 칭찬을 받으며 사람의 입에 자주 오르내림을 이르는 말.

자의 평균 퇴고 횟수는? (정답은 330쪽에)

가. 3번

나. 10번

다. 50번

라. 100번

참 고 문 헌

금난새 (2003). 「금난새와 떠나는 클래식 여행」. 생각의 나무.

새무얼 스마일즈, 정준희 옮김 (2005). 「인격론」. 21세기북스.

어수웅 (2002, 7.9). 佛 작가 베르베르 "여섯 달 쓰고 여섯 달 퇴고." 「조선일보」, 23.

윤금초 (2004). 글쓰기와 퇴고. 「대산문화」 여름호, 93-95.

| 324쪽 정답 |

一筆揮之(일필휘지)

3

퇴고 이야기 Ⅲ

'콩꺼풀 벗기기'

자신의 글엔 한없이 관대하기만 한
사랑의 콩꺼풀을 벗기는 것이 관건

"사랑의 유효기간은 불과 2년."

몇 해 전, 미 코넬대의 '인간행동 연구소'에서는 기상천외한 실험에 착수한 적이 있다. 남녀 간의 애정이 얼마나 지속되는지를 알아보기 위해 무려 5천 명을 대상으로 인터뷰를 실시했던 것. 2년여에 걸쳐 다양한 문화집단과 만나 이야기를 들어본 결과, 연구팀은 가슴 뛰는 사랑이 평균 18~30개월 정도만 지속된다는 사실을 밝혀냈다. 2년을 전후하면 대뇌에 항체가 생겨 사랑의 화학물질이 더 이상 생성되지 않는다는 것이었다. 재미있는 사실은 연구팀이 사랑의 화학물질로 추적해 온 '도파민,' '아드레날린,' '세로토닌' 등과 같은 존재가 한국에선 이미 수세기 전부터 널리 알려져 왔었다는 점이다. 소위, "콩꺼풀 씌었다"라는 표현으로 거론하는 '콩꺼풀'이 그 주인공이다.

일명, '콩까풀'이라고도 불리는 '콩꺼풀'은 콩깍지 속의 콩 껍데기를 둘러싸고 있는 얇은 막이다. 부드러운 보호막에 해당하는 '콩꺼풀'은 반투명의 흐릿한 색채를 띠고 있어 눈에 가까이 갖다 댈 경우, 세상이 희뿌옇게 보이는 모자이크 효과를 낸다. 자연히 눈에 '콩꺼풀'이 씌면 상대방의 모습이 어릿어릿하게 보여 웬만한 결점은 쉬이 드러나지 않게 마련이다. 실제로 영화, '내겐 너무 가벼운 그녀'에서 인상적인 연기를 선보인 잭 블랙은 그 같은 상황이 어떤 결과마저 초래

할 수 있는지 '지대로' 소개한 장본인이기도 하다. 쭉쭉빵빵 미녀들만 쫓아다니던 주인공이 '콩꺼풀'에 씌어서 어림잡기조차 힘든 몸무게의 뚱녀를 사랑하게 되니까!

그렇다면 난데없이 웬 '콩꺼풀' 이야기?

글을 한 단계 향상시키기 위해서는 자신의 눈에 덮여 있는 '콩꺼풀'을 스스로 벗겨내야 한다. 자신의 글 앞에서 하염없이 관대해지는 버릇은 누구에게나 존재하는 공통된 현상이기도 하다. 흔히 '터널 시야'라고도 일컬어지는 이런 현상은 남의 글을 접할 때와 달리 자신의 글에서는 그 시야가 극히 제한돼 잘못을 보고도 지나가는 상태를 일컫는다.

사실, 오·탈자, 엉터리 문장, 반복어구 등과 같은 대상들은 아무리 챙겨도 쉽사리 박멸되지 않는 바퀴벌레 같은 존재들이다. 더욱이, 검열 대상이 자신의 사랑스런 글인 다음에야 상황은 말한 나위*조차 없다. 문제는 주변에서 이를 지적해 주고 가르쳐주지 않는다면 무엇이 문제인지조차 알 수 없다는 것이다. 해서 '콩꺼풀'이라는 방어막을 완전히 걷어내고 타인의 입장에서 글을 보려는 시도는 대단히 중요하다.

어떻게 해야 '콩꺼풀'을 벗겨낼 수 있을까? 대망의 글쓰기가 끝난 후, 처음 퇴고를 할 때는 오로지 오자(誤字)만 점검하는 요령, 두 번째 퇴고에서는 띄어쓰기를 중점적으로 챙기는 시도, 세 번째 교정 때에는 엉터리 문장을 염두에 두는 노력, 네 번째 고칠 때는 반복어구를 살피는 세심함, 다섯 번째에서는 피해야 할 단어들을 제거하는 수고, 여섯 번째에서는 생뚱 문장을 솎아내는* 인내, 일곱 번째는 접속사에 신경 쓰는 자세……. 불가능해 보이기만 한 '콩꺼풀' 제거 과정은 그런 절차를 거쳐 이뤄진다.

***나위** [의존 명사] 더 할 수 있는 여유나 더 해야 할 필요.
***솎다** 촘촘히 있는 것을 군데군데 뽑아 성기게 하다.

문 : 그렇다면 지난번에 퇴고 수를 퀴즈로 낸 필자의 경우는?

답 : 약 50번.

그래 봐야 200번 고친 헤밍웨이 앞에선 '새 발의 피' 일 뿐이다.

참 고 문 헌

불 같은 사랑도 길어야 30개월 (2000.2.28). 「연합뉴스」.

한국인의 글쓰기

초판 1쇄 발행 2007년 8월 10일
2쇄 발행 2012년 5월 25일

지은이 심 훈
펴낸이 유제구
펴낸곳 파워북
편집디자인 민하디지탈아트

주 소 서울 마포구 독막로 291-5 대동빌딩 4층
전 화 (02) 730-1412
팩 스 (02) 730-1410
등 록 1997.1.1 제300-1997-13

값 15,000원
ISBN 978-89-8160-074-7